高等职业教育财务会计类规划教材

经济法基础与实务

JINGJIFA JICHU YU SHIWU

（第二版）

付裕　苑梅　主编

东北财经大学出版社　大连

Dongbei University of Finance & Economics Press

图书在版编目（CIP）数据

经济法基础与实务 / 付裕，苑梅主编 . —2版 . —大连：东北财经大学出版社，2024.9. —（高等职业教育财务会计类规划教材）.

ISBN 978-7-5654-5356-4

Ⅰ．D922.29

中国国家版本馆CIP数据核字第2024LM7855号

东北财经大学出版社出版

（大连市黑石礁尖山街217号　邮政编码　116025）

网　　址：http://www.dufep.cn

读者信箱：dufep@dufe.edu.cn

大连天骄彩色印刷有限公司印刷　东北财经大学出版社发行

幅面尺寸：185mm×260mm　　　字数：529千字　　　印张：22.5

2024年9月第2版　　　　　　　　　2024年9月第1次印刷

责任编辑：王天华　曲以欢　　　　　　责任校对：那　欣

封面设计：原　皓　　　　　　　　　　版式设计：原　皓

定价：55.00元

第二版前言

"经济法基础与实务"是大数据与会计、大数据与财务管理、大数据与审计等专业的基础课,也是经济管理类等相关专业的必修课。本书根据初级会计专业技术资格考试大纲的要求和最新颁布的法律法规,设置九个学习项目,主要包括经济法基础认知、会计实务中的经济法、支付结算中的经济法、流转税实务中的经济法、所得税实务中的经济法、财产行为税实务中的经济法、税收管理中的经济法、劳动关系中的经济法、创业中的经济法等内容。本书除满足学生职业能力要求外,主要以考取初级会计专业技术资格证书为导向,在专业人才培养方案和课程标准的基础上,响应思政课程新理念进行开发编写。

本书具有如下特点:

(1)融入思政元素。为了贯彻落实党的二十大报告提出的"实施科教兴国战略,强化现代化建设人才支撑","坚持为党育人、为国育才,全面提高人才自主培养质量,着力造就拔尖创新人才",以及《教育部等八部门关于加快构建高校思想政治工作体系的意见》(教思政〔2020〕1号)的精神,本书在每个项目中均加入了德法兼修的素养目标和"学思践悟"小栏目,把立德树人作为教育的根本任务。

(2)贴近职业教育。本书及时将会计理论和会计实务中的最新成果融入其中,本次修订增加了"项目九 创业中的经济法"。每个学习任务开篇都设置了任务布置,让学生快速了解任务要求和任务内容,以提高学生的学习兴趣;每个项目结尾均设有行业规范测试题,通过微信扫描对应二维码可以直接做题,便于学生课后练习和测试。

(3)采用项目化教学模式。为提高学生的动手能力,本书强调基本理论、基本方法和基本技能相结合,为此,采用项目化教学的编写体例,使本书具有可读性、趣味性、实践性,有利于培养学生的学习兴趣和实践动手能力,也为教师教学提供了大量教案素材和教学思路。

(4)课证紧密融合。本书将初级会计专业技术资格证书考试内容与教学内容有机融合,可满足学生职业资格证书考试的需要。

(5)校企共同开发。在本书编写过程中,我们选取了校企合作企业——无锡华洋滚动轴承有限公司作为合作单位,邀请该公司财务专家参与编写。

(6)配套资源丰富。为了满足学生自主学习的需要,书中插入了86个讲述重点和难点的微课,用微信扫一扫对应的二维码即可直接观看。此外,为方便教学,本书配有课程标准、电子教案、电子课件和行业规范测试题参考答案等数字化教学资源,任课教师可登录东北财经大学出版社网站(http://www.dufep.cn)免费下载。同时我们还配套开发了在线课程,登录学银在线网站(https://www.xueyinonline.com/detail/240975784)即可进行在线学习。

　　本书由无锡商业职业技术学院付裕、苑梅担任主编，杨欢、杨丽华、邹楚君、曹立担任副主编，徐莹、孟磊、孙秋月参与编写。具体编写分工如下：付裕编写项目一和项目二，杨丽华编写项目三，杨欢编写项目四，邹楚君编写项目五，徐莹、孟磊、孙秋月编写项目六、项目七、项目八和项目九。苑梅负责确定本书整体架构、拟定提纲、撰写前言，校企合作单位无锡华洋滚动轴承有限公司财务负责人曹立负责提供有关案例资料及审核工作，付裕负责最终定稿。

　　由于时间仓促，编写水平有限，书中难免有错误或不当之处，敬请各位专家和读者批评指正。

编　者
2024年9月

目 录

项目一

经济法基础认知

素养目标

◆ 理解对法律制度的评价必须立足于对基本国情的考虑，引导学生坚定制度自信
◆ 引导学生知法、守法，形成正确的法律意识，做守法公民
◆ 理解道德与法律的关系，并在理解依法治国必要性的基础上强化法治观念
◆ 引导学生认识到权利和义务是相对的，在享有权利的同时也要承担相应的义务

知识目标

◆ 经济法学的基本概念和理论
◆ 法律主体
◆ 法律责任的概念和种类

工作任务

序号	任务分解	任务执行	技能目标
1	法律基础	◆ 了解法的本质和特征 ◆ 重点掌握法律关系三要素 ◆ 了解法律事实的法律事件和法律行为 ◆ 了解法律部门与法律体系	◆ 通过法律关系三要素的学习，区分法律关系中的主体、客体、内容 ◆ 通过法律主体资格的学习，能区分民事权利能力和民事行为能力
2	法律主体	◆ 了解法律主体的分类 ◆ 掌握法人的分类 ◆ 了解民事权利能力与民事行为能力	
3	法律责任	◆ 理解法律责任的概念 ◆ 掌握法律责任的种类	

项目导言

中国经济法历史变迁与发展前瞻

在探讨中国经济法的发展脉络与未来展望之际，不禁回望那波澜壮阔的历史长河，感叹其深厚的底蕴与时代的变迁。经济法，作为调整国家经济运行、规范经济主体行为的重要法律部门，在中国经济发展历程中扮演着举足轻重的角色。

1.从历史维度看经济法的制度变迁

如同社会科学的各个学科一样，对法律问题的研究从来离不开历史的、系统的分析。从世界范围看，经济法产生于19世纪末的美国和德国。而以经济法为研究对象的经济法

学，则于20世纪20年代的德国率先兴起，并辗转传入我国。1978年改革开放以后，随着国家对法制的强调，经济法制度才真正产生和发展起来。尤其是1993年的"市场经济入宪"，推动了经济法制度体系的形成。而在2001年我国加入WTO前后，基于全面对外开放的需要，经济法制度得以进一步完善。自2013年以后，我国强调全面深化改革、全面依法治国，使经济法的发展开启了新的阶段。

回望新中国成立以来的70余年，不难发现，国家实行不同类型的经济体制，对经济法的产生和发展具有极其重要的影响，直接关乎经济法的兴衰、沉浮、枯荣。

2.中国经济法学科的基本理论共识

在上述经济法制度不断变迁的过程中，以经济法为研究对象的中国经济法学亦不断发展。经过学界的共同努力，目前已形成诸多重要的基本理论共识。

例如，学界普遍认为，在本体论方面，经济法主要是调整宏观调控关系和市场规制关系的法律规范的总称。在价值论方面，经济法要兼顾效率与公平、自由与秩序、安全与发展等多种重要价值，并以促进经济的稳定增长、保障经济与社会的良性运行和协调发展为重要目标。在规范论方面，经济法作为典型的现代法，其主体、行为、权利、责任等多种"二元结构"，都与传统法的相关结构有很大不同。上述理论共识，都体现了经济法对于推动经济与社会的协调发展，实现国家长治久安的重要功能。

3.发展前瞻：新时期经济法需关注的重要问题

（1）经济民主理念的推动。随着经济改革的深入和持续发展，国家经济职能的充分发挥，经济民主理念将推动经济立法和执法正当程序的构建。经济法将致力于促进自由竞争，同时加强宏观调控，保证结构合理、供求平衡、分配公平、社会和谐正义。

（2）权利体系的完善。在效仿西方模式的同时，将更加注重市场主体抵制政府不当治理的权利的完整性，构建健全的权利体系。

（3）应对国际经济环境变化。随着国际经济环境的变化，中国经济法将不断调整和完善，以应对全球经济形势带来的挑战和机遇。

（4）打击经济违法和合规管理的加强。加大对经济违法行为的打击力度，同时加强对企业合规管理的监管，鼓励企业建立健全内部合规机制，提升企业的自律意识和合法经营水平。

（5）知识产权保护与创新发展。加强对知识产权的保护，鼓励企业和个人加大对知识产权的投入，提升创新能力和竞争力。

（6）人民币国际化进程的推进。随着人民币国际化进程的推进，中国经济法将不断完善和对外合作，以支持人民币在国际金融市场的地位提升。

中国经济法的发展是一个与经济社会发展相互促进的过程。随着经济活动的不断演进和变化，经济法也将不断完善和发展，以适应新的经济形态和需求。

资料来源：张守文. 中国经济法学的理论共识与未来发展［EB/OL］.［2019-08-21］. http://theory.people.com.cn/n1/2019/0821/c40531-31307429.html.

连平. 2024年中国经济稳步复苏有强大支撑［EB/OL］.［2024-01-04］. http://views.ce.cn/view/ent/202401/04/t20240104_38853269.shtml.

任务一　经济法律基础认知

任务布置

法律行为及其分类

周某在某单位从事会计工作，在领导的授意下，购买虚假发票入账。

任务：分析会计周某与其单位领导的行为是否构成法律行为？

任务思维导图

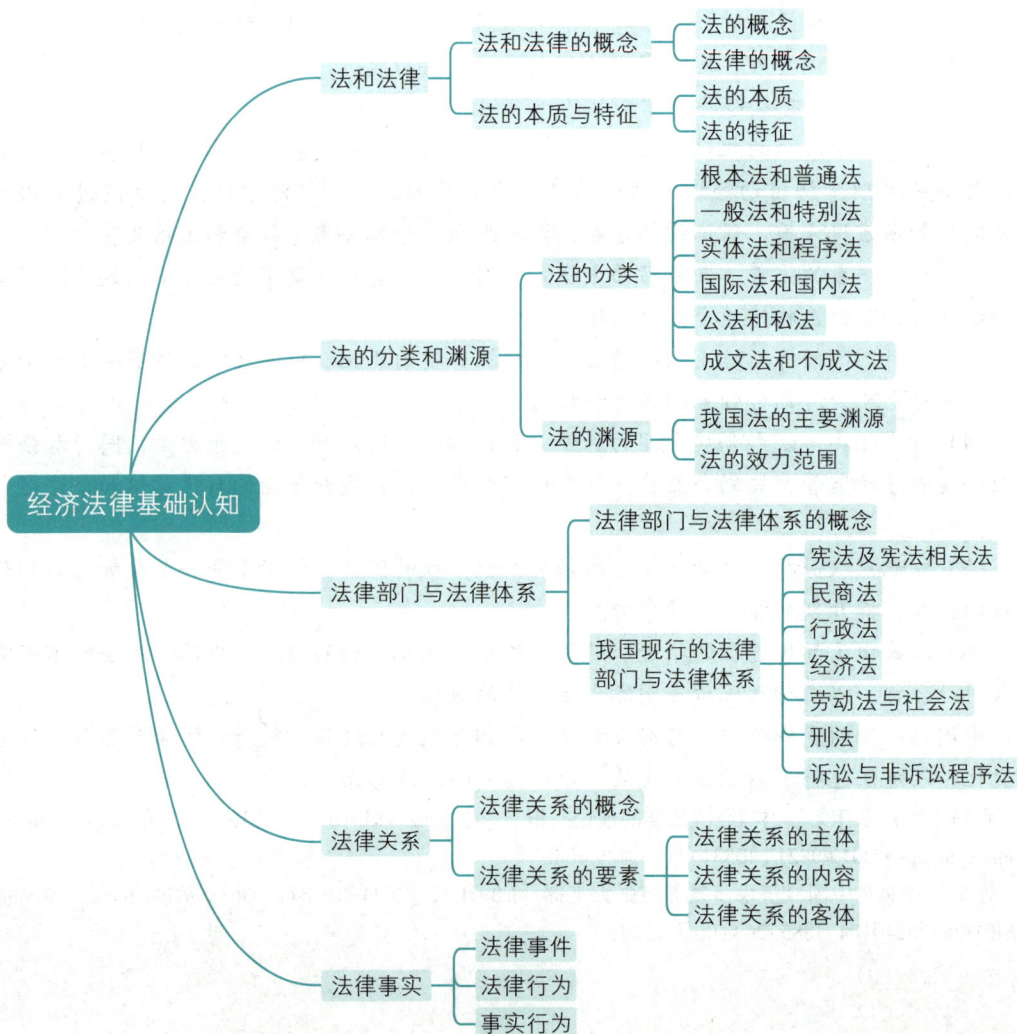

经济法律基础认知
- 法和法律
  - 法和法律的概念
    - 法的概念
    - 法律的概念
  - 法的本质与特征
    - 法的本质
    - 法的特征
- 法的分类和渊源
  - 法的分类
    - 根本法和普通法
    - 一般法和特别法
    - 实体法和程序法
    - 国际法和国内法
    - 公法和私法
    - 成文法和不成文法
  - 法的渊源
    - 我国法的主要渊源
    - 法的效力范围
- 法律部门与法律体系
  - 法律部门与法律体系的概念
  - 我国现行的法律部门与法律体系
    - 宪法及宪法相关法
    - 民商法
    - 行政法
    - 经济法
    - 劳动法与社会法
    - 刑法
    - 诉讼与非诉讼程序法
- 法律关系
  - 法律关系的概念
  - 法律关系的要素
    - 法律关系的主体
    - 法律关系的内容
    - 法律关系的客体
- 法律事实
  - 法律事件
  - 法律行为
  - 事实行为

◆ **预备知识** ◆◆◆

习近平总书记在党的二十大报告中强调，坚持全面依法治国，推进法治中国建设。全面依法治国，就是要把国家各项事业纳入法治轨道，保证广大人民群众依照宪法和法律的规定，通过各种途径和形式管理国家事务，管理经济和文化事业，管理社会事务，保证国家各项工作都依法进行，逐步实现社会主义民主的制度化、法律化。

一、法和法律

（一）法和法律的概念

1.法的概念

法作为一种特殊的社会规范，是人类社会发展的产物。一般来说，法是由国家制定或认可，以权利义务为主要内容，由国家强制力保证实施的社会行为规范及其相应的规范性文件的总称。

微课

什么是法？
什么是经济法？

2.法律的概念

狭义的法律专指拥有立法权的国家机关（国家立法机关）依照法定权限和程序制定颁布的规范性文件；广义的法律则指法的整体。

（二）法的本质与特征

1.法的本质

法是统治阶级的国家意志的体现。法不是超阶级的产物，社会各阶级的意志不都能体现为法，法只能是统治阶级意志的体现。

2.法的特征

法作为一种特殊的行为规则和社会规范，不仅具有行为规则、社会规范的一般共性，还具有自己的特征，其特征见表1-1。

表1-1　　　　　　　　　　　　　　　　　法的特征

法的四性	具体内容
（1）国家意志性	法是由国家"制定"或"认可"的规范
（2）强制性	法由国家"强制力"保证其获得普遍遵行
（3）规范性	法规范人们在社会关系中的"权利和义务"
（4）明确公开性和普遍约束性	法是明确公开的，且对全社会各阶层具有普遍约束力

二、法的分类和渊源

（一）法的分类

根据不同的标准，可以对法作不同的分类，见表1-2。

表1-2   法的分类

划分标准	法的分类
根据法的内容、效力和制定程序划分	根本法和普通法
根据法的空间效力、时间效力或对人的效力划分	一般法和特别法
根据法的内容划分	实体法和程序法
根据法的主体、调整对象和渊源划分	国际法和国内法
根据法律运用的目的划分	公法和私法
根据法的创制方式和表现形式划分	成文法和不成文法

（二）法的渊源

1.我国法的主要渊源

法的渊源，即法学上所称的法的形式，是指法的具体表现形态。法的形式的种类，主要是依据创制法的国家机关的不同、创制方式的不同而进行划分的，法的形式见表1-3。

表1-3   法的形式

形式		制定机关	名称规律
宪法		全国人大	
法律		全国人大——基本法律 全国人大常委会——其他法律	××法
法规	行政法规	国务院	××条例、规定、办法
	地方性法规 （自治条例和单行条例）	地方人大及其常委会	××地方××条例
规章	部门规章	国务院各部委	××办法、××条例实施细则
	地方政府规章	地方人民政府	××地方××办法
效力排序		宪法>法律>行政法规>地方性法规>同级和下级地方政府规章	

2.法的效力范围

（1）上位法优于下位法：宪法至上原则、法律高于法规原则、法规高于规章原则、行政法规高于地方性法规原则。

（2）特别法优于一般法。

（3）新法优于旧法。

（4）新的一般规定与旧的特殊规定不一致的情形：

①法律与法律：全国人大常委会裁决。

②行政法规与行政法规：国务院裁决。

③法律与行政法规：全国人大常委会裁决。

④地方性法规、规章：

a.同一机关制定的：制定机关裁决。

b.部门规章之间、部门规章与地方政府规章不一致：国务院裁决。

c.地方性法规与部门规章之间对同一事项的规定不一致：由国务院提出意见→国务院

认为应当适用地方性法规→适用地方性法规；由国务院提出意见→认为应当适用部门规章→提请全国人大常委会裁决。

三、法律部门与法律体系

（一）法律部门与法律体系的概念

法律部门又称部门法，是指根据一定标准和原则所划分的同类法律规范的总称。一个国家现行的法律规范分类组合为若干法律部门，由这些法律部门组成的具有内在联系的、互相协调的统一整体即为法律体系。

（二）我国现行的法律部门与法律体系

我国现行法律体系大体可以划分为以下法律部门：

（1）宪法及宪法相关法；

（2）民商法；

（3）行政法；

（4）经济法；

（5）劳动法与社会法；

（6）刑法；

（7）诉讼与非诉讼程序法。

四、法律关系

（一）法律关系的概念

法律关系是法律规范在调整人们的行为过程中所形成的一种特殊的社会关系，即法律上的权利与义务关系。

（二）法律关系的要素

微课

法律关系是由法律关系的主体、法律关系的内容和法律关系的客体三个要素构成的。缺少其中任何一个要素，都不能构成法律关系。实践中有时看似简单的经济活动中，往往包含着多重法律关系。

法律关系
三要素

例如，通过手机App点外卖这一个行为中就包含着多个法律关系。第一，基础关系是饭店和手机App经营平台事先存在的电子商务服务合同关系；第二，手机所有人通过下载注册App，与手机App经营平台形成了信息服务合同关系；第三，使用App点单时，点单人与饭店形成了餐饮服务合同关系；第四，经营平台与外卖骑手之间形成劳务合作法律关系；第五，在点单人、饭店和经营平台之间又形成运输服务合同关系。

1.法律关系的主体

法律关系的主体，是指参加法律关系，依法享有权利和承担义务的当事人。

2.法律关系的内容

法律关系的内容是指法律关系主体所享有的权利和承担的义务。

（1）法律权利是指法律关系主体依法享有的权益，表现为权利享有者依照法律规定有权自主决定作出或者不作出某种行为、要求他人作出或者不作出某种行为和一旦被侵犯，有权请求国家予以法律保护。依法享有权利的主体称为权利主体或权利人。

（2）法律义务是指法律关系主体依照法律规定所担负的必须作出某种行为或者不得作

出某种行为的负担或约束。依法承担义务的主体称为义务主体或义务人。

3.法律关系的客体

（1）法律关系客体的概念。

法律关系客体是指法律关系主体的权利和义务所指向的对象。

（2）法律关系客体的内容和范围。

法律关系客体应当具备的特征是能为人类所控制并对人类有价值。一般认为，法律关系的客体主要包括物、人身人格、行为等几类。

五、法律事实

法律事实是指由法律规范所确定的，能够产生法律后果，即能够直接引起法律关系发生、变更或者消灭的情况。按照是否以当事人的意志为转移作标准，可以将法律事实划分为法律事件、法律行为和事实行为。

微课

法律事实

（一）法律事件

法律事件是指不以当事人的主观意志为转移的，能够引起法律关系发生、变更和消灭的法定情况或者现象，法律事件的分类见表1-4。

表1-4　　　　　　　　　　　　　　　法律事件的分类

分类	别称	具体内容
自然现象	绝对事件	地震、洪水、台风、森林大火等自然灾害
		生、老、病、死
		意外事故
社会现象	相对事件	社会革命、战争、重大政策的改变等

（二）法律行为

法律行为是指以法律关系主体意志为转移，能够引起法律后果，即引起法律关系发生、变更和消灭的人们有意识的活动。根据不同的标准，可以对法律行为作不同的分类，见表1-5。

表1-5　　　　　　　　　　　　　　　法律行为的分类

分类标准		分类内容	代表行为
行为是否合法		合法行为与违法行为	
行为的表现形式		积极行为与消极行为	
行为是否通过意思表示作出		意思表示行为	
		非意思表示行为	拾得遗失物、发现埋藏物
主体意思表示的形式		单方行为	遗嘱、行政命令
		多方行为	
行为是否需要特定形式或实质要件		要式行为与非要式行为	
主体实际参与行为的状态		自主行为与代理行为	
补充	是否存在对待的给付	有偿行为和无偿行为	
	法律行为间的依存关系	主法律行为和从法律行为	买卖+保证合同

（三）事实行为

事实行为与法律关系主体的意思表示无关，常见的事实行为有无因管理行为、正当防卫行为、紧急避险行为以及侵权行为、违约行为、遗失物的拾得行为、埋藏物的发现行为等。

【学思践悟】某市民小王，在一次购物过程中发现商家存在价格欺诈行为。面对这种情况，小王没有选择忍气吞声，而是积极学习了相关法律法规，并勇敢地向相关部门举报了商家的违法行为。他的这一法律行为，不仅维护了自身的合法权益，也彰显了公民的法律意识和责任感。

党的二十大报告强调了全面依法治国的重要性，倡导每个人都要成为法治的忠实崇尚者、自觉遵守者、坚定捍卫者。小王通过法律行为，不仅践行了这一理念，还以实际行动促进了社会公平正义，维护了市场经济的良好秩序。

这一案例激励我们在日常生活中要深入学习法律知识，增强法治意识，积极运用法律武器维护自身权益，同时也要自觉遵守法律法规，共同营造一个尊法、学法、守法、用法的良好氛围。让我们携手努力，为法治社会的建设贡献自己的力量。

任务实施

会计周某购买虚假发票入账的行为和其单位领导授意的行为均构成法律行为，属于违法行为，也属于积极行为。

任务二 经济法律主体认知

任务布置

民事行为能力与民事法律关系

张某今年17岁，在本镇的啤酒厂做临时工，每月有2 600元的收入。为了上班方便，张某在镇里租了一间房。今年7月，张某未经其父母同意，欲花500元钱从李某处买一台旧彩电，此事遭到了其父母的强烈反对，但李某还是买了下来。今年10月，张某因患精神分裂症丧失了民事行为能力。随后，其父找到李某，认为他们之间的买卖无效，要求李某返还钱款，拿走彩电。

任务：（1）分析此买卖是否有效；

（2）分析本案中买卖法律关系的构成要素。

任务思维导图

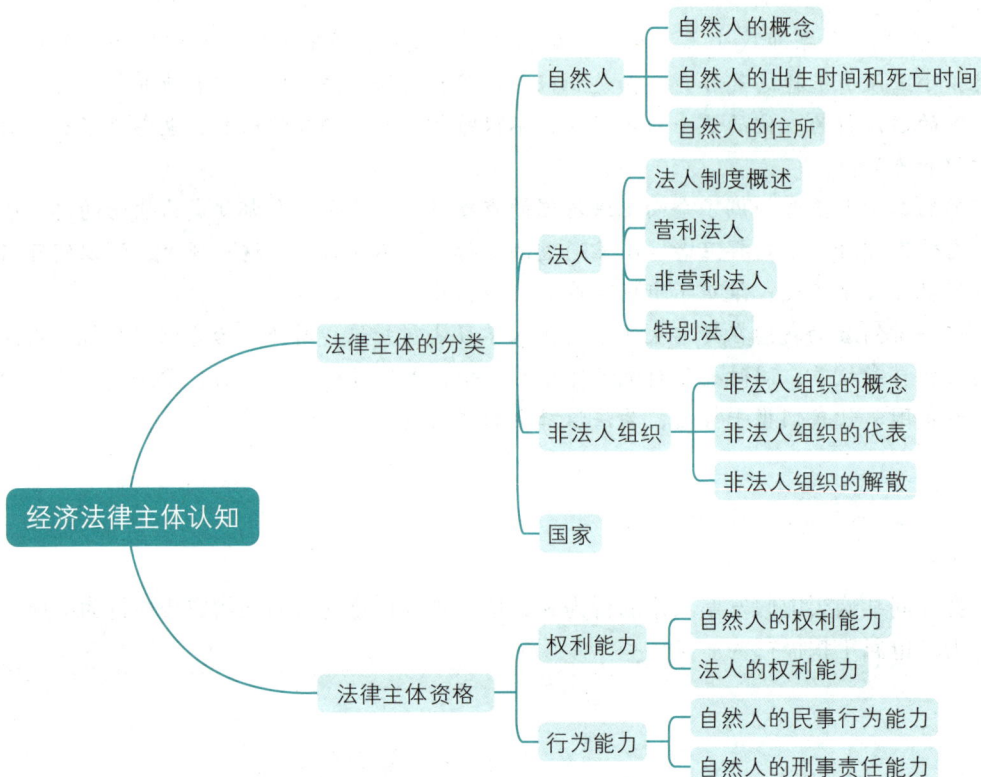

```
经济法律主体认知
├── 法律主体的分类
│   ├── 自然人
│   │   ├── 自然人的概念
│   │   ├── 自然人的出生时间和死亡时间
│   │   └── 自然人的住所
│   ├── 法人
│   │   ├── 法人制度概述
│   │   ├── 营利法人
│   │   ├── 非营利法人
│   │   └── 特别法人
│   ├── 非法人组织
│   │   ├── 非法人组织的概念
│   │   ├── 非法人组织的代表
│   │   └── 非法人组织的解散
│   └── 国家
└── 法律主体资格
    ├── 权利能力
    │   ├── 自然人的权利能力
    │   └── 法人的权利能力
    └── 行为能力
        ├── 自然人的民事行为能力
        └── 自然人的刑事责任能力
```

预备知识

一、法律主体的分类

法律主体，也称法律关系主体，是指参加法律关系，依法享有权利和承担义务的当事人。

（一）自然人

1.自然人的概念

自然人，是指具有生命的个体的人，即生物学上的人，是基于出生而取得主体资格的人。既包括中国公民，也包括居住在中国境内或在境内活动的外国公民和无国籍人。公民是指具有一国国籍的自然人。

2.自然人的出生时间和死亡时间

自然人的出生时间和死亡时间，以出生证明、死亡证明记载的时间为准；没有出生证明、死亡证明的，以户籍登记或者其他有效身份登记记载的时间为准。有其他证据足以推翻以上记载时间的，以该证据证明的时间为准。自然人在出生之前也可以成为特殊法律关系的主体。例如《中华人民共和国民法典》规定：涉及遗产继承、接受赠与等胎儿利益保护的，胎儿视为具有民事权利能力。

3.自然人的住所

自然人以户籍登记或者其他有效身份登记记载的居所为住所；经常居所与住所不一致的，经常居所视为住所。

（二）法人

1.法人制度概述

法人制度是指法律赋予符合条件的团体以法律人格，使团体的人格与成员的人格独立开来，从而使这些团体成为独立的民事主体。

（1）法人的概念与成立。

法人是具有民事权利能力和民事行为能力，依法独立享有民事权利和承担民事义务的组织。法人应当依法成立，应当有自己的名称、组织机构、住所、财产或者经费。法人的名称是法人独立于其成员的人格标志，是法人参与法律活动时得以区别于其他法人的特定化标志。

（2）法人的分类。

法人分为营利法人、非营利法人和特别法人，具体分类见表1-6。

表1-6　　　　　　　　　　　　　　法人的分类

类型		具体包括
营利法人	公司制	有限责任公司、股份有限公司
	非公司制	没有采用公司制的全民所有制企业、集体所有制企业等
非营利法人	事业单位法人	公办医院、学校等
	社会团体法人	各类协会、学会等
	捐助法人和宗教活动场所法人	基金会、社会服务机构、寺院、宫观、清真寺、教堂等
特别法人	机关法人	各级国家机关
	农村集体经济组织法人	生产队
	城镇农村的合作经济组织法人	农民合作社
	基层群众性自治组织法人	居委会、村委会

（3）法人的法定代表人。

依照法律或者法人章程的规定，代表法人从事民事活动的负责人，为法人的法定代表人。法定代表人以法人名义从事的民事活动，其法律后果由法人承受。

（4）法人设立中的责任承担。

设立人为设立法人从事的民事活动，其法律后果由法人承受；法人未成立的，其法律后果由设立人承受，设立人为二人以上的，享有连带债权，承担连带债务。

（5）法人的合并和分立。

①合并。

法人合并的，其权利和义务由合并后的法人享有和承担。

②分立。

法人分立的，其权利和义务由分立后的法人享有连带债权，承担连带债务，但是债权人和债务人另有约定的除外。

（6）法人解散和终止。

①法人解散的情形。

a.法人章程规定的存续期间届满或者法人章程规定的其他解散事由出现。

b.法人的权力机构决议解散。

c.因法人合并或者分立需要解散。

d.法人依法被吊销营业执照、登记证书，被责令关闭或者被撤销。

e.法律规定的其他情形。

②法人的终止。

a.依法需要办理法人注销登记的，清算结束并完成法人注销登记时，法人终止。

b.依法不需要办理法人注销登记的，清算结束时，法人终止。

c.法人被宣告破产的，依法进行破产清算并完成法人注销登记时，法人终止。

（7）法人的清算。

①法人解散的，除"合并、分立"外，清算义务人应当及时组成清算组进行清算。

②法人的董事、理事等为清算义务人，法律另有规定除外。

③清算义务人未及时清算，主管机关或利害关系人可以申请人民法院指定有关人员组成清算组进行清算。

④清算期间法人存续，但是不得从事与清算无关的活动。

⑤清算后的剩余财产，按照法人章程的规定或者法人权力机构的决议处理，法律另有规定除外。

（8）法人的分支机构。

法人可以依法设立分支机构。分支机构以自己的名义从事民事活动，产生的民事责任由法人承担；也可以先以该分支机构管理的财产承担，不足以承担的，由法人承担。

2.营利法人

（1）营利法人的概念与成立。

营利法人是指以取得利润并分配给股东等出资人为目的成立的法人。营利法人包括公司制营利法人和非公司制营利法人。公司制营利法人主要是有限责任公司、股份有限公司。非公司制营利法人主要是没有采用公司制的全民所有制企业、集体所有制企业等。

营利法人经依法登记成立。依法设立的营利法人，由登记机关发给营利法人营业执照。营业执照签发日期为营利法人的成立日期。营利法人从事经营活动，应当遵守商业道德，维护交易安全，接受政府和社会的监督，承担社会责任。

（2）营利法人的组织机构。

设立营利法人应当依法制定法人章程。营利法人应当设权力机构、执行机构、监督机构，营利法人的组织机构具体见表1-7。

表1-7　　　　　　　　　　　　营利法人的组织机构

组织机构	具体内容
权力机构（股东（大）会）	行使修改章程，选举或更换董事会、监事会成员等职权
执行机构（董事会或执行董事）	行使召集股东（大）会会议，决定公司的经营计划和投资方案，决定公司内部管理机构的设置等职权
监督机构（监事会或监事）	行使检查公司财务，监督董事、高级管理人员依法履行职责等职权

（3）营利法人的出资人。

营利法人的出资人不得滥用出资人权利损害法人或者其他出资人的利益；滥用出资人权利造成法人或者其他出资人损失的，应当依法承担民事责任。营利法人的出资人不得滥用法人独立地位和出资人有限责任损害法人债权人的利益；滥用法人独立地位和出资人有限责任，逃避债务，严重损害法人债权人的利益的，应当对法人债务承担连带责任。

3.非营利法人

（1）非营利法人的概念。

非营利法人是指为公益目的或者其他非营利目的成立，不向出资人、设立人或者会员分配所取得利润的法人。非营利法人包括事业单位、社会团体、基金会、社会服务机构等。

（2）事业单位。

按照《事业单位登记管理暂行条例》的规定，事业单位是指国家为了社会公益目的，由国家机关举办或者其他组织利用国有资产举办的，从事教育、科技、文化、卫生等活动的社会服务组织。具备法人条件，为适应经济社会发展需要，提供公益服务设立的事业单位，经依法登记成立，取得事业单位法人资格；依法不需要办理法人登记的，从成立之日起，具有事业单位法人资格。

（3）社会团体。

《社会团体登记管理条例》规定，社会团体，是指中国公民自愿组成，为实现会员共同意愿，按照其章程开展活动的非营利性社会组织。国家机关以外的组织可以作为单位会员加入社会团体。

（4）捐助法人和宗教活动场所法人。

捐助法人，是指具备法人条件，为公益目的以捐助财产设立的基金会、社会服务机构等组织。

宗教活动场所法人是指取得捐助法人资格的宗教活动场所，如寺院、宫观、清真寺、教堂等。信教公民的集体宗教活动，一般应当在经登记的宗教活动场所内进行。

4.特别法人

由于实践中有些法人的设立依据、目的、职能和责任最终承担等方面均与营利法人和非营利法人存在较大差别，所以立法中单列了一类法人即特别法人，主要包括机关法人、农村集体经济组织法人、城镇农村的合作经济组织法人、基层群众性自治组织法人。

（三）非法人组织

1.非法人组织的概念

非法人组织是指不具有法人资格但是能够依法以自己的名义从事民事活动的组织。非法人组织包括个人独资企业、合伙企业、不具有法人资格的专业服务机构等。非法人组织应当依照法律的规定登记。设立非法人组织，法律、行政法规规定须经有关机关批准的，依照其规定。

非法人组织的财产不足以清偿债务的，其出资人或者设立人承担无限责任。法律另有规定的，依照其规定。例如，合伙企业也具有自己的合伙财产。《中华人民共和国合伙企业法》规定，普通合伙企业中，合伙人的出资、以合伙企业名义取得的收益和依法取得的其他财产均为合伙企业的财产，在承担债务时，首先以合伙企业的财产承担责任，只有在合伙企业财产不足以承担责任时，才由各合伙人承担无限连带责任。

2.非法人组织的代表

非法人组织可以确定一人或者数人代表该组织从事民事活动。

3.非法人组织的解散

有下列情形之一的，非法人组织解散：

① 章程规定的存续期间届满或者章程规定的其他解散事由出现；

② 出资人或者设立人决定解散；

③ 法律规定的其他情形。

非法人组织解散的，应当依法进行清算。

（四）国家

在特殊情况下，国家可以作为一个整体成为法律主体。如在国内，国家是国家财产所有权唯一和统一的主体；在国际上，国家作为主权者，是国际公法关系的主体，也可以成为对外贸易关系中的债权人或债务人。

二、法律主体资格

法律主体资格包括权利能力和行为能力两个方面，法律主体资格见表1-8。

表1-8   法律主体资格

能力	界定
权利能力	法律主体"依法"享有一定权利和承担一定义务的法律"资格"
行为能力	法律主体能够"通过自己的行为"实际取得权利和履行义务的"能力"

（一）权利能力

1.自然人的权利能力

自然人从出生时起到死亡时止，具有民事权利能力，依法享有民事权利，承担民事义务。自然人的民事权利能力一律平等。

2.法人的权利能力

法人权利能力的范围由法人成立的宗旨和业务范围决定，自法人成立时产生，至法人终止时消灭。

（二）行为能力

行为能力，是指法律主体能够通过自己的行为实际取得权利和履行义务的能力。

1.自然人的民事行为能力

我国法律将自然人按其民事行为能力划分为三类，具体民事行为能力见表1-9。

表1-9　　　　　　　　　　　自然人按其民事行为能力的划分

民事行为能力	年龄	精神状态
无民事行为能力人	不满 8 周岁（<8）	"（完全）不能"辨认自己行为的成年人或 8 周岁以上的未成年人
限制民事行为能力人	8 周岁以上不满 18 周岁（≥8 且<18）	"不能完全"辨认自己行为的成年人
完全民事行为能力人	年满 18 周岁（≥18） 16 周岁以上的未成年人，以自己的劳动收入为主要生活来源（≥16 且<18）	

2.自然人的刑事责任能力

刑事责任能力指行为人构成犯罪和承担刑事责任所必须具备的刑法意义上辨认和控制自己行为的能力。具体的刑事责任能力见表1-10。

表1-10　　　　　　　　　　自然人按其刑事责任能力的划分

年龄	犯罪
已满 16 周岁（≥16）	全部
已满 14 周岁不满 16 周岁（≥14 且<16）	故意杀人、故意伤害致人重伤或者死亡、强奸、抢劫、贩卖毒品、放火、爆炸、投放危险物质罪
已满 12 周岁不满 14 周岁（≥12 且<14）	故意杀人、故意伤害罪，致人死亡或者以特别残忍手段致人重伤造成严重残疾，情节恶劣，经最高人民检察院核准追诉

【提示】因不满16周岁不予刑事处罚的，责令其父母或者其他监护人加以管教；在必要的时候，依法进行专门矫治教育。

从轻、减轻、免除处罚的具体规定见表1-11。

表1-11　　　　　　　　　　从轻、减轻、免除处罚的具体规定

犯罪群体		是否从轻、减轻、免除处罚
又聋又哑的人或者盲人犯罪		可以从轻、减轻或者免除处罚
已满 12 周岁不满 18 周岁的人犯罪（≥12 且<18）		应当从轻或者减轻处罚
已满 75 周岁的人（≥75）	故意犯罪	可以从轻或者减轻处罚
	过失犯罪	应当从轻或者减轻处罚
精神病人	尚未完全丧失辨认或者控制自己行为能力的精神病人犯罪	可以从轻或者减轻处罚
	不能辨认或者不能控制自己行为的时候造成危害结果，经法定程序鉴定确认的	不负刑事责任，但是应当责令他的家属或者监护人严加看管和医疗；在必要的时候，由政府强制医疗
	间歇性的精神病人在精神正常的时候犯罪	应当负刑事责任
醉酒的人犯罪		应当负刑事责任

【学思践悟】在党的二十大精神的引领下，某知名企业作为法律主体，在经营活动中始终坚守法治原则，严格遵循法律法规，不仅在商业竞争中保持诚信，更在社会责任履行上展现了出色的担当。该企业坚持依法纳税，不偷税漏税，树立了良好的企业形象；同

时，该企业还注重保护消费者权益，严格把控产品质量，为消费者提供安全、可靠的产品和服务。

此外，该企业还积极参与公益事业，通过捐款捐物、志愿服务等多种形式回馈社会，展现了法律主体的社会责任感和公民意识。这不仅是对法律主体诚信守法精神的生动诠释，更对全社会法治意识的提升和普及起到了积极作用。

由此，我们深刻认识到法律主体在法治社会中的重要地位和作用。作为法律主体，无论是企业还是个人，都应该树立法治意识，遵守法律法规，依法行使权利、履行义务，共同维护良好的法治环境。同时，我们还应该加强法治教育，提高全社会的法治素养，让法治成为每个人的自觉追求和行为准则，共同推动法治社会的建设和发展。

任务实施

（1）此买卖合同完全有效。因为合同成立时张某已满16周岁，并以自己的劳动收入为其主要生活来源，16周岁以上的未成年人，以自己的劳动收入为主要生活来源的，视为完全民事行为能力人。所以张某已经是完全民事行为能力人，可以独立实施法律行为，无须征得其父母同意。张某患上精神病丧失民事行为能力是在合同成立之后，这不影响他在此前所作出的民事法律行为的效力。

（2）本案中买卖法律关系的构成要素分别为：

①民事法律关系的主体：张某和李某。

②民事法律关系的客体：双方买卖的标的——旧彩电。

③民事法律关系的内容：张某有向李某交付购买旧彩电的价款500元的义务，及取得旧彩电的权利；李某有收取张某500元价款的权利和向张某交付旧彩电的义务。

任务三　经济法律责任认知

任务布置

朋友圈不是法外之地，虚假宣传将承担法律责任

某母婴用品店为促进"亲力素"牌乳铁蛋白产品的销售，在微信朋友圈中发布"乳铁蛋白可以有效抑制多种病毒感染，有科学研究报告为证"的广告宣传信息，一时间引起了众多消费者的关注和质疑。事实上，该母婴用品店根本提供不了其广告宣传信息的科学结论、权威报告等合法依据。

任务：分析母婴用品店进行虚假宣传的行为将要承担的法律责任。

任务思维导图

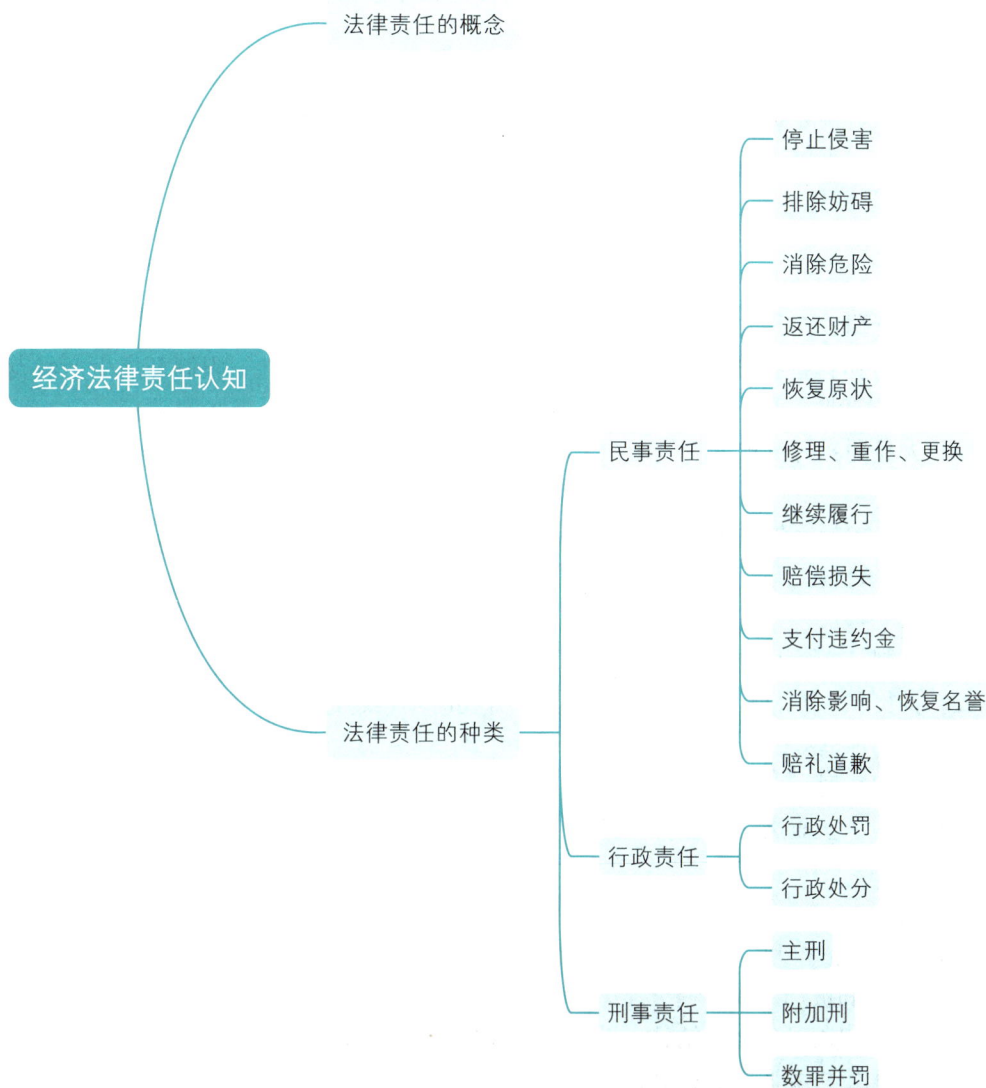

```
                          法律责任的概念

                                              停止侵害

                                              排除妨碍

                                              消除危险

                                              返还财产

                                              恢复原状

                                  民事责任      修理、重作、更换

经济法律责任认知                                继续履行

                                              赔偿损失

                                              支付违约金

                                              消除影响、恢复名誉

                          法律责任的种类        赔礼道歉

                                              行政处罚
                                  行政责任
                                              行政处分

                                              主刑
                                  刑事责任      附加刑

                                              数罪并罚
```

预备知识

一、法律责任的概念

法律责任这一概念可以从两个方面理解，即积极意义的法律责任与消极意义的法律责任。现行立法所用的法律责任是一种消极意义上的法律责任，是指法律主体由于违反法定或约定的义务而应承受的不利的法律后果，也称狭义的法律责任。

二、法律责任的分类

根据我国法律的有关规定，可将法律责任分为民事责任、行政责任和刑事责任三种。

（一）民事责任

停止侵害，排除妨碍，消除危险，返还财产，恢复原状，修理、重作、更换，继续履行，赔偿损失，支付违约金，消除影响、恢复名誉，赔礼道歉。

（二）行政责任

1.行政处罚

（1）声誉罚：警告、通报批评。

（2）财产罚：罚款、没收违法所得、没收非法财物。

（3）行为罚：暂扣许可证件、降低资质等级、吊销许可证件、限制开展生产经营活动、责令停产停业、责令关闭、限制从业。

（4）人身罚：行政拘留。

2.行政处分

行政处分包括警告、记过、记大过、降级、撤职、开除六类。

（三）刑事责任

1.主刑

（1）管制：3个月以上2年以下，数罪并罚时不得超过3年。

（2）拘役：1个月以上6个月以下，数罪并罚时不得超过1年。

（3）有期徒刑：6个月以上15年以下。

（4）无期徒刑。

（5）死刑：立即执行和缓期"2年"执行。

2.附加刑

（1）罚金。

（2）剥夺政治权利。

① 选举权和被选举权；

② 言论、出版、集会、结社、游行、示威自由的权利；

③ 担任国家机关职务的权利；

④ 担任国有公司、企业、事业单位和人民团体领导职务的权利。

（3）没收财产。

（4）驱逐出境。

3.数罪并罚

一人犯数罪的，除判处死刑和无期徒刑的以外，应当在总和刑期以下、数刑中最高刑期以上，酌情决定执行的刑罚，但是管制最高不能超过3年；拘役最高不能超过1年；有期徒刑总和刑期不满35年的，最高不能超过20年；总和刑期在35年以上的，最高不能超过25年。数罪中有判处附加刑的，附加刑仍须执行，其中附加刑种类相同的，合并执行，种类不同的，分别执行。

任务实施

（1）行政责任

《中华人民共和国反不正当竞争法》第八条规定：经营者不得对其商品的性能、功能、质量、销售状况、用户评价、曾获荣誉等作虚假或者引人误解的商业宣传，欺骗、误导消费者。经营者违反本法第八条规定，属于发布虚假广告的，依照《中华人民共和国广告法》的规定处罚。

根据上述法律规定，该母婴用品店利用网络对其销售的"亲力素"牌乳铁蛋白产品的性能、功能进行引人误解的商业宣传，欺骗、误导消费者，并且不能向市场监督管理部门提供其广告宣传信息的科学结论、权威报告等合法依据。可以认定经营者进行不真实的宣传，存在违反诚实信用原则的不正当竞争行为，属于行政违法行为，应该依法按照《中华人民共和国反不正当竞争法》和《中华人民共和国广告法》的相关规定进行处罚。

（2）民事责任

如该母婴用品店存在基于虚假广告宣传误导消费者购买商品的事实，则该母婴店的行为侵犯了消费者的合法权益，在法律上属于侵权责任以及合同责任的竞合。消费者可以根据《中华人民共和国广告法》和《中华人民共和国消费者权益保护法》的相关规定，要求该母婴用品店进行赔偿。

（3）刑事责任

如该母婴用品店利用网络进行虚假广告宣传的行为具有《最高人民检察院、公安部关于公安机关管辖的刑事案件立案追诉标准的规定（二）》所规定情形之一，则该母婴用品店或者其实际经营者的行为达到法律规定的情节严重的情形，其行为触犯了《中华人民共和国刑法》第二百二十二条之规定，涉嫌虚假广告罪，可能判处2年以下有期徒刑或者拘役，并处或者单处罚金。

行业规范测试一

项目二

会计实务中的经济法

素养目标

- 在依法治国的背景下，遵循会计法律法规，依法办事
- 理解会计准则体系的发展趋势，必须走"国际化+中国特色"道路，制度自信是中国梦实现的根本保障
- 树立遵纪守法的法治观念和诚实守信的会计职业道德
- 学生通过会计职业道德学习，进行自我教育、自我改造、自我锻炼、自我提高

知识目标

- 会计法律制度概述
- 会计核算与监督
- 会计机构与会计人员
- 会计法律责任

工作任务

序号	任务分解	任务执行	技能目标
1	会计法律制度概述	◆ 了解会计法律制度的概念 ◆ 了解会计法律制度的适用范围 ◆ 了解会计工作管理体制	
2	会计核算与会计监督	◆ 掌握会计核算 ◆ 了解会计档案管理 ◆ 掌握会计监督	◆ 通过学习会计核算监督内容，能正确地行使会计核算监督职能
3	会计机构和会计人员	◆ 了解会计机构 ◆ 了解代理记账 ◆ 了解会计岗位的设置	
4	会计法律责任	◆ 了解违反国家统一的会计制度行为的法律责任	◆ 通过法律责任的学习，能够辨别不同法律行为所应该承担的法律责任

项目导言

"诚实守信"——会计的"生命线"

市场经济条件下，诚信既是道德资源，又是经济资源，诚信在保障交易正常进行中具

有重要作用。进入市场经济以后，随着社会分工的细化和交换方式的发展，人们很难再游离于社会经济之外，因而具有更为明显的社会性和现实性。诚信也被赋予了更多的物质内容，从道德追求进入到物质生活领域。这种诚信理念推动了经济发展和社会进步。如果传统文化的诚信强调内在品德修养，那么现代诚信则更强调"互利"和"双赢"。因此，诚信在伦理学家看是道德资源，在经济学家看则是经济资源，是市场经济正常运行的基础。在经济活动中，若道德缺失，信用遭破坏，就会导致市场秩序混乱，交易链条中断。如作为市场经济核心的银行，信用就是其发展的基础。离开信用，股票、债券及其他金融衍生工具也都无法发展。而且市场经济越发展，诚信的作用越重要。纵观中外的成功企业，都把诚信作为追求和必备的品质之一，无一不是以诚信为本而发展壮大的。

诚信原则在会计行业中更显得尤为重要，正像中国现代会计之父潘序伦先生指出的那样，"立信，乃会计之本；没有信用，也就没有会计"，把信用作为会计工作的生命线，诚信不仅是一种责任，更与重大利益相关。守信者将得到更多的利益，失信者必将付出高昂的代价。对会计行业而言，诚信既是财富，又是财源，还是财力。诚信是财富，是指它有助于会计业务的开拓，市场的占有；诚信是财源，是指它不仅可以使客户增多，扩大实力，而且可以使同行合作者增多，在合作中取得利润；诚信是财力，是指诚信品牌是一种巨大的无形资产。诚信是目前中国最需要的，而会计诚信更是我们经济生活中不可缺少的。

资料来源：罗时峰. 论会计的诚信原则 ［EB/OL］. ［2021-09-18］. https://www.chinaacc.com/tougao/article/2005/12/9471354941241215002136 80.html.

任务一　会计法律制度认知

任务布置

会计档案如何保管移交

A公司调整内部机构，会计李某被调离会计工作岗位，到公司档案管理部门负责会计档案保管工作，离岗前与接替者王某在财务科长的监交下办妥了会计工作交接手续。李某负责会计档案工作后，公司档案管理部门会同财务科对已到期会计资料编造清册，报请公司负责人批准后，由李某自行销毁。财政部门对该公司进行检查时，发现该公司原会计李某所记的账目中有会计造假情况，在会计交接时接替人王某并未及时发现这一问题。财政部门在调查时，原会计李某说，已经办理会计交接手续，现任会计王某和财务科长均在移交清册上签了字，自己不再承担任何责任。

任务：（1）分析公司销毁档案的做法是否正确，原会计李某的说法是否正确。

（2）简述会计人员在交接工作过程中应提示的工作。

（3）分析单位负责人对会计造假行为是否有责任，应承担哪些责任。

任务思维导图

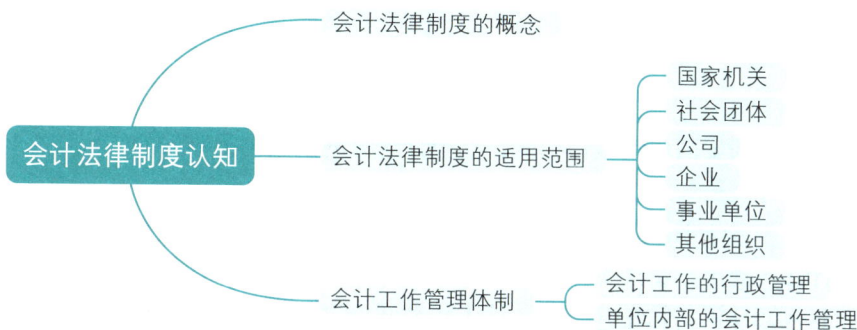

```
                              ┌── 会计法律制度的概念
                              │
                              │                      ┌── 国家机关
                              │                      ├── 社会团体
┌──────────────┐             │                      ├── 公司
│ 会计法律制度认知 │──────────┼── 会计法律制度的适用范围 ┤
└──────────────┘             │                      ├── 企业
                              │                      ├── 事业单位
                              │                      └── 其他组织
                              │
                              └── 会计工作管理体制 ┬── 会计工作的行政管理
                                                └── 单位内部的会计工作管理
```

预备知识

一、会计法律制度的概念

会计法律制度，是指国家权力机关和行政机关制定的关于会计工作的法律、法规、规章和其他规范性文件的总称。会计法律制度是调整会计关系的法律规范。

为规范会计行为，保证会计工作的有序进行，国家陆续颁布了一系列会计法律、法规和规章，如《中华人民共和国会计法》（以下简称《会计法》）、《总会计师条例》、《会计人员管理办法》、《会计档案管理办法》以及企业会计准则及其解释等。这些构成了我国会计法律制度的主要内容。

微课

会计信息质量
要求

二、会计法律制度的适用范围

国家机关、社会团体、公司、企业、事业单位和其他组织（以下统称"单位"）办理会计事务必须依照《会计法》的规定。

《会计法》规定，国家实行统一的会计制度，即国务院财政部门根据《会计法》制定并公布的关于会计核算、会计监督、会计机构和会计人员以及会计工作管理的制度。

三、会计工作管理体制

（一）会计工作的行政管理

会计工作的主管部门，是指代表国家对会计工作行使管理职能的政府部门。《会计法》规定：国务院财政部门主管全国的会计工作。县级以上地方各级人民政府财政部门管理本行政区域内的会计工作。

（二）单位内部的会计工作管理

单位负责人对本单位的会计工作和会计资料的真实性、完整性负责。

单位负责人是指单位法定代表人或者法律、行政法规规定代表单位行使职权的主要负责人。单位负责人应当保证会计机构、会计人员依法履行职责，不得授意、指使、强令会计机构、会计人员违法办理会计事项。

任务实施

（1）公司销毁档案的做法是错误的，原会计李某的说法也是错误的。

（2）财务会计人员在交接工作过程中应提示：

①会计凭证、会计账簿、财务会计报告和其他会计资料必须完整无缺，不得遗漏；

②《会计法》规定，交接工作完成后，移交人员所移交的会计凭证、会计账簿、财务会计报告和其他会计资料是在其经办会计工作期间内发生的，其应对这些会计资料的真实性、完整性负责；

③接替人员在交接时因疏忽没有发现的交接会计资料的真实性、完整性等问题，事后发现仍由原移交人负责。

（3）单位负责人对会计造假行为应承担责任。

①《会计法》规定单位负责人对本单位的会计工作和会计资料的真实性、完整性负责；

②单位负责人应保证会计机构、会计人员依法履行职责，不得授意、指使、强令会计机构、会计人员违法办理会计事项。

任务二　会计核算与会计监督职责

任务布置

会计核算与监督职责

某公司发生如下事项：

（1）李强担任公司出纳，在办理报销工作中，发现采购科送来报销的3张由购货方开具的发票有更改现象，其中2张发票分别更改了数量和用途，另外1张发票更改了金额；该3张发票的更改处均盖有业务印章。尽管李强开始时犹豫了一下，但考虑到3张发票已经公司总经理、财务科长签字同意，最后均予以报销。

（2）公司财务科团支部组织了一次财务工作汇报会，会上，李强说："《中华人民共和国会计法》规定了公司领导应对单位会计信息的真实性负责，作为一般会计人员应该服从领导的安排，领导让干啥就干啥，公司的一些业务也没有必要去问个明白，领导签字同意就给报销，只要两袖清风，不贪不占，就能把会计工作做好。"

任务：（1）判断李强对3张更改的发票予以报销的做法是否正确。

（2）判断李强在会上说的话是否正确。

任务思维导图

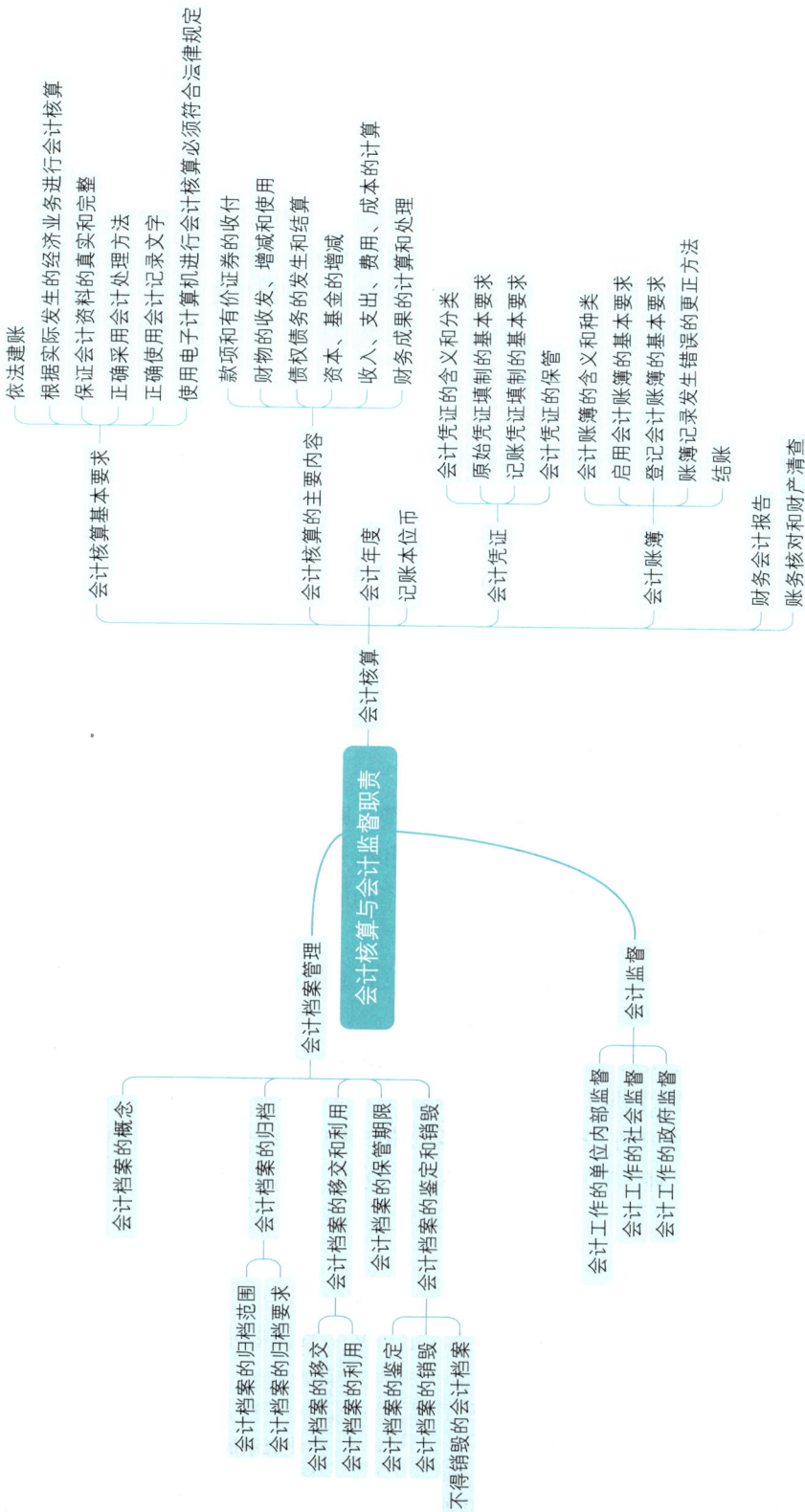

会计核算与会计监督职责

会计核算
- 会计核算基本要求
  - 依法建账
  - 根据实际发生的经济业务进行会计核算
  - 保证会计资料的真实和完整
  - 正确采用会计处理方法
  - 正确使用会计记录文字
  - 使用电子计算机进行会计核算必须符合合法律规定
- 会计核算的主要内容
  - 款项和有价证券的收付
  - 财物的收发、增减和使用
  - 债权债务的发生和结算
  - 资本、基金的增减
  - 收入、支出、费用、成本的计算
  - 财务成果的计算和处理
- 会计年度
- 记账本位币
- 会计凭证
  - 会计凭证的含义和分类
  - 原始凭证填制的基本要求
  - 记账凭证填制的基本要求
  - 会计凭证的保管
- 会计账簿
  - 会计账簿的含义和种类
  - 启用会计账簿的基本要求
  - 登记会计账簿的基本要求
  - 账簿记录发生错误的更正方法
  - 结账
- 财务会计报告
- 账务核对和财产清查

会计档案管理
- 会计档案的概念
- 会计档案的归档
  - 会计档案的归档范围
  - 会计档案的归档要求
- 会计档案的移交和利用
  - 会计档案的移交
  - 会计档案的利用
- 会计档案的保管期限
- 会计档案的鉴定和销毁
  - 会计档案的鉴定
  - 会计档案的销毁
  - 不得销毁的会计档案

会计监督
- 会计工作的单位内部监督
- 会计工作的社会监督
- 会计工作的政府监督

预备知识 ●●●

一、会计核算

会计核算，是指以货币为主要计量单位，运用专门的会计方法，对生产经营活动或预算执行过程及其结果进行连续、系统、全面的记录、计算、分析，定期编制并提供财务会计报告和其他会计资料，为经营决策和宏观经济管理提供依据的一项会计活动。会计核算是会计工作的基本职能之一，是会计工作的重要环节。

微课

会计核算
基本原则

（一）会计核算基本要求

1. 依法建账

（1）各单位应当按照《会计法》和国家统一的会计制度规定建立会计账册，进行会计核算。

（2）各单位发生的各项经济业务事项应当统一进行会计核算，不得违反规定私设会计账簿进行登记、核算。

2. 根据实际发生的经济业务进行会计核算

《会计法》规定，各单位必须根据实际发生的经济业务事项进行会计核算，填制会计凭证，登记会计账簿，编制财务会计报告。会计核算以实际发生的经济业务为依据，体现了会计核算的真实性和客观性要求。

3. 保证会计资料的真实和完整

会计资料，主要是指会计凭证、会计账簿、财务会计报告等会计核算专业资料。会计资料的真实性，主要是指会计资料所反映的内容和结果，应当同单位实际发生的经济业务的内容及其结果相一致。会计资料的完整性，主要是指构成会计资料的各项要素都必须齐全，以使会计资料如实、全面地记录和反映经济业务发生情况。会计资料的真实性和完整性，是会计资料最基本的质量要求，是会计工作的生命，各单位必须保证所提供的会计资料真实和完整。

4. 正确采用会计处理方法

会计处理方法是指在会计核算中所采用的具体方法。采用不同的会计处理方法，会影响会计资料的一致性和可比性，进而影响会计资料的使用。因此，各单位的会计核算应当按照规定的会计处理方法进行，保证会计指标的口径一致、相互可比和会计处理方法的前后各期一致，不得随意变更；确有必要变更的，应当按照国家统一的会计制度的规定变更，并将变更的原因、情况及影响在财务会计报告中说明。

5. 正确使用会计记录文字

会计记录文字是指在进行会计核算时，为记载经济业务发生情况和辅助说明会计数字所体现的经济内涵而使用的文字。会计记录文字具体要求见表2-1。

表2-1　　　　　　　　　　　会计记录文字具体要求

分　类	具体要求
一般情况	会计记录的文字应当使用中文
民族自治地方	会计记录可以同时使用当地通用的一种民族文字
中国境内的外商投资企业、外国企业和其他外国组织	会计记录可以同时使用一种外国文字

6.使用电子计算机进行会计核算必须符合法律规定

使用电子计算机进行会计核算，即会计电算化，是将以电子计算机为主的当代电子和信息技术应用于会计工作的简称，是采用电子计算机替代手工记账、算账、报账，以及对会计资料进行电子化分析和利用的现代记账手段。

为保证计算机生成的会计资料真实、完整和安全，《会计法》规定，使用电子计算机进行会计核算的，其软件及其生成的会计凭证、会计账簿、财务会计报告和其他会计资料，必须符合国家统一的会计制度的规定。

（二）会计核算的主要内容

会计核算的内容，是指应当进行会计核算的经济业务事项。会计核算的主要内容见表2-2。

表2-2　　　　　　　　　　　　会计核算的主要内容

核算内容	归属会计要素
款项和有价证券的收付	资产
财物的收发、增减和使用	
债权的发生和结算	
债务的发生和结算	负债
资本、基金的增减	所有者权益
收入、支出、费用、成本的计算	收入、费用
财务成果的计算和处理	利润

（三）会计年度

会计年度，是指以年度为单位进行会计核算的时间区间，是反映单位财务状况、核算经营成果的时间界限。根据《会计法》的规定，我国以公历年度为会计年度，即以每年公历的1月1日起至12月31日止为一个会计年度。每一个会计年度还可以按照公历日期具体划分为半年度、季度、月度。

（四）记账本位币

记账本位币，是指日常登记账簿和编制财务会计报告用以计量的货币，也就是单位进行会计核算业务时所使用的货币。记账本位币的具体要求见表2-3。

表2-3　　　　　　　　　　　　记账本位币的具体要求

分类	具体要求	
一般情况	会计核算以人民币为记账本位币	
业务收支以人民币以外的货币为主的单位	日常核算	可以选定其中一种货币作为记账本位币
	编报的财务会计报告	应当折算为人民币

（五）会计凭证

1.会计凭证的含义和分类

会计凭证，是指具有一定格式、用以记录经济业务事项发生和完成情况，明确经济责任，并作为记账凭证的书面证明，是会计核算的重要会计资料。会计凭证按其来源和用途，分为原始凭证和记账凭证两种。

2.原始凭证填制的基本要求

原始凭证，又称单据，是指在经济业务发生时，由业务经办人员直接取得或者填制，用以表明某项经济业务已经发生或其完成情况并明确有关经济责任的一种原始凭据，如发票。原始凭证是会计核算的原始依据，来源于实际发生的经济业务事项。

原始凭证必须具备以下内容：

①凭证的名称；

②填制凭证的日期；

③填制凭证单位名称或者填制人姓名；

④经办人员的签名或者盖章；

⑤接受凭证单位名称；

⑥经济业务内容；

⑦数量、单价和金额。

原始凭证的具体要求如下：

◆ 从外单位取得的原始凭证，必须盖有填制单位的公章。

◆ 从个人取得的原始凭证，必须有填制人员的签名或者盖章。

◆ 自制原始凭证必须有经办单位领导人或者其指定的人员签名或者盖章。

◆ 对外开出的原始凭证，必须加盖本单位公章。

◆ 凡填有大写和小写金额的原始凭证，大写与小写金额必须相符。

◆ 购买实物的原始凭证，必须有验收证明。

◆ 支付款项的原始凭证，必须有收款单位和收款人的收款证明。

◆ 一式几联的原始凭证，应当注明各联的用途，只能以一联作为报销凭证。

◆ 发生销货退回的，除填制退货发票外，还必须有退货验收证明；退款时，必须取得对方的收款收据或者汇款银行的凭证，不得以退货发票代替收据。

◆ 经上级有关部门批准的经济业务，应当将批准文件作为原始凭证附件。

◆ 如果批准文件需要单独归档，应当在凭证上注明批准机关名称、日期和文件字号。

会计机构、会计人员必须按照国家统一的会计制度的规定对原始凭证进行审核，对不真实、不合法的原始凭证有权不予接受，并向单位负责人报告；对记载不准确、不完整的原始凭证予以退回，并要求按照国家统一的会计制度的规定更正、补充。原始凭证记载的各项内容均不得涂改；原始凭证有错误的，应当由出具单位重开或者更正，更正处应当加盖出具单位印章。原始凭证金额有错误的，应当由出具单位重开，不得在原始凭证上更正。

【例2-1】某公司从外地购买了一批原材料，收到发票后，与实际支付款项进行核对时发现发票金额错误，经办人员因急于休假，在交接工作时，一时找不到销售方有关人员了解情况，因此自行在原始凭证上进行了更改，写明情况并加盖了自己的印章，拟作为原始凭证据以入账。

【要求】分析上述做法有无不妥之处。

【解析】公司经办人员自行更改原始凭证金额的做法不符合规定。根据《会计基础工作规范》的规定，原始凭证金额有错误的，应当由出具单位重开，不得在原始凭证上更正。本例中经办人员应当找到外地销售方重新开具发票。

3.记账凭证填制的基本要求

记账凭证，亦称传票，是指对经济业务事项按其性质加以归类，确定会计分录，并据以登记会计账簿的凭证。它具有分类归纳原始凭证和满足登记会计账簿需要的作用。记账凭证可以分为收款凭证、付款凭证和转账凭证，也可以使用通用记账凭证。

记账凭证应当根据经过审核的原始凭证及有关资料编制。记账凭证的内容必须具备以下内容：

①填制凭证的日期；

②凭证编号；

③经济业务摘要；

④会计科目；

⑤金额；

⑥所附原始凭证张数；

⑦填制凭证人员、稽核人员、记账人员、会计机构负责人、会计主管人员签名或者盖章。

记账凭证的具体要求如下：

◆ 收款和付款记账凭证还应当由出纳人员签名或者盖章。

◆ 以自制的原始凭证或者原始凭证汇总表代替记账凭证的，也必须具备记账凭证应有的项目。

◆ 实行会计电算化的单位，打印出的机制记账凭证要加盖制单人员、审核人员、记账人员及会计机构负责人、会计主管人员印章或者签字。

◆ 填制记账凭证时，应当对记账凭证进行连续编号。

◆ 一笔经济业务需要填制两张以上记账凭证的，可以采用分数编号法编号。

◆ 记账凭证可以根据每一张原始凭证填制，或者根据若干张同类原始凭证汇总填制，也可以根据原始凭证汇总表填制。但不得将不同内容和类别的原始凭证汇总填制在一张记账凭证上。

◆ 除结账和更正错误的记账凭证可以不附原始凭证外，其他记账凭证必须附有原始凭证。

◆ 如果一张原始凭证涉及几张记账凭证，可以把原始凭证附在一张主要的记账凭证后面，并在其他记账凭证上注明附有该原始凭证的记账凭证的编号或者附原始凭证复印件。

◆ 一张原始凭证所列支出需要几个单位共同负担的，应当将其他单位负担的部分，开给对方原始凭证分割单，进行结算。原始凭证分割单必须具备原始凭证的基本内容以及费用分摊情况等。

如果在填制记账凭证时发生错误，应当重新填制。已经登记入账的记账凭证，在当年内发现填写错误时，可以用红字填写一张与原内容相同的记账凭证，在摘要栏注明"注销某月某日某号凭证"字样，同时再用蓝字重新填制一张正确的记账凭证，注明"订正某月某日某号凭证"字样。如果会计科目没有错误，只是金额错误，也可以将正确数字与错误数字之间的差额,另编一张调整的记账凭证,调增金额用蓝字,调减金额用红字。发现以前年度记账凭证有错误的,应当用蓝字填制一张更正的记账凭证。

4.会计凭证的保管

会计凭证登记完毕后,应当按照分类和编号顺序保管,不得散乱丢失。记账凭证应当连同所附的原始凭证或者原始凭证汇总表,按照编号顺序,折叠整齐,按期装订成册,并加具封面,注明单位名称、年度、月份和起讫日期、凭证种类、起讫号码,由装订人在装订线封签外签名或者盖章。

对于数量过多的原始凭证,可以单独装订保管,在封面上注明记账凭证日期、编号、种类,同时在记账凭证上注明"附件另订"和原始凭证名称及编号。

原始凭证不得外借,其他单位如因特殊原因需要使用原始凭证时,经本单位会计机构负责人、会计主管人员批准,可以复制。向外单位提供的原始凭证复制件,应当在专设的登记簿上登记,并由提供人员和收取人员共同签名或者盖章。

从外单位取得的原始凭证如有遗失,应当取得原开出单位盖有公章的证明,并注明原来凭证的号码、金额和内容等,由经办单位会计机构负责人、会计主管人员和单位领导人批准后,才能代作原始凭证。如果确实无法取得证明的,如火车、轮船、飞机票等凭证,由当事人写出详细情况,由经办单位会计机构负责人、会计主管人员和单位领导人批准后,代作原始凭证。

(六)会计账簿

1.会计账簿的含义和种类

会计账簿,是指全面记录和反映一个单位经济业务事项,把大量分散的数据或者资料进行归类整理,逐步加工成有用会计信息的簿籍,它是编制财务会计报告的重要依据。会计账簿包括总账、明细账、日记账和其他辅助性账簿。

①总账,也称总分类账,是根据会计科目开设的账簿,用于分类登记单位的全部经济业务事项,提供资产、负债、所有者权益、费用、成本、收入等总括核算的资料。总账一般有订本账和活页账两种。

②明细账,也称明细分类账,是根据总账科目所属的明细科目设置的,用于分类登记某一类经济业务事项,提供有关明细核算资料。明细账通常使用活页账。

③日记账,是一种特殊的序时明细账,它是按照经济业务事项发生的时间先后顺序,逐日逐笔地进行登记的账簿,包括库存现金日记账和银行存款日记账。库存现金日记账和银行存款日记账必须采用订本式账簿。

④其他辅助性账簿,也称备查账簿,是为备忘备查而设置的。

2.启用会计账簿的基本要求

启用会计账簿时,应当在账簿封面上写明单位名称和账簿名称。在账簿扉页上应当附启用表,内容包括:启用日期、账簿页数、记账人员和会计机构负责人、会计主管人员姓名,并加盖名章和单位公章。记账人员或者会计机构负责人、会计主管人员调动工作时,应当注明交接日期、接办人员或者监交人员姓名,并由交接双方人员签名或者盖章。

启用订本式账簿,应当从第一页到最后一页顺序编定页数,不得跳页、缺号。使用活页式账页,应当按账户顺序编号,并须定期装订成册。装订后再按实际使用的账页顺序编定页码。另加目录,记明每个账户的名称和页次。

3.登记会计账簿的基本要求

①登记会计账簿时，应当将会计凭证日期、编号、业务内容摘要、金额和其他有关资料逐项记入账内，做到数字准确、摘要清楚、登记及时、字迹工整。

②登记完毕后，要在记账凭证上签名或者盖章，并注明已经登账的符号，表示已经记账。

③账簿中书写的文字和数字上面要留有适当空格，不要写满格；一般应占格距的二分之一。

④登记账簿要用蓝黑墨水或者碳素墨水书写，不得使用圆珠笔（银行的复写账簿除外）或者铅笔书写。下列情况，可以用红色墨水记账：按照红字冲账的记账凭证，冲销错误记录；在不设借贷等栏的多栏式账页中，登记减少数；在三栏式账户的余额栏前，如未印明余额方向的，在余额栏内登记负数余额；根据国家统一会计制度的规定可以用红字登记的其他会计记录。

⑤各种账簿按页次顺序连续登记，不得跳行、隔页。如果发生跳行、隔页，应当将空行、空页划线注销，或者注明"此行空白""此页空白"字样，并由记账人员签名或者盖章。

⑥凡需要结出余额的账户，结出余额后，应当在"借或贷"等栏内写明"借"或者"贷"等字样。没有余额的账户，应当在"借或贷"等栏内写"平"字，并在余额栏内用"θ"表示。库存现金日记账和银行存款日记账必须逐日结出余额。

⑦每一账页登记完毕结转下页时，应当结出本页合计数及余额，写在本页最后一行和下页第一行有关栏内，并在摘要栏内注明"过次页"和"承前页"字样；也可以将本页合计数及金额只写在下页第一行有关栏内，并在摘要栏内注明"承前页"字样。

⑧对需要结计本月发生额的账户，结计"过次页"的本页合计数应当为自本月初起至本页末止的发生额合计数；对需要结计本年累计发生额的账户，结计"过次页"的本页合计数应当为自年初起至本页末止的累计数；对既不需要结计本月发生额也不需要结计本年累计发生额的账户，可以只将每页末的余额结转次页。

⑨实行会计电算化的单位，用计算机打印的会计账簿必须连续编号，经审核无误后装订成册，并由记账人员和会计机构负责人、会计主管人员签字或者盖章。

4.账簿记录发生错误的更正方法

账簿记录发生错误，不准涂改、挖补、刮擦或者用药水消除字迹，不准重新抄写，必须按照下列方法进行更正：

①登记账簿时发生错误，应当将错误的文字或者数字划红线注销，但必须使原有字迹仍可辨认；然后在划线上方填写正确的文字或者数字，并由记账人员在更正处盖章。对于错误的数字，应当全部划红线更正，不得只更正其中的错误数字。对于文字错误，可只划去错误的部分。

②由于记账凭证错误而使账簿记录发生错误，应当按更正的记账凭证登记账簿。

5.结账

各单位应当按照规定定期结账。结账前，必须将本期内所发生的各项经济业务全部登记入账。结账时，应当结出每个账户的期末余额。年度终了结账时，所有总账账户都应当结出全年发生额和年末余额。

年度终了，要把各账户的余额结转到下一会计年度，并在摘要栏注明"结转下年"字样；在下一会计年度新建有关会计账簿的第一行余额栏内填写上年结转的余额，并在摘要栏注明"上年结转"字样。

（七）财务会计报告

1.财务会计报告的含义

财务会计报告，也称财务报告，是指单位对外提供的、反映单位某一特定日期财务状况和某一会计期间经营成果、现金流量等会计信息的文件。

2.财务会计报告的构成

财务会计报告由会计报表、会计报表附注和财务情况说明书组成。财务会计报告的构成见表2-4。

表2-4　　　　　　　　　　　　　　　财务会计报告的构成

构成种类	具体内容	提示事项
四表	资产负债表、利润表、现金流量表及相关附表、所有者（股东）权益变动表	"季度、月度"财务会计报告可以只报送"资产负债表和利润表"
一注	会计报表附注	
一说明	财务情况说明书	"财务情况说明书"是《企业财务会计报告条例》的要求

3.财务会计报告的对外提供

企业应当依照法律、行政法规和国家统一的会计制度关于财务会计报告的编制要求、提供对象和提供期限的规定，及时对外提供财务会计报告。向不同的会计资料使用者提供的财务会计报告，其编制依据应当一致。

对外报送的财务会计报告，应当依次编写页码，加具封面，装订成册，加盖公章。封面上应当注明：单位名称，单位地址，财务报告所属年度、季度、月度，送出日期，并由单位负责人、主管会计工作的负责人、会计机构负责人、会计主管人员签名并盖章。单位负责人对财务会计报告的合法性、真实性负法律责任。

接受企业财务会计报告的组织或者个人，在企业财务会计报告未正式对外披露前，应当对其内容保密。

（八）账务核对和财产清查

1.账务核对

账务核对，又称对账，是保证会计账簿记录质量的重要程序。各单位应当定期对会计账簿记录的有关数字与库存实物、货币资金、有价证券、往来单位或者个人等进行相互核对，保证会计账簿记录与实物及款项的实有数额相符、会计账簿记录与会计凭证的有关内容相符、会计账簿之间相对应的记录相符、会计账簿记录与会计报表的有关内容相符，即账实相符、账证相符、账账相符、账表相符。对账工作每年至少进行一次。账务核对类型及内容见表2-5。

2.财产清查

财产清查，是会计核算工作的一项重要程序，特别是在编制年度财务会计报告之前，必须进行财产清查，并对账实不符等问题根据国家统一会计制度的规定进行会计处理，以保证财务会计报告反映的会计信息真实、完整。

表2-5　　　　　　　　　　　　　账务核对类型及内容

类型	核对内容
账账核对	账簿记录与账簿记录
账证核对	账簿记录与会计凭证
账实核对	账簿记录与实物及款项的实有数额
账表相符	账簿记录与会计报表

财产清查制度是通过定期或不定期、全面或部分地对各项财产物资进行实地盘点和对库存现金、银行存款、债权债务进行清查核实的一种制度。通过清查，可以发现财产管理工作中存在的问题，并查明原因和责任，制定相应措施，做到账实相符，保证会计资料的真实性。

【例 2-2】甲公司是一家国有大型企业。2023 年 12 月，公司召开董事会。公司法定代表人、董事长兼总经理胡某提出，财务会计报告专业性很强，其精力有限，以前在财务会计报告上签字盖章，也只是履行程序而已。从今以后公司对外报送的财务会计报告一律改由公司总会计师范某一人签字盖章后报出。

【要求】分析甲公司董事长兼总经理胡某的观点有无不妥之处。

【解析】胡某的观点不符合《会计法》的规定。《会计法》规定，对外报送的财务会计报告，应由单位领导人、总会计师、会计机构负责人、会计主管人员签名并盖章。单位领导人对财务会计报告的合法性、真实性负法律责任。董事长胡某作为单位法定代表人，应当依法对本单位的会计工作和会计资料的真实性、完整性负责，也应当依法在本单位对外出具的财务会计报告上签名并盖章。

【学思践悟】某企业财务部门的员工小李，作为会计核算的负责人，始终坚守会计核算的基本要求，将诚信、准确、完整作为自己的工作准则。在一次年度财务审计中，小李发现了一些数据上的小错误，虽然这些错误并不显著，也不会对公司的整体财务状况造成重大影响，但小李深知会计核算的严谨性和重要性，他毫不犹豫地选择了纠正这些错误。

小李的行动，不仅体现了会计核算的基本要求，更体现了对职业道德的坚守和对法律的尊重。他深知，作为会计人员，必须保证会计信息的真实、准确、完整，这是对企业、对股东、对社会的责任。他的行为，不仅赢得了同事和上级的赞誉，也为企业树立了良好的形象。

从思政方面来看，小李的行动与党的二十大精神高度契合。党的二十大强调全面依法治国，要求各行各业都要依法行事，遵守规则。

二、会计档案管理

（一）会计档案的概念

会计档案是指单位在进行会计核算等过程中接收或形成的，记录和反映单位经济业务事项的，具有保存价值的文字、图表等各种形式的会计资料，包括通过计算机等电子设备形成、传输和存储的电子会计档案。各单位的预算、计划、制度等文件材料属于文书档案，不属于会计档案。

（二）会计档案的归档

1.会计档案的归档范围

应该归档的会计档案见表2-6。

表2-6 会计档案归档的具体内容

分类	具体内容
会计凭证	原始凭证、记账凭证
会计账簿	总账、明细账、日记账、固定资产卡片、其他辅助性账簿
财务会计报告	月度、季度、半年度、年度财务会计报告
其他会计资料	银行存款余额调节表、银行对账单、纳税申报表、会计档案移交清册、会计档案保管清册、会计档案销毁清册、会计档案鉴定意见书及其他具有保存价值的会计资料

2.会计档案的归档要求

（1）单位可以利用计算机、网络通信等信息技术手段管理会计档案。单位内部形成的属于归档范围的满足条件的电子会计资料可仅以电子形式保存，形成电子会计档案。

（2）单位的会计机构或会计人员所属机构（以下统称单位会计管理机构）按照归档范围和归档要求，负责定期将应当归档的会计资料整理立卷，编制会计档案保管清册。

（3）当年形成的会计档案，在会计年度终了后，可由单位会计管理机构临时保管1年，再移交单位档案管理机构保管。因工作需要确需推迟移交的，应当经单位档案管理机构同意。单位会计管理机构临时保管会计档案最长不超过3年。临时保管期间，会计档案的保管应当符合国家档案管理的有关规定，且出纳人员不得兼管会计档案。

（三）会计档案的移交和利用

1.会计档案的移交

单位会计管理机构在办理会计档案移交时，应当编制会计档案移交清册，并按照国家档案管理的有关规定办理移交手续。

纸质会计档案移交时应当保持原卷的封装。电子会计档案移交时应当将电子会计档案及其元数据一并移交，且文件格式应当符合国家档案管理的有关规定。单位档案管理机构接收电子会计档案时，应当对电子会计档案的准确性、完整性、可用性、安全性进行检测，符合要求的才能接收。

2.会计档案的利用

单位应当严格按照相关制度利用会计档案，在进行会计档案查阅、复制、借出时履行登记手续，严禁篡改和损坏。

单位保存的会计档案一般不得对外借出。确因工作需要且根据国家有关规定必须借出的，应当严格按照规定办理相关手续。

（四）会计档案的保管期限

会计档案的保管期限分为永久、定期两类。会计档案的保管期限从会计年度终了后的第一天算起。单位会计档案的具体名称如有与《会计档案管理办法》附表所列档案名称不相符的，应当比照类似档案的保管期限办理。具体保管期限见表2-7。

表2-7　　　　　　　　　　　企业和其他组织会计档案保管期限表

序号	档案名称	保管期限	备注
一	会计凭证		
1	原始凭证	30年	
2	记账凭证	30年	
二	会计账簿		
3	总账	30年	
4	明细账	30年	
5	日记账	30年	
6	固定资产卡片		固定资产报废清理后保管5年
7	其他辅助性账簿	30年	
三	会计报告		
8	月度、季度、半年度财务报告	10年	
9	年度财务报告	永久	
四	其他会计资料		
10	银行存款余额调节表	10年	
11	银行对账单	10年	
12	纳税申报表	10年	
13	会计档案移交清册	30年	
14	会计档案保管清册	永久	
15	会计档案销毁清册	永久	
16	会计档案鉴定意见书	永久	

（五）会计档案的鉴定和销毁

1.会计档案的鉴定

单位应当定期对已到保管期限的会计档案进行鉴定，并形成会计档案鉴定意见书。经鉴定，仍需继续保存的会计档案，应当重新划定保管期限；对保管期满，确无保存价值的会计档案，可以销毁。会计档案鉴定工作应当由单位档案管理机构牵头，组织单位会计、审计、纪检监察等机构或人员共同进行。

2.会计档案的销毁

经鉴定可以销毁的会计档案，销毁的基本程序和要求是：

（1）单位档案管理机构编制会计档案销毁清册，列明拟销毁会计档案的名称、卷号、册数、起止年度、档案编号、应保管期限、已保管期限和销毁时间等内容。

（2）单位负责人、档案管理机构负责人、会计管理机构负责人、档案管理机构经办人、会计管理机构经办人在会计档案销毁清册上签署意见。

（3）单位档案管理机构负责组织会计档案销毁工作，并与会计管理机构共同派员监销。监销人在会计档案销毁前应当按照会计档案销毁清册所列内容进行清点核对；在会计档案销毁后，应当在会计档案销毁清册上签名或盖章。

（4）电子会计档案的销毁还应当符合国家有关电子档案的规定，并由单位档案管理机构、会计管理机构和信息系统管理机构共同派员监销。

3.不得销毁的会计档案

保管期满但未结清的债权债务会计凭证和涉及其他未了事项的会计凭证不得销毁，纸质会计档案应当单独抽出立卷，电子会计档案单独转存，保管到未了事项完结时为止。单独抽出立卷或转存的会计档案，应当在会计档案鉴定意见书、会计档案销毁清册和会计档案保管清册中列明。

三、会计监督

会计监督是会计的基本职能之一，是对单位的经济活动进行检查监督，借以控制经济活动，使经济活动能够根据一定的方向、目标、计划，遵循一定的原则正常进行。会计监督可分为单位内部监督、社会监督和政府监督。

（一）会计工作的单位内部监督

会计工作的单位内部监督制度，是指为了保护其资产的安全、完整，保证其经营活动符合国家法律、法规和内部有关管理制度，提高经营管理水平和效率，而在单位内部采取的一系列相互制约、相互监督的制度与方法。

1.会计工作的单位内部监督的概念和要求

会计工作的单位内部监督是指各单位的会计机构、会计人员依据法律、法规、国家统一的会计制度及单位内部会计管理制度等的规定，通过会计手段对本单位经济活动的合法性、合理性和有效性进行监督。内部会计监督的主体是各单位的会计机构、会计人员，内部会计监督的对象是单位的经济活动。

2.单位内部控制制度

（1）内部控制的概念与原则。

内部控制是指单位为实现控制目标，通过制定制度、实施措施和执行程序，对经济活动的风险进行防范和管控。

（2）企业内部控制措施。

①不相容职务分离控制；

②授权审批控制；

③会计系统控制；

④财产保护控制；

⑤预算控制；

⑥运营分析控制；

⑦绩效考评控制。

（3）行政事业单位内部控制方法。

①不相容岗位相互分离；

②内部授权审批控制；

③归口管理；

④预算控制；

⑤财产保护控制；

⑥会计控制；

⑦单据控制；

⑧信息内部公开。

（二）会计工作的社会监督

1.会计工作社会监督的概念

会计工作的社会监督，主要是指由注册会计师及其所在的会计师事务所等中介机构接受委托，依法对单位的经济活动进行审计，出具审计报告，发表审计意见的一种监督制度。

2.注册会计师审计报告

（1）审计报告的概念和要素。

审计报告，是指注册会计师根据审计准则的规定，在执行审计工作的基础上，对被审计单位财务报表发表审计意见的书面文件。

审计报告应当包括下列要素：标题、收件人、审计意见、形成审计意见的基础、管理层对财务报表的责任、注册会计师对财务报表审计的责任、按照相关法律法规的要求报告的事项、注册会计师的签名和盖章、会计师事务所的名称、地址和盖章、报告日期。

（2）审计报告的种类和审计意见的类型。

审计报告分为标准审计报告和非标准审计报告。审计报告的种类和审计意见的类型见表2-8。

表2-8　　　　　　　　　　　审计报告的种类和审计意见的类型

审计报告	审计意见类型	
标准审计报告	不含有"说明段、强调事项段、其他事项段或其他任何修饰性用语"的无保留意见的审计报告 【提示】包含"其他报告责任段"，但不含有强调事项段或其他事项段的无保留意见的审计报告也被视为标准审计报告	
非标准审计报告	无保留意见的审计报告	带"强调事项段"或"其他事项段"
	非无保留意见的审计报告	保留意见
		否定意见
		无法表示意见

续表

审计意见类型		情形
无保留意见		财务报表在"所有重大方面"按照适用的财务报告编制基础的规定编制并实现公允反映 【提示】注册会计师发表无保留意见的前提并非被审计单位的财务报告没有"任何"错误
非无保留意见	保留意见	①在"获取"充分、适当的审计证据后,认为错报单独或汇总起来对财务报表影响"重大",但"不具有广泛性"; ②"无法获取"充分、适当的审计证据以作为形成审计意见的基础,但认为未发现的错报(如存在)对财务报表可能产生的影响"重大",但"不具有广泛性"
	否定意见	在"获取"充分、适当的审计证据后,认为错报单独或汇总起来对财务报表的影响"重大且具有广泛性"
	无法表示意见	"无法获取"充分、适当的审计证据以作为形成审计意见的基础,但认为未发现的错报(如存在)对财务报表可能产生的影响"重大且具有广泛性"

(三)会计工作的政府监督

1.会计工作政府监督的概念

会计工作的政府监督,主要是指财政部门代表国家对各单位和单位中相关人员的会计行为实施的监督检查,以及对发现的会计违法行为实施行政处罚。这里所说的财政部门,是指国务院财政部门、省级以上人民政府财政部门派出机构和县级以上人民政府财政部门。

此外,《会计法》规定,除财政部门外,审计、税务、金融监管、证券监管等部门依照有关法律、行政法规规定的职责和权限,可以对有关单位的会计资料实施监督检查。依法实施监督检查后,应当出具检查结论。

2.财政部门会计监督的主要内容

财政部门对各单位的下列情况实施会计监督,主要内容见表2-9。

表2-9   财政部门会计监督的具体内容

监督方向	具体内容
会计工作	是否依法设置会计账簿
	会计资料是否真实、完整
	会计核算是否符合《会计法》和国家统一的会计制度的规定
会计人员	是否具备专业能力、遵守职业道德

　　任务实施

　　（1）李强对3张更改的发票予以报销的做法是错误的。

　　（2）李强在会上说的话是错误的，李强在财务工作汇报会上的观点是不符合坚持准则这一会计职业道德规范的。会计职业道德规范之一的坚持准则是指会计人员在处理业务过程中，要严格按照会计法律制度办事，不被主观或他人意志所左右。坚持准则的基本要求是：

　　①熟悉准则。要求会计人员应了解和掌握《会计法》和国家统一的会计制度以及与会计相关的法律制度。

　　②遵循准则。会计人员在会计核算和监督时要自觉地严格遵守各项准则，将单位具体的经济业务事项与准则相对照，先做出是否合法合规的判断，对不合法的经济业务不予受理。

　　③坚持准则。市场经济是利益经济，在发生道德冲突时，会计人员应坚持准则，以维护国家利益、社会公众利益和正常的经济秩序。如果会计人员为了自己的个人利益不受影响，放弃原则，做"老好人"，就会使会计工作严重偏离准则，会计信息的真实性、完整性就无法保证，作为会计人员，也应当承担相应责任。

任务三　会计机构和会计人员设置管理

　　任务布置

会计人员泄露商业机密行为违反会计职业道德的处理

　　某公司会计王洁工作努力，业务能力强，积极参与管理，提出的合理化建议为公司节约了成本费用，因此多次被表彰奖励。王洁的丈夫在一家竞业公司担任销售总监。在其丈夫的多次请求下，王洁将本公司的一些商业机密资料复印后提供给了丈夫，给公司造成了损失。事发后，公司认为王洁不再适宜担任会计工作，并对她作出了相应的处理。

　　任务：

　　（1）分析王洁违反了哪些会计职业道德要求。

　　（2）简述哪些部门、单位可以对王洁违反会计职业道德的行为进行处理，并说明理由。

任务思维导图

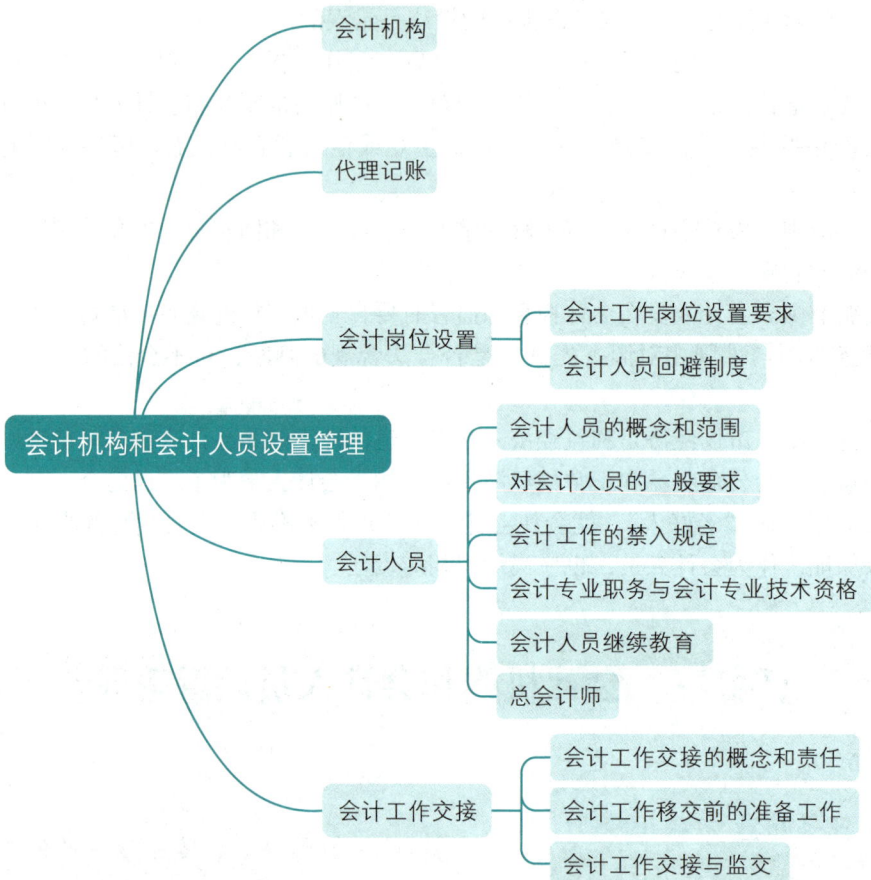

会计机构和会计人员设置管理
- 会计机构
- 代理记账
- 会计岗位设置
  - 会计工作岗位设置要求
  - 会计人员回避制度
- 会计人员
  - 会计人员的概念和范围
  - 对会计人员的一般要求
  - 会计工作的禁入规定
  - 会计专业职务与会计专业技术资格
  - 会计人员继续教育
  - 总会计师
- 会计工作交接
  - 会计工作交接的概念和责任
  - 会计工作移交前的准备工作
  - 会计工作交接与监交

预备知识

微课

会计机构和
会计人员

一、会计机构

会计机构，是指各单位办理会计事务的职能部门。根据《会计法》的规定，各单位应当根据会计业务的需要，设置会计机构，或者在有关机构中设置会计人员并指定会计主管人员；不具备设置条件的，应当委托经批准从事会计代理记账业务的中介机构代理记账。

二、代理记账

代理记账，是指代理记账机构接受委托办理会计业务。代理记账机构是指依法取得代理记账资格，从事代理记账业务的机构。《会计基础工作规范》规定，没有设置会计记账机构或者配备会计人员的单位，应当根据《代理记账管理办法》的规定，委托会计师事务所或者持有代理记账许可证书的代理记账机构进行代理记账。

三、会计岗位设置

（一）会计工作岗位设置要求

会计工作岗位，是指一个单位会计机构内部根据业务分工而设置的职能岗位。根据《会计基础工作规范》的要求，各单位应当根据会计业务需要设置会计工作岗位。会计工作岗位一般可分为：会计机构负责人或者会计主管人员、出纳、财产物资核算、工资核算、成本费用核算、财务成果核算、资金核算、往来结算、总账报表、稽核、档案管理等。

会计工作岗位，可以一人一岗、一人多岗或者一岗多人。但出纳人员不得兼任（兼管）稽核、会计档案保管和收入、支出、费用、债权债务账目的登记工作。会计人员的工作岗位应当有计划地进行轮换。档案管理部门的人员管理会计档案，不属于会计岗位。

（二）会计人员回避制度

国家机关、国有企业、事业单位任用会计人员应当实行回避制度。单位领导人的直系亲属不得担任本单位的会计机构负责人、会计主管人员。会计机构负责人、会计主管人员的直系亲属不得在本单位会计机构中担任出纳工作。需要回避的直系亲属为：夫妻关系、直系血亲关系、三代以内旁系血亲以及姻亲关系。

四、会计人员

（一）会计人员的概念和范围

会计人员，是指根据《会计法》的规定，在国家机关、社会团体、企业、事业单位和其他组织（以下统称"单位"）中从事会计核算、实行会计监督等会计工作的人员。

会计人员包括从事下列具体会计工作的人员：

（1）出纳；

（2）稽核；

（3）资产、负债和所有者权益（净资产）的核算；

（4）收入、费用（支出）的核算；

（5）财务成果（政府预算执行结果）的核算；

（6）财务会计报告（决算报告）编制；

（7）会计监督；

（8）会计机构内会计档案管理；

（9）其他会计工作。

担任单位会计机构负责人、会计主管人员、总会计师的人员，属于会计人员。

（二）对会计人员的一般要求

会计人员从事会计工作，应当符合下列要求：

（1）遵守《会计法》和国家统一的会计制度等法律法规；

（2）具备良好的职业道德；

（3）按照国家有关规定参加继续教育；

（4）具备从事会计工作所需要的专业能力。

会计机构负责人或会计主管人员，是在一个单位内具体负责会计工作的中层领导人员。会计机构负责人、会计主管人员应当具备下列基本条件：

（1）坚持原则，廉洁奉公。

（2）具备会计师以上专业技术职务资格或者从事会计工作不少于3年。

（3）熟悉国家财经法律、法规、规章和方针、政策，掌握本行业业务管理的有关知识。

（4）有较强的组织能力。

（5）身体状况能够适应本职工作的要求。

（三）会计工作的禁入规定

因有提供虚假财务会计报告，做假账，隐匿或者故意销毁会计凭证、会计账簿、财务会计报告，贪污，挪用公款，职务侵占等与会计职务有关的违法行为被依法追究刑事责任的人员，不得再从事会计工作。

因伪造、变造会计凭证、会计账簿，编制虚假财务会计报告，隐匿或者故意销毁依法应当保存的会计凭证、会计账簿、财务会计报告，尚不构成犯罪的，5年内不得从事会计工作。

会计人员具有违反国家统一的会计制度的一般违法行为，情节严重的，5年内不得从事会计工作。

（四）会计专业职务与会计专业技术资格

通过全国统一考试取得初级或中级会计专业技术资格的会计人员，表明其已具备担任相应级别会计专业技术职务的任职资格。用人单位可根据工作需要和德才兼备的原则，从获得会计专业技术资格的会计人员中择优聘任。会计职务与会计专业技术资格见表2-10。

表2-10　　　　　　　　　　　会计职务与会计专业技术资格

会计职务（会计职称）		会计专业技术资格	
正高级职务	正高级会计师	—	
副高级职务	高级会计师	高级资格	考试与评审相结合
中级职务	会计师	中级资格	全国统一考试
初级职务	助理会计师	初级资格	

（五）会计人员继续教育

根据《会计专业技术人员继续教育规定》，国家机关、企业、事业单位以及社会团体等组织（以下统称"单位"）具有会计专业技术资格的人员，或不具有会计专业技术资格但从事会计工作的人员（以下简称"会计专业技术人员"）享有参加继续教育的权利和接受继续教育的义务。用人单位应当保障本单位会计专业技术人员参加继续教育的权利。

具有会计专业技术资格的人员应当自取得会计专业技术资格的次年开始参加继续教育，并在规定时间内取得规定学分。不具有会计专业技术资格但从事会计工作的人员应当自从事会计工作的次年开始参加继续教育，并在规定时间内取得规定学分。

会计专业技术人员参加继续教育实行学分制管理。每年参加继续教育取得的学分不少于90学分，其中，专业科目一般不少于总学分的三分之二。会计专业技术人员参加继续教育取得的学分，在全国范围内当年度有效，不得结转以后年度。对会计专业技术人员参加继续教育情况实行登记管理。

（六）总会计师

总会计师是主管本单位会计工作的行政领导，是单位行政领导成员，协助单位主要行政领导人工作，直接对单位主要行政领导人负责。凡设置总会计师的单位，在单位行政领导成员中，不设与总会计师职权重叠的副职。总会计师组织领导本单位的财务管理、成本管理、预算管理、会计核算和会计监督等方面的工作，参与本单位重要经济问题的分析和决策。

《会计法》规定，国有的和国有资产占控股地位或者主导地位的大、中型企业必须设置总会计师。《会计基础工作规范》要求，大、中型企业、事业单位、业务主管部门应当根据法律和国家有关规定设置总会计师。总会计师由具有会计师以上专业技术资格的人员担任。

五、会计工作交接

（一）会计工作交接的概念与责任

会计工作交接，是指会计人员工作调动或因故离职时，与接管人员办理交接手续的一种工作程序。办理好会计工作交接，有利于分清移交人员和接管人员的责任，可以使会计工作前后衔接，保证会计工作顺利进行。

会计人员工作调动或者因故离职，必须将本人所经管的会计工作全部移交给接替人员。没有办清交接手续的，不得调动或者离职。移交人员对所移交的会计凭证、会计账簿、会计报表和其他有关资料的合法性、真实性承担法律责任。接替人员应当认真接管移交工作，并继续办理移交的未了事项。

会计人员临时离职或者因病不能工作且需要接替或者代理的，会计机构负责人（会计主管人员）或者单位领导人必须指定有关人员接替或者代理，并办理交接手续。临时离职或者因病不能工作的会计人员恢复工作的，应当与接替或者代理人员办理交接手续。移交人员因病或者其他特殊原因不能亲自办理移交的，经单位领导人批准，可由移交人员委托他人代办移交，但委托人应当承担对所移交的会计凭证、会计账簿、会计报表和其他有关资料的合法性、真实性的法律责任。

单位撤销时，必须留有必要的会计人员，会同有关人员办理清理工作，编制决算。未移交前，不得离职。接收单位和移交日期由主管部门确定。单位合并、分立的，其会计工作交接手续比照上述有关规定办理。

【例2-3】2023年7月，甲服装厂发生如下事项：

（1）8日，该厂会计人员王某脱产学习一个星期，会计科长指定出纳李某临时兼管债权债务账目的登记工作，未办理会计工作交接手续。

（2）10日，该厂档案科会同会计科销毁一批保管期限已满的会计档案，未编制会计档案销毁清册。

【要求】分析以上事项中的不妥之处。

【解析】（1）出纳不能兼管债权债务账目登记工作，因此李某不能接替王某的工作。虽然王某只脱产学习一周，也需要办理会计工作交接手续。

（2）会计档案保管期满需要销毁的，需要编造会计档案销毁清册，并履行规定手续后方可销毁。

（二）会计工作移交前的准备工作

会计人员办理移交手续前，必须及时做好以下工作：

（1）已经受理的经济业务尚未填制会计凭证的，应当填制完毕；

（2）尚未登记的账目，应当登记完毕，并在最后一笔余额后加盖经办人员印章；

（3）整理应该移交的各项资料，对未了事项写出书面材料；

（4）编制移交清册，列明应当移交的会计凭证、会计账簿、会计报表、印章、现金、有价证券、支票簿、发票、文件、其他会计资料和物品等内容；

（5）实行会计电算化的单位，从事该项工作的移交人员还应当在移交清册中列明会计软件及密码、会计软件数据磁盘（磁带等）及有关资料、实物等内容。

（三）会计工作交接与监交

会计人员办理交接手续，必须有监交人负责监交。一般会计人员办理交接手续，由会计机构负责人（会计主管人员）监交；会计机构负责人（会计主管人员）办理交接手续，由单位负责人监交，必要时主管单位可以派人会同监交。

移交人员在办理移交时，要按移交清册逐项移交；接替人员要逐项核对点收。

交接完毕后，交接双方和监交人要在移交清册上签名或者盖章，并应在移交清册上注明：单位名称，交接日期，交接双方和监交人的职务、姓名，移交清册页数以及需要说明的问题和意见等。移交清册一般应当填制一式三份，交接双方各执一份，存档一份。接替人员应当继续使用移交的会计账簿，不得自行另立新账，以保持会计记录的连续性。

任务实施

（1）王洁违反了坚持准则、诚实守信的会计职业道德要求。坚持准则，要求会计人员熟悉国家法律、法规和国家统一的会计制度，始终坚持按法律、法规和国家统一的会计制度的要求进行会计核算，实施会计监督。诚实守信，要求会计人员做老实人，说老实话，办老实事，执业谨慎，信誉至上，不为利益所诱惑，不弄虚作假，不泄露秘密。

（2）对王洁违反会计职业道德的行为可由财政部门、会计职业团体和她本人所在公司给予处罚。

任务四   违反会计法律制度的法律责任

任务布置

违反会计法律制度承担法律责任

2023年，惠龙公司由于经营管理和市场方面的原因，经营业绩滑坡。为了获得配股资格，公司的主要负责人张三要求公司财务总监李四对该年度的财务资料进行调整，以保证公司的净资产收益率符合配股条件。李四组织公司会计人员王五使用虚做营业额、隐瞒费用和成本开支等方法调整了公司财务资料。惠龙公司根据调整后的财务资料，于2023年10月申请配股并被批准。

任务：（1）分析惠龙公司张三、李四、王五存在哪些违法行为。

（2）分析张三、李四、王五应承担的法律责任。

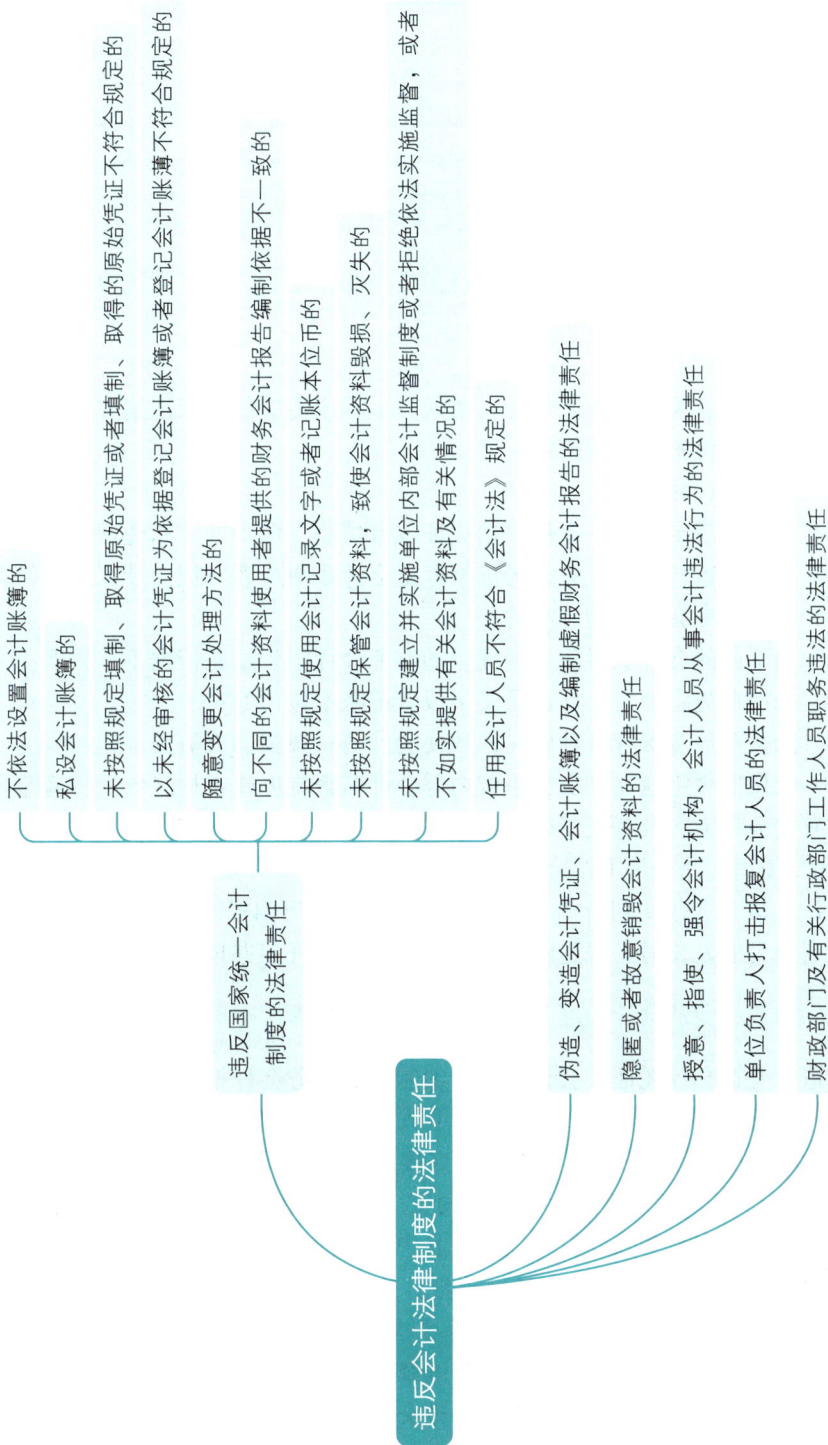

任务思维导图

违反会计法律制度的法律责任

- 违反国家统一会计制度的法律责任
  - 不依法设置会计账簿的
  - 私设会计账簿的
  - 未按照规定填制、取得原始凭证或者填制、取得的原始凭证不符合规定的
  - 以未经审核的会计凭证为依据登记会计账簿或者登记账簿不符合规定的
  - 随意变更会计处理方法的
  - 向不同的会计资料使用者提供的财务会计报告编制依据不一致的
  - 未按照规定使用会计记录文字或者记账本位币的
  - 未按照规定保管会计资料，致使会计资料毁损、灭失的
  - 未按照规定建立并实施单位内部会计监督制度或者拒绝依法实施监督，或者不如实提供有关会计资料及有关情况的
  - 任用会计人员不符合《会计法》规定的

- 伪造、变造会计凭证、会计账簿以及编制虚假财务会计报告的法律责任
- 隐匿或者故意销毁会计资料的法律责任
- 授意、指使、强令会计机构、会计人员从事会计违法行为的法律责任
- 单位负责人打击报复会计人员的法律责任
- 财政部门及有关行政部门工作人员职务违法的法律责任

预备知识

微课

会计法律责任

违反会计法律制度应当承担的法律责任，在《会计法》及相关法律、法规、规章中都作出了相应的规定。本任务主要介绍《会计法》对会计违法行为的法律责任的规定。

一、违反国家统一会计制度的法律责任

违反《会计法》的规定，有下列行为之一的，由县级以上人民政府财政部门责令限期改正，可以对单位并处3 000元以上5万元以下的罚款；对其直接负责的主管人员和其他直接责任人员，可以处2 000元以上2万元以下的罚款；属于国家工作人员的，还应当由其所在单位或者有关单位依法给予行政处分。构成犯罪的，依法追究刑事责任：

（1）不依法设置会计账簿的；

（2）私设会计账簿的；

（3）未按照规定填制、取得原始凭证或者填制、取得的原始凭证不符合规定的；

（4）以未经审核的会计凭证为依据登记会计账簿或者登记会计账簿不符合规定的；

（5）随意变更会计处理方法的；

（6）向不同的会计资料使用者提供的财务会计报告编制依据不一致的；

（7）未按照规定使用会计记录文字或者记账本位币的；

（8）未按照规定保管会计资料，致使会计资料毁损、灭失的；

（9）未按照规定建立并实施单位内部会计监督制度或者拒绝依法实施监督，或者不如实提供有关会计资料及有关情况的；

（10）任用会计人员不符合《会计法》规定的。

会计人员有上述所列行为之一，情节严重的，5年内不得从事会计工作。有关法律对上述所列行为的处罚另有规定的，依照有关法律的规定办理。

二、伪造、变造会计凭证、会计账簿以及编制虚假财务会计报告的法律责任

伪造、变造会计凭证、会计账簿，编制虚假财务会计报告，构成犯罪的，依法追究刑事责任。尚不构成犯罪的，由县级以上人民政府财政部门予以通报，可以对单位并处5 000元以上10万元以下的罚款；对其直接负责的主管人员和其他直接责任人员，可以处3 000元以上5万元以下的罚款；属于国家工作人员的，还应当由其所在单位或者有关单位依法给予撤职直至开除的行政处分；其中的会计人员，5年内不得从事会计工作。

【学思践悟】在党的二十大精神的指引下，我们坚决反对和打击伪造、编造会计凭证等违法行为。这种行为不仅违反了国家法律法规，更与党的二十大报告强调的诚信建设、法治社会建设背道而驰。党的二十大报告强调诚信是市场经济的基石，是国家治理体系和治理能力现代化的重要保障。伪造或编造会计凭证等行为，不仅违反了《中华人民共和国会计法》的相关规定，更严重损害了会计信息的真实性和公信力。这些行为往往出于追求不正当利益、逃避税收或其他违法目的，严重破坏了市场经济的公平和秩序。从思政角度

看，这种行为背离了诚实信用的原则，违背了职业道德和社会公德。因此，作为会计人员，应坚守职业道德，确保会计信息的真实性和准确性，维护市场经济的公平和公正。

同时，社会应加强对会计人员的职业道德教育和监管，提高会计人员的职业素养和责任意识，共同营造诚实守信的社会氛围，确保党的二十大精神在会计领域得到全面贯彻和落实。

三、隐匿或者故意销毁会计资料的法律责任

隐匿或者故意销毁依法应当保存的会计凭证、会计账簿、财务会计报告的法律责任具体见表2-11。

表2-11　　　　隐匿或者故意销毁依法应当保存的会计凭证、
会计账簿、财务会计报告的法律责任

执法主体	法律责任		具体标准
县级以上人民政府财政部门	通报		
	罚款	对单位	5 000 元以上 10 万元以下
		对其直接负责的主管人员和其他直接责任人员	3 000 元以上 5 万元以下
	"5 年"内不得从事会计工作		会计人员
行为人所在单位	"撤职直至开除"的行政处分		行为人属于国家工作人员
司法机关	隐匿或者故意销毁依法应当保存的会计资料的刑事责任	个人犯罪	(1) 处 5 年以下有期徒刑或者拘役；(2) 并处或者单处 2 万元以上 20 万元以下罚金
		单位犯罪	(1) 对单位判处罚金；(2) 对直接负责的主管人员和其他直接责任人的处理同个人犯罪

四、授意、指使、强令会计机构、会计人员从事会计违法行为的法律责任

授意、指使、强令会计机构、会计人员伪造、变造会计凭证、会计账簿，编制虚假财务会计报告等的法律责任见表2-12。

表2-12　　授意、指使、强令会计机构、会计人员伪造、变造会计凭证、会计账簿，
编制虚假财务会计报告等的法律责任

执法主体	法律责任	具体标准
县级以上人民政府财政部门	罚款	5 000 元以上 5 万元以下
行为人所在单位	"降级、撤职、开除"的行政处分	行为人属于国家工作人员
司法机关	依法追究刑事责任	构成犯罪

五、单位负责人打击报复会计人员的法律责任

单位负责人对依法履行职责、抵制违反《会计法》规定行为的会计人员以降级、撤职、调离工作岗位、解聘或者开除等方式实行打击报复，构成犯罪的，依法追究刑事责任。尚不构成犯罪的，由其所在单位或者有关单位依法给予行政处分。对受打击报复的会计人员，应当恢复其名誉和原有职务、级别。

根据《中华人民共和国刑法》的规定，公司、企业、事业单位、机关、团体的领导人，对依法履行职责、抵制违反会计法行为的会计人员实行打击报复，情节恶劣的，处3年以下有期徒刑或者拘役。

六、财政部门及有关行政部门工作人员职务违法的法律责任

财政部门及有关行政部门的工作人员在实施监督管理中滥用职权、玩忽职守、徇私舞弊或者泄露国家秘密、商业秘密，构成犯罪的，依法追究刑事责任。尚不构成犯罪的，依法给予行政处分。

收到对违反《会计法》和国家统一的会计制度规定的行为检举的部门及负责处理检举的部门，将检举人姓名和检举材料转给被检举单位和被检举人个人的，由所在单位或者有关单位依法给予行政处分。

任务实施

（1）惠龙公司张三、李四、王五均存在编制虚假财务报告的违法行为。

（2）张三是单位负责人，存在授意、指使他人编制虚假财务报告等行为。根据《会计法》的规定，其构成犯罪的，司法部门依法追究刑事责任，尚不构成犯罪的，可以处5 000元以上5万元以下的罚款。李四和王五存在伪造、变造会计凭证、会计账簿，编制虚假财务会计报告行为，构成犯罪的，依法追究刑事责任。尚不构成犯罪的，处3 000元以上5万元以下的罚款，5年内不得从事会计工作。

行业规范测试二

项目三

支付结算中的经济法

素养目标

◆ 养成守规矩、明是非的职业道德操守

◆ 强化学生的诚信意识；培养学生坚持准则的职业操守和职业习惯

◆ 强化学生的遵纪守法意识、岗位责任意识及廉洁自律意识

◆ 教育学生树立实事求是、诚实守信、严谨细致、一丝不苟的工作作风

知识目标

◆ 支付结算的概述

◆ 银行结算账户的概念、种类、开立、变更、撤销、使用和管理的规定

◆ 银行非现金支付业务

◆ 支付机构非现金支付业务

◆ 支付结算纪律与法律责任

工作任务

序号	任务分解	任务执行	技能目标
1	支付结算概述	◆ 了解支付结算的概念 ◆ 了解支付结算的工具 ◆ 了解支付结算的原则 ◆ 了解支付结算的基本要求	
2	银行结算账户	◆ 了解银行结算账户的概念和种类 ◆ 掌握银行结算账户的开立、变更和撤销 ◆ 重点掌握各类具体银行结算账户的开立和使用 ◆ 了解银行账户的管理	◆ 通过银行结算账户的学习，熟练办理各类具体银行结算账户的开立、使用、变更和撤销业务
3	银行非现金支付业务	◆ 了解票据的概念与特征 ◆ 掌握票据的权利与责任 ◆ 重点掌握票据行为 ◆ 掌握票据追索 ◆ 掌握银行汇票 ◆ 重点掌握商业汇票 ◆ 了解银行本票 ◆ 掌握支票 ◆ 了解汇兑、委托收款 ◆ 了解银行卡 ◆ 了解银行电子支付	◆ 通过票据的概念与特征、票据的权利与责任、票据行为的学习，能够在工作中正确使用各类票据 ◆ 通过银行卡的概念和分类、账户和交易、计息与收费的学习，在工作和生活中正确使用银行卡

续表

序号	任务分解	任务执行	技能目标
4	支付机构非现金支付业务	◆ 了解支付机构的概念和支付服务的种类 ◆ 了解网络支付 ◆ 掌握预付卡	◆ 通过网络支付的学习，在工作和生活中正确进行网络支付 ◆ 通过预付卡的学习，在工作和生活中合理使用预付卡
5	支付结算纪律与法律责任	◆ 了解结算纪律 ◆ 了解违反支付结算法律制度的法律责任	

项目导言

践行支付为民理念　推动支付行业高质量发展

经过数十年发展，我国已建立了以中央银行支付清算系统为中心，商业银行、清算机构、支付机构等共同参与的广泛覆盖、安全高效的支付清算体系，有效满足了各类经营主体和广大消费者的支付需求。我国个人银行账户拥有率已超过95%。快捷、安全、普惠的现代支付体系，成为我国金融服务的特色亮点和重要标识之一。

一方面，我国消费者的支付方式逐渐从现金、刷卡等向移动支付等新形态转变。我国移动支付普及率超过86%，深度融入交通、医疗、教育等各个民生领域，为改善民生作出积极贡献。支付清算基础设施稳健高效运行，2023年，中国人民银行支付清算系统处理业务219.8亿笔、金额8 986.4万亿元。

另一方面，中国人民银行不断优化老年人、外籍来华人员等群体支付服务。中国人民银行与有关部门和地方高效协同，加快健全以《关于进一步优化支付服务提升支付便利性的意见》为基础、多部门协同发力的"1+N"政策体系。在支付适老化方面，主流移动支付APP均已进行适老化改造，全国银行网点基本完成适老化服务升级，老年用户支付服务体验持续提升。在外籍来华人员支付服务方面，2024年4月，POS机外卡交易笔数和金额较2月均翻番；超过200万入境人士使用移动支付，交易笔数和金额较2月增长均超80%。

此外，近年来，我国稳步扩大支付行业高水平对外开放。持续推进跨境支付体系建设，构建以人民币跨境支付系统（CIPS）为主渠道，其他清算机构、商业银行多渠道发展的支付体系。目前，CIPS直接参与者142家，间接参与者1 377家，业务范围覆盖全球183个国家和地区，有效满足各类跨境业务结算需求。

中国人民银行将统筹好发展与安全、公平与效率，坚持"支付为民"，积极打造国际先进的支付行业业务、服务与技术标准，持续完善现代支付体系，为建设金融强国和促进经济高质量发展贡献支付力量。

资料来源：中国人民银行. 践行支付为民理念 推动支付行业高质量发展［EB/OL］.［2024-03-24］. http://www.pbc.gov.cn/redianzhuanti/118742/5358368/5372254/index.html.

任务一　支付结算认知

任务布置

支付结算原则

甲公司2022年6月1日向银行贷款1 000万元，约定分10年偿还，每年6月1日偿还100万元。2023年6月30日，甲公司还没有向银行偿还第一期应还的贷款，银行从甲公司的账户中划出了100万元到自己的账户中，并通知甲公司第一期的还款金额已经扣划完毕。

任务：分析上述例子涉及的支付结算的原则。

任务思维导图

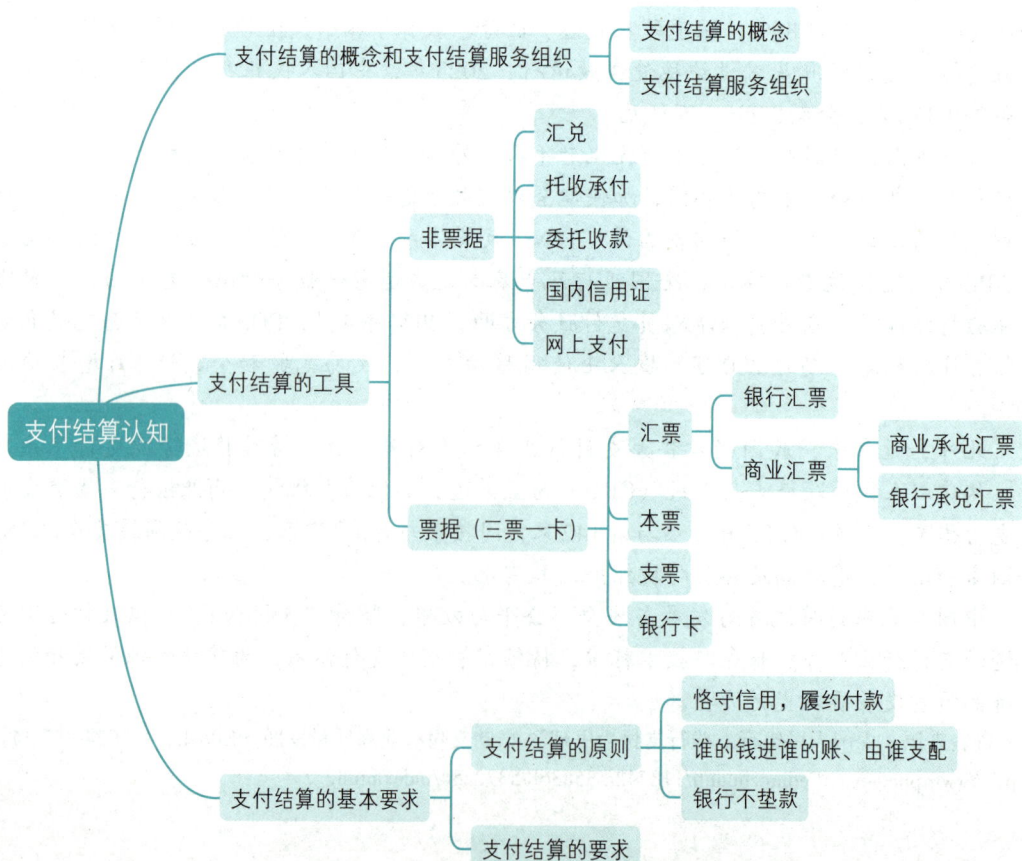

预备知识

一、支付结算的概念和支付结算服务组织

微课

（一）支付结算的概念

支付结算是指单位、个人在社会经济活动中使用票据、银行卡和汇兑、托收承付、委托收款以及电子支付等结算工具或方式进行货币给付及其资金清算的行为。

支付结算概述　（二）支付结算服务组织

我国的支付结算服务组织主要有中国人民银行、银行业金融机构（以下简称银行）、特许清算机构、非金融支付机构（以下简称支付机构）等。

二、支付结算的工具

传统的人民币非现金支付工具主要包括"三票一卡"和结算方式。"三票一卡"是指汇票、本票、支票和银行卡；结算方式是指汇兑、托收承付、委托收款、国内信用证和网上支付（如图3-1所示）。

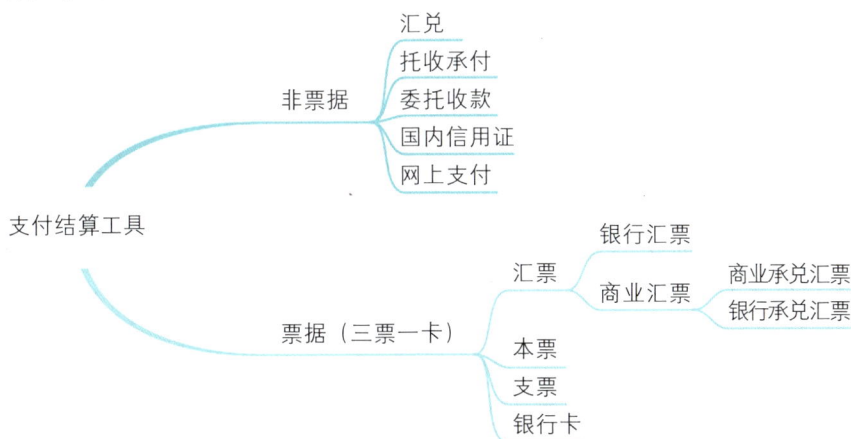

图3-1　支付结算工具

随着互联网技术的发展，网上银行、条码支付、网络支付等电子支付方式得到快速发展。目前，我国已形成了以票据（见表3-1）和银行卡（见表3-2）为主体、以电子支付为发展方向的非现金支付工具体系。票据和汇兑是我国经济活动中不可或缺的重要支付工具及方式，被广大单位和个人广泛使用，并在大额支付中占据主导地位。银行卡收单、网络支付、预付卡、条码支付等在小额支付中占据主导地位。托收承付、国内信用证使用量较少。

表3-1   2023年度各类票据业务情况

票据类型	业务笔数占全国票据业务笔数比例（%）	业务金额占全部票据业务金额比例（%）
商业汇票	31.26	31.47
支票	68.44	68.18
银行汇票	0.14	0.11
银行本票	0.16	0.24

表3-2   2023年度各类银行卡业务情况

业务种类	交易笔数占全部银行卡交易笔数比例（%）	占在用银行卡比例（%）
借记卡	92.16	92.21
信用卡	7.84	7.79

三、支付结算的基本要求

（一）支付结算的原则

（1）恪守信用、履约付款原则。

（2）谁的钱进谁的账、由谁支配原则。

（3）银行不垫款原则。

（二）支付结算的要求

（1）单位、个人和银行办理支付结算，必须使用按中国人民银行统一规定印制的票据凭证和结算凭证。

（2）票据和结算凭证上的签章和其他记载事项应当真实，不得伪造、变造。伪造、变造的法律责任见表3-3。

表3-3   伪造、变造的法律责任

伪/变造	具体规定	法律责任
伪造	无权限人假冒他人或虚构他人名义"签章"的行为	"伪造人"不承担"票据责任"，而应追究其"刑事责任"（附带民事赔偿）
变造	无权更改票据内容的人，对票据上"签章以外"的记载事项加以改变的行为	变造属违反法律的行为，票据法对行为人可追究刑事责任、行政责任、民事责任

（3）填写各种票据和结算凭证应当规范。

填写票据和结算凭证，必须做到要素齐全、数字正确、字迹清晰、不错漏、不潦草，防止涂改。规范填写票据和结算凭证时应注意的事项见表3-4。

表3-4   填写票据和结算凭证要求

填写内容	填写要求
收款人名称	单位和银行的名称应当记载"全称"或者"规范化简称"
出票日期	①出票日期"必须"使用中文大写 ②月为壹、贰和壹拾的，日为壹至玖和壹拾、贰拾和叁拾的，应当在其前加零；日为拾壹至拾玖的，应当在其前加壹 【提示】"3月"前面不加"零"，"11月"应写为"壹拾壹月"
金额	票据和结算凭证"金额"以中文大写和阿拉伯数码同时记载，二者必须一致，二者不一致的票据无效；二者不一致的结算凭证，银行不予受理
签章	单位、银行的盖章（注：公章或专用章）+法定代表人或其授权代理人的签章 个人的签名或盖章

任务实施

甲公司到期应当向银行还款，到期未还款，证明甲公司不守信用，违反"恪守信用、履约付款"原则；甲公司未还款，银行应按照规定采取加收罚息、催收等手段，而不能直接扣划存款人账户存款，存款人账户的钱应当由存款人支配。直接扣款行为违反了"谁的钱进谁的账、由谁支配"原则。

任务二 各类银行结算账户使用

任务布置

基本存款账户的开户流程

A公司（从事生产、经营的纳税人）成立于2023年5月18日，法定代表人为李某。6月5日，A公司财务人员张某持有关资料到Q银行开立基本存款账户。9月12日，A公司向P银行申请贷款，P银行审查其符合贷款条件后向其发放贷款300万元。

任务：（1）根据上述资料，指出A公司到Q银行开立基本存款账户应提供的证明文件。

（2）简述开立基本存款账户需要如何备案。

任务思维导图

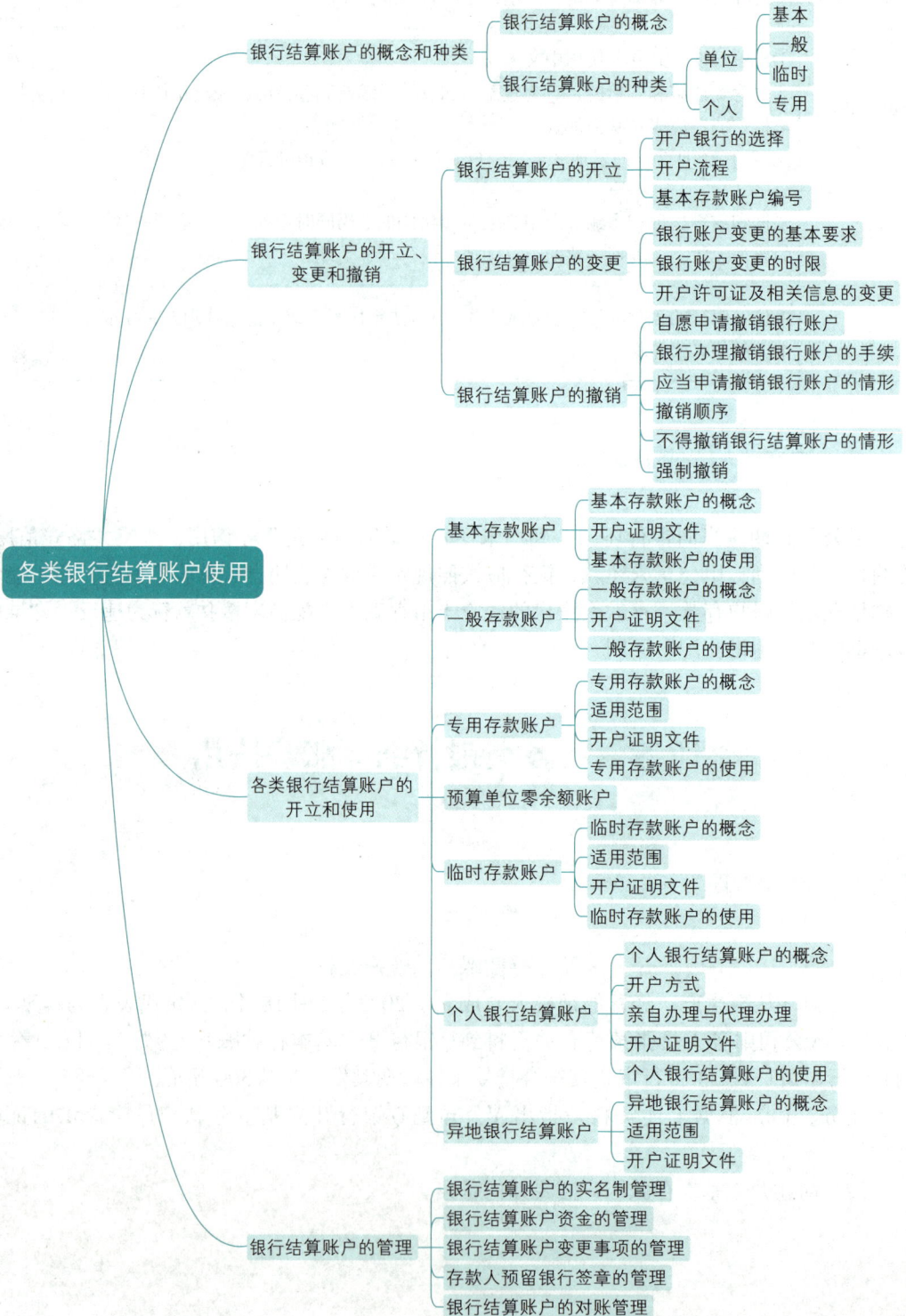

各类银行结算账户使用

- 银行结算账户的概念和种类
  - 银行结算账户的概念
  - 银行结算账户的种类
    - 单位
      - 基本
      - 一般
      - 临时
      - 专用
    - 个人

- 银行结算账户的开立、变更和撤销
  - 银行结算账户的开立
    - 开户银行的选择
    - 开户流程
    - 基本存款账户编号
  - 银行结算账户的变更
    - 银行账户变更的基本要求
    - 银行账户变更的时限
    - 开户许可证及相关信息的变更
  - 银行结算账户的撤销
    - 自愿申请撤销银行账户
    - 银行办理撤销银行账户的手续
    - 应当申请撤销银行账户的情形
    - 撤销顺序
    - 不得撤销银行结算账户的情形
    - 强制撤销

- 各类银行结算账户的开立和使用
  - 基本存款账户
    - 基本存款账户的概念
    - 开户证明文件
    - 基本存款账户的使用
  - 一般存款账户
    - 一般存款账户的概念
    - 开户证明文件
    - 一般存款账户的使用
  - 专用存款账户
    - 专用存款账户的概念
    - 适用范围
    - 开户证明文件
    - 专用存款账户的使用
  - 预算单位零余额账户
  - 临时存款账户
    - 临时存款账户的概念
    - 适用范围
    - 开户证明文件
    - 临时存款账户的使用
  - 个人银行结算账户
    - 个人银行结算账户的概念
    - 开户方式
    - 亲自办理与代理办理
    - 开户证明文件
    - 个人银行结算账户的使用
  - 异地银行结算账户
    - 异地银行结算账户的概念
    - 适用范围
    - 开户证明文件

- 银行结算账户的管理
  - 银行结算账户的实名制管理
  - 银行结算账户资金的管理
  - 银行结算账户变更事项的管理
  - 存款人预留银行签章的管理
  - 银行结算账户的对账管理

预备知识 ☁☁☁

微课

银行结算账户

一、银行结算账户的概念和种类

（一）银行结算账户的概念

银行结算账户是指银行为存款人开立的办理资金收付结算的活期存款账户。

（二）银行结算账户的种类

银行结算账户按存款人不同分为单位银行结算账户和个人银行结算账户。存款人以单位名称开立的银行结算账户为单位银行结算账户。单位银行结算账户按用途分为基本存款账户、一般存款账户、专用存款账户、临时存款账户（见表3-5）。个体工商户凭营业执照以字号或经营者姓名开立的银行结算账户纳入单位银行结算账户管理。存款人凭个人身份证件以自然人名称开立的银行结算账户为个人银行结算账户。

表3-5　　　　　　　　　　　　　2023年度各类单位银行账户占比

账户类型	基本存款账户	一般存款账户	专用存款账户	临时存款账户
占比（%）	70.31	24.61	4.88	0.20

二、银行结算账户的开立、变更和撤销

（一）银行结算账户的开立

1.开户银行的选择

存款人应在注册地或住所地开立银行结算账户。符合异地（跨省、市、县）开户条件的，也可以在异地开立银行结算账户。开立银行结算账户应遵循存款人自主原则。

2.开户流程

（1）存款人申请开立银行结算账户时，应填制开立银行结算账户申请书。开户申请的签章要求：

①单位：单位"公章"和法定代表人或其授权代理人的签名或者盖章。

②个人：个人本名的签名或盖章。

【注意】单位在开户申请上的签章只能是"公章"而不是"财务专用章"。变更和撤销申请的签章要求与开户申请相同。

（2）开立银行结算账户时，银行应与存款人签订银行结算账户管理协议，明确双方的权利与义务。

（3）银行应对存款人的开户申请书填写的事项和相关证明文件的真实性、完整性、合规性进行认真审查。

（4）银行办理开户手续。

开户银行于开户之日起"5个工作日"内向当地中国人民银行当地分支行备案。开户银行于开户之日起"3个工作日"内书面通知基本存款账户开户银行。

3.基本存款账户编号

（1）银行完成企业基本存款账户信息备案后，账户管理系统生成基本存款账户编号，

代替原基本存款账户核准号使用。

（2）持有基本存款账户编号的企业申请开立一般存款账户、专用存款账户、临时存款账户时，应当向银行提供基本存款账户编号。

（二）银行结算账户的变更

1.银行账户变更的基本要求

变更是指存款人的账户信息资料发生变化或改变。根据账户管理的要求，存款人变更账户名称、单位的法定代表人或主要负责人、地址等其他开户证明文件后，应及时向开户银行办理变更手续，填写变更银行结算账户申请书。

2.银行账户变更的时限

（1）存款人更改名称，但不改变开户银行及账号的，应于5个工作日内向开户银行提出银行结算账户的变更申请，并出具有关部门的证明文件。

（2）单位的法定代表人或主要负责人、住址以及其他开户资料发生变更时，应于5个工作日内书面通知开户银行并提供有关证明。

3.开户许可证及相关信息的变更

属于变更开户许可证记载事项的，存款人办理变更手续时，应交回开户许可证，由中国人民银行当地分支机构换发新的开户许可证。对企业名称、法定代表人或者单位负责人变更的，账户管理系统重新生成新的基本存款账户编号，银行应当打印"基本存款账户信息"并交付企业。

（三）银行结算账户的撤销

1.自愿申请撤销银行账户

撤销是指存款人因开户资格或其他原因终止银行结算账户使用的行为。

2.银行办理撤销银行账户的手续

（1）存款人撤销银行结算账户，必须与开户银行核对银行结算账户存款余额，交回各种重要空白票据及结算凭证和开户许可证，银行核对无误后方可办理销户手续。

（2）企业因转户原因撤销基本存款账户的，银行应打印"已开立银行结算账户清单"并交付企业。

3.应当申请撤销银行账户的情形

有下列情形之一的，存款人应向开户银行提出撤销银行结算账户的申请：

（1）被撤并、解散、宣告破产或关闭的；

（2）注销、被吊销营业执照的；

（3）因迁址需要变更开户银行的；

（4）其他原因需要撤销银行结算账户的。

【提示】存款人"迁址"视不同情况（是否变更开户行）分别适用"变更"或"撤销"的规定。

4.撤销顺序

撤销银行结算账户时，应当"先"撤销一般存款账户、专用存款账户、临时存款账户，将账户资金转入基本存款账户"后"，方可办理基本存款账户的撤销。

5.不得撤销银行结算账户的情形

存款人"尚未清偿"其开户银行债务的，不得申请撤销该银行结算账户。

6.强制撤销

银行对一年未发生收付活动且未欠开户银行债务的单位银行结算账户，应通知单位自发出通知之日起30日内办理销户手续，逾期视同自愿销户，未划转款项列入久悬未取专户管理。

三、各类银行结算账户的开立和使用

（一）基本存款账户

1.基本存款账户的概念

基本存款账户是存款人因办理日常转账结算和现金收付需要开立的银行结算账户。

下列存款人，可以申请开立基本存款账户：

（1）企业法人；

（2）非法人企业；

（3）机关、事业单位；

（4）团级（含）以上军队、武警部队及分散执勤的支（分）队；

（5）社会团体；

（6）民办非企业组织；

（7）异地常设机构；

（8）外国驻华机构；

（9）个体工商户；

（10）居民委员会、村民委员会、社区委员会；

（11）单位设立的独立核算的附属机构，包括食堂、招待所、幼儿园；

（12）其他组织，即按照现行的法律、行政法规规定可以成立的组织，如业主委员会、村民小组等组织；

（13）境外机构。

2.开户证明文件

（1）企业法人，应出具企业法人营业执照。

（2）非法人企业，应出具企业营业执照。

（3）机关和实行预算管理的事业单位，应出具政府人事部门或编制委员会的批文或登记证书和财政部门同意其开户的证明。

（4）军队、武警团级（含）以上单位以及有关边防、分散执勤的支（分）队，应出具军队军级以上单位财务部门、武警总队财务部门的开户证明。

（5）社会团体，应出具社会团体登记证书，宗教组织还应出具宗教事务管理部门的批文或证明。

（6）民办非企业组织，应出具民办非企业登记证书。

（7）外地常设机构，应出具其驻在地政府主管部门的批文。对于已经取消对外地常设机构审批的省（市），应出具派出地政府部门的证明文件。

（8）外国驻华机构，应出具国家有关主管部门的批文或证明；外资企业驻华代表处、办事处，应出具国家登记机关颁发的登记证。

（9）个体工商户，应出具个体工商户营业执照。

（10）居民委员会、村民委员会、社区委员会，应出具其主管部门的批文或证明。

（11）单位附属独立核算的食堂、招待所、幼儿园，应出具其主管部门的基本存款账户开户许可证和批文。

（12）按照现行法律法规的规定可以成立的业主委员会、村民小组等组织，应出具政府主管部门的批文或证明。

（13）境外机构，应出具其在境外合法注册成立的证明文件，及其在境内开展相关活动所依据的法规制度或政府主管部门的批准文件等开户资料。证明文件等开户资料为非中文的，还应同时提供对应的中文翻译。

开户时，应出具法定代表人或单位负责人有效身份证件。法定代表人或单位负责人授权他人办理的，还应出具法定代表人或单位负责人的授权书以及被授权人的有效身份证件。

3.基本存款账户的使用

基本存款账户是存款人的主办账户，一个单位只能开立一个基本存款账户。存款人日常经营活动的资金收付及其工资、奖金和现金的支取，应通过基本存款账户办理。

（二）一般存款账户

1.一般存款账户的概念

一般存款账户是存款人因借款或其他结算需要，在基本存款账户开户银行以外的银行营业机构开立的银行结算账户。

2.开户证明文件

存款人申请开立一般存款账户，应向银行出具其开立基本存款账户规定的证明文件、基本存款账户开户许可证或企业基本存款账户编号和下列证明文件：

（1）存款人因向银行借款需要，应出具借款合同；

（2）存款人因其他结算需要，应出具有关证明。

3.一般存款账户的使用

一般存款账户用于办理存款人借款转存、借款归还和其他结算的资金收付。一般存款账户可以办理现金缴存，但不得办理现金支取。

【例3-1】某房地产开发公司在X开户银行开有基本存款账户。2023年3月2日，该公司因贷款需要又在Y银行开立了一般存款账户（账号：998123668989）。同日，该公司财务人员签发了一张现金支票（支票上的出票人账号为998123668989），并向Y银行提示付款，要求提取现金3万元。Y银行工作人员对支票审查后，拒绝为该公司办理现金支取业务。

【要求】请分析Y银行工作人员的做法是否正确。

【解析】一般存款账户是因借款转存、借款归还和其他结算需要开立的银行结算账户。本例中，该公司在Y银行开立了一个一般存款账户。按照我国现行账户管理的规定，该一般存款账户可以办理现金缴存，但不得办理现金支取。Y银行工作人员严格执行账户管理的规定，不予办理现金支取的做法是正确的。

（三）专用存款账户

1.专用存款账户的概念

专用存款账户是存款人按照法律、行政法规和规章，对其特定用途资金进行专项管理和使用而开立的银行结算账户。

2.适用范围

专用存款账户适用于对下列资金的管理和使用：

（1）基本建设资金；

（2）更新改造资金；

（3）粮、棉、油收购资金；

（4）证券交易结算资金；

（5）期货交易保证金；

（6）信托基金；

（7）政策性房地产开发资金；

（8）住房基金；

（9）社会保障基金；

（10）收入汇缴资金和业务支出资金；

（11）党、团、工会设在单位的组织机构经费；

（12）其他需要专项管理和使用的资金。

3.开户证明文件

存款人申请开立专用存款账户，应向银行出具其开立基本存款账户规定的证明文件、基本存款账户开户许可证或企业基本存款账户编号和下列证明文件：

（1）基本建设资金、更新改造资金、政策性房地产开发资金、住房基金、社会保障基金，应出具主管部门批文；

（2）粮、棉、油收购资金，应出具主管部门批文；

（3）证券交易结算资金，应出具证券公司或证券监督管理部门的证明；

（4）期货交易保证金，应出具期货公司或期货监督管理部门的证明；

（5）收入汇缴资金和业务支出资金，应出具基本存款账户存款人有关的证明；

（6）党、团、工会设在单位的组织机构经费，应出具该单位或有关部门的批文或证明；

（7）其他按规定需要专项管理和使用的资金，应出具有关法规、规章或政府部门的有关文件。

对于合格境外机构投资者在境内从事证券投资开立的人民币特殊账户和人民币结算资金账户，均纳入专用存款账户管理。其开立人民币特殊账户时应出具国家外汇管理部门的批复文件；开立人民币结算资金账户时，应出具证券监督管理部门的证券投资业务许可证。

4.专用存款账户的使用

（1）证券交易结算资金、期货交易保证金和信托基金专用存款账户不得支取现金。

（2）基本建设资金、更新改造资金、政策性房地产开发资金账户需要支取现金的，应在开户时报中国人民银行当地分支行批准。

（3）粮、棉、油收购资金，社会保障基金，住房基金和党、团、工会经费等专用存款账户支取现金应按照国家现金管理的规定办理。银行应按照国家对粮、棉、油收购资金使用管理的规定加强监督，不得办理不符合规定的资金收付和现金支取。

（4）收入汇缴资金和业务支出资金，是指基本存款账户存款人附属的非独立核算单位或派出机构发生的收入和支出的资金。收入汇缴账户除向其基本存款账户或预算外资金财政专用存款户划缴款项外，只收不付，不得支取现金。业务支出账户除从其基本存款账户拨入款项外，只付不收，其现金支取必须按照国家现金管理的规定办理。

（四）预算单位零余额账户

（1）预算单位零余额账户是指预算单位经财政部门批准，在国库集中支付代理银行和非税收入收缴代理银行开立的，用于办理国库集中收付业务的银行结算账户。预算单位零余额账户的性质为基本存款账户或专用存款账户。

（2）预算单位使用财政性资金，应当按照规定的程序和要求，向财政部门提出设立零余额账户的申请，财政部门同意预算单位开设零余额账户后通知代理银行。

（3）代理银行根据《人民币银行结算账户管理办法》的规定，具体办理开设预算单位零余额账户业务，并将所开账户的开户银行名称、账号等详细情况书面报告财政部门和中国人民银行，并由财政部门通知一级预算单位。

（4）预算单位根据财政部门的开户通知，具体办理预留印鉴手续。印鉴卡内容如有变动，预算单位应及时通过一级预算单位向财政部门提出变更申请，办理印鉴卡更换手续。

（5）一个基层预算单位开设一个零余额账户。

（6）预算单位零余额账户用于财政授权支付，可以办理转账、提取现金等结算业务，可以向本单位按账户管理规定保留的相应账户划拨工会经费、住房公积金及提租补贴，以及财政部门批准的特殊款项，不得违反规定向本单位其他账户和上级主管单位及所属下级单位账户划拨资金。

（五）临时存款账户

1.临时存款账户的概念

临时存款账户是指存款人因临时需要并在规定期限内使用而开立的银行结算账户。

2.适用范围

（1）设立临时机构，例如工程指挥部、筹备领导小组、摄制组等；

（2）异地临时经营活动，例如建筑施工及安装单位等在异地的临时经营活动；

（3）注册验资、增资；

（4）军队、武警单位承担基本建设或者异地执行作战、演习、抢险救灾、应对突发事件等临时任务。

3.开户证明文件

（1）临时机构，应出具其驻在地主管部门同意设立临时机构的批文。

（2）异地建筑施工及安装单位，应出具其营业执照正本或其隶属单位的营业执照正本，以及施工及安装地建设主管部门核发的许可证或建筑施工及安装合同。外国及我国港、澳、台地区建筑施工及安装单位，应出具行业主管部门核发的资质准入证明。

（3）异地从事临时经营活动的单位，应出具其营业执照以及临时经营地市场监督管理部门的批文。

（4）境内单位在异地从事临时活动的，应出具政府有关部门批准其从事该项活动的证明文件。

（5）境外（含我国港、澳、台地区）机构在境内从事经营活动的，应出具政府有关部门批准其从事该项活动的证明文件。

（6）军队、武警单位因执行作战、演习、抢险救灾、应对突发事件等任务需要开立银行账户时，开户银行应当凭军队、武警团级以上单位后勤（联勤）部门出具的批件或证明，先予开户并同时启用，后补办相关手续。

（7）注册验资资金，应出具市场监督管理部门核发的企业名称预先核准通知书或有关部门的批文。

（8）增资验资资金，应出具股东会或董事会决议等证明文件。

上述第（2）、（3）、（4）、（8）项还应出具基本存款账户开户许可证或基本存款账户编号，外国及我国港、澳、台地区建筑施工及安装单位除外。

4.临时存款账户的使用

临时存款账户用于办理临时机构以及存款人临时经营活动发生的资金收付。临时存款账户应根据有关开户证明文件确定的期限或存款人的需要确定其有效期限，最长不得超过2年。临时存款账户支取现金，应按照国家现金管理的规定办理。注册验资的临时存款账户在验资期间只收不付。

（六）个人银行结算账户

1.个人银行结算账户的概念

个人银行结算账户是指存款人因投资、消费、结算等需要而凭个人身份证件以自然人名称开立的银行结算账户。个人银行结算账户分为Ⅰ类银行账户、Ⅱ类银行账户和Ⅲ类银行账户（以下分别简称Ⅰ类户、Ⅱ类户和Ⅲ类户）。

银行可通过Ⅰ类户为存款人提供存款、购买投资理财产品等金融产品、转账、消费和缴费支付、支取现金等服务。Ⅱ类户可以办理存款、购买投资理财产品等金融产品、限额消费和缴费、限额向非绑定账户转出资金业务。经银行柜面、自助设备加以银行工作人员现场面对面确认身份的，Ⅱ类户还可以办理存取现金、非绑定账户资金转入业务，可以配发银行卡实体卡片，非绑定账户转入资金、存入现金日累计限额合计为1万元、年累计限额合计为20万元；消费和缴费、向非绑定账户转出资金、取出现金日累计限额合计为1万元、年累计限额合计为20万元。银行可以向Ⅱ类户发放本银行贷款资金并通过Ⅱ类户还款，发放贷款和贷款资金归还，不受转账限额规定。Ⅲ类户可以办理限额消费和缴费、限额向非绑定账户转出资金业务。经银行柜面、自助设备加以银行工作人员现场面对面确认身份的，Ⅲ类户还可以办理非绑定账户资金转入业务。Ⅲ类户任一时点账户余额不得超过2 000元。

2.开户方式

（1）柜面开户。

通过柜面受理银行账户开户申请的，银行可为开户申请人开立Ⅰ类户、Ⅱ类户或Ⅲ类户。

（2）自助机开户。

通过远程视频柜员机和智能柜员机等自助机受理银行账户开户申请，银行工作人员现场核验开户申请人身份信息的，银行可为其开立Ⅰ类户；银行工作人员未现场核验开户申请人身份信息的，银行可为其开立Ⅱ类户或Ⅲ类户。

（3）电子渠道开户。

通过网上银行和手机银行等电子渠道受理银行账户开户申请的，银行可为开户申请人开立Ⅱ类户或Ⅲ类户。

3.亲自办理与代理办理

开户申请人开立个人银行账户或者办理其他个人银行账户业务，原则上应当由开户申请人本人亲自办理；符合条件的，可以由他人代理办理。他人代理开立个人银行账户的，代理人应出具代理人、被代理人的有效身份证件以及合法的委托书等。银行认为有必要的，应要求代理人出具证明代理关系的公证书。

4.开户证明文件

根据个人银行账户实名制的要求，存款人申请开立个人银行账户时，应向银行出具本人有效身份证件，银行通过有效身份证件仍无法准确判断开户申请人身份的，应要求其出具辅助身份证明材料。

有效身份证件包括：

（1）在中华人民共和国境内已登记常住户口的中国公民为居民身份证；不满16周岁的，可以使用居民身份证或户口簿。

（2）香港特别行政区、澳门特别行政区居民为港澳居民来往内地通行证、港澳居民居住证。

（3）台湾地区居民为台湾居民来往大陆通行证、台湾居民居住证。

（4）国外的中国公民为中国护照。

（5）外国公民为护照或者外国人永久居留证（外国边民，按照边贸结算的有关规定办理）。

（6）法律、行政法规规定的其他身份证明文件。

辅助身份证明材料包括但不限于：

（1）中国公民为户口簿、护照、机动车驾驶证、居住证、社会保障卡、军人和武装警察身份证件、公安机关出具的户籍证明、工作证。

（2）香港特别行政区、澳门特别行政区居民为香港特别行政区、澳门特别行政区居民身份证。

（3）台湾地区居民为在台湾居住的有效身份证明。

（4）定居国外的中国公民为定居国外的证明文件。

（5）外国公民为外国居民身份证、使领馆人员身份证件或者机动车驾驶证等其他带有照片的身份证件。

（6）完税证明、水电煤缴费单等税费凭证。

军人、武装警察尚未领取居民身份证的，除出具军人和武装警察身份证件外，还应出具军人保障卡或所在单位开具的尚未领取居民身份证的证明材料。

5.个人银行结算账户的使用

个人银行结算账户用于办理个人转账收付和现金存取。下列款项可以转入个人银行结算账户：

（1）工资、奖金收入；

（2）稿费、演出费等劳务收入；

（3）债券、期货、信托等投资的本金和收益；

（4）个人债权或产权转让收益；

（5）个人贷款转存；

（6）证券交易结算资金和期货交易保证金；

（7）继承、赠与款项；

（8）保险理赔、保费退还等款项；

（9）纳税退还；

（10）农、副、矿产品销售收入；

（11）其他合法款项。

从单位银行结算账户向个人银行结算账户支付款项单笔超过5万元人民币时，付款单位若在付款用途栏或备注栏注明事由，可不再另行出具付款依据，付款单位应对支付款项事由的真实性、合法性负责。但是对于具有下列一种或多种特征的可疑交易，银行应关闭单位银行结算账户的网上银行转账功能，要求存款人到银行网点柜台办理转账业务，并出具书面付款依据或相关证明文件，如存款人未提供相关依据或相关依据不符合规定的，银行应拒绝办理转账业务：

（1）账户资金集中转入，分散转出，跨区域交易。

（2）账户资金快进快出，不留余额或者留下一定比例余额后转出，过渡性质明显。

（3）拆分交易，故意规避交易限额。

（4）账户资金金额较大，对外收付金额与单位经营规模、经营活动明显不符。

（5）其他可疑情形。

（七）异地银行结算账户

1.异地银行结算账户的概念

异地银行结算账户，是存款人在其注册地或住所地行政区域之外（跨省、市、县）开立的银行结算账户。

2.适用范围

异地银行结算账户适用于下列情形：

（1）营业执照注册地与经营地不在同一行政区域（跨省、市、县）需要开立基本存款账户的；

（2）办理异地借款和其他结算需要开立一般存款账户的；

（3）存款人因附属的非独立核算单位或派出机构发生的收入汇缴或业务支出需要开立专用存款账户的；

（4）异地临时经营活动需要开立临时存款账户的；

（5）自然人根据需要在异地开立个人银行结算账户的。

3.开户证明文件

存款人需要在异地开立单位银行结算账户，除出具开立基本存款账户、一般存款账户、专用存款账户和临时存款账户规定的有关证明文件和基本存款账户开户许可证或企业基本存款账户编号外，还应出具下列相应的证明文件：

（1）异地借款的存款人在异地开立一般存款账户的，应出具在异地取得贷款的借款合同；

（2）因经营需要在异地办理收入汇缴和业务支出的存款人在异地开立专用存款账户的，应出具隶属单位的证明。

存款人需要在异地开立个人银行结算账户，应出具在住所地开立账户所需的证明文件。

四、银行结算账户的管理

（一）银行结算账户的实名制管理

（1）存款人应以实名开立银行结算账户，并对其出具的开户（变更、撤销）申请资料实质内容的真实性负责，法律、行政法规另有规定的除外。

（2）存款人应按照账户管理的规定使用银行结算账户办理结算业务，不得出租、出借银行结算账户，不得利用银行结算账户套取银行信用或进行洗钱活动。

（二）银行结算账户资金的管理

单位、个人和银行应当按照《人民币银行结算账户管理办法》和《企业银行结算账户管理办法》的规定开立、使用账户。在银行开立存款账户的单位和个人办理支付结算，账户内须有足够的资金保证支付。银行依法为单位、个人在银行开立的存款账户内的存款保密，维护其资金的自主支配权。除国家法律、行政法规另有规定外，银行不得为任何单位或者个人查询账户情况，不得为任何单位或者个人冻结、扣划款项，不得停止单位、个人存款的正常支付。

（三）银行结算账户变更事项的管理

存款人申请临时存款账户展期，变更、撤销单位银行结算账户以及补（换）发开户许可证时，可由法定代表人或单位负责人直接办理，也可授权他人办理。由法定代表人或单位负责人直接办理的，除出具相应的证明文件外，还应出具法定代表人或单位负责人的身份证件；授权他人办理的，除出具相应的证明文件外，还应出具法定代表人或单位负责人的身份证件及其出具的授权书，以及被授权人的身份证件。

（四）存款人预留银行签章的管理

（1）单位遗失预留公章或财务专用章的，应向开户银行出具书面申请、开户许可证、营业执照等相关证明文件；更换预留公章或财务专用章时，应向开户银行出具书面申请、原预留公章或财务专用章等相关证明文件。

（2）个人遗失或更换预留个人印章或更换签字人时，应向开户银行出具经签名确认的书面申请，以及原预留印章或签字人的个人身份证件。

（五）银行结算账户的对账管理

银行结算账户的存款人应与银行按规定核对账务。存款人收到对账单或对账信息后，应及时核对账务并在规定期限内向银行发出对账回单或确认信息。

任务实施

（1）本案例中企业法人开立基本存款账户时，应出具企业法人营业执照正本、法定代表人或单位负责人有效身份证件。法定代表人或单位负责人授权他人办理的，还应出具法定代表人或单位负责人的授权书以及被授权人的有效身份证件。

（2）中国人民银行令〔2019〕第1号，取消了企业银行账户许可，原核准制改为备案制，同时取消了开户许可证和生效日的规定，开户银行于开户之日起"5个工作日"内向中国人民银行当地分支行备案。

任务三　银行非现金支付业务规范

任务布置

票据抗辩

2023年2月1日，山鑫公司和明星公司签订买卖合同，合同约定：山鑫公司承兑银行为A银行，票据到期日为2023年6月30日。2023年2月20日，山鑫公司开出汇票，A银行作了承兑。同年3月1日时代公司向明星公司催要欠款，明星公司将该汇票背书转让给时代公司，时代公司随后将汇票向B银行贴现。后山鑫公司发现明星公司产品存在质量问题而拒绝提货，至2023年4月25日双方协商未果，山鑫公司单方解除合同，并通知A银行不得支付该汇票。2023年6月30日汇票到期，B银行向A银行提示付款，A银行以山鑫公司通知银行止付为由拒绝支付。

任务：

（1）明星公司背书转让汇票给时代公司的行为是否有效，为什么？

（2）A银行的拒付理由是否成立？A银行是否存在抗辩事由？

（3）在A银行拒付的情况下，B银行怎样利用《中华人民共和国票据法》（以下简称《票据法》）上的条款维护自己的利益？

任务思维导图

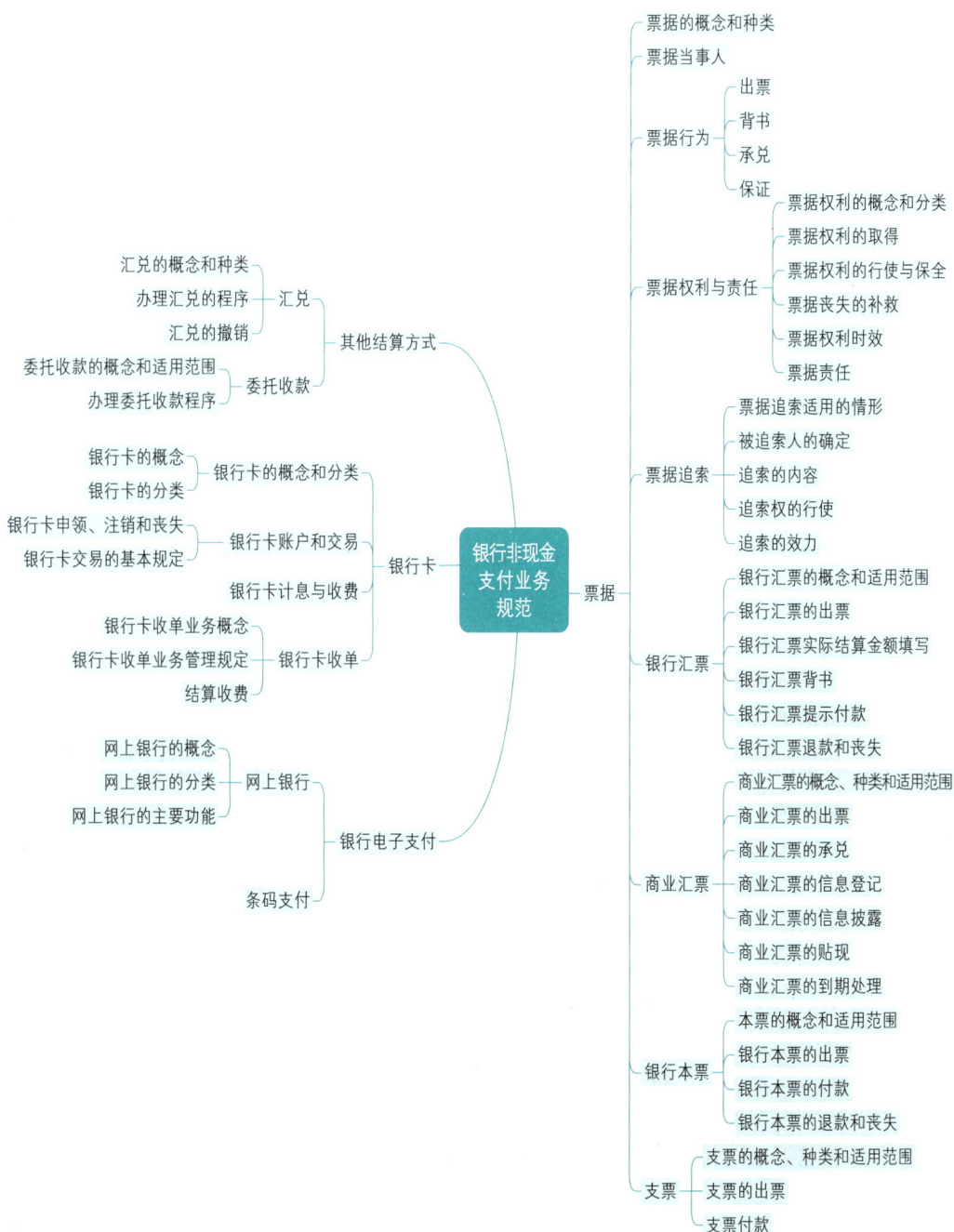

银行非现金支付业务规范

- 其他结算方式
  - 汇兑
    - 汇兑的概念和种类
    - 办理汇兑的程序
    - 汇兑的撤销
  - 委托收款
    - 委托收款的概念和适用范围
    - 办理委托收款程序
- 银行卡
  - 银行卡的概念和分类
    - 银行卡的概念
    - 银行卡的分类
  - 银行卡账户和交易
    - 银行卡申领、注销和丧失
    - 银行卡交易的基本规定
    - 银行卡计息与收费
  - 银行卡收单
    - 银行卡收单业务概念
    - 银行卡收单业务管理规定
    - 结算收费
- 银行电子支付
  - 网上银行
    - 网上银行的概念
    - 网上银行的分类
    - 网上银行的主要功能
  - 条码支付
- 票据
  - 票据的概念和种类
  - 票据当事人
  - 票据行为
    - 出票
    - 背书
    - 承兑
    - 保证
  - 票据权利与责任
    - 票据权利的概念和分类
    - 票据权利的取得
    - 票据权利的行使与保全
    - 票据丧失的补救
    - 票据权利时效
    - 票据责任
  - 票据追索
    - 票据追索适用的情形
    - 被追索人的确定
    - 追索的内容
    - 追索权的行使
    - 追索的效力
  - 银行汇票
    - 银行汇票的概念和适用范围
    - 银行汇票的出票
    - 银行汇票实际结算金额填写
    - 银行汇票背书
    - 银行汇票提示付款
    - 银行汇票退款和丧失
  - 商业汇票
    - 商业汇票的概念、种类和适用范围
    - 商业汇票的出票
    - 商业汇票的承兑
    - 商业汇票的信息登记
    - 商业汇票的信息披露
    - 商业汇票的贴现
    - 商业汇票的到期处理
  - 银行本票
    - 本票的概念和适用范围
    - 银行本票的出票
    - 银行本票的付款
    - 银行本票的退款和丧失
  - 支票
    - 支票的概念、种类和适用范围
    - 支票的出票
    - 支票付款

预备知识

目前，我国银行非现金支付业务主要有票据类业务、银行卡业务和汇兑等传统结算业务，以及随着互联网技术发展而日益使用广泛的银行卡收单、网上银行、条码支付等新型支付业务。

一、票据

（一）票据的概念和种类

票据的概念有广义和狭义之分。广义上的票据包括各种有价证券和凭证，如股票、企业债券、发票、提单等；狭义上的票据，即我国《票据法》中规定的"票据"，包括汇票、本票和支票，是指由出票人签发的、约定自己或者委托付款人在见票时或指定的日期向收款人或持票人无条件支付一定金额的有价证券。我国的票据分类如图3-2所示。

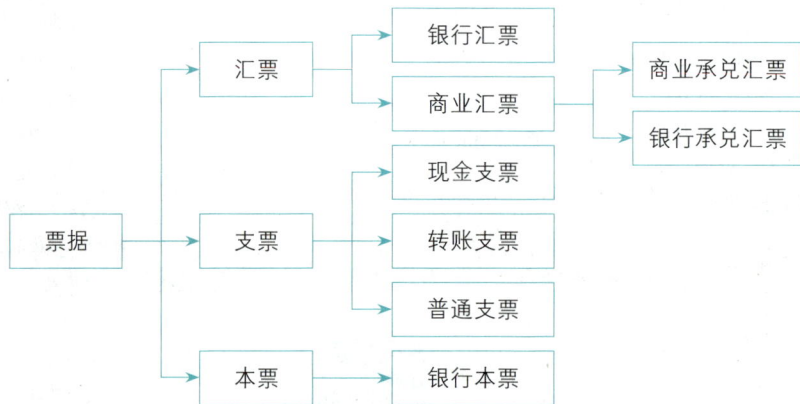

图3-2　我国的票据分类

（二）票据当事人

票据当事人是指在票据法律关系中，享有票据权利、承担票据义务的主体。票据当事人分为基本当事人和非基本当事人。票据基本当事人是指在票据作成和交付时就已经存在的当事人，包括出票人、付款人和收款人。汇票和支票的基本当事人有出票人、收款人与付款人；本票的基本当事人有出票人与收款人。

1.基本当事人

（1）出票人，是指依法定方式签发票据并将票据交付给收款人的人。

①银行汇票的出票人为银行；

②商业汇票的出票人为银行以外的企业和其他组织；

③银行本票的出票人为出票银行；

④支票的出票人，为在银行开立支票存款账户的企业、其他组织和个人。

（2）付款人，是指由出票人委托付款或自行承担付款责任的人。

①商业承兑汇票的付款人是合同中应给付款项的一方当事人，也是该汇票的承兑人；

②银行承兑汇票的付款人是承兑银行；

③支票的付款人是出票人的开户银行。

（3）收款人，是指票据正面记载的到期后有权收取票据所载金额的人。

2.非基本当事人

非基本当事人是指在票据作成并交付后，通过一定的票据行为加入票据关系而享有一定权利、承担一定义务的当事人，包括承兑人、背书人、被背书人、保证人等。

（1）承兑人，是指接受汇票出票人的付款委托，同意承担支付票款义务的人，是汇票主债务人。

（2）背书人与被背书人。背书人是指在转让票据时，在票据背面或粘单上签字或盖章，并将该票据交付给受让人的票据收款人或持有人。被背书人是指被记名受让票据或接受票据转让的人。背书后，被背书人成为票据新的持有人，享有票据的所有权利。

（3）保证人，是指为票据债务提供担保的人，由票据债务人以外的第三人担当。保证人在被保证人不能履行票据责任时，以自己的资金履行票据责任，然后取得持票人的权利，向票据债务人追索。

（三）票据行为

票据行为是指票据当事人以发生票据债务为目的的、以在票据上签名或盖章为权利义务成立要件的法律行为。票据行为包括出票、背书、承兑和保证。

1.出票

（1）出票的概念。

出票是指出票人签发票据并将其交付给收款人的票据行为。出票包括两个行为：一是出票人依照《票据法》的规定作成票据，即在原始票据上记载法定事项并签章；二是交付票据，即将作成的票据交付给他人占有。这两者缺一不可。

微课

票据行为
——出票

（2）出票的基本要求。

出票人必须与付款人具有真实的委托付款关系，并且具有支付票据金额的可靠资金来源，不得签发无对价的票据用以骗取银行或者其他票据当事人的资金。

（3）票据的记载事项。

①出票人和其他票据行为当事人在票据上的记载事项必须符合《票据法》等的规定。所谓票据记载事项是指依法在票据上记载的票据相关内容。票据记载事项一般分为必须记载事项、相对记载事项、任意记载事项和记载不产生《票据法》上效力的事项等。

②必须记载事项，也称必要记载事项，是指《票据法》明文规定必须记载的，如不记载，票据行为即为无效的事项。

③相对记载事项是指除了必须记载事项外，《票据法》规定的其他应记载的事项，这些事项如果未记载，由法律另作相应规定予以明确，并不影响票据的效力。

④任意记载事项是指《票据法》不强制当事人必须记载而允许当事人自行选择，不记载时不影响票据效力，记载时则产生票据效力的事项。如出票人在汇票记载"不得转让"字样的，汇票不得转让，其中的"不得转让"事项即为任意记载事项。

记载不产生《票据法》上的效力的事项是指除了必须记载事项、相对记载事项、任意记载事项外，票据上还可以记载其他一些事项，但这些事项不具有票据效力，银行不负审查责任。"

（4）出票的效力。

票据出票人制作票据，应当按照法定条件在票据上签章，并按照所记载的事项承担票据责任。出票人签发票据后，即承担该票据承兑或付款的责任。

2. 背书

（1）背书的概念和种类。

背书是在票据背面或者粘单上记载有关事项并签章的行为。以背书的目的为标准，将背书分为转让背书和非转让背书。

①转让背书是指以转让票据权利为目的的背书；

②非转让背书是指以授予他人行使一定的票据权利为目的的背书。非转让背书包括委托收款背书和质押背书。

委托收款背书是背书人委托被背书人行使票据权利的背书。委托收款背书的被背书人有权代背书人行使被委托的票据权利。但是，被背书人不得再以背书转让票据权利。

质押背书是以担保债务而在票据上设定质权为目的的背书。被背书人依法实现其质权时，可以行使票据权利。

（2）背书的记载事项。

背书由背书人签章并记载背书日期。背书未记载日期的，视为在票据到期日前背书。以背书转让或者以背书将一定的票据权利授予他人行使时，必须记载被背书人名称。背书人未记载被背书人名称即将票据交付他人的，持票人在票据被背书人栏内记载自己的名称与背书人记载具有同等法律效力。

委托收款背书应记载"委托收款"字样、被背书人和背书人签章。质押背书应记载"质押"字样、质权人和出质人签章。

票据凭证不能满足背书人记载事项的需要，可以加附粘单，粘附于票据凭证上。粘单上的第一记载人，应当在票据和粘单的粘接处签章。

（3）背书的效力。

背书人以背书转让票据后，即承担保证其后手所持票据承兑和付款的责任。

以背书转让的票据，背书应当连续。持票人以背书的连续，证明其票据权利；非经背书转让，而以其他合法方式取得票据的，依法举证，证明其票据权利。

背书连续，是指在票据转让中，转让票据的背书人与受让票据的被背书人在票据上的签章依次前后衔接。具体来说，第一背书人为票据收款人，最后持票人为最后背书的被背书人，中间的背书人为前手背书的被背书人。

（4）背书特别规定。

特别的背书包括附条件背书、部分背书、禁转背书和期后背书。

附条件背书是指背书附有条件，背书时附有条件的，所附条件不具有票据上的效力。

部分背书是指将票据金额的一部分转让的背书或者将票据金额分别转让给两人以上的背书，部分背书属于无效背书。

禁转背书是指背书时记载了"不得转让"或类似字样，此时票据不得转让；背书人在票据上记载"不得转让"或类似字样，其后手再背书转让的，原背书人对后手的被背书人不承担保证责任。

期后背书是指票据被拒绝承兑、被拒绝付款或者超过付款提示期限后进行的背书。票据被拒绝承兑、被拒绝付款或者超过付款提示期限的，不得背书转让；背书转让的，背书人应当承担票据责任。

3.承兑

（1）承兑的概念。

承兑是指汇票付款人承诺在汇票到期日支付汇票金额并签章的行为，仅适用于商业汇票。

（2）承兑的程序。

承兑的程序包括提示承兑、受理承兑等。

①提示承兑。

其是指持票人向付款人出示汇票，并要求付款人承诺付款的行为。

a.定日付款或者出票后定期付款的汇票，持票人应当在汇票到期日前向付款人提示承兑。

b.见票后定期付款的汇票，持票人应当自出票日起1个月内向付款人提示承兑。汇票未按照规定期限提示承兑的，持票人丧失对其前手的追索权。

②受理承兑。

付款人收到持票人提示承兑的汇票时，应当向持票人签发收到汇票的回单。回单上应当记明汇票提示承兑日期并签章。付款人对向其提示承兑的汇票，应当自收到提示承兑的汇票之日起3日内承兑或者拒绝承兑。

（3）承兑记载事项。

付款人承兑汇票的，应当在汇票正面记载"承兑"字样和承兑日期并签章；见票后定期付款的汇票，应当在承兑时记载付款日期。汇票上未记载承兑日期的，应当以收到提示承兑的汇票之日起3日内的最后一日为承兑日期。

（4）承兑的效力。

付款人承兑汇票，不得附有条件；承兑附有条件的，视为拒绝承兑。付款人承兑汇票后，应当承担到期付款的责任。

4.保证

（1）保证的概念。

保证是指票据债务人以外的人，为担保特定债务人履行票据债务而在票据上记载有关事项并签章的行为。

国家机关、以公益为目的的事业单位、社会团体作为票据保证人的，票据保证无效，但经国务院批准为使用外国政府或者国际经济组织贷款进行转贷，国家机关提供票据保证的除外。

（2）保证的记载事项。

保证人必须在票据或者粘单上记载下列事项：

①表明"保证"的字样；

②保证人名称和住所；

③被保证人的名称；

④保证日期；

⑤保证人签章。

保证人在票据或者粘单上未记载"被保证人名称"的，已承兑的票据，承兑人为被保证人；未承兑的票据，出票人为被保证人。保证人在票据或者粘单上未记载"保证日期"的，出票日期为保证日期。

（3）保证责任的承担。

被保证的票据，保证人应当与被保证人对持票人承担连带责任。票据到期后得不到付款的，持票人有权向保证人请求付款，保证人应当足额付款。保证人为两人以上的，保证人之间承担连带责任。

（4）保证的效力。

保证人对合法取得票据的持票人所享有的票据权利，承担保证责任。但是，被保证人的债务因票据记载事项欠缺而无效的除外。保证不得附有条件，附有条件的，不影响对票据的保证责任。保证人清偿票据债务后，可以行使持票人对被保证人及其前手的追索权。

（四）票据权利与责任

1.票据权利的概念和分类

微课

票据的权利

票据权利是指票据持票人向票据债务人请求支付票据金额的权利，包括付款请求权和追索权。

（1）付款请求权。

付款请求权是指持票人向汇票的承兑人、本票的出票人、支票的付款人出示票据要求付款的权利，是第一顺序权利。

（2）追索权。

票据追索权是指票据当事人行使付款请求权遭到拒绝或有其他法定原因存在时，向其前手请求偿还票据金额及其他法定费用的权利，是第二顺序权利。

2.票据权利的取得

（1）取得票据权利的基本要求。

签发、取得和转让票据，应当遵守诚实信用的原则，具有真实的交易关系和债权债务关系。票据的取得，必须给付对价，即应当给付票据双方当事人认可的相对应的代价。但也有例外的情形，即如果是因为税收、继承、赠与可以依法无偿取得票据的，则不受给付对价的限制，但是所享有的票据权利不得优于其前手的权利。

（2）取得票据不享有票据权利的情形。

①以欺诈、偷盗或者胁迫等手段取得票据的，或者明知有上述情形，出于恶意取得票据的；

②持票人因重大过失取得不符合《票据法》规定的票据的。

3.票据权利的行使与保全

票据权利的行使是指持票人请求票据责任人支付票据金额的行为，例如行使付款请求权以获得票款，行使追索权以请求清偿法定的金额和费用等。票据权利的保全是指持票人为了防止票据权利的丧失而采取的措施，例如依据《票据法》的规定，按照规定期限提示承兑、要求承兑人或付款人提供拒绝承兑或拒绝付款的证明以保全追索权等。

4.票据丧失的补救

票据丧失是指票据因灭失（如不慎被烧毁）、遗失（如不慎丢失）、被盗等原因而使票据权利人脱离其对票据的占有。票据一旦丧失，票据的债权人不采取措施补救就不能阻止债务人向拾获者履行义务，从而造成正当票据权利人经济上的损失。因此，需要进行票据丧失的补救。票据丧失后，可以采取挂失止付、公示催告和普通诉讼三种形式进行补救。

微课

票据权利丧失补救措施

（1）挂失止付。

挂失止付是指失票人将丧失票据的情况通知付款人或代理付款人，由接受通知的付款人或代理付款人审查后暂停支付的一种方式。只有确定付款人或代理付款人的票据丧失时才可进行挂失止付，具体包括已承兑的商业汇票、支票、填明"现金"字样和代理付款人的银行汇票以及填明"现金"字样的银行本票四种。挂失止付并不是票据丧失后采取的必经措施，而只是一种暂时的预防措施，最终要通过申请公示催告或提起普通诉讼来补救票据权利。具体程序为：

①申请。

失票人需要挂失止付的，应填写挂失止付通知书并签章。挂失止付通知书应当记载下列事项：

a.票据丧失的时间、地点、原因；

b.票据的种类、号码、金额、出票日期、付款日期、付款人名称、收款人名称；

c.挂失止付人的姓名、营业场所或者住所以及联系方法。欠缺上述记载事项之一的，银行不予受理。

②受理。

付款人或者代理付款人收到挂失止付通知书后，查明挂失票据确未付款时，应立即暂停支付。付款人或者代理付款人自收到挂失止付通知书之日起12日内没有收到人民法院的止付通知书的，自第13日起，不再承担止付责任，持票人提示付款即依法向持票人付款。付款人或者代理付款人在收到挂失止付通知书之前，已经向持票人付款的，不再承担责任。但是，付款人或者代理付款人以恶意或者重大过失付款的除外。承兑人或者承兑人开户行收到挂失止付通知或者公示催告等司法文书并确认相关票据未付款的，应当于当日依法暂停支付并在上海票据交易所登记或者委托开户行登记相关信息。

（2）公示催告。

公示催告是指在票据丧失后由失票人向人民法院提出申请，请求人民法院以公告方式通知不确定的利害关系人限期申报权利，逾期未申报者，则权利失效，而由法院通过除权判决宣告所丧失的票据无效的制度或程序。根据《票据法》的规定，失票人应当在通知挂失止付后的3日内，也可以在票据丧失后，依法向票据支付地人民法院申请公示催告。申请公示催告的主体必须是可以背书转让的票据的最后持票人。具体程序为：

①申请。

失票人申请公示催告的，应填写公示催告申请书，申请书应当载明下列内容：

a.票面金额；

b.出票人、持票人、背书人；

c.申请的理由、事实；

d.通知票据付款人或者代理付款人挂失止付的时间；

e.付款人或者代理付款人的名称、通信地址、电话号码等。

②受理。

人民法院决定受理公示催告申请，应当同时通知付款人及代理付款人停止支付，并自立案之日起3日内发出公告，催促利害关系人申报权利。付款人或者代理付款人收到人民法院发出的止付通知，应当立即停止支付，直至公示催告程序终结。非经发出止付通知的人民法院许可，擅自解付的，不得免除票据责任。

【例3-2】某基层法院在《人民法院报》上刊登一则公示催告，公告甲银行网点承兑的一张300万元的银行承兑汇票丢失，公告期间为2023年3月1日至5月1日；4月3日，该网点突然收到异地乙银行网点发来的该银行承兑汇票的委托收款。

【要求】说明甲银行应该如何处理。

【解析】此时由于恰好在公示催告期间，甲银行网点不能对委托收款发来的银行承兑汇票付款，只能根据人民法院的止付通知拒绝付款。

③公告。

人民法院决定受理公示催告申请后发布的公告应当在全国性报纸或者其他媒体上刊登，并于同日公布于人民法院公告栏内。公示催告的期间，国内票据自公告发布之日起60日，涉外票据可根据具体情况适当延长，但最长不得超过90日。在公示催告期间，转让票据权利的行为无效，以公示催告的票据质押、贴现，因质押、贴现而接受该票据的持票人主张票据权利的，人民法院不予支持，但公示催告期间届满以后人民法院作出除权判决以前取得该票据的除外。

④判决。

利害关系人应当在公示催告期间向人民法院申报。人民法院收到利害关系人的申报后，应当裁定终结公示催告程序，并通知申请人和支付人。申请人或者申报人可以向人民法院起诉，以主张自己的权利。没有人申报的，人民法院应当根据申请人的申请，作出除权判决，宣告票据无效。判决应当公告，并通知支付人。自判决公告之日起，申请人有权向支付人请求支付。利害关系人因正当理由不能在判决前向人民法院申报的，自知道或者应当知道判决公告之日起1年内，可以向作出判决的人民法院起诉。

（3）普通诉讼。

普通诉讼是指以丧失票据的人为原告，以承兑人或出票人为被告，请求人民法院判决其向失票人付款的诉讼活动。如果与票据上的权利有利害关系的人是明确的，无须公示催告，可按一般的票据纠纷向人民法院提起诉讼。

5.票据权利时效

票据权利时效是指票据权利在时效期间内不行使，即引起票据权利丧失。《票据法》根据不同情况，将票据权利时效划分为2年、6个月、3个月。《票据法》规定，票据权利在下列期限内不行使而消灭（见表3-6）。

表3-6 持票人票据权利时效对照

票据种类	对出票人的权利	对承兑人的权利	对前手的追索权	对前手的再追索权
支票	自出票日起6个月	—	被拒绝付款日起6个月	自清偿日或被提起诉讼之日起3个月【提示】追索权的行使以获得拒绝付款证明或退票理由书等有关证明为前提。为了从速实现持票人的票据权利，加快债权债务关系的清偿速度，促进社会经济关系的稳定，追索权的行使应当迅速及时。因此，《票据法》对于追索权规定了较短的时效
银行汇票	自出票日起2年	—	被拒绝付款日起6个月	
银行本票	自出票日起2年	—	被拒绝付款日起6个月	
商业汇票	自票据到期日起2年	自票据到期日起2年	被拒绝承兑或被拒绝付款日起6个月	

如果持票人因超过票据权利时效或者因票据记载事项欠缺而丧失票据权利的，《票据法》为了保护持票人的合法权益，规定其仍享有民事权利，可以请求出票人或者承兑人返还其与未支付的票据款金额相当的利益。

6.票据责任

票据责任是指票据债务人向持票人支付票据金额的义务。票据债务人承担票据义务一般有四种情况：一是汇票承兑人因承兑而应承担付款义务；二是本票出票人因出票而承担自己付款的义务；三是支票付款人在与出票人有资金关系时承担付款义务；四是汇票、本票、支票的背书人，汇票、支票的出票人、保证人，在票据不获承兑或不获付款时的付款清偿义务。

（1）提示付款。

持票人应按规定期限提示付款，持票人未按照规定期限提示付款的，在作出说明后，承兑人或者付款人仍应当继续对持票人承担付款责任。具体提示付款期限见表3-7。

表3-7 票据的提示付款期限

票据种类	提示付款期限
支票	自出票日起10日
银行汇票	自出票日起1个月
银行本票	自出票日起最长不超过2个月
商业汇票	自票据到期日起10日

（2）付款人付款。

持票人依照规定提示付款的，付款人必须在当日足额付款。付款人及其代理付款人付款时，应当审查票据背书的连续，并审查提示付款人合法身份证明或者有效证件。票据金额为外币的，按照付款日的市场汇价，以人民币支付。票据当事人对票据支付的货币种类另有约定的，从其约定。

（3）拒绝付款。

如果存在背书不连续等合理事由，票据债务人可以对票据债权人拒绝履行义务，这就是所谓的票据"抗辩"。票据债务人可以对不履行约定义务的与自己有直接债权债务关系的持票人进行抗辩。但不得以自己与出票人或者与持票人的前手之间的抗辩事由，对抗持票人。当然，若持票人明知存在抗辩事由而取得票据的除外。

（4）获得付款。

持票人获得付款的，应当在票据上签收，并将票据交给付款人。持票人委托银行收款的，受委托的银行将代收的票据金额转账收入持票人账户，视同签收。电子商业汇票的持票人可委托接入机构即银行代为发出提示付款、逾期提示付款行为申请。

（5）相关银行的责任。

持票人委托的收款银行的责任，限于按照票据上记载事项将票据金额转入持票人账户。付款人委托的付款银行的责任，限于按照票据上记载事项从付款人账户支付票据金额。付款人及其代理付款人以恶意或者有重大过失付款的，应当自行承担责任。对定日付款、出票后定期付款或者见票后定期付款的票据，付款人在到期日前付款的，由付款人自行承担所产生的责任。

（6）票据责任解除。

付款人依法足额付款后，全体票据债务人的责任解除。

（五）票据追索

1.票据追索适用的情形

票据追索适用于两种情形，分别为到期后追索和到期前追索。

（1）到期后追索。

到期后追索是指票据到期被拒绝付款的，持票人对背书人、出票人以及票据的其他债务人行使的追索。

（2）到期前追索。

到期前追索是指票据到期日前，持票人对下列情形之一行使的追索：

a.汇票被拒绝承兑的；

b.承兑人或者付款人死亡、逃匿的；

c.承兑人或者付款人被依法宣告破产的或者因违法被责令终止业务活动的。

2.被追索人的确定

票据的出票人、背书人、承兑人和保证人对持票人承担连带责任。持票人行使追索权，可以不按照票据债务人的先后顺序，对其中任何一人、数人或者全体行使追索权。持票人对票据债务人中的一人或者数人已经进行追索的，对其他票据债务人仍可以行使追索权。

3.追索的内容

（1）持票人行使追索权，可以请求被追索人支付下列金额和费用：

a.被拒绝付款的票据金额；

b.票据金额自到期日或者提示付款日起至清偿日止，按照中国人民银行规定的利率计算的利息；

c.取得有关拒绝证明和发出通知书的费用。被追索人清偿债务时，持票人应当交出票据和有关拒绝证明，并出具所收到利息和费用的收据。

（2）被追索人依照前述规定清偿后，可以向其他票据债务人行使再追索权，请求其他票据债务人支付下列金额和费用：

a.已清偿的全部金额；

b. 前项金额自清偿日起至再追索清偿日止，按照中国人民银行规定的利率计算的利息；

c. 发出通知书的费用。行使再追索权的被追索人获得清偿时，应当交出票据和有关拒绝证明，并出具所收到利息和费用的收据。

4. 追索权的行使

（1）获得有关证明。

持票人行使追索权时，应当提供被拒绝承兑或者拒绝付款的有关证明。持票人提示承兑或者提示付款被拒绝的，承兑人或者付款人必须出具拒绝证明，或者出具退票理由书。未出具拒绝证明或者退票理由书的，应当承担由此产生的民事责任。

持票人因承兑人或者付款人死亡、逃匿或者其他原因，不能取得拒绝证明的，可以依法取得其他有关证明，包括医院或者有关单位出具的承兑人、付款人死亡的证明；司法机关出具的承兑人、付款人逃匿的证明；公证机关出具的具有拒绝证明效力的文书；承兑人自己作出并发布的表明其没有支付票款能力的公告。

承兑人或者付款人被人民法院依法宣告破产的，人民法院的有关司法文书具有拒绝证明的效力。承兑人或者付款人因违法被责令终止业务活动的，有关行政主管部门的处罚决定具有拒绝证明的效力。

持票人不能出示拒绝证明、退票理由书或者未按照规定期限提供其他合法证明的，丧失对其前手的追索权。但是，承兑人或者付款人仍应当对持票人承担责任。

（2）行使追索权。

持票人应当自收到被拒绝承兑或者被拒绝付款的有关证明之日起3日内，将被拒绝事由书面通知其前手；其前手应当自收到通知之日起3日内书面通知其再前手。未按照规定期限通知的，持票人仍可以行使追索权。因延期通知给其前手或者出票人造成损失的，由没有按照规定期限通知的票据当事人，承担对该损失的赔偿责任，但是所赔偿的金额以汇票金额为限。在规定期限内将通知按照法定地址或者约定的地址邮寄的，视为已经发出通知。

5. 追索的效力

被追索人依照规定清偿债务后，其责任解除，与持票人享有同一权利。

（六）银行汇票

1. 银行汇票的概念和适用范围

银行汇票是出票银行签发的，由其在见票时按照实际结算金额无条件支付给收款人或者持票人的票据。出票银行为银行汇票的付款人。银行汇票可以用于转账，填明"现金"字样的银行汇票也可以用于支取现金。单位和个人各种款项结算，均可使用银行汇票，银行汇票样式如图3-3所示。

2. 银行汇票的出票

（1）申请。

申请人使用银行汇票，应向出票银行填写"银行汇票申请书"，填明收款人名称、汇票金额、申请人名称、申请日期等事项并签章，签章为其预留银行的签章。

（2）签发并交付。

出票银行受理银行汇票申请书，收妥款项后签发银行汇票，并将银行汇票和解讫通知一并交给申请人。签发银行汇票必须记载下列事项：

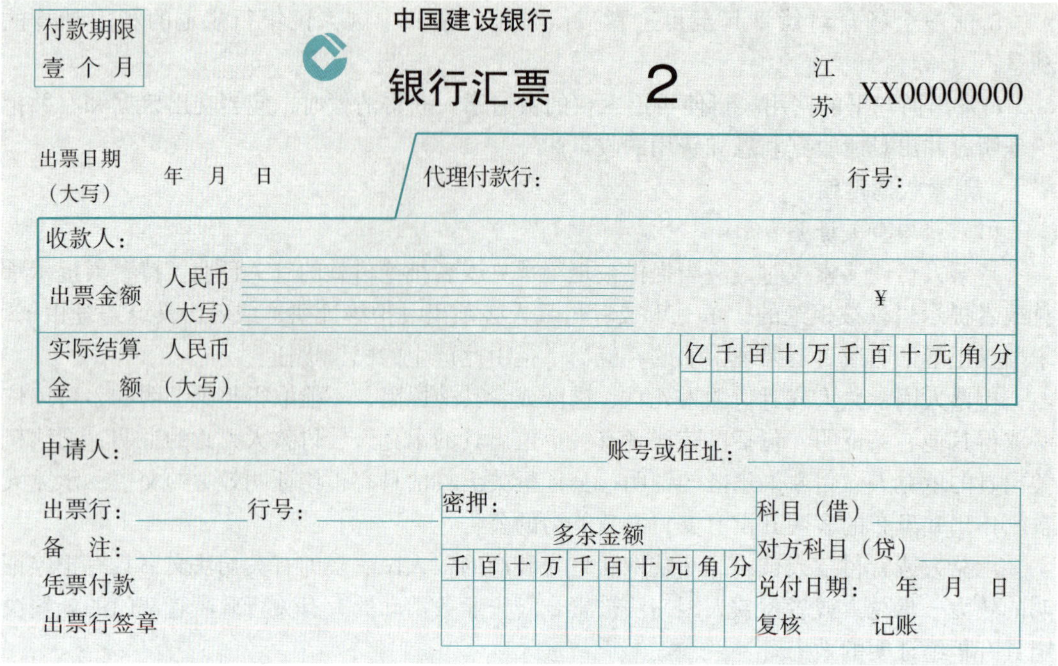
付款期限
壹 个 月
中国建设银行
银行汇票 2
江苏 XX00000000
出票日期（大写） 年 月 日
代理付款行： 行号：
收款人：
出票金额 人民币（大写） ￥
实际结算金额 人民币（大写）

亿	千	百	十	万	千	百	十	元	角	分

申请人： 账号或住址：
出票行： 行号：
备 注：
凭票付款
出票行签章
密押：
多余金额

千	百	十	万	千	百	十	元	角	分

科目（借）
对方科目（贷）
兑付日期： 年 月 日
复核 记账

图3-3 银行汇票票样

①表明“银行汇票”的字样；

②无条件支付的承诺；

③出票金额；

④付款人名称；

⑤收款人名称；

⑥出票日期；

⑦出票人签章。

欠缺记载上列事项之一的，银行汇票无效。

签发现金银行汇票，申请人和收款人必须均为个人，收妥申请人交存的现金后，在银行汇票“出票金额”栏先填写“现金”字样，后填写出票金额，并填写代理付款人名称。申请人或者收款人为单位的，银行不得为其签发现金银行汇票。

3. 银行汇票实际结算金额填写

收款人受理申请人交付的银行汇票时，应在出票金额以内，根据实际需要的款项办理结算，并将实际结算金额和多余金额准确、清晰地填入银行汇票和解讫通知的有关栏内。银行汇票的实际结算金额低于出票金额的，其多余金额由出票银行退交申请人。未填明实际结算金额和多余金额或实际结算金额超过出票金额的，银行不予受理。银行汇票的实际结算金额一经填写不得更改，更改实际结算金额的银行汇票无效。

4. 银行汇票背书

被背书人受理银行汇票时，除按照收款人接受银行汇票进行相应的审查外，还应审查下列事项：

（1）银行汇票是否记载实际结算金额，有无更改，其金额是否超过出票金额；

（2）背书是否连续，背书人签章是否符合规定，背书使用粘单的是否按规定签章；

（3）背书人为个人的身份证件。

银行汇票的背书转让以不超过出票金额的实际结算金额为准。未填写实际结算金额或实际结算金额超过出票金额的银行汇票不得背书转让。

5. 银行汇票提示付款

银行汇票的提示付款期限自出票日起1个月。持票人超过付款期限提示付款的，代理付款人不予受理。持票人向银行提示付款时，须同时提交银行汇票和解讫通知，缺少任何一联，银行不予受理。持票人超过期限向代理付款银行提示付款却不获付款的，须在票据权利时效内向出票银行作出说明，并提供本人身份证件或单位证明，持银行汇票和解讫通知向出票银行请求付款。

6. 银行汇票退款和丧失

申请人因银行汇票超过付款提示期限或其他原因要求退款时，应将银行汇票和解讫通知同时提交到出票银行。申请人为单位的，应出具该单位的证明；申请人为个人的，应出具本人的身份证件。对于代理付款银行查询的要求退款的银行汇票，应在汇票提示付款期满后方能办理退款。出票银行对于转账银行汇票的退款，只能转入原申请人账户；对于符合规定填明“现金”字样银行汇票的退款，才能退付现金。申请人缺少解讫通知要求退款的，出票银行应于银行汇票提示付款期满1个月后办理。

银行汇票丧失，失票人可以凭人民法院出具的其享有票据权利的证明，向出票银行请求付款或退款。

（七）商业汇票

1. 商业汇票的概念、种类和适用范围

商业汇票是出票人签发的，委托付款人在指定日期无条件支付确定的金额给收款人或者持票人的票据。商业汇票按照承兑人的不同分为商业承兑汇票和银行承兑汇票。银行承兑汇票票样如图3-4所示。

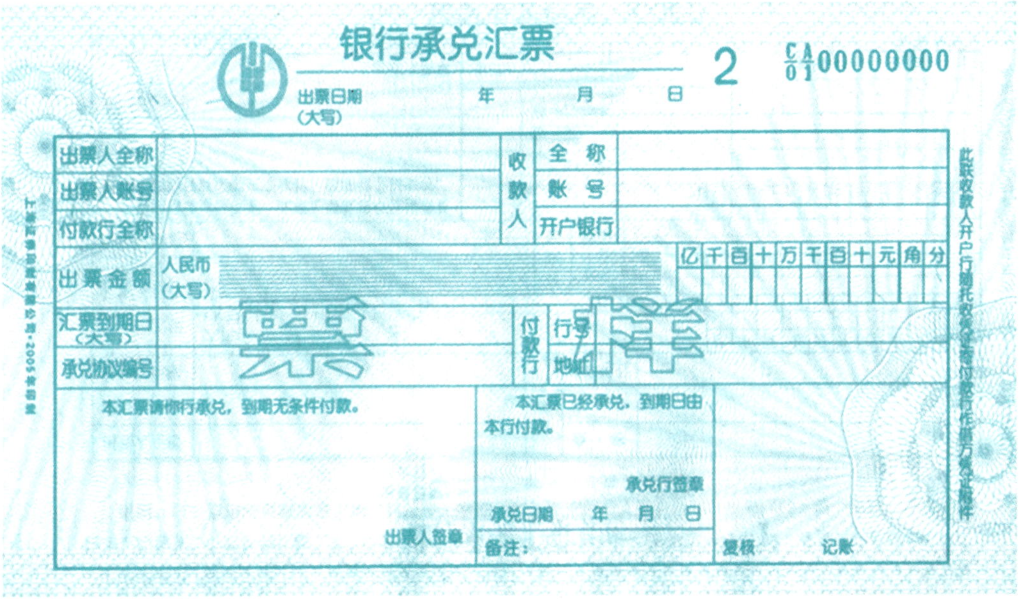

银行承兑汇票　2　CA 01 00000000

出票日期（大写）　年　月　日

出票人全称		收款人	全　称	
出票人账号			账　号	
付款行全称			开户银行	
出票金额	人民币（大写）			亿千百十万千百十元角分
汇票到期日（大写）		付款行	行号	
承兑协议编号			地址	

本汇票请你行承兑，到期无条件付款。　出票人签章

本汇票已经承兑，到期日由本行付款。　承兑行签章　承兑日期　年　月　日　备注：

复核　记账

此联收款人开户行随托收凭证寄付款行作借方凭证附件

票样

图3-4　银行承兑汇票票样

银行承兑汇票由银行承兑，商业承兑汇票由银行以外的付款人承兑。电子商业汇票是指出票人依托上海票据交易所电子商业汇票系统（以下简称"电子商业汇票系统"），以数据电文形式制作的，委托付款人在指定日期无条件支付确定的金额给收款人或者持票人的票据。电子银行承兑汇票由银行业金融机构、财务公司承兑；电子商业承兑汇票由金融机构以外的法人或其他组织承兑。商业汇票的付款人为承兑人。在银行开立存款账户的法人及其他组织之间的结算，才能使用商业汇票。

2.商业汇票的出票

（1）出票人的资格条件。

商业承兑汇票的出票人，为在银行开立存款账户的法人以及其他组织，并与付款人具有真实的委托付款关系，具有支付汇票金额的可靠资金来源，资信状况良好。单张出票金额在100万元以上的商业汇票原则上应全部通过电子商业汇票办理；单张出票金额在300万元以上的商业汇票应全部通过电子商业汇票办理。

（2）出票人的确定。

商业承兑汇票可以由付款人签发并承兑，也可以由收款人签发交由付款人承兑。银行承兑汇票应由在承兑银行开立存款账户的存款人签发。

（3）出票的记载事项。

签发商业汇票必须记载下列事项：

① 表明"商业承兑汇票"或"银行承兑汇票"的字样；

② 无条件支付的委托；

③ 确定的金额；

④ 付款人名称；

⑤ 收款人名称；

⑥ 出票日期；

⑦ 出票人签章。

欠缺记载上述事项之一的，商业汇票无效。其中，"出票人签章"为该单位的财务专用章或者公章加其法定代表人或其授权的代理人的签名或者盖章。电子商业汇票信息以电子商业汇票系统的记录为准。

纸质商业汇票的付款期限，最长不得超过6个月。电子商业汇票的付款期限自出票日至到期日不超过1年。

3.商业汇票的承兑

商业汇票可以在出票时向付款人提示承兑后使用，也可以在出票后先使用再向付款人提示承兑。付款人拒绝承兑的，必须出具拒绝承兑的证明。付款人承兑汇票后，应当承担到期付款的责任。

4.商业汇票的信息登记

纸质票据贴现前，金融机构办理承兑、质押、保证等业务，应当不晚于业务办理的次一工作日在上海票据交易所完成相关信息登记工作。电子商业汇票签发、承兑、质押、保证、贴现等信息应当通过电子商业汇票系统同步传送至票据市场基础设施。

5.商业汇票的信息披露

商业承兑汇票的承兑人应当于承兑完成日次一个工作日内，在中国人民银行认可的票据信息披露平台披露每张票据的承兑相关信息，包括出票日期、承兑日期、票据号码、出票人名称、承兑人名称、承兑人社会信用代码、票面金额、票据到期日等。承兑人应当于每月前10日内披露承兑信用信息，包括累计承兑发生额、承兑余额、累计逾期发生额、逾期余额等。承兑人对披露信息的真实性、准确性、及时性和完整性负责。企业签收商业承兑汇票前，可以通过票据信息披露平台查询票据承兑信息，加强风险识别与防范。

6. 商业汇票的贴现

（1）贴现的概念。

贴现是指票据持票人在票据未到期前为获得现金向银行贴付一定利息而发生的票据转让行为。贴现按照交易方式，分为买断式和回购式。

微课

商业汇票
——贴现

（2）贴现的基本规定。

①贴现条件。

商业汇票的持票人向银行办理贴现必须具备下列条件：

a. 票据未到期；

b. 票据未记载"不得转让"事项；

c. 在银行开立存款账户的企业法人以及其他组织；

d. 与出票人或者直接前手之间具有真实的商品交易关系。

电子商业汇票贴现必须记载：贴出人名称；贴入人名称；贴现日期；贴现类型；贴现利率；实付金额；贴出人签章。

②贴现方式。

电子商业汇票回购式贴现赎回应作成背书，并记载原贴出人名称、原贴入人名称、赎回日期、赎回利率、赎回金额、原贴入人签章。

贴现人办理纸质票据贴现时，应当通过票据市场基础设施查询票据承兑信息，并在确认纸质票据必须记载事项与已登记承兑信息一致后，为贴现申请人办理贴现，贴现申请人无须提供合同、发票等资料；信息不存在或者纸质票据必须记载事项与已登记承兑信息不一致的，不得办理贴现。

③贴现利息的计算。

贴现的期限从其贴现之日起至汇票到期日止。实付贴现金额按票面金额扣除贴现日至汇票到期前1日的利息计算。承兑人在异地的纸质商业汇票，贴现的期限以及贴现利息的计算应另加3日的划款日期。

④贴现的收款。

贴现到期，贴现银行应向付款人收取票款。不获付款的，贴现银行应向其前手追索票款。贴现银行追索票款时可从申请人的存款账户直接收取票款。办理电子商业汇票贴现以及提示付款业务，可选择票款兑付方式或同城票据交换、通存通兑、汇兑等方式清算票据资金。

7. 商业汇票的到期处理

（1）票据到期后偿付顺序。

票据到期后偿付顺序如下：

① 票据未经承兑人付款确认和保证增信即交易的，若承兑人未付款，应当由贴现人先行偿付。该票据在交易后又经承兑人付款确认的，应当由承兑人付款；若承兑人未付款，应当由贴现人先行偿付。

② 票据经承兑人付款确认且未保证增信即交易的，应当由承兑人付款；若承兑人未付款，应当由贴现人先行偿付。

③ 票据保证增信后即交易且未经承兑人付款确认的，若承兑人未付款，应当由保证增信行先行偿付；保证增信行未偿付的，应当由贴现人先行偿付。

④ 票据保证增信后且经承兑人付款确认的，应当由承兑人付款；若承兑人未付款，应当由保证增信行先行偿付；保证增信行未偿付的，应当由贴现人先行偿付。

（2）提示付款。

商业汇票的提示付款期限，自汇票到期日起10日，持票人应在提示付款期内向付款人提示付款。

（八）银行本票

1.本票的概念和适用范围

本票是指出票人签发的，承诺自己在见票时无条件支付确定的金额给收款人或者持票人的票据。在我国，本票仅限于银行本票，即银行出票、银行付款。银行本票可以用于转账，注明"现金"字样的银行本票可以用于支取现金。单位和个人在同一票据交换区域需要支付各种款项，均可以使用银行本票。

2.银行本票的出票

（1）申请。

申请人使用银行本票，应向银行填写"银行本票申请书"，填明收款人名称、申请人名称、支付金额、申请日期等事项并签章。申请人和收款人均为个人需要支取现金的，应在"金额"栏先填写"现金"字样，后填写支付金额。

（2）受理。

出票银行受理"银行本票申请书"，收妥款项，签发银行本票交给申请人。签发银行本票必须记载下列事项：

① 表明"银行本票"的字样；

② 无条件支付的承诺；

③ 确定的金额；

④ 收款人名称；

⑤ 出票日期；

⑥ 出票人签章。

欠缺记载上列事项之一的，银行本票无效。

申请人或收款人为单位的，银行不得为其签发现金银行本票。出票银行必须具有支付本票金额的可靠资金来源，并保证支付。

（3）交付。

申请人应将银行本票交付给本票上记明的收款人。收款人受理银行本票时，应审查下列事项：

① 收款人是否确为本单位或本人；

② 银行本票是否在提示付款期限内；

③ 必须记载的事项是否齐全；

④ 出票人签章是否符合规定，大小写出票金额是否一致；

⑤ 出票金额、出票日期、收款人名称是否更改，更改的其他记载事项是否由原记载人签章证明。

3.银行本票的付款

银行本票见票即付。银行本票的提示付款期限自出票日起最长不得超过2个月。本票的出票人在持票人提示见票时，必须承担付款的责任。持票人超过提示付款期限不获付款的，在票据权利时效内向出票银行作出说明，并提供本人身份证件或单位证明，可持银行本票向出票银行请求付款。

4.银行本票的退款和丧失

申请人因银行本票超过提示付款期限或其他原因要求退款时，应将银行本票提交到出票银行。申请人为单位的，应出具该单位的证明；申请人为个人的，应出具本人的身份证件。出票银行对于在本行开立存款账户的申请人，只能将款项转入原申请人账户；对于现金银行本票和未在本行开立存款账户的申请人，才能退付现金。

银行本票丧失，失票人可以凭人民法院出具的其享有票据权利的证明，向出票银行请求付款或退款。

（九）支票

1.支票的概念、种类和适用范围

（1）支票的概念。

支票是指出票人签发的、委托办理支票存款业务的银行在见票时无条件支付确定的金额给收款人或者持票人的票据。支票的基本当事人包括出票人、付款人和收款人。出票人即存款人，是在批准办理支票业务的银行机构开立可以使用支票的存款账户的单位和个人；付款人是出票人的开户银行；持票人是票面上填明的收款人，也可以是经背书转让的被背书人。

（2）支票的种类。

支票分为现金支票、转账支票和普通支票三种。支票种类与特点比较见表3-8。

表3-8   支票种类与特点比较

种类	特点	备注
现金支票	印有"现金"字样，只能用于支取现金	
转账支票	印有"转账"字样，只能用于转账	
普通支票	未印有"现金""转账"字样，既可用于支取现金，也可用于转账	左上角划两条平行线的，为划线支票，划线支票只能用于转账，不能支取现金

（3）适用范围。

单位和个人在同一票据交换区域的各种款项结算，均可以使用支票。使用支票影像交换系统，实现支票全国通用。

2.支票的出票

（1）开立支票存款账户。

开立支票存款账户，申请人必须使用本名，提交证明其身份的合法证件，并应当预留其本名的签名式样和印鉴。

（2）出票。

①支票的记载事项。

签发支票必须记载下列事项：

a.表明"支票"的字样；

b.无条件支付的委托；

c.确定的金额，

d.付款人名称；

e.出票日期；

f.出票人签章。

支票上未记载上述规定事项之一的，支票无效。其中，支票的"付款人"为支票上记载的出票人开户银行。

支票的金额、收款人名称，可以由出票人授权补记，未补记前不得背书转让和提示付款。支票上未记载付款地的，付款人的营业场所为付款地。支票上未记载出票地的，出票人的营业场所、住所或者经常居住地为出票地。出票人可以在支票上记载自己为收款人。

②签发支票的提示事项。

支票的出票人所签发的支票金额不得超过其付款时在付款人处实有的存款金额。出票人签发的支票金额超过其付款时在付款人处实有的存款金额的，为空头支票。禁止签发空头支票。支票的出票人不得签发与其预留本名的签名式样或者印鉴不符的支票。

3.支票付款

（1）提示付款。

支票的提示付款期限自出票日起10日。持票人可以委托开户银行收款或直接向付款人提示付款。用于支取现金的支票仅限于收款人向付款人提示付款。

（2）付款。

出票人必须按照签发的支票金额承担保证向该持票人付款的责任。出票人在付款人处的存款足以支付支票金额时，付款人应当在见票当日足额付款。

付款人依法支付支票金额的，对出票人不再承担受委托付款的责任，对持票人不再承担付款的责任。但付款人以恶意或者有重大过失付款的除外。

【学思践悟】《票据法》第八十七条：支票的出票人所签发的支票金额不得超过其付款时在付款人处实有的存款金额。出票人签发的支票金额超过其付款时在付款人处实有的存款金额的，为空头支票。禁止签发空头支票。签发空头支票，不以骗取财物为目的的，由中国人民银行处以票面金额5%但不低于1000元的罚款；以骗取财物为目的的，出票人还将被追究刑事责任。这体现了我们需要侧重培养学生自觉维护社会经济秩序，促进社会主义市场经济的发展。

二、其他结算方式

（一）汇兑

1.汇兑的概念和种类

汇兑是汇款人委托银行将其款项支付给收款人的结算方式。汇兑分为信汇、电汇两种，单位和个人的各种款项的结算，均可使用汇兑结算方式。

2.办理汇兑的程序

（1）签发汇兑凭证。

签发汇兑凭证必须记载下列事项：

①表明"信汇"或"电汇"的字样；

② 无条件支付的委托；

③ 确定的金额；

④ 收款人名称；

⑤ 汇款人名称；

⑥ 汇入地点、汇入行名称；

⑦ 汇出地点、汇出行名称；

⑧ 委托日期；

⑨ 汇款人签章。

汇兑凭证记载的汇款人、收款人在银行开立存款账户的，必须记载其账号。

（2）银行受理。

汇出银行受理汇款人签发的汇兑凭证，经审查无误后，应及时向汇入银行办理汇款，并向汇款人签发汇款回单。汇款回单只能作为汇出银行受理汇款的依据，不能作为该笔汇款已转入收款人账户的证明。

（3）汇入处理。

汇入银行对开立存款账户的收款人，应将汇入的款项直接转入收款人账户，并向其发出收账通知。收账通知是银行将款项确已收入收款人账户的凭据。

3.汇兑的撤销

汇款人对汇出银行尚未汇出的款项可以申请撤销。申请撤销时，应出具正式函件或本人身份证件及原信、电汇回单。

（二）委托收款

1.委托收款的概念和适用范围

委托收款是收款人委托银行向付款人收取款项的结算方式。单位和个人凭已承兑的商业汇票、债券、存单等付款人债务证明办理款项的结算，均可以使用委托收款结算方式。委托收款在同城、异地均可以使用。

2.办理委托收款的程序

（1）签发委托收款凭证。

签发委托收款凭证必须记载下列事项：

① 表明"委托收款"的字样；

② 确定的金额；

③ 付款人名称；

④ 收款人名称；

⑤ 委托收款凭据名称及附寄单证张数；

⑥ 委托日期；

⑦ 收款人签章。

欠缺记载上列事项之一的，银行不予受理。

委托收款以银行以外的单位为付款人的，委托收款凭证必须记载付款人开户银行名称；以银行以外的单位或在银行开立存款账户的个人为收款人的，委托收款凭证必须记载收款人开户银行名称；未在银行开立存款账户的个人为收款人的，委托收款凭证必须记载被委托银行名称。欠缺记载的，银行不予受理。

（2）委托。

收款人办理委托收款应向银行提交委托收款凭证和有关的债务证明。

（3）付款。

银行接到寄来的委托收款凭证及债务证明，审查无误后办理付款。

① 以银行为付款人的，银行应当在当日将款项主动支付给收款人。

② 以单位为付款人的，银行应及时通知付款人，需要将有关债务证明交给付款人的应交给付款人。

③ 拒绝付款。付款人审查有关债务证明后，对收款人委托收取的款项需要拒绝付款的，可以办理拒绝付款。

三、银行卡

（一）银行卡的概念和分类

1.银行卡的概念

银行卡是指经批准由商业银行向社会发行的具有消费信用、转账结算、存取现金等全部或部分功能的信用支付工具。

2.银行卡的分类

按不同标准，可以对银行卡做不同的分类。

（1）按是否具有透支功能分为信用卡和借记卡，前者可以透支，后者不能透支。

① 信用卡按是否向发卡银行交存备用金分为贷记卡、准贷记卡两类。

贷记卡是指发卡银行给予持卡人一定的信用额度，持卡人可在信用额度内先消费、后还款的信用卡。

准贷记卡是指持卡人须先按发卡银行的要求交存一定金额的备用金，当备用金账户余额不足支付时，可在发卡银行规定的信用额度内透支的信用卡。

② 借记卡的主要功能包括消费、存取款、转账、代收付、外汇买卖、投资理财、网上支付等，按功能不同分为转账卡（含储蓄卡）、专用卡和储值卡。

（2）按币种不同分为人民币卡、外币卡。

外币卡是持卡人与发卡银行以除人民币以外的货币作为清算货币的银行卡。目前国内商户可受理维萨（VISA）、万事达（Master Card）、美国运通（American Express）、大来（Diners Club）等外币卡。

（3）按发行对象不同分为单位卡（商务卡）、个人卡。

（4）按信息载体不同分为磁条卡、芯片（IC）卡。

（二）银行卡账户和交易

1.银行卡申领、注销和丧失

单位或个人申领银行卡，应按规定填制申请表，连同有关资料一并送交发卡银行。发卡银行可根据申请人的资信程度，要求其提供担保。担保的方式可采用保证、抵押或质押，经发卡银行审查合格后，为其开立记名账户。银行卡及其账户只限经发卡银行批准的持卡人本人使用，不得出租和转借。

个人贷记卡申请的基本条件：

（1）年满18周岁，有固定职业和稳定收入，工作单位和户口在常住地的城乡居民。

（2）填写申请表，并在持卡人处亲笔签字。

（3）向发卡银行提供本人及附属卡持卡人、担保人的身份证复印件；外地、境外人员及现役军官以个人名义领卡应出具当地公安部门签发的临时户口或有关部门开具的证明，并须提供具备担保条件的担保单位或有当地户口、在当地工作的担保人。

持卡人在还清全部交易款项、透支本息和有关费用后，可申请办理销户。销户时，单位人民币卡账户的资金应当转入其基本存款账户，单位外币卡账户的资金应当转回相应的外汇账户，不得提取现金。持卡人丧失银行卡，应立即持本人身份证件或其他有效证明，并按规定提供有关情况，向发卡银行或代办银行申请挂失，发卡银行或代办银行审核后办理挂失手续。

2.银行卡交易的基本规定

（1）信用卡预借现金业务。

信用卡预借现金业务，包括现金提取、现金转账和现金充值。信用卡持卡人通过ATM机等自助机具办理现金提取业务，每卡每日累计不得超过人民币1万元；持卡人通过柜面办理现金提取业务，通过各类渠道办理现金转账业务的每卡每日限额，由发卡机构与持卡人通过协议约定；发卡机构可自主确定是否提供现金充值服务，并与持卡人协议约定每卡每日限额。发卡机构不得将持卡人信用卡预借现金额度内资金划转至其他信用卡，以及非持卡人的银行结算账户或支付账户。发卡银行应当对借记卡持卡人在ATM机等自助机具取款设定交易上限，每卡每日累计提款不得超过2万元人民币。储值卡的面值或卡内币值不得超过1 000元人民币。

（2）贷记卡持卡人的待遇。

贷记卡持卡人非现金交易可享受免息还款期和最低还款额待遇，银行记账日到发卡银行规定的到期还款日之间为免息还款期，持卡人在到期还款日前偿还所使用全部银行款项有困难的，可按照发卡银行规定的最低还款额还款。

（3）发卡银行追偿的途径。

发卡银行通过下列途径追偿透支款项和诈骗款项：扣减持卡人保证金、依法处理抵押物和质物；向保证人追索透支款项；通过司法机关的诉讼程序进行追偿。

（三）银行卡计息与收费

发卡银行对准贷记卡及借记卡（不含储值卡）账户内的存款，按照中国人民银行规定的同期同档次存款利率及计息办法计付利息。信用卡透支的计结息方式，以及对信用卡溢缴款是否计付利息及其利率标准，由发卡机构自主确定。

发卡机构对向持卡人收取的违约金和年费、取现手续费、货币兑换费等服务费用不得计收利息。

（四）银行卡收单

1.银行卡收单业务概念

银行卡收单业务，是指收单机构与特约商户签订银行卡受理协议，在特约商户按约定受理银行卡并与持卡人达成交易后，为特约商户提供交易资金结算服务的行为。通俗地讲就是持卡人在银行签约商户那里刷卡消费，银行将持卡人刷卡消费的资金在规定周期内结算给商户，并从中扣取一定比例的手续费。

2.银行卡收单业务管理规定

（1）特约商户管理。

收单机构拓展特约商户，应遵循"了解你的客户"原则，对特约商户实行实名制管理。收单机构应严格审核特约商户的营业执照等证明文件，以及法定代表人或负责人有效身份证件等申请材料。特约商户为自然人的，收单机构应当审核其有效身份证件。特约商户使用单位银行结算账户作为收单银行结算账户的，收单机构还应当审核其合法拥有该账户的证明文件。

收单机构应当对实体特约商户收单业务进行本地化经营和管理，通过在特约商户及其分支机构所在省（自治区、直辖市）域内的收单机构或其分支机构提供收单服务，不得跨省（自治区、直辖市）域开展收单业务。对于连锁式经营或集团化管理的特约商户，收单机构或经其授权的特约商户所在地的分支机构可与特约商户签订总对总银行卡受理协议，并严格落实本地化服务和管理责任。

（2）业务与风险管理。

收单机构应当强化业务和风险管理措施，建立特约商户检查制度、资金结算风险管理制度、收单交易风险监测系统以及特约商户收单银行结算账户设置和变更审核制度等。建立对实体特约商户、网络特约商户的风险评级制度，对于风险等级较高的特约商户，收单机构应当对其开通的受理卡种和交易类型进行限制，并采取强化交易监测、设置交易限额、延迟结算、增加检查频率、建立特约商户风险准备金等措施。

3.结算收费

收单机构向商户收取的收单服务费由收单机构与商户协商确定具体费率。发卡机构收取的发卡行服务费不区分商户类别，实行政府指导价、上限管理，费率为：借记卡交易不超过交易金额的0.35%，单笔收费金额不超过13元，贷记卡交易不超过0.45%。对非营利性的医疗机构、教育机构、社会福利机构、养老机构、慈善机构刷卡交易，实行发卡行服务费、网络服务费全额减免。

四、银行电子支付

电子支付是指单位、个人通过计算机、手机等电子终端发出支付指令，依托网络系统以电子信息传递形式进行的货币支付与资金转移。电子支付服务的主要提供方有银行和支付机构，银行的电子支付方式主要有网上银行、手机银行和条码支付等，支付机构的电子支付方式主要有网络支付、条码支付等。本节主要介绍银行的电子支付。

（一）网上银行

1.网上银行的概念

网上银行（Internet bank or E-bank），包含两个层次的含义：一个是机构概念，指通过信息网络开办业务的银行；另一个是业务概念，指银行通过信息网络提供的金融服务，包括传统银行业务和因信息技术应用带来的新兴业务。在日常生活和工作中，我们提及网上银行，更多是第二层次的概念，即网上银行服务的概念。

2.网上银行的分类

按不同标准，网上银行可以分为不同的类型。

（1）按主要服务对象分为企业网上银行和个人网上银行。

（2）按经营组织分为分支型网上银行和纯网上银行。

3.网上银行的主要功能

目前，网上银行利用Internet和HTML技术，能够为客户提供综合、统一、安全、实时的银行服务，包括提供对私、对公的全方位银行业务，还可以为客户提供跨国的支付与清算等其他贸易和非贸易的银行业务服务。

（1）企业网上银行子系统。

企业网上银行子系统的主要业务功能包括：

① 账户信息查询；

② 支付指令；

③ B2B（Business to Business）网上支付；

④ 批量支付。

（2）个人网上银行子系统。

个人网上银行子系统的具体业务功能包括：

① 账户信息查询；

② 人民币转账业务；

③ 银证转账业务；

④ 外汇买卖业务；

⑤ 账户管理业务；

⑥ B2C（Business to Customer）网上支付。

（二）条码支付

条码支付业务是指银行、支付机构应用条码技术，实现收付款人之间货币资金转移的业务活动。条码支付业务包括付款扫码和收款扫码。

目前，常见的条码支付，除银行及支付机构的条码支付外，还有由中国银联携手各商业银行、支付机构共同开发建设、共同维护运营的便民支付服务，以及融合了多个银行和支付机构的支付端口、提供聚合类型二维码的聚合支付。

【学思践悟】某企业与客户签订了一项大额交易合同，按照合同约定，企业需要在规定的时间内完成支付结算。然而，由于企业内部流程繁琐和财务人员疏忽，导致支付结算的时间被延误了几天。面对这种情况，企业负责人李总深知支付结算原则的重要性，他立即召开紧急会议，商讨解决方案。

在会议上，李总强调支付结算原则是商业交易的基本准则，其中，恪守信用，履约付款更是基本原则，它体现了企业的诚信度和商业道德。他提出，尽管面临一些困难，但企业必须严格按照合同约定的时间完成支付结算，以维护企业的信誉和客户的利益。

经过讨论，企业决定采取一系列措施，加快支付结算的进度。他们重新梳理了内部流程，优化了支付结算的各个环节，确保流程的高效和准确。同时，企业还主动与客户沟通，解释了延误的原因，并承诺将尽快完成支付结算。

最终，企业成功地在合同约定的时间内完成了支付结算，赢得了客户的信任和赞誉。这一案例不仅体现了支付结算原则在商业交易中的重要性，更体现了企业的诚信度和商业道德。在党的二十大精神的指引下，我们应该更加注重社会诚信建设，加强支付结算原则的普及和宣传，让更多人认识到其重要性，共同营造一个诚信、公平、有序的商业环境。

任务实施

（1）明星公司背书转让汇票给时代公司的行为有效；因为明星公司与时代公司具有真实

的交易关系和债权债务关系。根据规定，票据的取得，必须给付对价，即应当给付票据双方当事人认可的相对应的代价，前手是善意的，已付对价的当事人，享有完整有效的票据权利。

（2）A银行的拒付理由不成立，A银行不存在抗辩事由。根据规定，付款人承兑汇票，不得附有条件；承兑附有条件的，视为拒绝承兑。付款人承兑汇票后，应当承担到期付款的责任。票据债务人不得以自己与出票人或者与持票人的前手之间的抗辩事由，对抗持票人。

（3）在A银行拒付的情况下，B银行可以利用付款人承兑汇票后应当承担到期付款的责任为由来保障自己的合法权益。票据债务人不得以自己与出票人或者与持票人的前手之间的抗辩事由，对抗持票人。汇票到期被拒绝付款的，持票人可以对背书人、出票人以及汇票的其他债务人行使追索权来维护自己的利益。

任务四　支付机构非现金支付业务规范

任务布置

网上支付慎设密码

王先生接到银行客服的交易核实电话，称其名下的卡片发生了多笔大额消费，而王先生并未操作这些交易，便立即报了案。警方根据交易资金流向的线索破案后发现，不法分子是通过黑客技术入侵了某网站，窃取了王先生在该网站的用户名和登录密码，后不法分子尝试将其用于网络支付，由于王先生在支付网站也设置了相同的用户名和密码，因此被盗刷。

任务：我们应该如何避免这类事情的发生？

任务思维导图

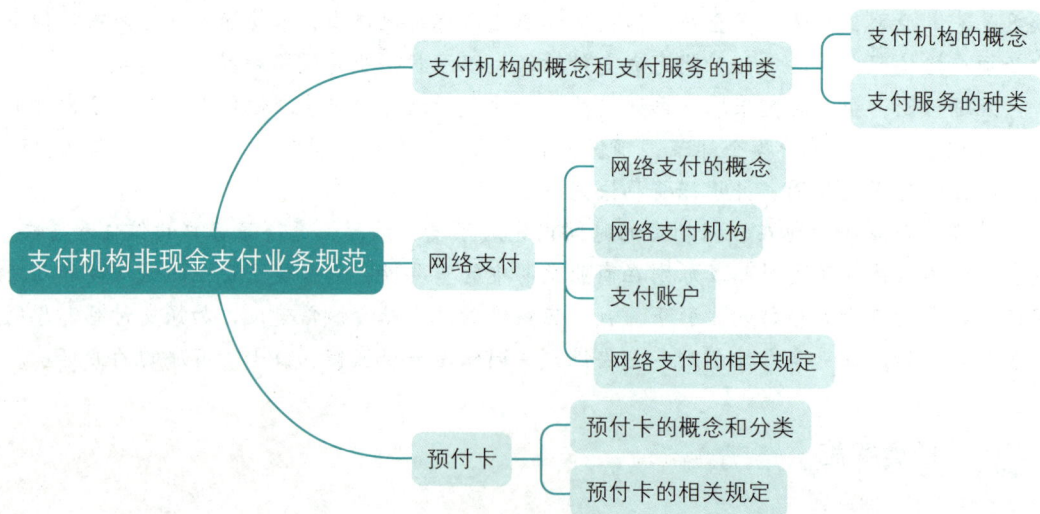

支付机构非现金支付业务规范
- 支付机构的概念和支付服务的种类
  - 支付机构的概念
  - 支付服务的种类
- 网络支付
  - 网络支付的概念
  - 网络支付机构
  - 支付账户
  - 网络支付的相关规定
- 预付卡
  - 预付卡的概念和分类
  - 预付卡的相关规定

预备知识

一、支付机构的概念和支付服务的种类

（一）支付机构的概念

支付机构是指依法取得《支付业务许可证》，在收付款人之间作为中介机构提供下列部分或全部货币资金转移服务的非金融机构：

（1）网络支付。

（2）预付卡的发行与受理。

（3）银行卡收单。

（4）中国人民银行确定的其他支付服务。

支付机构依法接受中国人民银行的监督管理。未经中国人民银行批准，任何非金融机构和个人不得从事或变相从事支付业务。

（二）支付服务的种类

1.网络支付

其是指依托公共网络或专用网络在收付款人之间转移货币资金的行为，包括货币汇兑、互联网支付、移动电话支付、固定电话支付、数字电视支付等。

2.预付卡

其是指以营利为目的发行的、在发行机构之外购买商品或服务的预付价值，包括采取磁条、芯片等技术以卡片、密码等形式发行的预付卡。

3.银行卡收单

其是指通过销售点（POS）终端等为银行卡特约商户代收货币资金的行为。

二、网络支付

（一）网络支付的概念

网络支付是指收款人或付款人通过计算机、移动终端等电子设备，依托公共网络信息系统远程发起支付指令，且付款人电子设备不与收款人特定专属设备交互，由支付机构为收付款人提供货币资金转移服务的活动。

（二）网络支付机构

目前从事网络支付的支付机构主要有两类：

1.金融型支付企业

金融型支付企业是独立第三方支付模式，其不负有担保功能，仅仅为用户提供支付产品和支付系统解决方案，侧重行业需求和开拓行业应用，是立足于企业端的金融型支付企业。

2.互联网支付企业

互联网支付企业是依托于自有的电子商务网站并提供担保功能的第三方支付模式，以在线支付为主，是立足于个人消费者端的互联网型支付企业。

（三）支付账户

支付账户，是指获得互联网支付业务许可的支付机构，根据客户的真实意愿为其开立的，用于记录预付交易资金余额、客户凭此发起支付指令、反映交易明细信息的电子簿记。支付账户不得透支，不得出借、出租、出售，不得利用支付账户从事或者协助他人从事非法活动。

（四）网络支付的相关规定

1.网络支付的交易验证及限额

支付机构对个人客户使用支付账户余额付款的交易有三种限额要求：

（1）采用包括数字证书或电子签名在内的两类（含）以上有效要素进行验证的交易，单日累计限额由支付机构与客户通过协议自主约定；

（2）采用不包括数字证书、电子签名在内的两类（含）以上有效要素进行验证的交易，单个客户所有支付账户单日累计金额应不超过5 000元（不包括支付账户向客户本人同名银行账户转账）；

（3）采用不足两类有效要素进行验证的交易，单个客户所有支付账户单日累计金额应不超过1 000元（不包括支付账户向客户本人同名银行账户转账），且支付机构应当承诺无条件全额承担此类交易的风险损失赔付责任。

2.业务与风险管理

支付机构应建立客户风险评级管理制度和机制以及交易风险管理制度和交易监测系统，动态调整客户风险评级及相关风险控制措施，对疑似欺诈、套现、洗钱、非法融资、恐怖融资等交易，及时采取调查核实、延迟结算、终止服务等措施；充分提示网络支付业务的潜在风险，对高风险业务在操作前、操作中进行风险警示；履行客户信息保护责任，不得存储客户银行卡的磁道信息或芯片信息、验证码、密码等敏感信息，原则上不得存储银行卡有效期。

三、预付卡

（一）预付卡的概念和分类

微课

正确使用
预付卡

预付卡是指发卡机构以特定载体和形式发行的、可在发卡机构之外购买商品或服务的预付价值的卡片。

目前市场上预付卡有两类：一类是专营发卡机构发行，可跨地区、跨行业、跨法人使用的多用途预付卡；另一类是商业企业发行，只在本企业或同一品牌连锁商业企业购买商品、服务的单用途预付卡。本任务讲述的是多用途预付卡。预付卡按是否记载持卡人身份信息分为记名预付卡和不记名预付卡。

（二）预付卡的相关规定

1.预付卡的限额

预付卡以人民币计价，不具有透支功能。单张记名预付卡资金限额不得超过5 000元，单张不记名预付卡资金限额不得超过1 000元。

2.预付卡的期限

预付卡卡面记载有效期限或有效期截止日。记名预付卡可挂失，可赎回，不得设置有效期；不记名预付卡不挂失，不赎回，另有规定的除外。不记名预付卡有效期不得低于3

年。超过有效期尚有资金余额的预付卡，可通过延期、激活、换卡等方式继续使用。

3.预付卡的办理

个人或单位购买记名预付卡或一次性购买不记名预付卡1万元以上的，应当使用实名并向发卡机构提供有效身份证件。单位一次性购买预付卡5 000元以上，个人一次性购买预付卡5万元以上的，应当通过银行转账等非现金结算方式购买，不得使用现金。购卡人不得使用信用卡购买预付卡。

4.预付卡的充值

预付卡只能通过现金或银行转账方式进行充值，不得使用信用卡为预付卡充值。一次性充值金额5 000元以上的，不得使用现金。单张预付卡充值后的资金余额不得超过规定限额。预付卡现金充值通过发卡机构网点进行，但单张预付卡同日累计现金充值在200元以下的，可通过自助充值终端、销售合作机构代理等方式充值。

5.预付卡的使用

预付卡在发卡机构拓展、签约的特约商户中使用，不得用于或变相用于提取现金，不得用于购买、交换非本发卡机构发行的预付卡、单一行业卡及其他商业预付卡或向其充值，卡内资金不得向银行账户或向非本发卡机构开立的网络支付账户转移。

6.预付卡的赎回

记名预付卡可在购卡3个月后办理赎回。赎回时，持卡人应当出示预付卡及持卡人和购卡人的有效身份证件。由他人代理赎回的，应当同时出示代理人和被代理人的有效身份证件。单位购买的记名预付卡，只能由单位办理赎回。

7.预付卡的发卡机构

预付卡发卡机构必须是经中国人民银行核准，取得《支付业务许可证》的支付机构。支付机构要严格按照核准的业务类型和业务覆盖范围从事预付卡业务。发卡机构对客户备付金需100%集中交存中国人民银行。

【例3-3】小张到某支付机构购买1万元预付卡，支付机构要求小张提供身份证件。小张一次性支付现金1万元，为单位购买了10张预付卡，每张面额1 000元，随后小张又通过信用卡支付2 000元，以个人名义购买了一张面额为2 000元的预付卡。

【要求】请分析支付机构的做法是否正确。

【解析】支付机构要求小张提供身份证件的做法是正确的。根据《支付机构预付卡业务管理办法》第十条的规定，个人或单位购买记名预付卡或一次性购买不记名预付卡1万元以上的，应当使用实名并提供有效身份证件。支付机构允许小张使用现金和信用卡购买预付卡的做法是错误的。根据《支付机构预付卡业务管理办法》第十二条的规定，单位一次性购买预付卡5 000元以上，个人一次性购买预付卡5万元以上的，应当通过银行转账等非现金结算方式购买，不得使用现金。购卡人不得使用信用卡购买预付卡。

任务实施

本案例中，由于目前某些中小网站的安全防护能力较弱，容易遭到黑客攻击，从而导致注册用户的信息被泄露。同时，如客户的支付账户设置了相同的用户名和密码，则极易被盗用。具体提示事项主要有：

（1）对于支付账户的登录密码、消费密码应与一般网站登录密码区别设置，并养成定期更改密码的习惯，防止因其他网站信息泄露而造成支付账户的资金损失。

（2）网络支付相对POS消费等传统用卡渠道，存在交易场景虚拟化、验证强度相对较弱等特点，因此其主要定位于小额支付。建议客户根据自身情况设置合理的单笔与单日交易限额，防止发生大额盗刷。

（3）开通短信提醒服务，可及时掌握账户动态信息，避免发生连续盗刷。

任务五　违反支付结算纪律与法律责任

任务布置

签发空头支票的处罚

A国有企业2023年2月因产品转型急需外购一批材料，供货方提出先预付材料款30万元。因该企业资金周转困难，会计科长张某令会计人员给供货方开出一张30万元的空头转账支票。

任务：请问如何处理该企业签发空头转账支票的行为？

任务思维导图

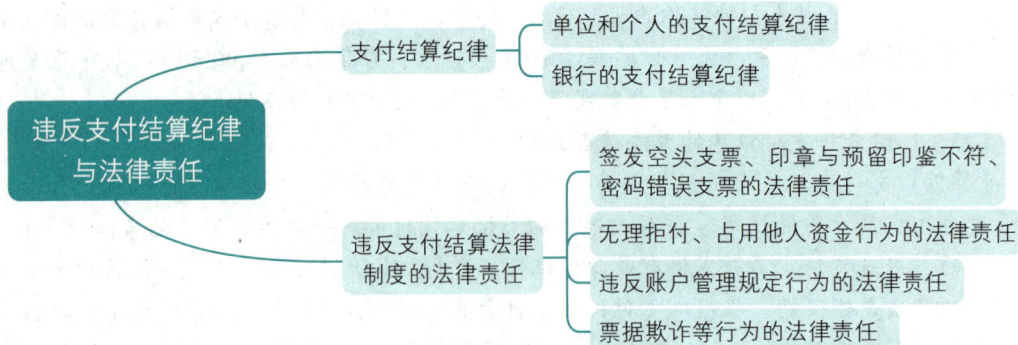

违反支付结算纪律与法律责任

- 支付结算纪律
  - 单位和个人的支付结算纪律
  - 银行的支付结算纪律
- 违反支付结算法律制度的法律责任
  - 签发空头支票、印章与预留印鉴不符、密码错误支票的法律责任
  - 无理拒付、占用他人资金行为的法律责任
  - 违反账户管理规定行为的法律责任
  - 票据欺诈等行为的法律责任

预备知识

一、支付结算纪律

支付结算纪律是银行、单位和个人等办理支付结算业务所应遵守的基本规定。

（一）单位和个人的支付结算纪律

（1）单位和个人办理支付结算，不准签发没有资金保证的票据或远期支票，套取银行信用；

（2）不准签发、取得和转让没有真实交易和债权债务的票据，套取银行和他人资金；

（3）不准无理拒绝付款，任意占用他人资金；

（4）不准违反规定开立和使用账户。

（二）银行的支付结算纪律

（1）银行办理支付结算，不准以任何理由压票、任意退票、截留挪用客户和他行资金；

（2）不准无理拒绝支付应由银行支付的票据款项；不准受理无理拒付、不扣少扣滞纳金；

（3）不准违章签发、承兑、贴现票据，套取银行资金；

（4）不准签发空头银行汇票、银行本票和办理空头汇款；

（5）不准在支付结算制度之外规定附加条件，影响汇路畅通；不准违反规定为单位和个人开立账户；

（6）不准拒绝受理、代理他行正常结算业务。

二、违反支付结算法律制度的法律责任

银行、单位和个人违反结算纪律，要分别承担相应的法律责任。根据目前的法律、法规和规章的规定，对于下列行为，应依法分别承担民事、行政和刑事责任：

（一）签发空头支票、印章与预留印鉴不符、密码错误支票的法律责任

单位或个人签发空头支票或者签发与其预留的签章不符、使用支付密码但支付密码错误的支票，不以骗取财物为目的的，由中国人民银行处以票面金额5%但不低于1 000元的罚款；持票人有权要求出票人赔偿支票金额2%的赔偿金。屡次签发空头支票的，银行有权停止为其办理支票或全部支付结算业务。

（二）无理拒付、占用他人资金行为的法律责任

票据的付款人对见票即付或者到期的票据，故意压票、拖延支付的，银行机构违反票据承兑等结算业务规定，不予兑现，不予收付入账，压单、压票或者违反规定退票的，由国务院银行保险监督管理机构责令其改正，有违法所得的，没收违法所得。违法所得5万元以上的，并处违法所得1倍以上5倍以下罚款；没有违法所得或者违法所得不足5万元的，处5万元以上50万元以下罚款。

（三）违反账户管理规定行为的法律责任

1.存款人开立、撤销银行结算账户违反规定

（1）违反规定开立银行结算账户；

（2）伪造、变造证明文件欺骗银行开立银行结算账户；

（3）违反规定不及时撤销银行结算账户。

属于非经营性存款人的，给予警告并处以1 000元的罚款；属于经营性存款人的，给予警告并处以1万元以上3万元以下的罚款；构成犯罪的，移交司法机关依法追究刑事责任。

2.存款人使用银行结算账户违反规定

（1）违反规定将单位款项转入个人银行结算账户；

（2）违反规定支取现金；

（3）利用开立银行结算账户逃废银行债务；

（4）出租、出借银行结算账户；

（5）从基本存款账户之外的银行结算账户转账存入、将销货收入存入或现金存入单位信用卡账户；

（6）法定代表人或主要负责人、存款人地址以及其他开户资料的变更事项未在规定期限内通知银行。

非经营性的存款人有上述第（1）至（5）项行为的，给予警告并处以1 000元罚款；经营性的存款人有上述第（1）至（5）项行为的，给予警告并处以5 000元以上3万元以下的罚款；存款人有上述所列第（6）项行为的，给予警告并处以1 000元的罚款。

3.其他违反规定的行为

伪造、变造、私自印制开户许可证的存款人，属非经营性的处以1 000元罚款；属经营性的处以1万元以上3万元以下的罚款；构成犯罪的，移交司法机关依法追究刑事责任。

（四）票据欺诈等行为的法律责任

微课

伪造、变造票据、托收凭证、汇款凭证、信用证，伪造信用卡等；故意使用伪造、变造的票据的；签发空头支票或者故意签发与其预留的本名签名式样或者印鉴不符的支票，骗取财物的；签发无可靠资金来源的汇票、本票，骗取资金的；汇票、本票的出票人在出票时作虚假记载，骗取财物的；冒用他人的票据，或者故意使用过期或者作废的票据，骗取财物的；付款人同出票人、持票人恶意串通，实施前六项行为之一的，依法追究刑事责任。有上述行为之一，情节轻微，不构成犯罪的，依照国家有关规定给予行政处罚。

伪造、变造票据的法律责任

任务实施

根据《支付结算办法》的规定，银行和供货方有权对该企业签发空头支票行为提出赔偿要求。银行处罚的金额为15 000元（300 000×5%），供货方要求赔偿的金额为6 000元（300 000×2%）。

行业规范测试三

项目四

流转税实务中的经济法

素养目标

◆ 培养学生养成研读国家税收改革文件的习惯

◆ 通过对减税降费的学习，体会国家制度的优越性

◆ 体会税收"取之于民，用之于民"的原理，培养家国情怀

◆ 对鞭炮、木制一次性筷子、实木地板等征税，倡导学生树立绿色环保的生活理念和健康向上的消费方式

◆ 对贵重首饰、珠宝玉石、化妆品、高尔夫球及球具、高档手表、游艇等征税，引导学生树立正确的消费意识，不要盲目攀比，消费能力要和个人收入相匹配

◆ 对烟草和酒征收重税，体现限制消费的特点，要求学生树立健康的生活方式

◆ 通过对关税的学习，培养学生保护民族产业意识，培养学生的爱国思想

◆ 培养学生树立税收筹划、控制理念

知识目标

◆ 税收法律制度概述

◆ 增值税法律制度

◆ 消费税法律制度

◆ 城市维护建设税和教育费附加法律制度

◆ 车辆购置税法律制度

◆ 关税法律制度

工作任务

序号	任务分解	任务执行	技能目标
1	税收法律制度概述	◆ 了解税收与税收法律关系 ◆ 掌握税法要素 ◆ 了解我国的税收管理体制与现行税种	
2	增值税法律制度	◆ 掌握增值税的纳税人和扣缴义务人 ◆ 掌握增值税的征税范围 ◆ 掌握增值税的税率、征收率 ◆ 掌握增值税应纳税额的计算 ◆ 了解增值税税收优惠政策 ◆ 了解增值税的征收管理 ◆ 了解增值税发票的使用规定	◆ 通过增值税征税范围的学习，能够准确判断哪些业务应缴纳增值税 ◆ 通过增值税应纳税额的学习，能够准确进行增值税一般纳税人、小规模纳税人应纳税额的计算 ◆ 通过出口退税的学习，能够准确进行出口退税额的计算，熟练办理出口退税工作 ◆ 通过增值税申报的学习，能够准确而完整地填制增值税一般纳税人、小规模纳税人纳税申报表，及时进行纳税申报

续表

序号	任务分解	任务执行	技能目标
3	消费税法律制度	◆ 掌握消费税纳税人 ◆ 掌握消费税的征税范围 ◆ 掌握消费税税目 ◆ 掌握消费税税率 ◆ 掌握消费税应纳税额的计算 ◆ 了解消费税征收管理	◆ 通过消费税征税范围的学习，能够准确判断哪些项目应征收消费税，适用何种税率 ◆ 通过增值税应纳税额的学习，能够准确进行消费税应纳税额的计算 ◆ 通过消费税申报的学习，会根据业务资料填制消费税纳税申报表及税款缴纳书
4	城市维护建设税和教育费附加法律制度	◆ 了解城市维护建设税和教育费附加纳税人 ◆ 掌握城市维护建设税和教育费附加征税范围、税率、计税依据、税收优惠、征收管理 ◆ 掌握城市维护建设税和教育费附加税费计算	◆ 能熟练计算城市维护建设税和教育费附加 ◆ 掌握城市维护建设税和教育费附加申报
5	车辆购置税法律制度	◆ 了解车辆购置税纳税人 ◆ 掌握车辆购置税征税范围、税率、计税依据、税收优惠、征收管理 ◆ 掌握车辆购置税税费计算	◆ 能熟练计算车辆购置税 ◆ 掌握车辆购置税申报
6	关税法律制度	◆ 了解关税纳税人 ◆ 掌握关税征税范围、税率、计税依据、税收优惠、征收管理 ◆ 掌握关税税费计算	◆ 能熟练计算关税 ◆ 掌握关税申报

项目导言

以更精准有效的结构性减税降费助力高质量发展

近年来，我国坚持实施大规模减税降费政策，切实减轻了经营主体的负担，激发了市场活力。在全面评估减税降费政策成效的基础上，2023年我国延续和优化实施部分阶段性税费优惠政策，实现全国新增减税降费及退税缓费超过2.2万亿元。2024年的《政府工作报告》指出，落实好结构性减税降费政策，重点支持科技创新和制造业发展。

1.2023年减税降费政策成效显著

2023年我国着力提升减税降费政策的精准性和有效性，确保税收政策红利精准直达经营主体。在超2.2万亿元的新增减税降费及退税缓费中，新增减税降费约1.57万亿元，留抵退税约6 500亿元。

"2023年的减税降费政策安排是国家统筹宏观调控需要和财政可持续发展之后的结果。2023年，减税降费政策成效显著，且在财政紧平衡的大环境下显得更加来之不易。"一方面，持续实施减税降费政策等因素使我国宏观税负从2012年起呈下降趋势，特别是2022年实行大规模的增值税期末留抵退税（退税额达到2.46万亿元），将当年的宏观税负降至13.8%，比2012年下降了4.9个百分点。另一方面，税收在国家治理中发挥着基础性、支柱性和保障性作用，宏观税负并不是越低越好。为了在发挥税收保障功能和"放水养鱼"之间找到一个平衡点，2023年国家没有再出台大量新的普惠性减税降费措施，而是尽量把原有的税收优惠政策用好、用足，即"该优化的优化，该延续的延续"，特别是把大多数已经到期或即将到期的税收优惠政策延续实施到2027年年底，使纳税人获得了更多的税收政策确定性。此举既达到了支持经济恢复的目的，也稳住了宏观税负水平。

2.2024年政策安排强调宏观税负稳定、聚焦重点领域

2024年《政府工作报告》提出，落实好结构性减税降费政策。结构性减税降费政策意味着政策发力有所侧重。《政府工作报告》指出，2024年减税降费政策要"重点支持科技创新和制造业发展"。

从科技创新和制造业的特点来看，在推进结构性减税降费的过程中，需要在以下两方面重点发力：一是关注先进制造业之间的税率关联调节机制，增强制造业和生产性服务业之间的融合互动。考虑到诸多现代制造业企业尚处于成长期，资金压力较大，需要较大力度的税收政策支持，可允许高科技产业、制造业在创业期限内提取一定比例的风险准备金并在税前扣除，或适当延长现代产业的亏损弥补期。先进制造业的技术创新、供应链优化、品牌塑造等环节都与生产性服务业紧密相关，需要打通制造业和服务业之间的增值税抵扣链条。二是引导企业优化创新流程，降低技术创新成本。建议加大科技创新产业和制造业在创新技术市场化领域的税收政策激励力度，将无形资产的研发或购买费用也列入增值税进项税额的抵扣范围、缩短现代产业无形资产摊销年限等，引导创新资源有效配置，充分发挥技术创新对于我国产业结构升级的推动作用；通过税收优惠政策引导社会资金流向现代产业的研发与生产领域。

资料来源：中国财经报. 以更精准有效的结构性减税降费助力高质量发展［EB/OL］.［2024-03-20］. https://www.chinatax.gov.cn/chinatax/n810219/n810780/c5221875/content.html.

任务一　税收法律制度认知

任务布置

不能踩的红线

王某设立了一家公司，可是自开业起连续两个月没有业务产生，因此没有进行纳税申报，两个月后被告知未按规定期限缴纳增值税和企业所得税。然而，王某在两个月中并没有做生意，为什么还要进行纳税申报呢？

任务：（1）请指出该违法行为中的税收法律关系的主体、内容和客体。

（2）说明王某两个月未经营，为什么还违法。

任务思维导图

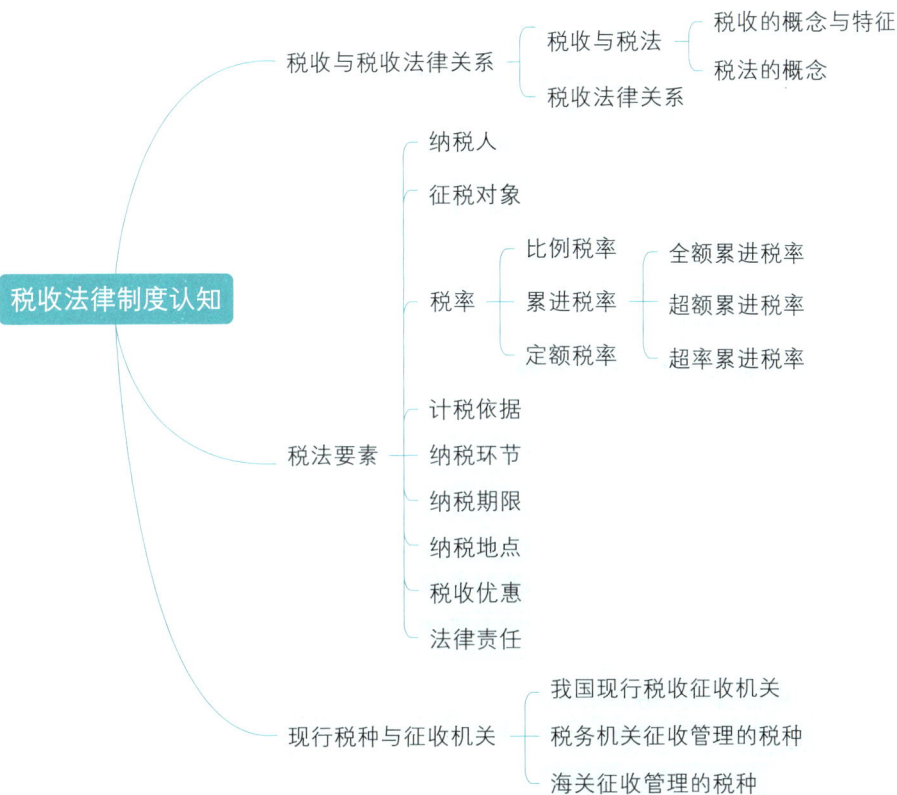

预备知识

一、税收与税收法律关系

（一）税收与税法

1.税收的概念与特征

（1）税收定义。

税收是指以国家为主体，为实现国家职能，凭借政治权力，按照法定标准，无偿取得财政收入的一种特定分配形式。

（2）税收特征。

① 强制性：税收是国家为实现其职能，凭借政治权力征收。

② 无偿性：税收是国家无偿取得财政收入的一种特定分配形式。

③ 固定性：税收是国家按照法定标准征收的。

2.税法的概念

税法即税收法律制度，是调整税收关系的法律规范的总称，是国家法律体系的重要组成部分。

（二）税收法律关系

税收法律关系体现为国家征税与纳税人纳税的利益分配关系。在总体上税收法律关系与其他法律关系一样也是由主体、客体和内容三个方面构成。

（1）主体：是指税收法律关系中享有权利和承担义务的当事人。

（2）客体：是指主体的权利、义务所共同指向的对象，也就是征税对象。

（3）内容：是指主体所享受的权利和所应承担的义务。

二、税法要素

微课

税法要素
——税率

税法要素是指各单行税法共同具有的基本要素。税法要素一般包括纳税人、征税对象、税率、计税依据、纳税环节、纳税期限、纳税地点、税收优惠、法律责任等。

（一）纳税人

纳税人是指法律、行政法规规定负有纳税义务的单位和个人。

（二）征税对象

征税对象又称课税对象，是纳税的客体。它是指税收法律关系中权利义务所指向的对象，即对什么征税。不同的征税对象又是区别不同税种的重要标志。

（三）税率

税率是指应征税额与计税金额（或数量单位）之间的比例，是计算税额的尺度。税率的高低直接体现国家的政策要求，直接关系到国家财政收入和纳税人的负担程度。

（1）比例税率。

比例税率是指对同一征税对象，不论其数额大小，均按同一个比例征税的税率。

（2）累进税率。

累进税率是根据征税对象数额的逐渐增大，按不同等级逐步提高的税率。累进税率又分为全额累进税率、超额累进税率和超率累进税率三种。

① 全额累进税率：目前，我国的税收法律制度中已不采用全额累进税率。

② 超额累进税率：将征税对象数额的逐步递增划分为若干等级，按等级规定相应的递增税率，对每个等级分别计算税额，如个人所得税中的综合所得执行3%～45%七级超额累进税率，税率表见4-1。

【例4-1】某纳税人年应纳税所得额为80 000元。

【要求】根据表4-1中所列的超额累进税率，计算该纳税人本年应纳税额是多少？

【解析】该纳税人本年应纳税所得额为80 000元，适用的税率为10%，速算扣除数为2 520，应纳税额=80 000×10%-2 520=5 480（元）。

表4-1　　　　　　　　　综合所得个人所得税税率表（按年）

级数	全"年"应纳税所得额	税率（%）	速算扣除数
1	不超过36 000元的	3	0
2	超过36 000元至144 000元的部分	10	2 520
3	超过144 000元至300 000元的部分	20	16 920
4	超过300 000元至420 000元的部分	25	31 920
5	超过420 000元至660 000元的部分	30	52 920
6	超过660 000元至960 000元的部分	35	85 920
7	超过960 000元的部分	45	181 920

③ 超率累进税率：是按征税对象的某种递增比例划分若干等级，按等级规定相应的递增税率，对每个等级分别计算税额，我国的土地增值税采用这种税率。

（3）定额税率：又称固定税额，是指按征税对象的一定单位直接规定固定的税额，而不采取百分比的形式。

（四）计税依据

计税依据是指计算应纳税额的依据或标准，即根据什么来计算纳税人应缴纳的税额。其一般有两种：一是从价计征，二是从量计征。

（1）从价计征，是以计税金额为计税依据，计税金额是指征税对象的数量乘以计税价格的数额。

（2）从量计征，是以征税对象的重量、体积、数量等为计税依据。

（五）纳税环节

纳税环节主要是指税法规定的征税对象在从生产到消费的流转过程中应当缴纳税款的环节。我国的增值税对流转的每一个环节都征税，具有不同于其他税种的特点。我国的消费税主要在生产销售和进口环节征收，个别应税消费品在批发销售和零售销售环节征收。

（六）纳税期限

纳税期限是指纳税人的纳税义务发生后应依法缴纳税款的期限。

（七）纳税地点

纳税地点是指根据各税种的纳税环节和有利于对税款的源泉控制而规定的纳税人（包括代征、代扣、代缴义务人）具体申报缴纳税款的地点。

（八）税收优惠

1.税收优惠的概念与目的

税收优惠是指国家对某些纳税人和征税对象给予鼓励和照顾的一种特殊规定。

2.税收优惠的主要形式

（1）减税和免税。减税是指对应征税款减少征收部分税款。免税是对按规定应征收的税款给予免除。

（2）起征点。起征点也称"征税起点"，是指对征税对象开始征税的数额界限。征税对象的数额没有达到规定起征点的不征；达到或超过起征点的，就其全部数额征税。

（3）免征额。免征额是指对征税对象总额中免予征税的数额。即对纳税对象中的一部分给予减免，只就减除后的剩余部分计征税款。

【例4-2】假设某税种，税率为10%，A、B、C三人的征税对象数额分别为：999元、1 000元和1 001元。

【要求】计算A、B、C三人的应纳税额。

【解析】①假设：该税种起征点为1 000元，达到即征税。

A应纳税额=0

B应纳税额=1 000×10%=100（元）（达到或超过起征点的全额纳税）

C应纳税额=1 001×10%=100.1（元）

②假设上例中的1 000元为免征额，则：

A应纳税额=0

B应纳税额=0（只对超过免征额部分纳税）

C 应纳税额=（1 001-1 000）×10%=0.1（元）

【学思践悟】党的二十大报告明确指出，要优化税收制度，完善税收优惠政策，以更好地服务经济社会发展大局。税收优惠作为国家宏观调控的重要手段，不仅体现了税收的公平与效率原则，也蕴含着深刻的思政内涵。

税收优惠政策的实施，旨在鼓励企业创新、促进就业、支持小微企业发展等，这些措施直接关联到国家经济发展的活力和社会的稳定。在思政教育中，我们应当引导学生认识到税收优惠不仅是国家宏观调控的工具，更是国家关心民生、促进社会公平的具体体现。

通过学习税收优惠的相关知识，学生们能够深刻理解国家政策的温度与力量，激发大家为国家发展贡献力量的热情。同时，也能培养大家的社会责任感和公民意识，使大家成为有担当、有作为的新时代青年。

（九）法律责任

法律责任是指对违反国家税法规定的行为人采取的处罚措施。

三、现行税种与征收机关

（一）我国现行税收征收机关

现阶段，我国税收征收管理机关有税务机关和海关。

（二）税务机关征收管理的税种

（1）国内增值税；

（2）国内消费税；

（3）企业所得税；

（4）个人所得税；

（5）资源税；

（6）城镇土地使用税；

（7）城市维护建设税；

（8）印花税；

（9）土地增值税；

（10）房产税；

（11）车船税；

（12）车辆购置税；

（13）烟叶税；

（14）耕地占用税；

（15）契税；

（16）环境保护税。

出口产品退税（增值税、消费税）由税务机关负责办理，非税收入和社会保险费的征收也由税务机关负责。

（三）海关征收管理的税种

（1）关税；

（2）船舶吨税；

（3）进口环节的增值税、消费税（代征）。

任务实施

（1）本案例中，该违法行为中的税收法律关系的主体为王某和税务机关，税收法律关系的内容是税务机关的征税权和王某报税的义务；税收法律关系的客体是增值税、企业所得税应税行为。

（2）公司刚成立虽然没有业务，但是也要定期进行纳税申报，此时的申报叫零申报，如纳税人不申报，根据《中华人民共和国税收征收管理法》第六十二条的规定，纳税人未按照规定的期限办理纳税申报和报送纳税资料的，或者扣缴义务人未按照规定的期限向税务机关报送代扣代缴、代收代缴税款报告表和有关资料的，由税务机关责令限期改正。在责令限期改正的同时，税务机关还可以对逾期申报的纳税人或扣缴义务人进行罚款。罚款的金额根据情节的轻重有所不同，具体而言：对于情节不严重的情况，可以处二千元以下的罚款；如果情节严重，可以处二千元以上一万元以下的罚款。

任务二　增值税计算与申报规范

任务布置

增值税生产经营案例

甲公司为增值税一般纳税人，主要生产和销售电视机。2023年5月有关经济业务如下：

（1）购进一批原材料，取得增值税专用发票上注明的税额为39 000元；支付运输费用，取得增值税专用发票上注明的税额为180元。

（2）购进包装物，取得增值税普通发票上注明的税额为3 900元。

（3）销售M型电视机1 000台，含增值税销售单价2 260元/台；另收取优质费45 200元、包装物租金56 500元。

（4）采取以旧换新方式向消费者个人销售M型电视机30台，旧电视机作价226元/台。

（5）向优秀职工发放M型电视机10台，生产成本1 755元/台。

已知：增值税税率为13%，上期留抵增值税税额52 000元，本年5月取得的增值税专用发票已通过税务机关认证。

任务：计算该企业以上经济业务涉及的增值税销项税额和可以抵扣的进项税额。

任务思维导图

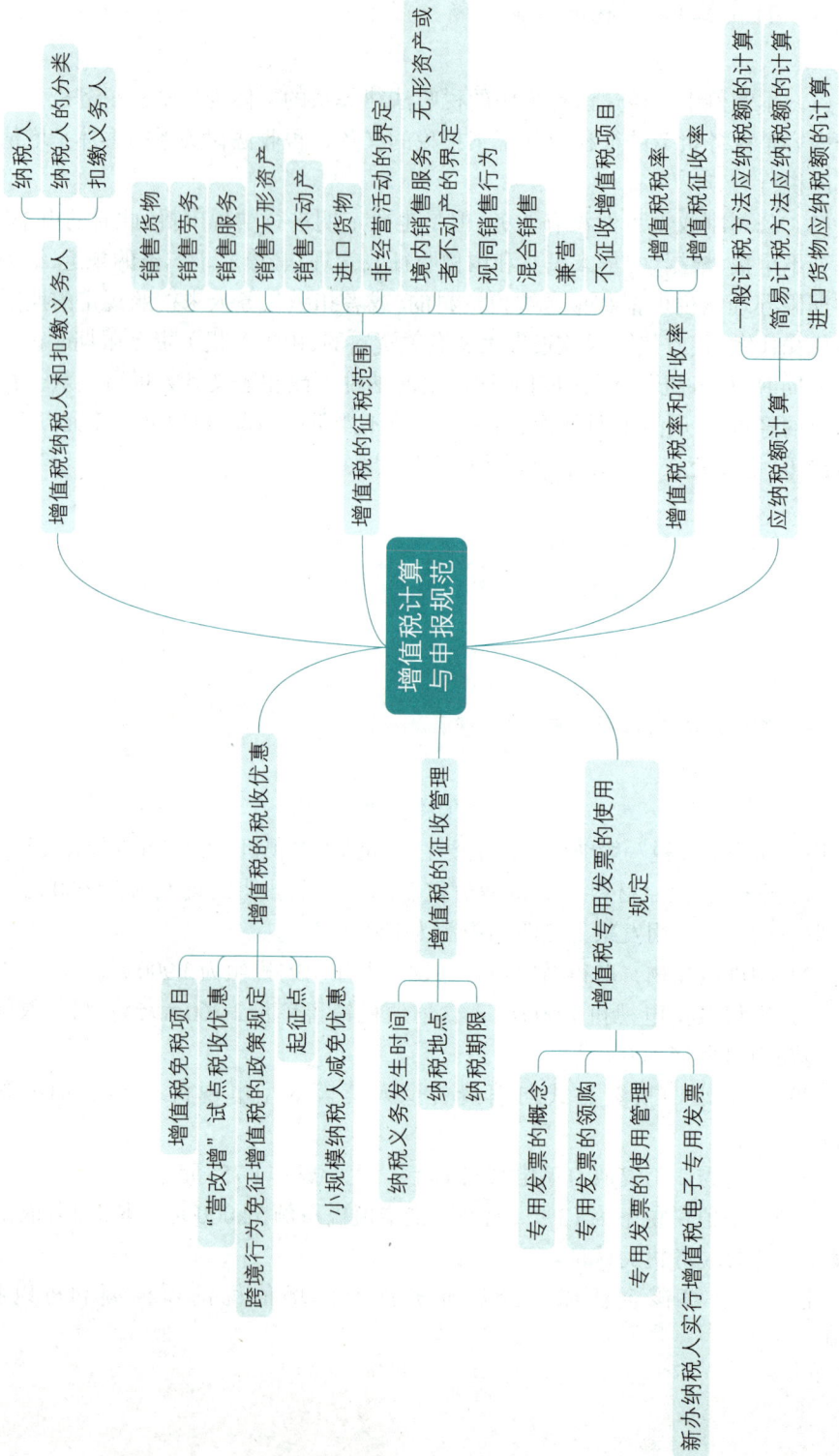

增值税计算与申报规范

增值税纳税人和扣缴义务人
- 纳税人
- 纳税人的分类
- 扣缴义务人

增值税的征税范围
- 销售货物
- 销售劳务
- 销售服务
- 销售无形资产
- 销售不动产
- 进口货物
- 非经营活动的界定
- 境内销售服务、无形资产或者不动产的界定
- 视同销售行为
- 混合销售
- 兼营
- 不征收增值税项目

增值税税率和征收率
- 增值税税率
- 增值税征收率

应纳税额计算
- 一般计税方法应纳税额的计算
- 简易计税方法应纳税额的计算
- 进口货物应纳税额的计算

增值税的税收优惠
- 增值税免税项目
- "营改增"试点税收优惠
- 跨境行为免征增值税的政策规定
- 起征点
- 小规模纳税人减免优惠

增值税的征收管理
- 纳税义务发生时间
- 纳税地点
- 纳税期限

增值税专用发票的使用规定
- 专用发票的概念
- 专用发票的领购
- 专用发票的使用管理
- 新办纳税人实行电子增值税专用发票

预备知识

增值税是对销售商品或者劳务过程中实现的增值额征收的一种税。增值税是我国现阶段税收收入规模最大的税种。

一、增值税纳税人和扣缴义务人

（一）纳税人

增值税的纳税人是指在我国境内从事增值税应税行为的单位和个人。单位，是指企业、行政单位、事业单位、军事单位、社会团体及其他单位。个人，是指个体工商户和其他个人。

微课

增值税的
基本要素

（二）纳税人的分类

根据纳税人的经营规模以及会计核算健全程度的不同，增值税的纳税人可划分为小规模纳税人和一般纳税人。纳税人的分类见表4-2。

表4-2　　　　　　　　　　　　　纳税人的分类

项目	小规模纳税人	一般纳税人
标准	年应税销售额"500万元及以下"	超过小规模纳税人标准
特殊情况	（1）其他个人（非个体户）； （2）非企业性单位； （3）不经常发生应税行为的企业 【提示】（1）"必须"按小规模纳税人纳税，（2）、（3）"可选择"按小规模纳税人纳税	小规模纳税人"会计核算健全"，可以申请登记为一般纳税人
计税规定	简易征税；使用增值税普通发票 【提示】小规模纳税人可以自行开具增值税专用发票	执行税款抵扣制；可以使用增值税专用发票
特殊提示	转登记的不可逆性：除国家税务总局另有规定外，纳税人一经登记为一般纳税人后，不得转为小规模纳税人	

（三）扣缴义务人

境外单位或个人在境内销售劳务，在境内未设有经营机构的，以其境内代理人为扣缴义务人；在境内没有代理人的，以购买方为扣缴义务人。

二、增值税的征税范围

（一）销售货物

（1）货物：指"有形动产"，包括电力、热力、气体在内。
（2）有偿：指从购买方取得货币、货物或者"其他经济利益"。

（二）销售劳务

加工、修理的对象为"有形动产"。

（三）销售服务

1.交通运输服务

交通运输服务包括陆路运输服务、水路运输服务、航空运输服务、管道运输服务。

2.邮政服务

邮政服务包括邮政普遍服务、邮政特殊服务、其他邮政服务。

【提示】"邮政储蓄业务"按"金融服务"缴纳增值税。

3.电信服务

（1）"基础"电信服务：通话、出租带宽等；

（2）"增值"电信服务：短（彩）信、互联网接入、卫星电视信号落地转接等。

4.建筑服务

建筑服务，是指各类建筑物、构筑物及其附属设施的建造、修缮、装饰，线路、管道、设备、设施等的安装以及其他工程作业的业务活动。建筑服务基本项目见表4-3。

表4-3　　　　　　　　　　　　　　　　建筑服务基本项目

子目	具体项目
工程服务	新建、改建各种建筑物、构筑物的工程作业
安装服务	生产设备、动力设备、起重设备、运输设备、传动设备、医疗实验设备以及其他各种设备、设施的装配、安置工程作业
修缮服务	对建筑物、构筑物进行修补、加固、养护、改善，使之恢复原来的使用价值或者延长其使用期限的工程作业
装饰服务	对建筑物、构筑物进行修饰装修，使之美观或者具有特定用途的工程作业
其他建筑服务	钻井（打井）、拆除建筑物或者构筑物、平整土地、园林绿化、疏浚、建筑物平移、搭脚手架、爆破、矿山穿孔、表面附着物（包括岩层、土层、沙层等）剥离和清理等

5.金融服务

金融服务，是指经营金融保险的业务活动。金融服务基本项目见表4-4。

表4-4　　　　　　　　　　　　　　　　金融服务基本项目

子目	具体项目
贷款服务	金融商品持有期间（含到期）利息（保本收益、报酬、资金占用费、补偿金等）收入、信用卡透支利息收入、买入返售金融商品利息收入、融资融券收取的利息收入，以及融资性售后回租、押汇、罚息、票据贴现、转贷等业务取得的利息及利息性质的收入
直接收费金融服务	提供货币兑换、账户管理、电子银行、信用卡、信用证、财务担保、资产管理、信托管理、基金管理、金融交易场所（平台）管理、资金结算、资金清算、金融支付等服务，而直接取得的收入 【例】银行卡收单业务手续费、发卡行服务费、网络服务费
保险服务	人身保险服务和财产保险服务
金融商品转让	转让外汇、有价证券、非货物期货和其他金融商品（基金、信托、理财产品等各类资产管理产品和各种金融衍生品）的"所有权"取得的收入

6.现代服务

现代服务，是指围绕制造业、文化产业、现代物流产业等提供技术性、知识性服务的业务活动。现代服务基本项目见表4-5。

表4-5　　　　　　　　　　　　　　　现代服务基本项目

子目	具体项目	
研发和技术服务	研发服务、合同能源管理服务、工程勘察勘探服务、专业技术服务	
信息技术服务	软件服务、电路设计及测试服务、信息系统服务、业务流程管理服务和信息系统增值服务	
文化创意服务	设计服务、知识产权服务、广告服务和会议展览服务	
物流辅助服务	航空服务、港口码头服务、货运客运场站服务、打捞救助服务、仓储服务、装卸搬运服务和收派服务	
租赁服务	融资租赁服务	有形动产融资租赁、不动产融资租赁
	经营租赁服务	有形动产经营租赁、不动产经营租赁
	【提示】"租赁服务"分为"动产租赁"和"不动产租赁"分别适用不同税率	
鉴证咨询服务	认证服务、鉴证服务和咨询服务	
广播影视服务	广播影视节目的制作服务、发行服务和播映服务	
商务辅助服务	企业管理服务、经纪代理服务、人力资源服务、安全保护服务	

7.生活服务

生活服务，是指为满足城乡居民日常生活需求提供的各类服务活动。生活服务包括文化体育服务、教育医疗服务、旅游娱乐服务、餐饮住宿服务、居民日常服务、其他生活服务。

（四）销售无形资产

销售无形资产，是指转让无形资产所有权或者使用权的业务活动。

（五）销售不动产

销售不动产，是指转让不动产所有权的业务活动。

（六）进口货物

进口货物，是指申报进入中国海关境内的货物。只要是报关进口的应税货物（不看原产地），均属于增值税的征税范围，除享受免税政策外，在进口环节缴纳增值税。

（七）非经营活动的界定

销售服务、无形资产或者不动产，是指有偿提供服务、有偿转让无形资产或者不动产，但属于下列非经营活动的情形除外：

（1）行政单位收取的同时满足以下条件的政府性基金或者行政事业性收费。

①由国务院或者财政部批准设立的政府性基金，由国务院或者省级人民政府及其财政、价格主管部门批准设立的行政事业性收费；

②收取时开具省级以上（含省级）财政部门监（印）制的财政票据；

③所收款项全额上缴财政。

（2）单位或者个体工商户聘用的员工为本单位或者雇主提供取得工资的服务。

（3）单位或者个体工商户为聘用的员工提供服务。

（4）财政部和国家税务总局规定的其他情形。

（八）境内销售服务、无形资产或者不动产的界定

（1）在境内销售服务、无形资产或者不动产，是指：

①服务（租赁不动产除外）或者无形资产（自然资源使用权除外）的销售方或者购买方在境内；

②所销售或者租赁的不动产在境内；

③所销售自然资源使用权的自然资源在境内；

④财政部和国家税务总局规定的其他情形。

（2）下列情形不属于在境内销售服务或者无形资产：

①境外单位或者个人向境内单位或者个人销售完全在境外发生的服务；

②境外单位或者个人向境内单位或者个人销售完全在境外使用的无形资产；

③境外单位或者个人向境内单位或者个人出租完全在境外使用的有形动产；

④财政部和国家税务总局规定的其他情形。

（九）视同销售行为

1.视同销售货物

（1）委托代销行为。

①将货物交付其他单位或者个人代销；

②销售代销货物。

（2）货物异地移送。

设有两个以上机构并实行统一核算的纳税人，将货物从一个机构移送至其他机构用于销售，但相关机构设在同一县（市）的除外。

（3）自产、委托加工、购进的货物用于"非生产性"支出。

①将自产、委托加工的货物用于集体福利或者个人消费；

②将自产、委托加工的货物用于非增值税应税项目；

③将自产、委托加工或者"购进"的货物作为投资，提供给其他单位或者个体工商户；

④将自产、委托加工或者"购进"的货物分配给股东或者投资者；

⑤将自产、委托加工或者"购进"的货物无偿赠送其他单位或者个人。

2.视同销售服务、无形资产或不动产

（1）单位或者个体工商户向其他单位或者个人"无偿"提供服务；

（2）单位或者个人向其他单位或者个人"无偿"转让无形资产或者不动产。

【提示】用于"公益事业"或者以"社会公众"为对象的除外。

（十）混合销售

一项销售行为如果既涉及货物又涉及服务，为混合销售。混合销售行为具体见表4-6。

表4-6　　　　　　　　　　　　　　　混合销售行为

项目	行为特征	判定标准	税务处理	典型案例
混合销售	"一项"销售行为	"经营主体"从事货物生产、批发或零售	按销售货物缴纳增值税	超市销售货物同时提供送货上门服务
		"经营主体"从事其他行业	按销售服务缴纳增值	娱乐场所提供娱乐服务同时销售烟、酒、饮料

（十一）兼营

兼营，是指纳税人的经营中包括销售货物、劳务以及销售服务、无形资产和不动产的行为。兼营行为具体见表4-7。

表4-7　　　　　　　　　　　　　　　兼营行为

项目	行为特征	判定标准	税务处理	典型案例
兼营	"多元化"经营	增值税不同税目混业经营，不发生在同一项销售行为中	分别核算分别缴纳；未分别核算"从高"适用税率	商场销售商品，并经营美食城

（十二）不征收增值税项目

（1）根据国家指令无偿提供的铁路运输服务、航空运输服务，属于《营业税改征增值税试点实施办法》规定的用于公益事业的服务。

（2）存款利息。

（3）被保险人获得的保险赔付。

（4）房地产主管部门或者其指定机构、公积金管理中心、开发企业以及物业管理单位代收的住宅专项维修资金。

（5）在资产重组过程中，通过合并、分立、出售、置换等方式，将全部或者部分实物资产以及与其相关联的债权、负债和劳动力一并转让给其他单位和个人，其中涉及的不动产、土地使用权转让行为。

（6）纳税人在资产重组过程中，通过合并、分立、出售、置换等方式，将全部或者部分实物资产以及与其相关联的债权、负债和劳动力一并转让给其他单位和个人，不属于增值税的征税范围，其中涉及的货物转让，不征收增值税。

三、增值税税率和征收率

（一）增值税税率

1.基本税率"13%"

（1）销售和进口除执行9%低税率的货物以外的货物；

（2）提供加工、修理修配劳务；

（3）有形动产租赁服务。

2.低税率"9%"

（1）货物。

①粮食等农产品、食用植物油、食用盐；

②自来水、暖气、冷气、热水、煤气、石油液化气、天然气、二甲醚、沼气、居民

用煤炭制品；

③图书、报纸、杂志、音像制品、电子出版物；

④饲料、化肥、农药、农机、农膜。

（2）销售服务、无形资产和不动产。

交通运输、邮政、基础电信、建筑、不动产租赁服务，销售不动产、转让土地使用权。

3.低税率"6%"

增值电信、金融、现代服务（租赁除外）、生活服务、销售无形资产（转让土地使用权除外）。

4.零税率

（1）纳税人"出口"货物，税率为零；但是，国务院另有规定的除外。

（2）境内单位和个人"跨境销售"国务院规定范围内的"服务、无形资产"，税率为零。

（二）增值税征收率

1.征收率"3%"

（1）小规模纳税人。

除销售"旧货"和"自己使用过的固定资产"、取得（或房地产企业小规模纳税人自建）的"不动产"和"进口货物"外的应税行为。

【提示】①小规模纳税人"销售旧货和自己使用过的固定资产"减按2%征收。②销售取得（或房地产企业小规模纳税人自建）的"不动产"适用5%的征收率。③进口货物不区分纳税人，一律按适用税率计算纳税。④2027年12月31日前，小规模纳税人适用3%征收率的应税销售收入，减按1%征收率征收增值税。

（2）一般纳税人下列销售行为，暂按照3%的征收率纳税：

①寄售商店代销寄售物品；

②典当业销售死当物品。

（3）一般纳税人销售下列自产货物，"可选择"按照3%的征收率纳税：

①县级及以下小型水力发电单位生产的电力；

②建筑用和生产建筑材料所用的砂、土、石料；

③以自己采掘的砂、土、石料或其他矿物连续生产的砖、瓦、石灰（不含黏土实心砖、瓦）；

④用微生物、微生物代谢产物、动物毒素、人或动物的血液或组织等制成的生物制品；

⑤自来水；

⑥商品混凝土。

【提示】上述六项内容是否执行3%的征收率由纳税人选择，如自来水可以选择执行9%的税率，也可以执行3%的征收率。执行9%的税率可以抵扣进项税额，执行3%的征收率按简易办法征税。选择简易办法后，"36个月"内不得变更。

2.依照3%征收率"减按2%"征收

依照3%征收率"减按2%"征收的应税项目和计算方法见表4-8。

表4-8　　　　依照3%征收率"减按2%"征收的应税项目和计算方法

应税项目		计算方法
销售旧货：旧货，是指进入二次流通的具有部分使用价值的货物（含旧汽车、旧摩托车和旧游艇），但不包括自己使用过的物品		含税售价÷（1+3%）×2%
销售自己使用过的购入时不得抵扣且"未抵扣"过进项税额的固定资产	（1）小规模纳税人； （2）2009年以前购入的固定资产； （3）2013年8月1日以前购入的小汽车、摩托车和游艇（2车1艇）； （4）购入固定资产时取得普通发票	

【提示】①一般纳税人销售自己使用过的"抵扣过"进项税额的固定资产，按照13%的税率征收；小规模纳税人销售自己使用过的非固定资产，按照3%的征收率征收。

②自2020年5月1日至2027年12月31日，从事二手车经销业务的纳税人销售其收购的二手车，按0.5%征收增值税，并按下列公式计算：

不含税销售额=含税销售额÷（1+0.5%）

应纳税额=不含税销售额×0.5%

3.征收率"5%"

征收率5%的征税规定见表4-9。

表4-9　　　　　　　　征收率5%的征税规定

身份		项目		
小规模纳税人	非房地产开发企业	转让、出租其"取得"的不动产（不含个人出租住房）		
	房地产开发企业	销售"自行开发"的房地产项目		
一般纳税人	非房地产开发企业	转让、出租其2016年4月30日前"取得"的不动产且选择简易方法计税的		
	房地产开发企业	销售"自行开发"的房地产老项目且选择简易方法计税的		
个人出售住房		购买年限<2		全额
		购买年限≥2	北、上、广、深非普通住房	差额
			其他	免征

【提示】一般纳税人提供劳务派遣服务，以取得的全部价款和价外费用为销售额，按照一般计税方法计算缴纳增值税；也可以选择差额纳税，以取得的全部价款和价外费用，扣除代用工单位支付给劳务派遣员工的工资、福利和为其办理社会保险及住房公积金后的余额为销售额，按照简易计税方法依5%的征收率计算缴纳增值税。

四、应纳税额计算

（一）一般计税方法应纳税额的计算

应纳税额=销项税额-进项税额

微课

一般纳税人增值税计算思路

1.销项税额

$$销项税额=不含税销售额×税率$$

（1）一般销售销售额的确定。

① $$销售额=全部价款+价外费用$$

② 价外费用：包括价外向购买方收取的手续费、补贴、基金、集资费、返还利润、奖励费、违约金、滞纳金、延期付款利息、赔偿金、代收款项、代垫款项、包装费、包装物租金以及其他各种性质的价外收费。

③ 含税销售额的换算。

$$不含税销售额=含税销售额÷（1+适用税率）$$

（2）视同销售货物行为销售额的确定。

视同销售货物而无销售额的，按下列"顺序"确定销售额：

①按纳税人最近时期同类货物的"平均"销售价格确定。

②按其他纳税人最近时期同类货物的平均销售价格确定（市场价格）。

③按"组成计税价格"确定：

$$应纳税额=组成计税价格×增值税税率$$

非应税消费品的组价公式：

$$组成计税价格=成本×（1+成本利润率）$$

从价计征应税消费品的组价公式：

$$组成计税价格=成本×（1+成本利润率）÷（1-消费税税率）$$

从量计征应税消费品的组价公式：

$$组成计税价格=成本×（1+成本利润率）+计税数量×消费税定额税率$$

复合计征应税消费品的组价公式：

$$组成计税价格=［成本×（1+成本利润率）+计税数量×消费税定额税率］÷（1-消费税税率）$$

微课

包装物押金
增值税的计算

（3）特殊销售方式下销售额的确定。

①包装物押金。

包装物押金取得时和逾期时的销售额确定见表4-10。

表4-10   包装物押金取得时和逾期时销售额的确定

产品	取得时	逾期时
除酒类产品以外的其他货物	×	√
白酒、其他酒	√	×
啤酒、黄酒	×	√

微课

一般纳税人
折扣销售计税
依据的确定

【提示】"逾期"是指超过合同约定的期限或者虽未超过合同约定期限，但已经超过1年的。

②折扣销售、销售折扣、销售折让与销售退回。

折扣销售、销售折扣、销售折让与销售退回的具体规定见表4-11。

表4-11　　　　　折扣销售、销售折扣、销售折让与销售退回的具体规定

考点	具体规定		
折扣销售	销售额和折扣额在"同一张发票"上分别注明	均记录在金额栏	按折扣后的销售额征收增值税
		销售额记录在"金额"栏，折扣额记录在"备注"栏	不得从销售额中减除折扣额
	销售额和折扣额分别开具发票		不得从销售额中减除折扣额
销售折扣	折扣额不得从销售额中减除		
销售折让与销售退回	按规定开具红字增值税专用发票		从发生退回或折让当期的销项税额中扣减
	未按规定开具红字增值税专用发票的		不得扣减销项税额或者销售额

③以旧换新。

◆ 非金银首饰：按"新货物"的同期销售价格确定销售额，不得扣减旧货物的收购价格。

◆ 金银首饰：按销售方"实际收取"的不含增值税的全部价款确定销售额。

微课

一般纳税人以旧换新销售计税依据的确定

④以物易物。

以物易物"双方都应作购销处理"，以各自发出的货物核算销售额并计算销项税额，以各自收到的货物按规定核算购货额并计算进项税额。

⑤还本销售。

销售额=货物销售价格（不得在销售额中减除还本支出）

【提示】还本销售在税法上按正常销售处理。

2.进项税额

（1）准予抵扣的进项税额。

①凭票抵扣。

◆ 从销售方取得的"增值税专用发票"（含税控机动车销售统一发票）上注明的增值税额。

◆ 从海关取得的"海关进口增值税专用缴款书"上注明的增值税额。

◆ 纳税人从境外单位或者个人购进劳务、服务、无形资产或者境内的不动产，从税务机关或者扣缴义务人取得的代扣代缴税款的完税凭证上注明的增值税税额。

微课

一般纳税人进项税额的计算

②农产品抵扣政策。

◆ 购进农产品直接销售或生产9%税率货物后销售或用于服务：

●按一般纳税人取得的增值税专用发票或从海关取得的增值税专用缴款书凭票抵扣。

●从按照简易计税方法依照3%征收率计算缴纳增值税的小规模纳税人取得专用发票的，以专用发票上注明的金额和9%的扣除率计算进项税额。

进项税额=专票注明的金额×9%

微课

农产品进项税额抵扣

●取得农产品销售发票或收购发票的，以销售发票或收购发票上注明的买价和9%的

扣除率计算进项税额。

$$进项税额=买价×9\%$$

◆ 购进农产品深加工后销售：

纳税人购进用于生产或委托加工13%税率货物的农产品，适用10%的扣除率。

$$进项税额=买价×10\%$$

◆ 从农业生产者处购进烟叶产品进项税额抵扣：

准予抵扣的进项税额=（收购烟叶实际支付的价款总额+烟叶税应纳税额）×扣除率

烟叶税应纳税额=收购烟叶实际支付的价款总额×税率（20%）

③购进境内旅客运输服务的抵扣政策。

购进境内旅客运输服务取得的抵扣凭证和抵扣政策见表4-12。

表4-12　　　　　　　购进境内旅客运输服务取得的抵扣凭证和抵扣政策

取得的抵扣凭证	抵扣政策
增值税电子普通发票	发票上注明的税额（凭票抵扣）
注明旅客身份信息的航空运输电子客票行程单	（票价+燃油附加费）÷（1+9%）×9%
注明旅客身份信息的铁路车票	票面金额÷（1+9%）×9%
注明旅客身份信息的公路、水路等其他客票	票面金额÷（1+3%）×3%

④桥、闸通行费抵扣政策。

$$进项税额=发票注明的金额÷（1+5\%）×5\%$$

（2）不得抵扣的进项税额。

①不再产生后续销项税额。

用于简易计税方法计税项目、免征增值税项目、集体福利或者个人消费的购进货物、劳务、服务、无形资产和不动产。

【提示】无论"购入"还是"租入"固定资产、不动产，"既"用于一般计税方法计税项目，"又"用于简易计税方法计税项目、免征增值税项目、集体福利或者个人消费的，其进项税额"准予全额抵扣"。

【例4-3】某企业购入（或租入）一栋楼房，既用于生产经营，又用于职工宿舍，进项税额准予抵扣；某企业购入（或租入）一栋楼房，专门用于职工宿舍，进项税额不得抵扣。

一般纳税人"兼营"简易计税方法计税项目、免税项目而无法划分不得抵扣的进项税额的，按照下列公式计算不得抵扣的进项税额：

$$\begin{matrix}不得抵扣的\\进项税额\end{matrix}=\begin{matrix}当期无法划分的\\全部进项税额\end{matrix}×\left(\begin{matrix}当期简易计税方法\\计税项目销售额\end{matrix}+\begin{matrix}免征增值税\\项目销售额\end{matrix}\right)÷\begin{matrix}当期全部\\销售额\end{matrix}$$

②非正常损失。

◆ "非正常损失"的购进货物，以及相关的加工修理修配劳务和交通运输服务。

◆ "非正常损失"的在产品、产成品所耗用的购进货物（不包括固定资产）、加工修理修配劳务和交通运输服务。

◆ 非正常损失的不动产，以及该不动产所耗用的购进货物、设计服务和建筑服务。

◆ 非正常损失的不动产在建工程（纳税人新建、改建、扩建、修缮、装饰不动产）所耗用的购进货物、设计服务和建筑服务。

【提示】非正常损失，是指因"管理不善"造成被盗、丢失、霉烂变质的损失及被执法部门"依法没收、销毁、拆除"的货物或不动产。因地震等"自然灾害"造成的非正常损失，进项税额准予抵扣；生产经营过程中的"合理损耗"进项税额准予抵扣。

③营改增特殊项目。

◆ 购进的"贷款服务、餐饮服务、居民日常服务和娱乐服务"。

◆ 纳税人接受贷款服务向贷款方支付的与该笔贷款直接相关的投融资顾问费、手续费、咨询费等，其进项税额不得从销项税额中抵扣。

④会计核算不健全。

一般纳税人"会计核算不健全"，不能够准确提供税务资料，或应当办理一般纳税人资格登记而未办理，按照13%税率征收增值税，不得抵扣进项税额，不得使用增值税专用发票。

3.增值税期末留抵税额

上期未抵扣完的进项税额可在下一期继续抵扣。

【例4-4】某小五金制造企业为增值税一般纳税人，2023年10月发生经济业务如下：

（1）购进一批原材料，取得增值税专用发票注明的金额为50万元，增值税为6.5万元；

（2）支付运费，取得增值税普通发票注明的金额为2万元，增值税为0.18万元；

（3）接受其他企业投资转入材料一批，取得增值税专用发票注明的金额为100万元，增值税为13万元；

（4）购进低值易耗品，取得增值税专用发票注明的金额为6万元，增值税为0.78万元；

（5）销售产品一批，取得不含税销售额200万元，另外收取包装物租金1.13万元；

（6）采取以旧换新方式销售产品，新产品含税售价为7.91万元，旧产品作价2万元；

（7）因仓库管理不善，上月购进的一批工具被盗，该批工具的买价为8万元（购进工具的进项税额已抵扣）。

已知：该企业取得的增值税专用发票均符合抵扣规定；购进和销售产品适用的增值税税率为13%。

【要求】计算该企业当月应纳增值税税额。

【解析】根据增值税法律制度的规定：

（1）购进材料的进项税额允许抵扣，支付运费未取得增值税专用发票，进项税额不允许抵扣；

（2）接受投资的材料的进项税额和购进低值易耗品的进项税额均可以抵扣；

（3）包装物租金属于价外费用，应当按照含税价换算为不含税价计算增值税销项税额；

（4）以旧换新应当按照新产品的价格计算增值税销项税额；

（5）购进工具因管理不善被盗，按照规定应将进项税额转出。

计算过程如下：

进项税额=6.5+13+0.78=20.28（万元）

销项税额=200×13%+1.13÷（1+13%）×13%+7.91÷（1+13%）×13%

=26+0.13+0.91=27.04（万元）

进项税额转出=8×13%=1.04（万元）

应纳增值税税额=27.04-20.28+1.04=7.8（万元）

4.特殊纳税人应纳税额的计算

有下列情形之一者，应当按照销售额和增值税税率计算应纳税额，不得抵扣进项税额，也不得使用增值税专用发票：

（1）一般纳税人会计核算不健全，或者不能够提供准确税务资料的。

（2）应当办理一般纳税人资格登记而未办理的。

（二）简易计税方法应纳税额的计算

1.一般业务

（1）征收率：小规模纳税人执行简易征收办法，征收率为3%。

（2）计算公式：

$$应纳税额=不含税销售额×征收率$$

$$不含税销售额=含税销售额÷（1+征收率）$$

【微课】

小规模纳税人
增值税的计算

2.折让、中止或者退回

纳税人适用简易计税方法计税的，因销售折让、中止或者退回而退还给购买方的销售额，应当从当期销售额中扣减。扣减当期销售额后仍有余额造成多缴的税款，可以从以后的应纳税额中扣减。

【提示】小规模纳税人发生销售折让、中止或者退回，同样应当根据原适用税率开具"红字发票"。

（三）进口货物应纳税额的计算

（1）"不区分"一般纳税人和小规模纳税人。

（2）采用组成计税价格，无任何抵扣。

（3）计算公式：

$$应纳税额=组成计税价格×增值税税率$$

组成计税价格：

①一般货物组成计税价格：

$$组成计税价格=关税完税价格+关税$$

【例4-5】某外贸公司为增值税一般纳税人，2023年9月从国外进口一批普通商品，海关核定的关税完税价格为200万元。已知进口关税税率为10%，增值税税率为13%。

【要求】计算该公司进口环节应纳增值税税额。

【解析】根据增值税法律制度的规定，进口货物应纳增值税税额，按照组成计税价格和规定税率计算。

进口环节应纳关税税额=200×10%=20（万元）

进口环节应纳增值税税额=（200+20）×13%=28.6（万元）

②"从价计征应税消费品"组成计税价格：

组成计税价格=关税完税价格+关税+消费税=（关税完税价格+关税）÷（1-消费税比例税率）

【例4-6】某公司为增值税一般纳税人，2023年10月从国外进口一批高档化妆品，海关核定的关税完税价格为300万元，已纳关税40万元。已知消费税税率为15%，增值税税率为13%。

【要求】计算该公司进口环节应纳增值税税额。

【解析】根据增值税法律制度的规定，进口货物如果缴纳消费税，则计算增值税应纳税额时，组成的计税价格中含有消费税税款。

进口环节应纳消费税税额 = （300 + 40）÷ （1 - 15%）×15% = 400 × 15% = 60（万元）

组成计税价格 = 300 + 40 + 60 = 400（万元）

进口环节应纳增值税税额 = 400 × 13% = 52（万元）

【提示】进口环节缴纳的增值税作为国内销售环节的进项税额抵扣。

五、增值税的税收优惠

（一）增值税免税项目

（1）"农业生产者"销售的自产农产品；

（2）避孕药品和用具；

（3）"古旧"图书；

（4）直接用于"科学研究、科学试验和教学"的进口仪器、设备；

（5）"外国政府、国际组织"（不包括外国企业）无偿援助的进口物资和设备；

（6）由"残疾人的组织"直接进口供残疾人专用的物品；

（7）销售自己（指"其他个人"）使用过的物品。

（二）"营改增"试点税收优惠

1. 免征增值税项目

其包括托儿所、幼儿园提供的保育和教育服务、养老机构提供的养老服务、残疾人福利机构提供的育养服务、婚姻介绍服务、殡葬服务等免征增值税项目。

2. 增值税即征即退

（1）一般纳税人提供管道运输服务，对其增值税实际税负超过3%的部分实行增值税即征即退政策。

（2）经人民银行、国家金融监督管理总局或者商务部批准从事融资租赁业务的试点纳税人中的一般纳税人，提供有形动产融资租赁服务和有形动产融资性售后回租服务，对其增值税实际税负超过3%的部分实行增值税即征即退政策。

【提示】增值税实际税负，是指纳税人当期提供应税服务实际缴纳的增值税额占纳税人当期提供应税服务取得的全部价款和价外费用的比例。

3. 扣减增值税

（1）退役士兵创业就业。

自主就业退役士兵从事个体经营的，自办理个体工商户登记当月起，在3年（36个月，下同）内按每户每年20 000元为限额依次扣减其当年实际应缴纳的增值税、城市维护建设税、教育费附加、地方教育附加和个人所得税。

（2）重点群体创业就业。

自办理个体工商户登记当月起，在3年内按每户每年20 000元为限额依次扣减其当年实际应缴纳的增值税、城市维护建设税、教育费附加、地方教育附加和个人所得税。

4.金融企业发放贷款利息税收优惠

金融企业发放贷款后，自结息日起90日内发生的应收未收利息按现行规定缴纳增值税，自结息日起90日后发生的应收未收利息暂不缴纳增值税，待实际收到利息时按规定缴纳增值税。

5.个人销售住房税收优惠

北京市、上海市、广州市和深圳市之外的地区，个人将购买不足2年的住房对外销售的，按照5%的征收率全额缴纳增值税；个人将购买2年以上（含2年）的住房对外销售的，免征增值税。

北京市、上海市、广州市和深圳市的个人将购买不足2年的住房对外销售的，按照5%的征收率全额缴纳增值税；个人将购买2年以上（含2年）的非普通住房对外销售的，以销售收入减去购买住房价款后的差额按照5%的征收率缴纳增值税；个人将购买2年以上（含2年）的普通住房对外销售的，免征增值税。

【提示】深圳市自2020年7月15日起、上海市自2021年1月22日起、广州市9个区自2021年4月21日起，将个人住房转让增值税征免年限由2年调整到5年。

（三）跨境行为免征增值税的政策规定

（1）境内的单位和个人销售的下列服务和无形资产免征增值税，但财政部和国家税务总局规定适用增值税零税率的除外：

①工程项目在境外的建筑服务。

②工程项目在境外的工程监理服务。

③工程、矿产资源在境外的工程勘察勘探服务。

④会议展览地点在境外的会议展览服务。

⑤存储地点在境外的仓储服务。

⑥标的物在境外使用的有形动产租赁服务。

⑦在境外提供的广播影视节目（作品）的播映服务。

⑧在境外提供的文化体育服务、教育医疗服务、旅游服务。

（2）为出口货物提供的邮政服务、收派服务、保险服务。为出口货物提供的保险服务，包括出口货物保险和出口信用保险。

（3）向境外单位提供的完全在境外消费的服务和无形资产。

（4）以无运输工具承运方式提供的国际运输服务。

（5）为境外单位之间的货币资金融通及其他金融业务提供的直接收费金融服务，且该服务与境内的货物、无形资产和不动产无关。

（6）财政部和国家税务总局规定的其他服务。

（四）起征点

纳税人发生应税销售行为的销售额未达到增值税起征点的，免征增值税；达到起征点的，全额计算缴纳增值税。

增值税起征点的适用范围限于个人，且不适用于登记为一般纳税人的个体工商户。起征点的幅度规定如下：

（1）按期纳税的，为月销售额5 000～20 000元（含本数）。

（2）按次纳税的，为每次（日）销售额300～500元（含本数）。

起征点的调整由财政部和国家税务总局规定。省、自治区、直辖市财政厅（局）和税务局应当在规定的幅度内，根据实际情况确定本地区适用的起征点，并报财政部和国家税务总局备案。

（五）小规模纳税人减免优惠

（1）2027年12月31日以前，增值税小规模纳税人月销售额"10万元"以下的（含10万元）免征。

（2）2027年12月31日前，适用3%征收率的应税销售收入，减按1%征收率征收增值税。

（3）适用3%预征率的预缴增值税项目，减按1%预征率预缴增值税。

（4）合计月销售额超过10万元，但扣除本期发生的销售不动产的销售额后未超过10万元的，其销售货物、劳务、服务、无形资产取得的销售额免征增值税。

（5）适用差额征税，以差额后的销售额确定是否可以享受该项免税政策。

（6）应当预缴增值税的小规模纳税人，凡在预缴地实现的月销售额未超过10万元的，当期无须预缴税款。超过10万元的，减按1%预征率预缴增值税。

六、增值税的征收管理

微课

（一）纳税义务发生时间

纳税人发生应税销售行为，为收讫销售款项或者取得索取销售款项凭据的当天；先开具发票的，为开具发票的当天。增值税纳税义务具体发生时间见表4-13。

增值税征收管理

表4-13 增值税纳税义务发生时间

销售方式		纳税义务发生时间
直接收款		收到销售款或取得索取销售款凭据的当天
托收承付、委托收款		发出货物"并"办妥托收手续的当天
赊销、分期收款		书面合同约定的收款日期的当天 【提示】无合同或有合同无约定，为货物发出的当天
预收货款	货物	货物发出的当天 【提示】生产工期超过12个月的，为收到预收款或书面合同约定的收款日期的当天
	租赁服务	收到预收款的当天
委托代销		收到代销清单或全部、部分货款的当天 【提示】未收到代销清单及货款，为发出代销货物满180天的当天
金融商品转让		所有权转移的当天
视同销售		货物移送、转让完成或权属变更的当天
进口		报关进口的当天
扣缴义务		纳税义务发生的当天
先开发票		开具发票的当天

（二）纳税地点

增值税申报纳税地点见表4-14。

表4-14　　　　　　　　　　　　　增值税申报纳税地点

业　　户			申报纳税地点
固定户	一般情况		机构所在地
	总分机构不在同一县（市）		分别申报
			经批准，可以由总机构汇总向总机构所在地的税务机关申报
	外出经营	报告外出经营事项	机构所在地
		未报告	销售地或劳务发生地；没申报的，由其"机构所在地"税务机关补征税款
非固定户			销售地或劳务发生地
其他个人提供建筑服务，销售或者租赁不动产，转让自然资源使用权			建筑服务发生地、不动产所在地、自然资源所在地
进口			报关地海关

（三）纳税期限

增值税的纳税期限分别为1日、3日、5日、10日、15日、1个月或1个季度。

【提示】不能按期纳税的，可以按次纳税。以1个季度为纳税期限：小规模纳税人、银行、财务公司、信托投资公司、信用社。

（1）以1个月或1个季度为1个纳税期：期满之日起"15日内"申报纳税；

（2）以1日、3日、5日、10日、15日为1个纳税期：期满之日起5日内预缴税款，于次月1日起"15日内"申报纳税并结清上月税款；

（3）纳税人进口货物：自海关填发海关进口增值税专用缴款书之日起"15日内"缴纳税款。

七、增值税专用发票的使用规定

（一）专用发票的概念

增值税专用发票，是增值税一般纳税人发生应税销售行为开具的发票，是购买方支付增值税税额并可按照增值税有关规定据以抵扣增值税进项税额的凭证。

增值税专用发票联次及用途见表4-15。

表4-15　　　　　　　　　　　增值税专用发票联次及用途

基本联次	持有方	用　　途
发票联	购买方	核算采购成本和增值税进项税额的记账凭证
抵扣联		报送税务机关认证和留存备查的扣税凭证
记账联	销售方	核算销售收入和增值税销项税额的记账凭证

（二）专用发票的领购

一般纳税人领购专用设备后，凭《最高开票限额申请表》《发票领购簿》到税务机关办理初始发行。一般纳税人凭《发票领购簿》、金税盘（或IC卡）和经办人身份证明领购专用发票。

一般纳税人不得领购开具增值税专用发票的情形：

（1）会计核算不健全，不能向税务机关准确提供增值税销项税额、进项税额、应纳税额数据及其他有关增值税税务资料的；

（2）有《税收征收管理法》规定的税收违法行为，拒不接受税务机关处理的；

（3）有涉及发票的税收违法行为，经税务机关责令限期改正而仍未改正的。

（三）专用发票的使用管理

1.最高开票限额管理

（1）最高开票限额由"区县"税务机关依法审批。

（2）一般纳税人申请增值税专用发票最高开票限额"≤10万元"的，主管税务机关"不需要"事前进行实地查验。

2.一般纳税人不得开具增值税专用发票的情形

（1）零售（不包括劳保用品）；

（2）应税销售行为的"购买方为消费者个人"的；

（3）发生应税销售行为适用"免税"规定的。

（四）新办纳税人实行增值税电子专用发票

（1）自2020年12月21日起，在天津、河北、上海、江苏、浙江、安徽、广东、重庆、四川、宁波和深圳等11个地区的新办纳税人中实行专票电子化，受票方范围为全国。其中，宁波、石家庄和杭州等3个地区已试点纳税人开具增值税电子专用发票（以下简称"电子专票"）的受票方范围扩至全国。

自2021年1月21日起，在北京、山西、内蒙古、辽宁、吉林、黑龙江、福建、江西、山东、河南、湖北、湖南、广西、海南、贵州、云南、西藏、陕西、甘肃、青海、宁夏、新疆、大连、厦门和青岛等25个地区的新办纳税人中实行专票电子化，受票方范围为全国。

（2）增值税电子专用发票由各省（区、市）税务局监制，采用电子签名代替原发票专用章。

（3）自各地专票电子化实行之日起，本地区需要开具增值税纸质普通发票、增值税电子普通发票、纸质专票、电子专票、纸质机动车销售统一发票和纸质二手车销售统一发票的新办纳税人，统一领取税务UKey开具发票。

（4）纳税人开具增值税专用发票时，既可以开具电子专票，也可以开具纸质专票。受票方索取纸质专票的，开票方应当开具纸质专票。

任务实施

（1）购进原材料及支付运输费用取得的运输费专用发票可以抵扣的进项税额=39 000+180=39 180（元）。

（2）购进包装物，取得的是增值税普通发票，不得抵扣进项税额。

（3）销售电视机同时收取的优质费、包装物租金均属于价外费用，均应价税分离后并入销售额征税。

增值税销项税额=（1 000×2 260+45 200+56 500）÷（1+13%）×13%=271 700（元）

（4）纳税人采取以旧换新方式销售货物的，应按新货物的同期销售价格确定销售额，不得扣减旧货物的收购价格。对金银首饰以旧换新业务，可以按销售方实际收取的不含增值税的全部价款征收增值税。旧电视机由于是从消费者个人手中购入，其作价应按照含增值税的价格；甲公司当月以旧换新方式销售M型电视机的增值税销项税额=30×2 260÷（1+13%）×13%=7 800（元）。

（5）纳税人将自产的货物用于集体福利或者个人消费的，应视同销售货物征收增值税。纳税人销售货物价格明显偏低并无正当理由或者有视同销售货物行为而无销售额者，在计算时，其销售额要按照如下规定的顺序来确定：

①按纳税人最近时期同类货物的平均销售价格确定；

②按其他纳税人最近时期同类货物的平均销售价格确定；

③按组成计税价格确定。

由于甲公司最近时期存在M型电视机的销售行为，并且统一含税销售单价为2 260元，因此，应当按纳税人最近时期同类货物的平均销售价格确定销售额，甲公司当月向优秀职工发放M型电视机的增值税销项税额=10×2 260÷（1+13%）×13%=2 600（元）。

任务三　消费税计算与申报规范

任务布置

香雪化妆品有限责任公司消费税案例

香雪化妆品有限公司为增值税一般纳税人，消费税以月为纳税期限，2023年6月份发生以下业务：

（1）6月1日，销售高档成套化妆品1 000套，开具增值税专用发票上注明价款600 000元。增值税78 000元，消费税税率15%，款项尚未收到。

（2）6月10日，委托甲公司加工一批高档香水，由本公司提供所需主要材料，发出材料成本400 000元，收到增值税专用发票上注明加工费60 000元，增值税7 800元，加工费款项已支付。6月15日，该批香水收回后全部用于生产高档化妆品，增值税税率13%。

（3）月末将用加工收回香水生产的高档化妆品4 000套售出，每套不含税售价350元，款项收存银行。

（4）6月14日，将自产的高档化妆品100套作为礼物赠送给主要客户。

（5）6月15日，从国外进口高档化妆品一批，关税完税价格为1 500 000元，关税税率26%，增值税税率13%，消费税税率15%，高档化妆品已验收入库，款项已支付。

任务：（1）请计算公司6月应纳的消费税。

（2）说明消费税的纳税时间和纳税地点。

任务思维导图

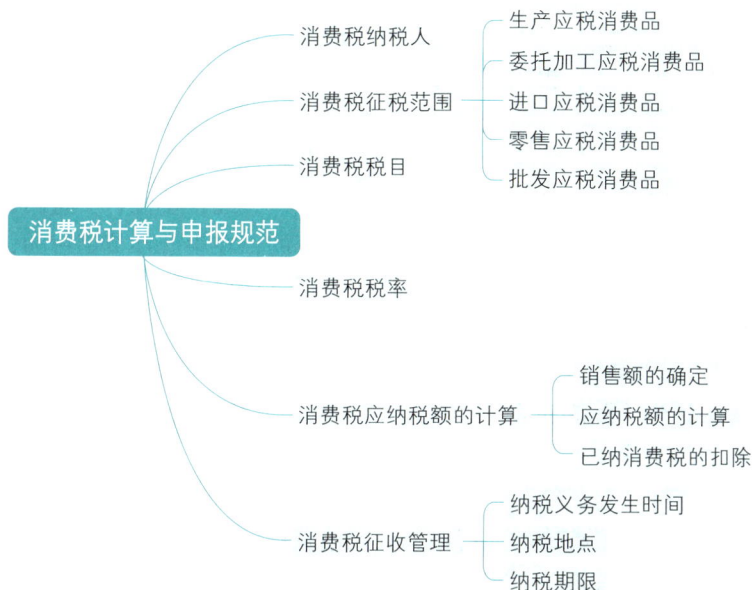

```
                              ┌── 消费税纳税人 ──────┬── 生产应税消费品
                              │                     ├── 委托加工应税消费品
                              ├── 消费税征税范围 ────┼── 进口应税消费品
                              │                     ├── 零售应税消费品
                              ├── 消费税税目          └── 批发应税消费品
  [消费税计算与申报规范] ──────┤
                              ├── 消费税税率
                              │
                              │                     ┌── 销售额的确定
                              ├── 消费税应纳税额的计算 ─┼── 应纳税额的计算
                              │                     └── 已纳消费税的扣除
                              │
                              │                     ┌── 纳税义务发生时间
                              └── 消费税征收管理 ─────┼── 纳税地点
                                                    └── 纳税期限
```

预备知识

一、消费税纳税人

在我国境内"生产、委托加工和进口"《消费税暂行条例》规定的"消费品"的单位和个人，以及国务院确定的"销售"《消费税暂行条例》规定的"消费品"的其他单位和个人，为消费税的纳税人。

微课

消费税的认知

二、消费税征税范围

（一）生产应税消费品

（1）直接对外销售，于销售时纳税。

（2）用于连续生产"应税消费品"，移送使用时不纳税，待生产的最终应税消费品"销售时"纳税。

（3）用于连续生产"非应税消费品"，于移送使用时纳税，生产的最终非应税消费品销售时不再纳税。

（4）用于其他方面（在建工程、管理部门、非生产机构、提供劳务、馈赠、赞助、集资、广告、样品、职工福利、奖励等），视同销售，于移送使用时纳税。

（二）委托加工应税消费品

委托方提供原料和主要材料，受托方只收取加工费和代垫部分辅助材料，受托方应在交货时代收代缴委托方的消费税。

（三）进口应税消费品

单位和个人进口应税消费品，于报关进口时缴纳消费税。

（四）零售应税消费品

1.零售环节征收消费税——金银首饰、铂金首饰、钻石及钻石饰品

（1）金银首饰仅限于金、银以及金基、银基合金首饰和金基、银基合金的镶嵌首饰，不包括镀金首饰和包金首饰。

（2）金银首饰在零售环节缴纳消费税，生产环节不再缴纳。

（3）对既销售金银首饰，又销售非金银首饰的生产、经营单位，应将两类商品划分清楚，分别核算销售额。凡划分不清楚或不能分别核算的，在生产环节销售的，一律从高适用税率征收消费税；在零售环节销售的，一律按金银首饰征收消费税。

【例4-7】如果某首饰加工厂，既生产销售"金银首饰"，又生产销售"珠宝玉石首饰"，未分别核算，则全部销售额按生产销售"珠宝玉石首饰"计征消费税。

如果某商场既销售"金银首饰"，又销售"珠宝玉石首饰"，未分别核算，则全部销售额按销售"金银首饰"计征消费税。

（4）金银首饰连同"包装物"一起销售的，"无论包装物是否单独计价"，也无论会计上如何核算，均应并入金银首饰的销售额，计征消费税。

（5）带料加工的金银首饰，应按"受托方"销售同类金银首饰的销售价格确定计税依据征收消费税，没有同类金银首饰销售价格的，按照组成计税价格计算纳税。

2.零售环节"加征"消费税——超豪华小汽车

（1）界定：单价在130万元以上；

（2）纳税人：将超豪华小汽车销售给消费者的单位和个人；

（3）税务处理：对超豪华小汽车，在生产（进口）环节按现行税率征收消费税的基础上，在零售环节加征消费税，税率为10%。

（五）批发应税消费品

烟草批发企业将卷烟销售给"零售单位"的，要再征一道消费税。加征税率——复合计征：比例税率为11%；定额税率为0.005元/支。

【提示】烟草批发企业将卷烟销售给其他烟草批发企业的，不缴纳消费税。纳税人兼营卷烟批发和零售业务的应当分别核算，未分别核算的按照全部销售额、销售数量计征批发环节消费税。

【提示】电子烟双环节征税：生产（进口）环节比例税率为36%，批发环节比例税率为11%。

三、消费税税目

微课

消费税税目

根据《消费税暂行条例》的规定，消费税税目共有15个：烟、酒、高档化妆品、贵重首饰及珠宝玉石、鞭炮和焰火、成品油、小汽车、摩托车、高尔夫球及球具、高档手表、游艇、木制一次性筷子、实木地板、涂料、电池。消费税税目见表4-16。

表4-16		消费税税目
税目		解释说明
烟	包括	卷烟、雪茄烟、烟丝、电子烟
	不包括	烟叶
酒	包括	白酒、黄酒、啤酒和其他酒
	不包括	"调味料酒"
高档化妆品	包括	高档美容、修饰类化妆品、高档护肤类化妆品和成套化妆品
	不包括	演员用的"油彩、上妆油、卸妆油"
贵重首饰及珠宝玉石	包括	(1) 金银首饰、铂金首饰和钻石及钻石饰品； (2) 其他贵重首饰和珠宝玉石； (3) 宝石坯
鞭炮和焰火	不包括	"体育上用的发令纸""鞭炮药引线"
成品油	包括	(1) 汽油、柴油、石脑油、溶剂油、航空煤油、润滑油、燃料油； (2) 甲醇汽油、乙醇汽油、生物柴油、矿物性润滑油、矿物性润滑油基础油、植物性润滑油、动物性润滑油、化工原料合成润滑油、催化料、焦化料
小汽车	包括	乘用车、中轻型商用客车、超豪华小汽车
	不包括	(1) 大客车、大货车、厢式货车； (2) "电动汽车"； (3) 沙滩车、雪地车、卡丁车、高尔夫车； (4) 企业购进货车或厢式货车改装生产的商务车、卫星通信车等"专用汽车"
电池	免征	无汞原电池、金属氢化物镍蓄电池、锂原电池、锂离子蓄电池、太阳能电池、燃料电池和全钒液流电池
涂料	免征	施工状态下挥发性有机物含量低于420克/升（含）的涂料
摩托车	包括	气缸容量为250毫升的摩托车和气缸容量在250毫升（不含）以上的摩托车两种
	不包括	最大车速不超过50公里/小时，发动机气缸总工作容量不超过50毫升的三轮摩托车
高档手表	包括	销售价格（不含增值税）每只在10 000元（含）以上的各类手表
高尔夫球及球具	包括	高尔夫球、高尔夫球杆、高尔夫球包（袋）等
	不包括	高尔夫球车
游艇	包括	无动力艇、帆艇、机动艇
木制一次性筷子	不包括	竹制一次性筷子
实木地板	包括	实木地板、实木指接地板、实木复合地板、素板

四、消费税税率

微课

消费税税率采取比例税率和定额税率两种形式，以适应不同应税消费品的实际情况。消费税的税率见表4-17。

消费税税率及征税环节

表4-17   消费税税率表

税目	税率
一、烟	
1. 卷烟	
（1）甲类卷烟	56%+0.003 元/支（生产环节）
（2）乙类卷烟	36%+0.003 元/支（生产环节）
（3）批发环节	11%+0.005 元/支
2. 雪茄烟	36%
3. 烟丝	30%
4. 电子烟	36%（生产（进口）环节）/11%（批发环节）
二、酒	
1. 白酒	20%+0.5 元/500 克（或 500 毫升）
2. 黄酒	240 元/吨
3. 啤酒	
（1）甲类啤酒	250 元/吨
（2）乙类啤酒	220 元/吨
4. 其他酒	10%
三、高档化妆品	15%
四、贵重首饰及珠宝玉石	
1. 金银首饰、铂金首饰和钻石及钻石饰品	5%
2. 其他贵重首饰及珠宝玉石	10%
五、鞭炮、烟火	15%
六、成品油	
1. 汽油	1.52 元/升
2. 柴油	1.20 元/升
3. 航空煤油	1.20 元/升
4. 石脑油	1.52 元/升
5. 溶剂油	1.52 元/升
6. 润滑油	1.52 元/升
7. 燃料油	1.20 元/升
七、摩托车	
1. 气缸容量（排气量，下同）250 毫升的	3%
2. 气缸容量 250 毫升（不含）以上的	10%

续表

税目	税率
八、小汽车	
1. 乘用车	
（1）气缸容量（排气量，下同）1.0 升（含 1.0 升）以下的	1%
（2）气缸容量 1.0 升至 1.5 升（含 1.5 升）的	3%
（3）气缸容量 1.5 升至 2.0 升（含 2.0 升）的	5%
（4）气缸容量 2.0 升至 2.5 升（含 2.5 升）的	9%
（5）气缸容量 2.5 升至 3.0 升（含 3.0 升）的	12%
（6）气缸容量 3.0 升至 4.0 升（含 4.0 升）的	25%
（7）气缸容量 4.0 升以上的	40%
2. 中轻型商用客车	5%
3. 超豪华小汽车	10%（零售环节）
九、高尔夫球及球具	10%
十、高档手表	20%
十一、游艇	10%
十二、木质一次性筷子	5%
十三、实木地板	5%
十四、电池	4%
十五、涂料	4%

【学思践悟】在党的二十大精神指引下，我国税收体系不断优化，消费税作为其中的重要税种，其调整与改革也体现了深刻的思政内涵。

以环保型汽车消费税优惠为例，国家为鼓励绿色消费，降低了环保型汽车的消费税税率。这一政策不仅促进了环保型汽车的销售，也引导了消费者形成绿色消费观念。从思政角度看，这一案例展现了国家对于可持续发展的高度重视，以及对公民环保意识的培育。

通过这个案例，我们可以教育学生认识到消费税不仅仅是一种经济工具，更是一种社会价值观的体现。它告诉我们，在消费时不仅要考虑个人需求，更要关注环保和社会责任。这有助于培养新时代公民的绿色消费观念和社会责任感。

五、消费税应纳税额的计算

（一）销售额的确定

1. 从价计征

（1）计算公式。

$$应纳税额 = 销售额 \times 税率$$

（2）销售额的确定。

销售额是纳税人销售应税消费品向购买方收取的全部价款和价外费用，不包括向购买方收取的增值税税款。

【例4-8】甲公司为增值税小规模纳税人，2023年10月销售自产葡萄酒，取得含增值税销售额150 174元。已知增值税征收率为3%；葡萄酒消费税税率为10%。

【要求】计算甲公司当月该笔业务应缴纳的消费税是多少？

【解析】150 174÷（1+3%）×10%=14 580（元）

2. 从量定额

计算公式：

$$应纳税额 = 销售数量 \times 定额税额$$

【例4-9】甲公司为增值税一般纳税人，2023年10月销售自产柴油4 000吨，馈赠客户自产柴油30吨，本厂工程车辆领用自产柴油20吨，已知柴油1吨=1 176升，消费税税率为1.2元/升。

【要求】计算甲公司当月上述业务应缴纳的消费税是多少？

【解析】（4 000+30+20）×1 176×1.2=5 715 360（元）

3. 复合计征

$$应纳税额=销售额 \times 比例税率+销售数量 \times 定额税率$$

【例4-10】甲酒厂为增值税一般纳税人，2023年5月销售白酒50吨，取得含增值税销售额3 390 000元，已知增值税税率为13%，白酒消费税比例税率为20%，定额税率为0.5元/500克。

【要求】计算甲酒厂当月应当缴纳的消费税是多少？

【解析】3 390 000÷（1+13%）×20%+50×2 000×0.5=650 000（元）

4. 特殊情况下销售额的确定

（1）纳税人通过自设"非独立核算"门市部销售的自产应税消费品，应当按照"门市部"对外销售额或者销售数量征收消费税。

（2）纳税人用于"换取生产资料和消费资料、投资入股和抵偿债务"等方面的应税消费品，应当以纳税人同类应税消费品的"最高销售价格"作为计税依据计算消费税。

（3）包装物押金的税务处理。

包装物押金的税务处理见表4-18。

表4-18   包装物押金的税务处理

包装物押金	增值税		消费税	
	取得时	逾期时	取得时	逾期时
一般货物	×	√	×	√
白酒、其他酒	√	×	√	×
啤酒、黄酒	×	√	×	×

（4）品牌使用费。

白酒生产企业向商业销售单位收取的"品牌使用费"应并入白酒的销售额中缴纳消费税。

（5）以旧换新。

①非金银首饰：以"新货物的销售额"作为消费税的计税基础，不扣减旧货物的回收价格。

②金银首饰：按"实际收取"的不含增值税的全部价款征收消费税。

（二）应纳税额的计算

微课

1.自产自用

（1）按照纳税人生产的"同类"消费品的销售价格计算纳税。

【例4-11】甲化妆品公司为增值税一般纳税人，2023年12月销售高档化妆品元旦套装400套，每套含增值税售价678元，将同款元旦套装30套用于对外赞助，已知增值税税率为13%，消费税税率为15%。

消费税应纳税
额的计算

【要求】计算甲化妆品公司当月元旦套装应缴纳的消费税是多少？

【解析】（400+30）×678÷（1+13%）×15%=38 700（元）

（2）没有同类消费品销售价格的，按照组成计税价格计算纳税。

从价计征应税消费品的组成计税价格公式：

$$组成计税价格=成本×（1+成本利润率）÷（1-消费税比例税率）$$
$$应纳消费税=组成计税价格×消费税比例税率$$

【例4-12】某白酒厂春节前，将新研制的白酒1吨作为过节福利发放给员工饮用，该白酒无同类产品市场销售价格。已知该批白酒生产成本为20 000元，成本利润率为5%，白酒消费税比例税率为20%；定额税率为0.5元/500克。

【要求】计算该批白酒应纳的消费税为多少元？

【解析】［20 000×（1+5%）+2 000×0.5］÷（1-20%）=27 500（元）

27 500×20%+2 000×0.5=6 500（元）

2.委托加工

（1）按照"受托方"的同类消费品的销售价格计算纳税；

（2）没有同类消费品销售价格的，按照组成计税价格计算纳税。

①一般应税消费品组成计税价格公式：

$$组成计税价格=（材料成本+加工费）÷（1-消费税比例税率）$$
$$应纳消费税=组成计税价格×消费税比例税率$$

②复合计征应税消费品组成计税价格公式：

$$组成计税价格=（材料成本+加工费+委托加工数量×消费税定额税率）÷（1-消费税比例税率）$$
$$应纳消费税=组成计税价格×消费税比例税率+委托加工数量×消费税定额税率$$

3.进口应税消费品

纳税人进口应税消费品，按照组成计税价格和规定的税率计算应纳税额。

（1）一般应税消费品组成计税价格公式：

$$组成计税价格=（关税完税价格+关税）÷（1-消费税比例税率）$$
$$应纳消费税=组成计税价格×消费税比例税率$$

（2）复合计征应税消费品组成计税价格公式：

$$组成计税价格=（关税完税价格+关税+进口数量×消费税定额税率）÷（1-消费税比例税率）$$
$$应纳消费税=组成计税价格×消费税比例税率+进口数量×消费税定额税率$$

【例4-13】某烟草公司2023年9月进口甲类卷烟100标准箱，海关核定的每箱卷烟关税完税价格为3万元。已知卷烟关税税率为25%，消费税比例税率为56%，定额税率为0.003元/支；每标准箱有250条，每条200支。

【要求】计算该公司进口卷烟应纳消费税税额（单位：万元，计算结果保留四位小数）。

【解析】根据消费税法律制度的规定，纳税人进口应税消费品，按照组成计税价格和规定的税率计征消费税，进口卷烟实行复合方法计算应纳税额。计算过程：

（1）应纳关税税额=100×3×25%=75（万元）

（2）组成计税价格=（100×3+75+100×250×200×0.003÷10 000）÷（1−56%）

　　　　　　　　=855.6818（万元）

（3）应纳消费税税额=855.6818×56%+100×250×200×0.003÷10 000

　　　　　　　　=480.6818（万元）

（三）已纳消费税的扣除

用"外购"和"委托加工收回"的应税消费品，"连续生产应税消费品"，在计征消费税时，可以按"当期生产领用数量"计算准予扣除外购和委托加工的应税消费品已纳的消费税税款。

1.扣除范围

（1）以外购或委托加工收回的已税烟丝为原料生产的卷烟；

（2）以外购或委托加工收回的已税高档化妆品为原料生产的高档化妆品；

（3）以外购或委托加工收回的已税珠宝、玉石为原料生产的贵重首饰及珠宝、玉石；

（4）以外购或委托加工收回的已税鞭炮、焰火为原料生产的鞭炮、焰火；

（5）以外购或委托加工收回的已税杆头、杆身和握把为原料生产的高尔夫球杆；

（6）以外购或委托加工收回的已税木制一次性筷子为原料生产的木制一次性筷子；

（7）以外购或委托加工收回的已税实木地板为原料生产的实木地板；

（8）以外购或委托加工收回的已税石脑油、润滑油、燃料油为原料生产的成品油；

（9）以外购或委托加工收回的已税汽油、柴油为原料生产的汽油、柴油。

已纳消费税不得扣除的原因及具体内容见表4-19。

表4-19　　　　　　　　　已纳消费税不得扣除的原因及具体内容

"不得扣除"的原因	具体内容
"特殊"应税消费品	酒类产品（不包括葡萄酒）、高档手表、小汽车、摩托车、游艇、电池、涂料
纳税环节"不同"	如用已税"珠宝、玉石"加工"金银镶嵌首饰"
用于生产"非应税消费品"	如用已税"高档化妆品"连续生产"普通化妆品"

2.计算公式

$$当期准予扣除的 \atop 应税消费品已纳税款 = {当期生产 \atop 领用数量} \times 单价 \times {应税消费品的 \atop 适用税率}$$

六、消费税征收管理

（一）纳税义务发生时间

（1）纳税人销售应税消费品的，其纳税义务发生时间"同增值税销售货物"。

（2）纳税人自产自用应税消费品的，为"移送使用"的当天。

（3）纳税人委托加工应税消费品的，为纳税人"提货"的当天。

（4）纳税人进口应税消费品的，为"报关进口"的当天。

（二）纳税地点

1.委托加工的应税消费品

受托方为"单位"："受托方"向机构所在地或居住地的税务机关解缴税款；

受托方为"个人"："委托方"向机构所在地的税务机关申报纳税。

2.纳税人到外县（市）销售或者委托外县（市）代销自产应税消费品

纳税人到外县（市）销售或者委托外县（市）代销自产应税消费品的，于应税消费品销售后，向"机构所在地或者居住地"税务机关申报纳税。

（三）纳税期限

消费税的纳税期限分别为1日、3日、5日、10日、15日、1个月或者1个季度；纳税人的具体纳税期限，由税务机关根据纳税人应纳税额的大小分别核定；不能按照固定期限纳税的，可以按次纳税。

纳税人以1个月或者1个季度为1个纳税期的，自期满之日起15日内申报纳税；以1日、3日、5日、10日或者15日为1个纳税期的，自期满之日起5日内预缴税款，于次月1日起至15日内申报纳税并结清上月应纳税款。

纳税人进口应税消费品，应当自海关填发海关进口消费税专用缴款书之日起15日内缴纳税款。

任务实施

（1）计算公司6月应纳消费税。

①销售高档成套化妆品应纳消费税=600 000×15%=90 000（元）

于销售时缴纳。

②委托甲公司加工香水，由甲公司代收代缴的消费税为：

甲公司代收代缴的消费税=（400 000+60 000）÷（1-15%）×15%=81 176（元）

由于其委托加工收回的香水全部用于连续生产高档化妆品，其香水委托加工环节已纳消费税可以抵扣：

准予扣除的税额=81 176元

③销售高档化妆品应纳消费税=4 000×350×15%=210 000（元）

于销售时缴纳。

④自产自用高档化妆品应纳消费税=100×350×15%=35 000×15%=5 250（元）

于移送使用时缴纳。

⑤进口高档化妆品应纳消费税=1 500 000×（1+26%）÷（1-15%）×15%

$$=333\ 529.41（元）$$

由公司于报关进口时缴纳。

由于委托加工环节和进口环节已缴纳消费税，故该公司6月末计提的应纳消费税为：

该公司6月末计提的应纳消费税=90 000+210 000+5 250-81 176

$$=224\ 074（元）$$

（2）说明消费税的纳税时间和纳税地点。

①生产销售成套化妆品，其纳税义务发生时间为纳税人收讫销售款的当天，应当于2023年7月15日前向企业所在地主管税务机关申报纳税。

②委托加工高档化妆品，其纳税义务发生时间为委托加工收回的当天，由受托方在受托方所在地主机关税务局解缴消费税。

③销售用委托加工收回的香水生产的高档化妆品，其纳税义务发生时间为纳税人收讫销售款的当天，应当于2023年7月15日前向企业所在地主管税务机关申报纳税。

④自产高档化妆品用于馈赠客户，其纳税义务发生时间为货物移送使用的当天，应当于2023年7月15日前向企业所在地主管税务机关申报纳税。

⑤进口高档化妆品的纳税义务发生时间为报关进口的当天，应当自海关填发海关进口消费税专用缴款书之日起15日内向报关地海关缴纳进口消费税。

任务四　城市维护建设税和教育费附加计算与申报规范

任务布置

城市维护建设税和教育费附加缴纳案例

天一有限公司属于增值税一般纳税人，主营高档化妆品生产销售，地处市区，7月计提并实际已纳消费税100 000元，计提并实际已纳增值税31 000元，月末计提城市维护建设税和教育费附加。

任务：根据以上业务计提7月应纳城市维护建设税和教育费附加。

任务思维导图

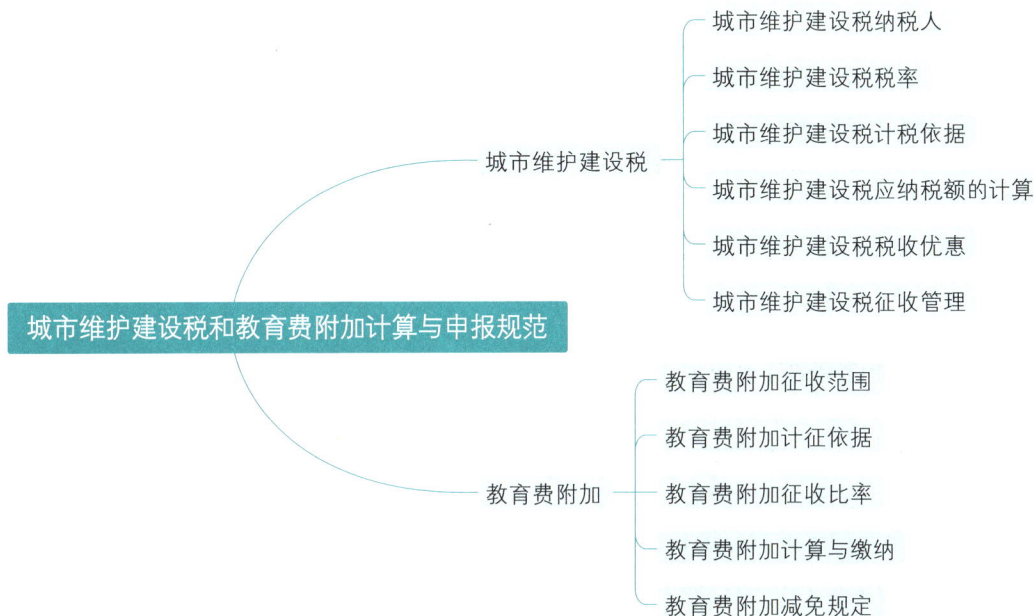

城市维护建设税和教育费附加计算与申报规范

- 城市维护建设税
  - 城市维护建设税纳税人
  - 城市维护建设税税率
  - 城市维护建设税计税依据
  - 城市维护建设税应纳税额的计算
  - 城市维护建设税税收优惠
  - 城市维护建设税征收管理

- 教育费附加
  - 教育费附加征收范围
  - 教育费附加计征依据
  - 教育费附加征收比率
  - 教育费附加计算与缴纳
  - 教育费附加减免规定

预备知识

城市维护建设税是以纳税人实际缴纳的增值税、消费税税额为计税依据所征收的一种税，主要目的是筹集城镇设施建设和维护资金。

教育费附加是以各单位和个人实际缴纳的增值税、消费税的税额为计征依据而征收的一种费用，其目的是加快发展教育事业，扩大教育经费资金来源。

一、城市维护建设税

（一）城市维护建设税纳税人

城市维护建设税的纳税人，是指在中华人民共和国境内缴纳增值税、消费税的单位和个人，包括各类企业（含外商投资企业、外国企业）、行政单位、事业单位、军事单位、社会团体及其他单位，以及个体工商户和其他个人（含外籍个人）。

城市维护建设税扣缴义务人为负有增值税、消费税扣缴义务的单位和个人，在扣缴增值税、消费税的同时扣缴城市维护建设税。

微课

城市维护
建设税

（二）城市维护建设税税率

1.税率的具体规定

城市维护建设税实行差别比例税率。按照纳税人所在地区的不同，设置了3档比例税率，即：

（1）纳税人所在地在市区的，税率为7%；

（2）纳税人所在地在县城、镇的，税率为5%；

（3）纳税人所在地不在市区、县城或者镇的，税率为1%。

纳税人所在地，是指纳税人住所地或者与纳税人生产经营活动相关的其他地点，具体地点由省、自治区、直辖市确定。

2.适用税率的确定

由受托方代扣代缴、代收代缴增值税、消费税的单位和个人，其代扣代缴、代收代缴的城市维护建设税按受托方所在地适用税率执行。

流动经营等无固定纳税地点的单位和个人，在经营地缴纳增值税、消费税的，其城市维护建设税的缴纳按经营地适用税率执行。

（三）城市维护建设税计税依据

城市维护建设税的计税依据为纳税人实际缴纳的增值税、消费税税额，加上增值税免抵税额，扣除直接减免的两税税额和期末留抵退税退还的增值税税额后的金额。

$$\text{计税依据}=\text{实缴的两税税额}+\text{增值税免抵税额}-\text{直接减免的两税税额}-\text{期末留抵退税退还的增值税税额}$$

（四）城市维护建设税应纳税额的计算

城市维护建设税的应纳税额按照纳税人实际缴纳的增值税、消费税税额乘以适用税率计算。其计算公式为：

$$\text{应纳税额}=\text{实际缴纳的增值税、消费税税额}\times\text{适用税率}$$

对实行增值税期末留抵退税的纳税人，允许其从城市维护建设税的计税依据中扣除退还的增值税税额。

【例4-14】甲公司为国有企业，位于某市东城区，11月应缴增值税90 000元，实际缴纳增值税80 000元；应缴消费税70 000元，实际缴纳消费税60 000元。已知适用的城市维护建设税税率为7%。

【要求】计算该公司当月应纳的城市维护建设税税额。

【解析】根据城市维护建设税法律制度的规定，城市维护建设税以纳税人实际缴纳的增值税、消费税税额为计税依据。

应纳的城市维护建设税税额=（80 000+60 000）×7%=140 000×7%=9 800（元）

（五）城市维护建设税税收优惠

城市维护建设税属于增值税、消费税的一种附加税，原则上不单独规定税收减免条款。如果税法规定减免增值税、消费税，也就相应地减免了城市维护建设税。

（六）城市维护建设税征收管理

1.纳税义务发生时间

城市维护建设税纳税义务发生时间与缴纳增值税、消费税的纳税义务发生时间一致，分别与增值税、消费税同时缴纳。

2.纳税地点

城市维护建设税纳税地点为实际缴纳增值税、消费税的地点。扣缴义务人应当向其机构所在地或者居住地的主管税务机关申报缴纳其扣缴的税款。

3.纳税期限

城市维护建设税的纳税期限与增值税、消费税的纳税期限一致，与增值税、消费税同时缴纳。

二、教育费附加

（一）教育费附加征收范围

教育费附加的征收范围为税法规定征收增值税、消费税的单位和个人，包括外商投资企业、外国企业及外籍个人。

（二）教育费附加计征依据

教育费附加以纳税人实际缴纳的增值税、消费税税额之和为计征依据。

（三）教育费附加征收比率

按照1994年2月7日《国务院关于教育费附加征收问题的紧急通知》的规定，现行教育费附加征收比率为3%。

（四）教育费附加计算与缴纳

1.计算公式

应纳教育费附加=实际缴纳的增值税、消费税税额之和×征收比率

2.费用缴纳

教育费附加与增值税、消费税税款同时缴纳。

（五）教育费附加减免规定

教育费附加的减免，原则上比照增值税、消费税的减免规定。如果税法规定增值税、消费税减免，则教育费附加也就相应地减免。

任务实施

应计提的城市维护建设税=（100 000+31 000）×7%=9 170（元）

应计提教育费附加=（100 000+31 000）×3%=3 930（元）

任务五　车辆购置税计算与申报规范

任务布置

车价越高车辆购置税越高吗？

小张购买了一款10万元的燃油新车，去掉增值税后要按10%缴纳8 850元的车辆购置税。小张很疑惑为什么自己的朋友小王最近买了一辆20万元的新能源车却并不需要缴纳车辆购置税，不是车价越高车辆购置税越高吗？

任务：分析车价越高车辆购置税越高吗？

任务思维导图

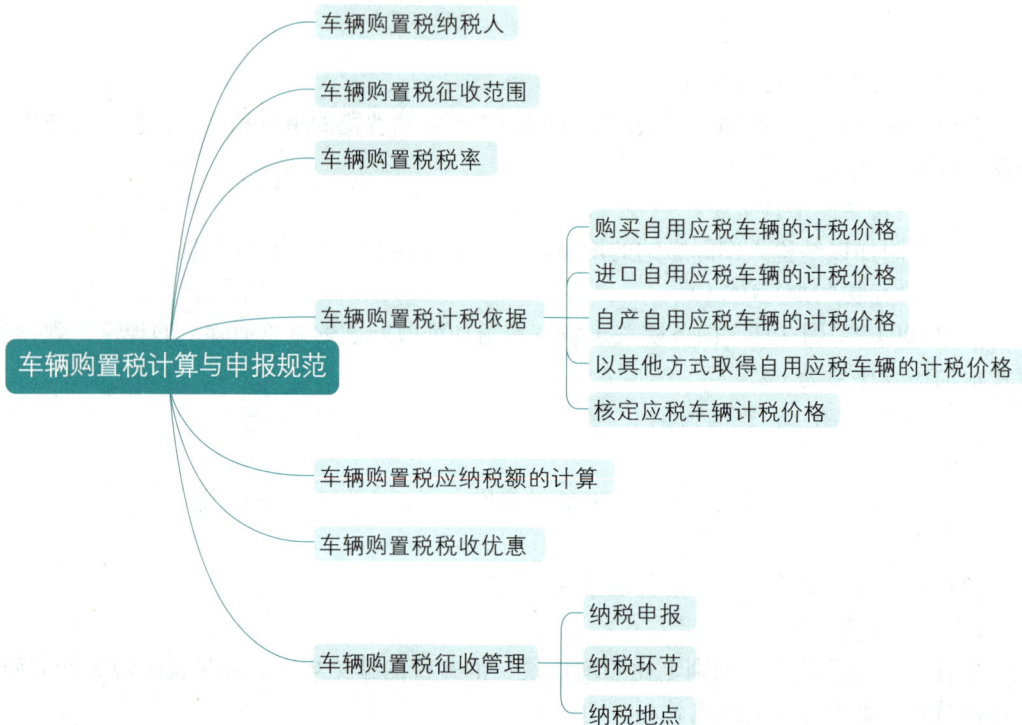

车辆购置税计算与申报规范
- 车辆购置税纳税人
- 车辆购置税征收范围
- 车辆购置税税率
- 车辆购置税计税依据
  - 购买自用应税车辆的计税价格
  - 进口自用应税车辆的计税价格
  - 自产自用应税车辆的计税价格
  - 以其他方式取得自用应税车辆的计税价格
  - 核定应税车辆计税价格
- 车辆购置税应纳税额的计算
- 车辆购置税税收优惠
- 车辆购置税征收管理
  - 纳税申报
  - 纳税环节
  - 纳税地点

预备知识

车辆购置税，是对在中国境内购置应税车辆的单位和个人征收的一种税。它由车辆购置附加费演变而来。2000年10月22日国务院颁布《中华人民共和国车辆购置税暂行条例》。2001年1月1日起开征车辆购置税。2018年12月29日第十三届全国人民代表大会常务委员会第七次会议通过了《中华人民共和国车辆购置税法》，自2019年7月1日起施行。

一、车辆购置税纳税人

微课

车辆购置税

在中华人民共和国境内购置汽车、有轨电车、汽车挂车、排气量超过150毫升的摩托车（以下统称应税车辆）的单位和个人，为车辆购置税的纳税人。

购置，是指以购买、进口、自产、受赠、获奖或者其他方式取得并自用应税车辆的行为。

二、车辆购置税征收范围

车辆购置税的征收范围包括汽车、有轨电车、汽车挂车、排气量超过150毫升的摩托车。

三、车辆购置税税率

车辆购置税采用比例税率，税率为10%。

四、车辆购置税计税依据

车辆购置税的计税依据为应税车辆的计税价格。计税价格根据不同情况，按照下列规定确定：

（1）纳税人购买自用应税车辆的计税价格，为纳税人实际支付给销售者的全部价款，不包括增值税税款。

（2）纳税人进口自用应税车辆的计税价格，为关税完税价格加上关税和消费税。计算公式为：

$$计税价格=关税完税价格+关税+消费税$$

（3）纳税人自产自用应税车辆的计税价格，按照纳税人生产的同类应税车辆的销售价格确定，不包括增值税税款。

（4）纳税人以受赠、获奖或者其他方式取得自用应税车辆的计税价格，按照购置应税车辆时相关凭证载明的价格确定，不包括增值税税款。

（5）纳税人申报的应税车辆计税价格明显偏低，又无正当理由的，由税务机关依照《中华人民共和国税收征收管理法》的规定核定其计税价格。

纳税人以外汇结算应税车辆价款的，按照申报纳税之日的人民币汇率中间价折合成人民币计算缴纳税款。

五、车辆购置税应纳税额的计算

车辆购置税实行从价定率的方法计算应纳税额。其计算公式如下：

$$应纳税额=计税依据×税率$$
$$进口应税车辆应纳税额=（关税完税价格+关税+消费税）×税率$$

【例4-15】某企业2024年5月进口自用小汽车一辆，海关审定的关税完税价格为60万元，缴纳关税15万元，消费税25万元，已知车辆购置税税率为10%。

【要求】计算车辆购置税税额。

【解析】（60+15+25）×10%=10（万元）

六、车辆购置税税收优惠

下列车辆免征车辆购置税：

（1）依照法律规定应当予以免税的外国驻华使馆、领事馆和国际组织驻华机构及其有关人员自用的车辆。

（2）中国人民解放军和中国人民武装警察部队列入装备订货计划的车辆。

（3）悬挂应急救援专用号牌的国家综合性消防救援车辆。

（4）设有固定装置的非运输专用作业车辆。

（5）城市公交企业购置的公共汽电车辆。

（6）根据国民经济和社会发展的需要，国务院可以规定减征或者其他免征车辆购置税的情形，报全国人民代表大会常务委员会备案。

七、车辆购置税征收管理

（一）纳税申报

车辆购置税实行一次性征收。车辆购置税的纳税义务发生时间为纳税人购置应税车辆的当日。纳税人应当自纳税义务发生之日起60日内申报缴纳车辆购置税。

（二）纳税环节

纳税人应当在向公安机关交通管理部门办理车辆注册登记前，缴纳车辆购置税。

纳税人应当持主管税务机关出具的完税证明或者免税证明，向公安机关车辆管理机构办理车辆登记注册手续；没有完税证明或者免税证明的，公安机关车辆管理机构不得办理车辆登记注册手续。

（三）纳税地点

纳税人购置应税车辆，应当向车辆登记地的主管税务机关申报缴纳车辆购置税；购置不需要办理车辆登记的应税车辆的，应当向纳税人所在地的主管税务机关申报缴纳车辆购置税。

任务实施

小张购买一款10万元的燃油新车，增值税税率为13%，机动车销售专用发票的购车价中均含增值税税款，所以在计征车辆购置税税额时，必须先将13%的增值税去除。去掉增值税部分后按10%纳税，按照车辆购置税的规定，车主要缴纳8 850元。显然，车的价格影响着车辆购置税，买的车越贵，车辆购置税越高，例如：

买10万元的燃油新车，要缴8 850元；

买15万元的燃油新车，要缴13 274元；

买20万元的燃油新车，要缴17 699元。

但其朋友小王购买的是新能源汽车，根据国家相关部门的规定，对购置日期在2023年1月1日至2023年12月31日期间的新能源汽车，免征车辆购置税；对购置日期在2024年1月1日至2025年12月31日期间的新能源汽车，免征车辆购置税，其中，每辆新能源乘用车免税额不超过3万元；对购置日期在2026年1月1日至2027年12月31日期间的新能源汽车，减半征收车辆购置税，其中，每辆新能源乘用车减税额不超过1.5万元。虽然小王购买的车价高，但是并不需要缴纳车辆购置税。

任务六　关税计算与申报规范

任务布置

关税计算案例

某纺织厂于2023年10月进口一批布料。该批布料在国外购买价折合人民币为800 000

元，货物运抵我国入关前发生运输费折合人民币为 30 000 元，保险费折合人民币为 20 000 元。货物报关后，按照规定缴纳了进口环节增值税。已知：布料增值税税率为 13%，进口关税税率为 20%。

任务：计算该批布料应纳的进口环节关税和增值税税额。

任务思维导图

关税计算与申报规范

- 关税纳税人
  - 进出口货物的收、发货人
  - 进出境物品的所有人
- 关税课税对象和税目
- 关税税率
  - 税率的种类
  - 税率的确定
- 关税计税依据
  - 进口货物的完税价格
  - 出口货物的完税价格
  - 进出口货物完税价格的审定
- 关税应纳税额的计算
  - 从价税计算方法
  - 从量税计算方法
  - 复合税计算方法
  - 滑准税计算方法
- 关税税收优惠
  - 法定性减免税
  - 政策性减免税
- 关税征收管理
  - 纳税期限与滞纳金
  - 海关暂不予放行的行李物品
  - 关税的退税与追缴

预备知识

关税是对进出国境或关境的货物、物品征收的一种税，属于流转税。在通常情况下，一国的关境与其国境的范围是一致的，关境即国境。但由于自由港、自由区和关税同盟的存在，关境与国境有时不完全一致。关税一般分为进口关税、出口关税和过境关税。我国目前对进出境货物征收的关税分为进口关税和出口关税两类。

微课

关税

一、关税纳税人

进口货物的收货人、出口货物的发货人、进出境物品的所有人，是关税纳税人。关税纳税人见表4-20。

表4-20   关税纳税人

适用情形	纳税人		
进口货物	收货人		
出口货物	发货人		
进境物品	所有人	入境旅客随身携带的行李、物品	持有人
		各种运输工具上服务人员入境时携带自用物品	持有人
		馈赠物品以及其他方式入境个人物品	所有人
		个人邮递物品	收件人

【提示】接受纳税人委托办理货物报关等有关手续的"代理人"，可以代办纳税手续，但不是纳税人。

二、关税课税对象和税目

关税的课税对象是进出境的货物、物品。凡准许进出口的货物，除国家另有规定的以外，均应由海关征收进口关税或出口关税。对从境外采购进口的原产于中国境内的货物，也应按规定征收进口关税。

关税的税目、税率都由《进出口税则》规定。进出口税则中的商品分类目录为关税税目。按照税则归类总规则及其归类方法，每一种商品都能找到一个最适合的对应税目。

三、关税税率

（一）税率的种类

关税的税率分为进口税率和出口税率两种。其中，进口税率又分为普通税率、最惠国税率、协定税率、特惠税率、关税配额税率和暂定税率。进口货物适用何种关税税率是以进口货物的原产地为标准的。

（1）普通税率。

对原产于未与我国共同适用最惠国条款的世界贸易组织成员，未与我国订有相互给予最惠国待遇、关税优惠条款贸易协定和特殊关税优惠条款贸易协定的国家或者地区的进口货物，以及原产地不明的货物，按照普通税率征税。

（2）最惠国税率。

对原产于与我国共同适用最惠国条款的世界贸易组织成员的进口货物，原产于与我国签订含有相互给予最惠国待遇条款的双边贸易协定的国家或者地区的进口货物，以及原产于我国的进口货物，按照最惠国税率征税。

（3）协定税率。

对原产于与我国签订含有关税优惠条款的区域性贸易协定的国家或地区的进口货物，按协定税率征税。

（4）特惠税率。

对原产于与我国签订含有特殊关税优惠条款的贸易协定的国家或地区的进口货物，按特惠税率征收。

（5）关税配额税率。

关税配额税率，是指关税配额限度内的税率。关税配额是进口国限制进口货物数量的措施，把征收关税和进口配额相结合以限制进口。对于在配额内进口的货物可以适用较低的关税配额税率，对于配额之外的则适用较高税率。

（6）暂定税率。

暂定税率，是指各国根据进口货物的认定及调整后暂时执行的税率。适用最惠国税率、协定税率、关税配额税率的进口货物在一定期限内可以实行暂定税率。

（二）税率的确定

进出口货物应当依照《进出口税则》规定的归类原则归入合适的税号，按照适用的税率征税。

四、关税计税依据

我国对进出口货物征收关税，主要采取从价计征的办法，以商品价格为标准征收关税。因此，关税主要以进出口货物的完税价格为计税依据。

（一）进口货物的完税价格

1.一般贸易项下进口货物关税完税价格的确定（见表4-21）

表4-21　　　　　　　　　　一般贸易项下进口货物关税完税价格的确定

应计入完税价格的项目	不应计入完税价格的项目
①进口货物的买方为购买该项货物向卖方实际支付或应当支付的价格	—
②进口人在成交价格外另支付给"卖方"的佣金	①向境外采购代理人支付的"买方"佣金
—	②报关费、商检费等"报关费用"
③进口货物运抵我国关境内输入地点起卸"前"的包装费、运费、保险费和其他劳务费	③进口货物运抵我国关境内输入地点起卸之"后"的运输及其相关费用、保险费
④为了在境内生产、制造、使用或出版、发行的目的而向境外支付的与该进口货物有关的专利、商标、著作权，以及专有技术、计算机软件和资料等费用	④厂房、机械、设备等货物进口后进行基建、安装、装配、维修和技术服务的费用

【提示】卖方付给进口人的"正常回扣"，应从成交价格中扣除。卖方违反合同规定延期交货的罚款（补偿），卖方在货价中冲减时，"罚款"（补偿）则不能从成交价格中扣除。

2.特殊贸易项下进口货物的完税价格

（1）运往境外加工的货物的完税价格。

出境时已向海关报明，并在海关规定期限内复运进境的，以境外加工费和料件费以及复运进境的运输及其相关费用和保险费审查确定完税价格。

（2）运往境外修理的机械器具、运输工具或者其他货物的完税价格。

出境时已向海关报明并在海关规定期限内复运进境的，以经海关审定的修理费和料件费作为完税价格。

（3）租借和租赁进口货物的完税价格。

以海关审定的租金作为完税价格。

（4）国内单位留购的进口货样、展览品和广告陈列品的完税价格。

对于国内单位留购的进口货样、展览品和广告陈列品，以留购价格作为完税价格。

（5）逾期未出境的暂准进口货物的完税价格。

对于经海关批准暂时进境的施工机械、工程车辆、工程船舶等，如入境超过半年仍留在境内使用的，应自第7个月起，按月征收进口关税，其完税价格由海关以该货物的成交价格为基础审查确定，每月的税额计算公式为：

$$每月关税=货关税完税价格×关税税率×1/48$$

（6）转让出售进口减免税货物的完税价格。

按照特定减免税办法批准予以减免税进口的货物，在转让或出售而需补税时，可按这些货物原进口时的到岸价格来确定其完税价格。其计算公式为：

$$完税价格=原入境到岸价格×［1-实际使用月份÷（管理年限×12）］$$

【例4-16】甲公司将一台设备运往境外修理，出境前向海关报关出口并在海关规定期限内复运进境，该设备经修理后的市场价格为500万元，经海关审定的修理费和料件费分别为15万元和20万元。

【要求】计算甲公司该设备复运进境时进口关税的完税价格。

【解析】15+20=35（万元）

（二）出口货物的完税价格

出口货物离岸价格，扣除出口关税后作为完税价格。

$$出口货物完税价格=离岸价格÷（1+出口税率）$$

（三）进出口货物完税价格的审定

对于进出口货物的收发货人或其代理人向海关申报进出口货物的成交价格明显偏低，而又不能提供合法证据和正当理由的；申报价格明显低于海关掌握的相同或类似货物的国际市场上公开成交货物的价格，而又不能提供合法证据和正当理由的；申报价格经海关调查认定买卖双方之间有特殊经济关系或对货物的使用、转让互相订有特殊条件或特殊安排，影响成交价格的，以及其他特殊成交情况，海关认为需要估价的，则按以下方法依次估定完税价格：

（1）相同货物成交价格估价法。

其是指海关以与进口货物同时或者大约同时向中华人民共和国境内销售的相同货物的成交价格为基础，审查确定进口货物的完税价格的估价方法。

（2）类似货物成交价格估价法。

其是指海关以与进口货物同时或者大约同时向中华人民共和国境内销售的类似货物的成交价格为基础，审查确定进口货物的完税价格的估价方法。

（3）倒扣价格估价方法。

其是指海关以进口货物、相同或者类似进口货物在境内的销售价格为基础，扣除境内发生的有关费用后，审查确定进口货物完税价格的估价方法。

（4）计算价格估价方法。

其是指海关以生产该货物所使用的料件成本、加工费用等各项的总和为基础，审查确定进口货物完税价格的估价方法。

（5）合理方法。

其是指海关不能根据上述几种方法确定完税价格时，海关遵循客观、公平、统一的估价原则，以客观量化的数据资料为基础，审查确定进口货物完税价格的估价方法。

五、关税应纳税额的计算

（一）从价税计算方法

从价税是最普遍的关税计征方法，它以进（出）口货物的完税价格作为计税依据。进（出）口货物应纳关税税额的计算公式为：

$$应纳税额=应税进（出）口货物数量×单位完税价格×适用税率$$

【例4-17】2023年9月甲公司进口一批货物，海关审定的成交价格为1 100万元，货物运抵我国境内输入地点起卸前的运费为96万元，保险费为4万元。已知关税税率为10%。

【要求】计算甲公司该笔业务应缴纳的关税税额。

【解析】（1 100+96+4）×10%=120（万元）

（二）从量税计算方法

从量税是以进口商品的数量为计税依据的一种关税计征方法。其应纳关税税额的计算公式为：

$$应纳税额=应税进口货物数量×关税单位税额$$

（三）复合税计算方法

复合税是对某种进口货物同时使用从价和从量计征的一种关税计征方法。其应纳关税税额的计算公式为：

$$应纳税额=应税进口货物数量×关税单位税额+应税进口货物数量×单位完税价格×适用税率$$

（四）滑准税计算方法

滑准税是指关税的税率随着进口商品价格的变动而反方向变动的一种税率形式，即价格越高，税率越低，税率为比例税率。因此，对实行滑准税率的进口商品应纳关税税额的计算方法与从价税的计算方法相同。

【例4-18】甲公司为一家化妆品生产企业，2023年8月从美国进口一批高档化妆品，已知高档化妆品的离岸价格为173万元，运抵我国关境内输入地点起卸前的运费、保险费合计为2万元，高档化妆品的关税税率为20%，消费税税率为15%，增值税税率为13%。

【要求】计算该企业进口环节应缴纳的关税、增值税和消费税。

【解析】应缴纳的关税=（173+2）×20%=35（万元）

应缴纳的增值税=（173+2+35）÷（1-15%）×13%=32.12（万元）

应缴纳的消费税=（173+2+35）÷（1-15%）×15%=37.06（万元）

六、关税税收优惠

（一）法定性减免税

（1）一票货物关税税额、进口环节增值税或者消费税税额在人民币"50元"以下的；

（2）"无商业价值"的广告品及货样；

（3）"国际组织、外国政府"无偿赠送的物资；

（4）进出境运输工具装载的途中"必需"的燃料、物料和饮食用品以及在海关放行前损失的货物；

（5）因故"退还"的中国出口货物，可以免征进口关税，但已征收的出口关税不予退还；

（6）因故"退还"的境外进口货物，可以免征出口关税，但已征收的进口关税不予退还。

（二）政策性减免税

（1）在境外运输途中或者在起卸时，遭受到损坏或者损失的；

（2）起卸后海关放行前，因不可抗力遭受损坏或者损失的；

（3）海关查验时已经破漏、损坏或者腐烂，经证明不是保管不慎造成的。

七、关税征收管理

（一）纳税期限与滞纳金

进出口货物的收（发）货人或者代理人应当在海关填发税款缴款书之日起15日内，向指定银行缴纳税款。逾期不缴的，除依法追缴外，由海关自到期次日起至缴清税款之日止，按日征收欠缴税额万分之五的滞纳金。

（二）海关暂不予放行的行李物品

（1）旅客不能当场缴纳进境物品税款的；

（2）进出境的物品属于许可证件管理的范围，但旅客不能当场提交的；

（3）进出境的物品超出自用合理数量，按规定应当办理货物报关手续或者其他海关手续，尚未办理的；

（4）对进出境物品的属性、内容存疑，需要由有关主管部门进行认定、鉴定、验核的；

（5）按规定暂不予以放行的其他行李物品。

（三）关税的退税与追缴

对由于海关误征、多缴纳税款的；海关核准免验的进口货物在完税后，发现有短卸情况，经海关审查认可的；已征出口关税的货物，因故未装运出口申报退关，经海关查验属实的，纳税人可以从缴纳税款之日起的1年内，书面声明理由，连同纳税收据向海关申请退税，逾期不予受理。海关应当自受理退税申请之日起30日内作出书面答复，并通知退税申请人。进出口货物完税后，如发现少征或漏征税款，海关有权自缴纳税款或者货物、物品放行之日起1年内予以补征；如因收（发）货人或其代理人违反规定而造成少征或漏征税款的，海关自缴纳税款或者货物、物品放行之日起3年内可以追缴。

任务实施

（1）关税完税价格=8 000 00+30 000+20 000=850 000（元）

（2）应缴纳的进口关税=850 000×20%=170 000（元）

（3）应缴纳的进口环节增值税=（850 000+170 000）×13%=132 600（元）

行业规范测试四

项目五

所得税实务中的经济法

素养目标

◆ 使学生了解税负公平、公正的思想
◆ 通过税费改革，体会国家制度的优越性
◆ 鼓励科技创新，科技进步
◆ 在能力范围内鼓励企业参与捐赠等社会公益性事业

知识目标

◆ 企业所得税法律制度
◆ 个人所得税法律制度

工作任务

序号	任务分解	任务执行	技能目标
1	企业所得税法律制度	◆ 了解企业所得税纳税人 ◆ 了解企业所得税的征收对象 ◆ 掌握征税税率 ◆ 掌握企业所得税应纳税所得额的计算 ◆ 资产的税务处理 ◆ 企业所得税应纳税额的计算 ◆ 企业所得税税收优惠 ◆ 企业所得税征收管理	◆ 通过企业所得税纳税人、税率的学习，能判断居民纳税人、非居民纳税人，适用何种税率 ◆ 通过企业所得税应纳税所得额的计算，完成企业所得税的纳税调整和应税所得额的计算 ◆ 通过企业所得税应纳税额的学习，完成应纳税额的计算及熟悉相关抵免规定 ◆ 能够完成企业所得税的月（季）度预缴纳税申报、年度纳税申报及税款缴纳
2	个人所得税法律制度	◆ 了解个人所得税纳税人和来源的确定 ◆ 掌握个人所得税征税项目 ◆ 掌握个人所得税税率 ◆ 个人所得税应纳税所得额及应纳税额的确定 ◆ 个人所得税纳税调整 ◆ 个人所得税的税收优惠 ◆ 个人所得税征收管理	◆ 通过个人所得税应纳税额的学习，完成个人所得税应纳税额的计算 ◆ 掌握自行申报和源泉扣缴两种个人所得税的申报方式 ◆ 会根据个人所得资料填制个人所得税纳税申报表 ◆ 会办理个人所得税代扣代缴业务

项目导言

推动个税改革更好惠及民生

在2023年度减税降费"账单"中，有一项和个人关系密切，那就是提高个税专项附加扣除标准政策的新增减税。统计显示，这项减税的规模达391.8亿元，反映出去年实施的提高3项专项附加扣除标准产生颇为丰厚的红利。

专项附加扣除来自2019年开始实施的新个税法，诸多纳税人从中受益。令人关注的是，这项改革持续推进，在2022年新设3岁以下婴幼儿照护的扣除项目之后，2023年1月1日起，又大幅提高了3岁以下婴幼儿照护、子女教育和赡养老人3项专项附加扣除标准。

这一直接惠及"上有老下有小"群体的政策，进一步减轻了居民生育、抚养和赡养的负担，充分体现了减税的精准性、有效性。

实际上，2023年实施的个税减税政策不仅仅是"一老一小"扣除政策。比如，延续实施全年一次性奖金单独计税、换购住房个人所得税退税、年度汇算清缴补税金额不超过400元可免于办理个税综合所得汇算清缴等优惠政策。这些政策直接关系一系列民生事项，有效减轻居民税收负担，增强居民消费能力。

个人所得税是和广大居民关系最密切的税种。个税改革一系列措施传递出明确信号，也就是个税改革逐步推进、深化，持续惠及百姓民生。个人所得税在新一轮财税体制改革中，主要聚焦在两个方面，即优化个人所得税综合所得征收范围、完善专项附加扣除项目和标准。2019年开始实施的个税改革，初步构建了综合与分类相结合的个税模式，这在税制改革史上具有里程碑意义。其中，综合所得的收入额包括工资薪金、劳务报酬、稿酬、特许权使用费，进行合并计征。除此之外，纳税收入还包括经营所得、利息、股息、红利所得、财产租赁所得、财产转让所得、偶然所得以及其他所得，实行分类计征。下一步，合理扩大综合所得征收范围，有利于促进税制更为公平、合理和科学。

实施专项附加扣除以来，已先后增加过一次项目、提高过一次标准。通过适当增加专项附加扣除项目、提高扣除标准，可以进一步减轻百姓民生支出的负担，更好地体现税收量能负担原则，让改革发展成果更多更公平惠及全体人民，进一步保障和改善民生。因此，有必要根据经济社会发展、民生支出变化情况，适时调整专项附加扣除范围和标准，让人民群众有更多获得感。

除了制度优化完善，个税改革红利的发挥上也离不开居民的依法规范办税，其中办理年度个税综合所得汇算清缴是重要一环。新个税法实施至今，已开展过4次汇算，保持平稳有序。同时，也出现少数人通过虚假、错误填报收入或扣除，以达到多退税款或少缴税款目的等情况。种种不规范甚至违法的做法，影响个税制度顺利实施，个人也会面临不利后果。

个税与百姓生活息息相关，更关系国家治理现代化。随着个税制度更加完善，改革红利将更多惠及中低收入群体，收入调节功能也会进一步发挥，个税在国家治理中的作用更加凸显。

资料来源：曾金华. 推动个税改革更好惠及民生［EB/OL］. ［2024-02-18］. https：//hainan.chinatax. gov.cn/ssxc_3_32_3/18151147.html.

任务一　企业所得税计算与申报规范

🌿 任务布置 ◢◣◤

某企业为居民企业，2023年发生经营业务如下：

（1）取得产品销售收入4 000万元。

（2）发生产品销售成本2 600万元。

（3）发生销售费用770万元（其中广告费650万元），管理费用480万元（其中业务招待费25万元），财务费用60万元。

（4）销售税金 160 万元（含增值税 120 万元）。

（5）营业外收入 80 万元，营业外支出 50 万元（含通过公益性社会团体向贫困山区捐款 30 万元，支付税收滞纳金 6 万元）。

（6）计入成本、费用中的实发工资总额 200 万元，发生职工福利费 5 万元，拨缴职工工会经费 5 万元，发生职工教育经费 7 万元。

任务：计算该企业 2023 年度实际应纳的企业所得税。

任务思维导图

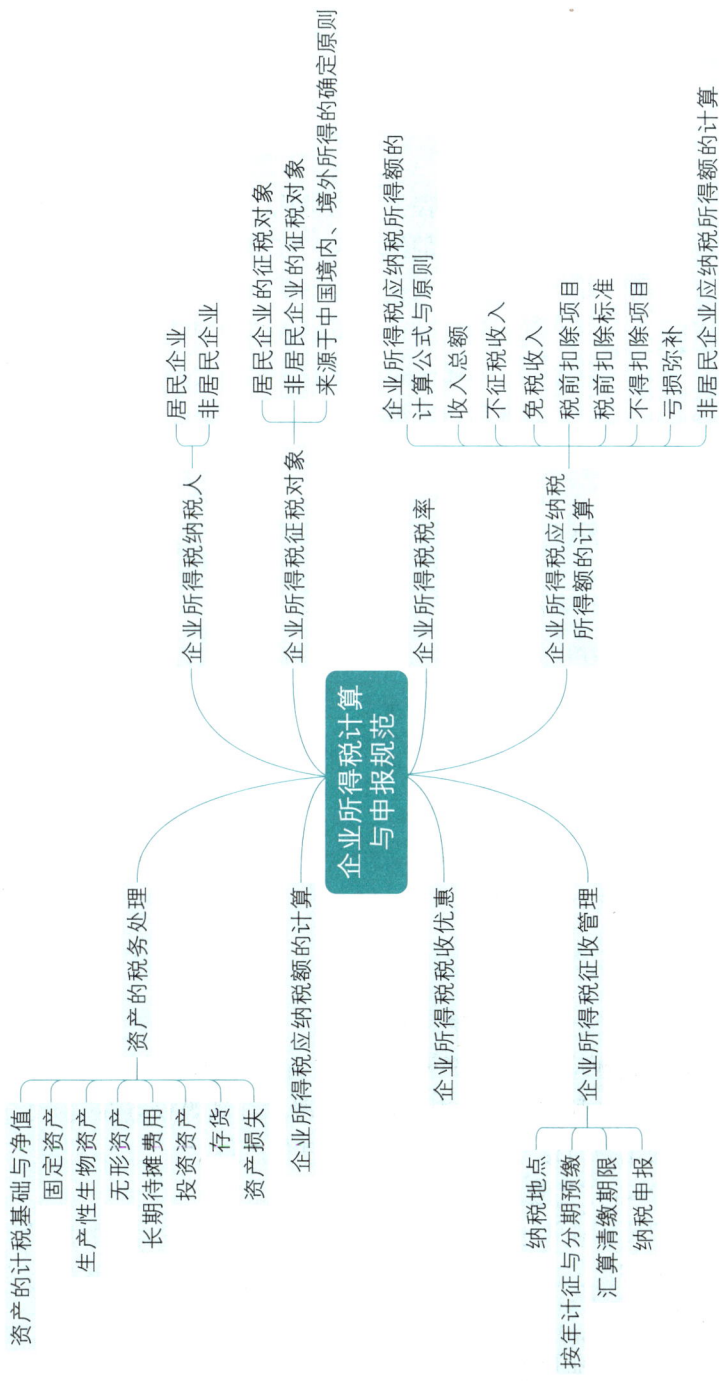

企业所得税计算与申报规范

- 企业所得税纳税人
  - 居民企业
  - 非居民企业
- 企业所得税征税对象
  - 居民企业的征税对象
  - 非居民企业的征税对象
  - 来源于中国境内、境外所得的确定原则
- 企业所得税税率
- 企业所得税应纳税所得额的计算
  - 企业所得税计算公式与原则
  - 收入总额
  - 不征税收入
  - 免税收入
  - 税前扣除项目
  - 税前扣除标准
  - 不得扣除项目
  - 亏损弥补
  - 非居民企业应纳税所得额的计算
- 资产的税务处理
  - 资产的计税基础与净值
  - 固定资产
  - 生产性生物资产
  - 无形资产
  - 长期待摊费用
  - 投资资产
  - 存货
  - 资产损失
- 企业所得税应纳税额的计算
- 企业所得税税收优惠
- 企业所得税征收管理
  - 纳税地点
  - 按年计征与分期预缴
  - 汇算清缴期限
  - 纳税申报

预备知识 ◀◤◤◤

企业所得税是对企业和其他取得收入的组织的生产经营所得和其他所得征收的一种税。

一、企业所得税纳税人

在中华人民共和国境内，企业和其他取得收入的组织（以下统称企业）为企业所得税的纳税人，依照《企业所得税法》的规定缴纳企业所得税。企业所得税纳税人包括各类企业、事业单位、社会团体、民办非企业单位和从事经营活动的其他组织。依照中国法律、行政法规成立的个人独资企业、合伙企业，不属于企业所得税纳税人，不缴纳企业所得税。

企业所得税把企业分为居民企业和非居民企业（见表5-1），分别确定不同的纳税义务。

表5-1　　　　　　　　　　　　　　企业类型

类型	判定标准
居民企业	在中国境内成立
	依照外国（地区）法律成立但实际管理机构在中国境内
非居民企业	依照外国（地区）法律成立且实际管理机构不在中国境内，但在中国境内设立机构、场所
	在中国境内未设立机构、场所，但有来源于中国境内所得

【提示】非居民企业委托营业代理人在中国境内从事生产经营活动的，包括委托单位或者个人经常代其签订合同，或者储存、交付货物等，该营业代理人视为非居民企业在中国境内设立的机构、场所。

二、企业所得税征税对象

（一）居民企业的征税对象

居民企业应当就其来源于中国境内、境外的所得缴纳企业所得税，包括销售货物所得、提供劳务所得、转让财产所得、股息红利等权益性投资所得、利息所得、租金所得、特许权使用费所得、接受捐赠所得和其他所得。

（二）非居民企业的征税对象

非居民企业在中国境内设立机构、场所的，应当就其所设机构、场所取得的来源于中国境内的所得，以及发生在中国境外但与其所设机构、场所有实际联系的所得，缴纳企业所得税。

非居民企业在中国境内未设立机构、场所的，或者虽设立机构、场所但取得的所得与其所设机构、场所没有实际联系的，应当就其来源于中国境内的所得缴纳企业所得税。

实际联系，是指非居民企业在中国境内设立的机构、场所拥有据以取得所得的股权、债权，以及拥有、管理、控制据以取得所得的财产等。

（三）来源于中国境内、境外所得的确定原则

所得来源地的确认见表5 2。

表5-2　　　　　　　　　　　　　　所得来源地的确认

所得	来源	
销售货物	交易活动或劳务发生地	
提供劳务		
转让财产	不动产转让所得	"不动产"所在地
	动产转让所得	"转让"动产的企业或机构、场所所在地
	权益性投资资产转让所得	"被投资企业"所在地
股息、红利等权益性投资	"分配"所得的企业所在地	
利息、租金、特许权使用费	"负担、支付所得"的企业或者机构、场所所在地，"负担、支付所得"的个人的住所地	

三、企业所得税税率

企业所得税实行比例税率（见表5-3）。

表5-3　　　　　　　　　　　　　　企业所得税税率

税率		适用对象
25%		居民企业
		在中国境内设立机构、场所且取得的所得与其所设机构、场所有实际联系的非居民企业
优惠税率	20%	符合条件的小型微利企业
	15%	①国家重点扶持的高新技术企业 ②经认定的技术先进型服务企业 ③注册在海南自由贸易港并实质性运营的鼓励类产业企业 ④自2021年1月1日至2030年12月31日，设在西部地区的鼓励类产业企业 ⑤从事污染防治的第三方企业
	20%（减按10%征收）	①在中国境内未设立机构、场所，但有来源于境内所得的非居民企业 ②在中国境内虽设立机构、场所但取得的境内所得与其所设机构、场所没有实际联系的非居民企业 【提示】境内所得仅指来源于我国境内的股息、红利等权益性投资收益和利息、租金、特许权使用费、财产转让所得、其他所得

【提示】小型微利企业是指从事国家非限制和禁止行业，且同时符合年度应纳税所得额不超过300万元、从业人数不超过300人、资产总额不超过5 000万元等3个条件的企业。2023年1月1日至2027年12月31日，减按25%计入所得额，适用20%的税率，即税基税率双重优惠。

微课

企业所得税的税率

【例5-1】甲企业为符合条件的小型微利企业。2023年甲企业的应纳税所得额为250万元。

【要求】甲企业当年应缴纳的企业所得税税额是多少？

【解析】250×25%×20%=12.5（万元）

微课

四、企业所得税应纳税所得额的计算

（一）企业所得税应纳税所得额的计算公式与原则

企业所得税的计税依据是应纳税所得额，即企业每一纳税年度的收入总额，减除不征税收入、免税收入、各项扣除以及允许弥补的以前年度亏损后的余额。

居民企业
应纳税额的
计算公式

直接法：应纳税所得额=收入总额–不征税收入–免税收入–各项扣除–以前年度亏损

间接法：　　　　　　应纳税所得额=利润总额+纳税调整金额

（二）收入总额

企业收入总额是指以货币形式和非货币形式从各种来源取得的收入。其包括：销售货物收入，提供劳务收入，转让财产收入，股息、红利等权益性投资收益，利息收入，租金收入，特许权使用费收入，接受捐赠收入以及其他收入。除法律法规另有规定外，收入的确认必须遵循权责发生制原则和实质重于形式原则。收入的确认时间见表5-4。

表5-4　　　　　　　　　　　　　收入的确认时间

收入类别		确认时间
销售货物	采用托收承付方式	"办妥托收手续"时
	采用预收款方式	发出商品时
	需要安装和检验　一般	购买方接受商品以及安装和检验完毕时
	需要安装和检验　安装程序简单	发出商品时
	采用支付手续费方式委托代销	收到代销清单时
	采用分期收款方式	合同约定的收款日期
	采取产品分成方式	分得产品的日期
提供劳务		在各个纳税期末（采用完工百分比法）
转让财产		转让协议生效且完成变更手续时
股息、红利等权益性投资		被投资方做出利润分配决定的日期
利息、租金、特许权使用费		合同约定的债务人应付利息的日期、承租人应付租金的日期、特许权使用人应付特许权使用费的日期
接受捐赠		实际收到捐赠资产的日期

1.销售货物收入

销售货物收入，是指企业销售商品、产品、原材料、包装物、低值易耗品以及其他存货取得的收入。

（1）售后回购。

销售的商品按"售价"确认收入，回购的商品作为购进商品处理。

（2）以旧换新。

销售的商品应当按照新商品销售价格确认收入，回收的商品作为购进商品处理。

（3）商业折扣。

按照扣除商业折扣"后"的金额确定销售商品收入金额。

【例5-2】甲公司2023年9月销售一批产品给乙公司，原含增值税价格为45.2万元。由于乙公司购买数量多，甲公司给予9折优惠，购买发票上已注明。已知增值税税率为13%。

【要求】甲公司在计算企业所得税应纳税所得额时，应确认的产品销售收入是多少？

【解析】根据扣除商业折扣"后"的全额确定销售商品收入金额。

应确认的产品销售收入=45.2÷（1+13%）×90%=36（万元）

（4）现金折扣。

按扣除现金折扣"前"的金额确定销售商品收入金额，现金折扣在实际发生时作为财务费用扣除。

（5）销售折让、销售退回。

在"发生当期"冲减当期销售商品收入。

（6）买一赠一。

赠品不属于捐赠，应将总的销售金额按各项商品"公允价值"的比例来"分摊"确认各项销售收入。

【例5-3】某企业以"买一赠一"的方式销售货物，2023年6月销售甲商品40件，取得不含增值税销售额28万元，同时赠送乙商品40件，乙商品不含增值税的市场价格为7.2万元。

【要求】计算增值税和企业所得税的计税依据？

【解析】增值税：

销售甲产品收入=28万元

视同销售乙产品收入=7.2万元

合计=28+7.2=35.2（万元）

企业所得税：

销售甲产品收入=28×28÷（28+7.2）=22.27（万元）

销售乙产品收入=28×7.2÷（28+7.2）=5.73（万元）

合计=28万元

（7）产品分成。

采取产品分成方式取得收入的，其收入额按照产品的公允价值确定。

2.提供劳务

企业在各个纳税期末，提供劳务交易的结果能够可靠估计的，应采用完工进度（百分比）法确认提供劳务收入。

3.转让财产收入

转让财产收入，是指企业转让固定资产、生物资产、无形资产、股权、债权等财产取得的收入。转让财产收入应当按照从财产受让方已收或应收的合同或协议价款确认收入。

4.股息、红利等权益性投资收益

股息、红利等权益性投资收益，是指企业因权益性投资从被投资方取得的收入。

5.利息收入

利息收入，是指企业将资金提供他人使用但不构成权益性投资，或者因他人占用本企业资金取得的收入，包括存款利息、贷款利息、债券利息、欠款利息等收入。利息收入，按照合同约定的债务人应付利息的日期确认收入的实现。

6.租金收入

交易合同或协议中规定租赁期限"跨年度"，且租金"提前一次性支付"的，出租人可对上述已确认的收入，在租赁期内"分期"均匀计入相关年度收入。

7.特许权使用费收入

特许权使用费收入，是指企业提供专利权、非专利技术、商标权、著作权以及其他特许权的使用权取得的收入。特许权使用费收入，按照合同约定的特许权使用人应付特许权使用费的日期确认收入的实现。

8.接受捐赠收入

接受捐赠收入，是指企业接受的来自其他企业、组织或者个人无偿给予的货币性资产、非货币性资产。接受捐赠收入，按照实际收到捐赠资产的日期确认收入的实现。

9.其他收入

其他收入，是指企业取得《企业所得税法》具体列举的收入外的其他收入，包括企业资产溢余收入、逾期未退包装物押金收入、确实无法偿付的应付款项、已作坏账损失处理后又收回的应收款项、债务重组收入、补贴收入、违约金收入、汇兑收益等。

10.视同销售

企业发生"非货币性资产交换"，以及将货物、财产、劳务用于捐赠、偿债、赞助、集资、广告、样品、职工福利或者利润分配等用途的，应当视同销售货物、转让财产或者提供劳务，但国务院财政、税务主管部门另有规定的除外。

（三）不征税收入

微课

企业所得税
免征税收入和
不征税收入

1.财政拨款

财政拨款，是指各级人民政府对纳入预算管理的事业单位、社会团体等组织拨付的财政资金，但国务院和国务院财政、税务主管部门另有规定的除外。

2.依法收取并纳入财政管理的行政事业性收费、政府性基金

行政事业性收费，是指依照法律法规等有关规定，按照国务院规定程序批准，在实施社会公共管理，以及在向公民、法人或者其他组织提供特定公共服务过程中，向特定对象收取并纳入财政管理的费用。政府性基金，是指企业依照法律、行政法规等有关规定，代政府收取的具有专项用途的财政资金。

3.国务院规定的其他不征税收入

国务院规定的其他不征税收入，是指企业取得的，由国务院财政、税务主管部门规定专项用途并经国务院批准的财政性资金。

（四）免税收入

（1）国债"利息"收入。

（2）符合条件的居民企业之间的股息、红利等权益性投资收益。

（3）在中国境内设立机构、场所的非居民企业从居民企业取得与该机构、场所有实际联系的股息、红利等权益性投资收益。

【提示】（2）和（3）所指的权益性投资收益，投资方须"连续持有12个月以上"。

（4）符合条件的非营利组织的收入。

【提示】不包括非营利组织从事"营利性活动"取得的收入。

（五）税前扣除项目

企业实际发生的与取得收入有关的、合理的支出，包括成本、费用、税金、损失和其他支出，准予在计算应纳税所得额时扣除。合理的支出，是指符合生产经营活动常规，应当计入当期损益或者有关资产成本的必要和正常的支出。除另有规定外，企业实际发生的成本、费用、税金、损失和其他支出，不得重复扣除。

1.成本

成本是指企业在生产经营活动中发生的销售成本、销货成本、业务支出以及其他耗费。

2.费用

（1）销售费用。

（2）管理费用。

（3）财务费用。

3.税金

（1）不得扣除的税金："准予抵扣的"增值税、企业所得税。

（2）准予扣除的税金：其他税金，包括"不得抵扣"计入产品成本的增值税。

4.损失

（1）准予扣除的损失。正常生产经营过程中的合理损失和管理不善、自然灾害等不可抗力造成的非正常损失。

（2）不得扣除的损失。违法、犯罪行为造成的损失不得扣除。

（3）损失金额的计算：

$$\text{准予扣除的净损失} = \text{损失的存货成本} + \text{因不得抵扣而转出的增值税进项税额} - \text{责任人赔偿} - \text{保险赔款}$$

5.其他支出

其他支出是指除成本、费用、税金、损失外，企业在生产经营活动中发生的与生产经营活动有关的、合理的支出。

（六）税前扣除标准

1.工资、薪金支出

企业发生的合理的工资、薪金支出，准予扣除。工资、薪金，是指企业每一纳税年度支付给在本企业任职或者受雇的员工的所有现金形式或者非现金形式的劳动报酬，包括基本工资、奖金、津贴、补贴、年终加薪、加班工资，以及与员工任职或者受雇有关的其他支出。

微课

企业所得税职工福利费、工会经费、职工教育经费标准

2.职工福利费、工会经费、职工教育经费

企业发生的职工福利费、工会经费、职工教育经费按标准扣除，见表5-5。未超过标

准的按实际发生数额扣除，超过扣除标准的只能按标准扣除。

表5-5   职工福利费、工会经费、职工教育经费扣除标准

经费名称	计算基数	扣除比例	特殊规定
职工福利费		14%	—
工会经费	实发工资薪金总额	2%	—
职工教育经费		8%	超过部分，准予在以后纳税年度"结转"扣除

【例5-4】某化妆品生产企业，2023年计入成本、费用中的合理的实发工资为540万元，当年发生的工会经费为15万元、职工福利费为80万元、职工教育经费为40万元。已知，在计算企业所得税应纳税所得额时，工会经费、职工福利费、职工教育经费的扣除比例分别为2%、14%、8%。

【要求】计算2023年应税所得时准予扣除的工会经费、职工福利费、职工教育经费合计金额。

【解析】540×2%+540×14%+40=126.4（万元）

3.社会保险费

社会保险费扣除标准见表5-6。

表5-6   社会保险费扣除标准

保险名称	扣除规定
"五险一金"	准予扣除
补充养老保险、补充医疗保险	"分别"不超过工资薪金总额"5%"的部分准予扣除
其他商业保险	不得扣除

【例5-5】某公司2023年度支出合理的工资薪金总额为1 000万元，按规定标准为职工缴纳基本社会保险费150万元，为受雇的全体员工支付补充养老保险费80万元，为公司高管缴纳商业保险费30万元。

【要求】计算该公司2023年度发生上述保险费时应纳税所得额准予扣除的数额。

【解析】150+1 000×5%=200（万元）

4.借款费用

（1）企业在生产经营活动中发生的合理的不需要资本化的借款费用，准予扣除。

（2）企业为购置、建造固定资产、无形资产和经过12个月以上的建造才能达到预定可销售状态的存货发生借款的，在有关资产购置、建造期间发生的合理的借款费用，应当作为资本性支出计入有关资产的成本，并依照《企业所得税法实施条例》的有关规定扣除。

5.利息费用

（1）非关联方借款。

非关联方借款扣除标准见表5-7。

表5-7　　　　　　　　　　　　　　非关联方借款扣除标准

借款方	出借方	扣除标准
非金融企业	金融企业	准予扣除
非金融企业	非金融企业	不超过金融企业"同期同类"贷款利率部分准予扣除

【提示】上述利息费用是指费用化的利息支出，如借款利息为资本化支出则应计入相应资产成本，以折旧或摊销方式扣除。

【例5-6】2023年5月非金融企业甲公司向非关联关系的非金融企业乙公司借款100万元，用于生产经营，期限为半年，双方约定年利率为10%，已知金融企业同期同类贷款年利率为7.8%。

【要求】计算甲公司2023年企业所得税应纳税所得额准予扣除利息费用的金额。

【解析】100×7.8%×50%=3.9（万元）

（2）股东未尽出资义务时借款利息的税务处理。

投资者在规定期限内未缴足其应缴资本的，该企业对外借款利息，相当于投资者实缴资本额与在规定期限内应缴资本额的差额应计付的利息，不属于企业合理支出，应由投资者负担，不得在计算应纳税所得额时扣除。

【例5-7】甲公司股东赵某认缴的出资额为100万元，应于2023年7月1日前缴足，7月1日赵某实缴资本为20万元，剩余部分至2023年12月31日仍未缴纳，甲公司因经营需要于2023年1月1日向银行借款100万元，年利率10%，发生借款利息10万元。

【要求】2023年甲公司在计算应纳税所得额时可以扣除的借款利息是多少？

【解析】10-（100-20）×10%×50%=6（万元）

6.汇兑损失

企业在货币交易中，以及纳税年度终了时将人民币以外的货币性资产、负债按照期末即期人民币汇率中间价折算为人民币时产生的汇兑损失，除已经计入有关资产成本以及与向所有者进行利润分配相关的部分外，准予扣除。

7.公益性捐赠

（1）公益性捐赠判定。

企业通过"公益性社会组织或者县级以上人民政府及其部门"，用于符合法律规定的"慈善活动、公益事业"的捐赠。

（2）税务处理。

①限额扣除：公益性捐赠支出，不超过"年度利润总额"12%的部分，准予扣除；超过部分，准予结转以后"3年"内扣除。

微课

企业所得税
公益性捐赠
支出的扣除

【提示】公益性捐赠的计算基数为年度利润总额而非销售（营业）收入，"非公益性捐赠"一律不得扣除。

②全额扣除：企业用于"目标脱贫地区的扶贫"公益性捐赠支出，准予在计算企业所得税应纳税所得额时"据实扣除"。

【例5-8】2023年甲企业实现利润总额600万元，发生公益性捐赠支出62万元。上年度未在税前扣除完的符合条件的公益性捐赠支出为12万元。已知公益性捐赠支出在年度利润总额12%以内的部分，准予扣除。

【要求】计算甲企业2023年度企业所得税应纳税所得额准予扣除的公益性捐赠支出。

【解析】600×12%=72（万元）

微课

企业所得税
业务招待费的
扣除标准

8.业务招待费

企业发生的与生产经营活动有关的业务招待费支出，按照"实际发生额的60%"扣除，但最高不得超过当年"销售（营业）收入的5‰"。

【提示】"销售（营业）收入"的判定：

（1）一般企业：主营业务收入+其他业务收入+视同销售收入；

（2）创投企业：主营业务收入+其他业务收入+视同销售收入+投资收益。

【例5-9】2023年甲公司取得销售（营业）收入2 000万元，发生与生产经营活动有关的业务招待费支出12万元，已知业务招待费支出按照发生额的60%扣除，但最高不得超过当年销售（营业）收入的5‰。

微课

企业所得税的
广告费和业务
宣传费的扣除
标准

【要求】计算甲公司2023年度企业所得税应纳税所得额准予扣除的业务招待费金额。

【解析】12×60%=7.2（万元）

2 000×5‰=10（万元）

准予扣除7.2万元。

9.广告费和业务宣传费

广告费和业务宣传费扣除标准见表5-8。

表5-8　　　　　　　　　　　广告费和业务宣传费扣除标准

行业	扣除标准
一般企业	不超过当年"销售（营业）收入15%"的部分准予扣除；超过部分，准予在以后纳税年度"结转"扣除
化妆品制造或销售	自2021年1月1日至2025年12月31日，不超过当年"销售（营业）收入30%"的部分准予扣除；超过部分，准予在以后纳税年度"结转"扣除
医药制造	
饮料制造（不含酒类制造）	
烟草企业	不得扣除

【提示】企业在筹建期间，发生的广告费和业务宣传费，可按实际发生额计入企业筹办费用，并按有关规定在税前扣除。

【例5-10】2023年度，甲企业实现销售收入3 000万元，当年发生广告费400万元，上年度结转未扣除广告费60万元。已知企业发生的符合条件的广告费不超过当年销售收入15%的部分，准予扣除，超过部分，准予在以后纳税年度结转扣除。

【要求】计算甲企业2023年度企业所得税应纳税所得额准予扣除的广告费。

【解析】3 000×15%=450（万元）

10.环境保护专项资金

企业依照法律、行政法规有关规定提取的用于环境保护、生态恢复等方面的专项资金，准予扣除。上述专项资金提取后改变用途的，不得扣除。

11. 保险费

（1）企业参加财产保险，按照规定缴纳的保险费，准予扣除。

（2）除企业依照国家有关规定为特殊工种职工支付的人身安全保险费和国务院财政、税务主管部门规定可以扣除的其他商业保险费外，企业为投资者或职工支付的商业保险费，不得扣除。

（3）企业参加雇主责任险、公众责任险等责任保险，按照规定缴纳的保险费，准予在企业所得税税前扣除。

（4）企业职工因公出差乘坐交通工具发生的人身意外保险费支出，准予企业在计算应纳税所得额时扣除。

12. 租赁费

（1）经营租赁：按照租赁期限"均匀"扣除；

（2）融资租赁：计提折旧扣除。

13. 劳动保护支出

企业发生的合理的劳动保护支出，准予扣除。

14. 有关资产的费用

企业转让各类固定资产发生的费用，允许扣除。企业按规定计算的固定资产折旧费、无形资产和递延资产的摊销费，准予扣除。

15. 总机构分摊的费用

非居民企业在中国境内设立的机构、场所，就其中国境外总机构发生的与该机构、场所生产经营有关的费用，能够提供总机构出具的费用汇集范围、定额、分配依据和方法等证明文件，并合理分摊的，准予扣除。

16. 手续费及佣金支出

手续费及佣金的扣除标准见表5-9。

表5-9　　　　　　　　　　　　　　手续费及佣金的扣除标准

企业类型	手续费及佣金扣除标准
保险企业	按当年全部保费收入扣除退保金等后余额的"18%"计算限额【提示】超过部分准予结转以后年度扣除
从事代理服务，主营业务收入为手续费、佣金的企业（证券、期货、保险代理）	据实扣除
其他企业	按与具有合法经营资格的"中介服务机构或个人"所签订合同确认收入金额的"5%"计算限额

【例5-11】2023年5月，甲生产企业因业务需要，经某具有合法经营资格的中介机构介绍与乙企业签订了一份买卖合同，合同金额为20万元。甲生产企业向该中介机构支付佣金2万元。

【要求】计算甲生产企业2023年企业所得税应纳税所得额该笔佣金准予扣除的数额。

【解析】20×5%=1（万元）

17.党组织工作经费

国有企业（包括国有独资、全资和国有资本绝对控股、相对控股企业）纳入管理费用的党组织工作经费，实际支出不超过职工年度工资薪金总额1%的部分，可以据实在企业所得税前扣除。

非公有制企业党组织工作经费纳入企业管理费列支，不超过职工年度工资薪金总额1%的部分，可以据实在企业所得税前扣除。

18.其他支出项目

依照有关法律、行政法规和国家有关税法规定准予扣除的其他项目，如会员费、合理的会议费、差旅费、违约金、诉讼费用等。

（七）不得扣除项目

在计算应纳税所得额时，下列支出不得扣除：

（1）被投资者向投资者支付的股息、红利等权益性投资收益款项。

（2）企业所得税税款。

（3）税收滞纳金。具体是指纳税人违反税收法规，被税务机关处以的滞纳金。

（4）罚金、罚款和被没收财物的损失。其是指纳税人违反国家有关法律、法规的规定，被有关部门处以的罚款，以及被司法机关处以的罚金和被没收的财物。

（5）超过规定标准的捐赠支出。

（6）赞助支出。具体是指企业发生的与生产经营活动无关的各种非广告性质支出。

（7）未经核定的准备金支出。具体是指不符合国务院财政、税务主管部门规定的各项资产减值准备、风险准备等准备金支出。

（8）企业之间支付的管理费、企业内营业机构之间支付的租金和特许权使用费，以及非银行企业内营业机构之间支付的利息。

（9）与取得收入无关的其他支出。

（八）亏损弥补

亏损，是指企业将每一纳税年度的收入总额减除不征税收入、免税收入和各项扣除后小于零的数额。亏损弥补的年限见表5-10。

表5-10   亏损弥补的年限

企业类型	亏损弥补年限
一般企业	某一纳税年度发生的亏损，可以用下一年度的所得弥补，下一年度的所得不足以弥补的，可以逐年延续弥补，但是最长不得超过"5 年"
高新技术企业	自2018 年1 月1 日起，当年具备资格的企业，其具备资格年度之前5 个年度发生的尚未弥补完的亏损，准予结转以后年度弥补，最长结转年限由"5"年延长至
科技型中小企业	"10 年"

【提示】弥补期内不论是盈利还是亏损，都作为实际弥补期限计算。境外机构的亏损，不得抵减境内机构的盈利。

【例5-12】甲居民企业2019—2023年年末弥补亏损前的所得情况见表5-11。

表5-11　　　　　　　　2019—2023年年末弥补亏损前的所得情况　　　　　　　单位：万元

项目	2019 年	2020 年	2021 年	2022 年	2023 年
未弥补亏损前的所得	−20	100	−220	180	200

【要求】假设无其他纳税调整项目，计算甲居民企业2023年度企业所得税应纳税所得额。

【解析】某一纳税年度发生的亏损，可以用下一年度的所得弥补，下一年度的所得不足以弥补的，可以逐年延续弥补，但是最长不得超过"5年"。

甲企业2023年弥补的亏损=220-180=40（万元）

2023年应纳税所得额=200-40=160（万元）

（九）非居民企业应纳税所得额的计算

在中国境内未设立机构、场所的，或者虽设立机构、场所但取得的所得与其所设机构、场所没有实际联系的非居民企业，其取得的来源于中国境内的所得，按照下列方法计算其应纳税所得额。

（1）股息、红利等权益性投资收益和利息、租金、特许权使用费所得，以收入全额为应纳税所得额。

（2）转让财产所得，以收入全额减除财产净值后的余额为应纳税所得额；财产净值，是指有关资产、财产的计税基础减除已经按照规定扣除的折旧、折耗、摊销、准备金等后的余额。

（3）其他所得，参照前两项规定的方法计算应纳税所得额。

五、资产的税务处理

（一）资产的计税基础与净值

企业的各项资产，包括固定资产、生产性生物资产、无形资产、长期待摊费用、投资资产、存货等，以历史成本为计税基础。历史成本，是指企业取得该项资产时实际发生的支出。企业持有各项资产期间资产增值或者减值，除国务院财政、税务主管部门规定可以确认损益外，不得调整该资产的计税基础。

企业转让资产，该项资产的净值，准予在计算应纳税所得额时扣除。资产的净值，是指有关资产、财产的计税基础减除已经按照规定扣除的折旧、折耗、摊销、准备金等后的余额。除另有规定外，企业在重组过程中，应当在交易发生时确认有关资产的转让所得或者损失，相关资产应当按照交易价格重新确定计税基础。

（二）固定资产

1.固定资产的定义

固定资产，是指企业为生产产品、提供劳务、出租或者经营管理而持有的、使用时间超过12个月的非货币性资产，包括房屋、建筑物、机器、机械、运输工具以及其他与生产经营活动有关的设备、器具、工具等。在计算应纳税所得额时，企业按照规定计算的固定资产折旧，准予扣除。

2.不得计算折旧扣除的固定资产

（1）房屋、建筑物以外未投入使用的固定资产；

（2）以经营租赁方式租入的固定资产；

（3）以融资租赁方式租出的固定资产；

（4）已足额提取折旧仍继续使用的固定资产；

（5）与经营活动无关的固定资产；

（6）单独估价作为固定资产入账的土地；

（7）其他不得计算折旧扣除的固定资产。

3.固定资产计税基础的确定

固定资产计税基础见表5–12。

表5–12   固定资产计税基础

取得方式		计税基础
外购		购买价款+支付的相关税费+直接归属于使该资产达到预定用途发生的其他支出
自行建造		竣工结算前发生的支出
融资租入	租赁合同约定付款总额	合同约定的付款总额+签订合同中发生的相关费用
	租赁合同未约定付款总额	该资产的公允价值+签订合同中发生的相关费用
盘盈		同类固定资产的"重置完全价值"
捐赠、投资、非货币性资产交换、债务重组		公允价值+支付的相关税费
改建		以改建支出增加计税基础

【例5–13】甲企业为增值税小规模纳税人，2023年11月购入一台生产用机器设备，取得普通发票上注明的价款为60万元，税额为7.8万元；支付安装费，取得普通发票上注明的价款为2万元，税额为0.18万元。

【要求】计算该机器设备的计税基础。

【解析】60+7.8+2+0.18=69.98（万元）

4.固定资产折旧的计算方法

按照直线法计算的折旧，准予扣除，企业应当自固定资产投入使用月份的次月起计算折旧；停止使用的固定资产，应当自停止使用月份的次月起停止计算折旧。

企业应当根据固定资产的性质和使用情况，合理确定固定资产的预计净残值。固定资产的预计净残值一经确定，不得变更。

5.固定资产计算折旧的最低年限

（1）房屋、建筑物，为20年；

（2）飞机、火车、轮船、机器、机械和其他生产设备，为10年；

（3）与生产经营活动有关的器具、工具、家具等，为5年；

（4）飞机、火车、轮船以外的运输工具，为4年；

（5）电子设备，为3年。

（三）生产性生物资产

1.生产性生物资产的定义

生产性生物资产，是指企业为生产农产品、提供劳务或者出租等而持有的生物资产，包括经济林、薪炭林、产畜和役畜等。

2.生产性生物资产计税基础的确定

（1）外购的生产性生物资产，以购买价款和支付的相关税费为计税基础；

（2）通过捐赠、投资、非货币性资产交换、债务重组等方式取得的生产性生物资产，以该资产的公允价值和支付的相关税费为计税基础。

3.生产性生物资产折旧的计算方法

企业应当自生产性生物资产投入使用月份的次月起计算折旧；停止使用的生产性生物资产，应当自停止使用月份的次月起停止计算折旧。企业应当根据生产性生物资产的性质和使用情况，合理确定生产性生物资产的预计净残值。生产性生物资产的预计净残值一经确定，不得变更。

4.生产性生物资产计算折旧的最低年限

（1）林木类生产性生物资产，为10年；

（2）畜类生产性生物资产，为3年。

（四）无形资产

1.无形资产的定义

无形资产，是指企业为生产产品、提供劳务、出租或者经营管理而持有的、没有实物形态的非货币性长期资产，包括专利权、商标权、著作权、土地使用权、非专利技术、商誉等。在计算应纳税所得额时，企业按照规定计算的无形资产摊销费用，准予扣除。

2.不得计算摊销费用扣除的无形资产

（1）自行开发的支出已在计算应纳税所得额时扣除的无形资产；

（2）自创商誉；

（3）与经营活动无关的无形资产；

（4）其他不得计算摊销费用扣除的无形资产。

3.无形资产计税基础的确定

无形资产计税基础见表5-13。

表5-13　　　　　　　　　　　　　无形资产计税基础

取得方式	计税基础
外购	购买价款+支付的相关税费+直接归属于使该资产达到预定用途发生的其他支出
自行开发	符合资本化条件后至达到预定用途前发生的支出
捐赠、投资、非货币性资产交换、债务重组	公允价值+支付的相关税费

4.无形资产摊销费用的计算方法

无形资产按照直线法计算的摊销费用，准予扣除。当月增加当月摊销，当月减少当月不摊销。无形资产的摊销年限不得低于10年。

作为投资或者受让的无形资产，有关法律规定或者合同约定了使用年限的，可以按照规定或者约定的使用年限分期摊销。外购商誉的支出，在企业整体转让或者清算时，准予扣除。

（五）长期待摊费用

1.长期待摊费用的定义

长期待摊费用，是指企业发生的应在1个年度以上进行摊销的费用。

2.长期待摊费用的扣除

（1）已足额提取折旧的固定资产的改建支出，按照固定资产预计尚可使用年限分期摊销。

（2）（经营）租入固定资产的改建支出，按照合同约定的剩余租赁期限分期摊销。

（3）固定资产大修理支出，按照固定资产尚可使用年限分期摊销。大修理支出的判定：修理支出达到取得固定资产时的计税基础"50%"以上；修理后固定资产的使用年限延长"2年"以上。

（4）摊销年限不得低于3年。

（六）投资资产

1.投资资产的定义

投资资产，是指企业对外进行权益性投资和债权性投资形成的资产。

2.投资资产成本的扣除

企业对外投资期间，投资资产的成本在计算应纳税所得额时不得扣除。企业在转让或者处置投资资产时，投资资产的成本，准予扣除。

3.投资资产成本的确定

投资资产按照以下方式确定成本：

（1）通过支付现金方式取得的投资资产，以购买价款为成本；

（2）通过支付现金以外的方式取得的投资资产，以该资产的公允价值和支付的相关税费为成本。

（七）存货

1.存货的定义

存货，是指企业持有以备出售的产品或者商品、处在生产过程中的在产品、在生产或者提供劳务过程中耗用的材料和物料等。

2.存货成本的确定

（1）通过支付现金方式取得的存货，以购买价款和支付的相关税费为成本；

（2）通过支付现金以外的方式取得的存货，以该存货的公允价值和支付的相关税费为成本；

（3）生产性生物资产收获的农产品，以产出或者采收过程中发生的材料费、人工费和分摊的间接费用等必要支出为成本。

3.存货成本的扣除及计算方法

企业使用或者销售存货，按照规定计算的存货成本，准予在计算应纳税所得额时扣除。

企业使用或者销售的存货的成本计算方法，可以在先进先出法、加权平均法、个别计价法中选用一种。计价方法一经选用，不得随意变更。

（八）资产损失

1.资产损失的定义

资产损失，是指企业在生产经营活动中实际发生的、与取得应税收入有关的资产损失，包括现金损失，存款损失，坏账损失，贷款损失，股权投资损失，固定资产和存货的盘亏、毁损、报废、被盗损失，自然灾害等不可抗力因素造成的损失以及其他损失。

2.资产损失的扣除

企业发生上述资产损失，应在按税法规定实际确认或者实际发生的当年申报扣除。

企业以前年度发生的资产损失未能在当年税前扣除的，可以按照规定，向税务机关说明并进行专项申报扣除。其中，属于实际资产损失，准予追补至该项损失发生年度扣除，其追补确认期限一般不得超过5年。企业因以前年度实际资产损失未在税前扣除而多缴的企业所得税税款，可在追补确认年度企业所得税应纳税款中予以抵扣，不足抵扣的，向以后年度递延抵扣。

六、企业所得税应纳税额的计算

企业所得税应纳税额的计算公式如下：

$$应纳税额=应纳税所得额×适用税率-减免税额-抵免税额$$

企业取得的所得已在境外缴纳的所得税税款，可以从其当期应纳税额中抵免，抵免限额为该项所得依照规定计算的应纳税额。

【例5-14】甲公司2023年应纳税所得额为1 000万元，减免税额为10万元，抵免税额为20万元。已知甲公司适用的所得税税率为25%。

【要求】计算甲公司2023年度企业所得税应纳税额。

【解析】1 000×25%-10-20=220（万元）

1.抵免限额

$$抵免限额=境外税前所得额×25%$$

【例5-15】A企业2023年在国外取得税前利润100万元，假设该地区所得税税率分别为20%和30%，已经缴纳过所得税，已知该企业适用的国内所得税税率为25%。

【要求】计算抵免限额及抵免额。

【解析】计算结果见表5-14。

表5-14　　　　　　　　　　　　　　计算结果　　　　　　　　　　　　　　单位：万元

项目	计算公式	所得税税率（20%）	所得税税率（30%）
抵免限额	境外所得×国内税率	25	25
境外已纳税款	境外所得×境外税率	20	30
抵免额	抵免限额与已纳税款孰低原则	20	25
境内应纳税款	境外所得×国内税率	25	25
是否补税	境内应纳税款-抵免额	5	0

2.境外税前所得额的确定

$$境外税前所得额=分回利润+境外已纳税款$$

$$境外税前所得额=分回利润÷（1-国外所得税税率）$$

3.计算方式

可以选择"分国不分项"或"不分国不分项"计算，但一经选择5年内不得变更。

4.补税原则

多不退、少要补。

【例5-16】甲公司为居民企业，2023年度境内应纳税所得额1 000万元，来源于M国的应纳税所得额为300万元，已在M国缴纳的企业所得税额为60万元，已知甲公司适用的所得税税率为25%。

微课

企业所得税税收优惠

微课

企业所得税研发费用
加计扣除

【要求】计算甲公司2023年度应缴纳的企业所得税税额。

【解析】（1 000+300）×25%−60=265（万元）

七、企业所得税税收优惠

我国企业所得税的税收优惠包括：免税收入、可以减免税的所得（免征、减半征收、两免三减半、三免三减半、五免）、优惠税率、民族自治地方的减免税、加计扣除、抵扣应纳税所得额、加速折旧、减计收入、抵免应纳税额和其他专项优惠政策。

（一）税收优惠政策和项目

税收优惠政策和项目见表5−15。

表5−15　　　　　　　　　　　　税收优惠政策和项目

优惠政策	项目	
税率优惠	见表 5−3 "企业所得税税率"	
不征税收入	不征税收入包括： （1）财政拨款 （2）依法收取并纳入财政管理的行政事业性收费、政府性基金 （3）国务院规定的其他不征税收入	
免税收入	免税收入包括： （1）国债利息收入 （2）符合条件的居民企业之间的股息、红利等权益性投资收益。其是指居民企业直接投资于其他居民企业取得的投资收益 （3）在中国境内设立机构、场所的非居民企业从居民企业取得与该机构、场所有实际联系的股息、红利等权益性投资收益 （4）符合条件的非营利组织的收入	
免征	（1）农、林、牧、渔 （2）居民企业 "500 万元" 以内的 "技术转让" 所得 （3）企业取得的地方政府债券利息收入 （4）合格境外机构投资者境内转让股票等权益性投资资产所得 （5）境外机构投资境内债券市场取得的债券利息收入 【提示】"农" 不包括部分 "经济作物"；"渔" 不包括 "养殖"	
减半征收	（1）花卉、茶以及其他饮料作物和香料作物的种植 （2）海水养殖、内陆养殖 （3）居民企业超过 500 万元的技术转让所得的 "超过部分" （4）企业投资持有 "铁路债券" 取得的利息收入	
三免三减半	（1）企业 "从事" 国家重点扶持的 "公共基础设施项目的投资经营" 的所得，自项目 "取得第 1 笔生产经营收入" 所属纳税年度起，第 1 年至第 3 年免征，第 4 年至第 6 年减半征收 【提示】企业 "承包经营、承包建设" 和 "内部自建自用" 上述项目 "不免税" （2）企业 "从事" 符合条件的 "环境保护、节能节水" 项目的所得，自项目 "取得第 1 笔生产经营收入" 所属纳税年度起，第 1 年至第 3 年免征，第 4 年至第 6 年减半征收	
加速折旧	（1）技术进步，产品更新换代较快 （2）常年处于强震动、高腐蚀状态	缩短折旧年限（最低年限≥规定年限的 60%）；采用加速折旧计算方法

续表

优惠政策	项目	
加速折旧	企业在 2018 年 1 月 1 日至 2027 年 12 月 31 日期间新购进的"设备、器具"，单价不超过"500 万元" 【提示】设备、器具，是指除"房屋、建筑物"以外的固定资产	允许一次性计入当期成本费用，在计算应纳税所得额时扣除
减计收入	（1）企业以规定的资源作为主要原材料，生产国家非限制和禁止并符合国家和行业相关标准的产品取得的收入 （2）至 2027 年 12 月 31 日止，对金融机构农户小额贷款的利息收入 （3）至 2027 年 12 月 31 日止，对保险公司为种植业、养殖业提供保险业务取得的保费收入 【提示】所称保费收入，是指原保险保费收入加上分保费收入减去分出保费后的余额	减按 90% 计入收入总额
加计扣除	研发费用　未形成无形资产的，在据实扣除的基础上，加计扣除"100%"	
	研发费用　形成无形资产的，按无形资产成本的 200% 摊销扣除（摊销期限不低于 10 年）	
	残疾人员工资　据实扣除的基础上，按照支付给残疾人员工资的 100% 加计扣除	
抵扣应纳税所得额	（1）创业投资企业采取股权投资方式直接投资于初创期科技型企业满 2 年（24 个月）的，可以按照其投资额的 70% 在股权持有满 2 年的当年抵扣该创业投资企业的应纳税所得额；当年不足抵扣的，可以在以后纳税年度结转抵扣 （2）创业投资企业采取股权投资方式投资于未上市的中小高新技术企业 2 年以上的，可以按照其投资额的 70%，在股权持有满 2 年的当年抵扣该创业投资企业的应纳税所得额；当年不足抵扣的，可以在以后纳税年度结转抵扣	
应纳税额抵免	购置并实际使用规定的"环境保护、节能节水、安全生产"等"专用设备"，投资额的"10%"可以在应纳税额中抵免；当年不足抵免的，可以在以后 5 个纳税年度结转抵免	

【例 5-17】甲公司为居民企业，2023 年取得符合条件的技术转让所得 600 万元。

【要求】计算甲公司 2023 年度企业所得税应纳税所得额时，技术转让所得应纳税调减的金额。

【解析】500+（600-500）×50%=550（万元）

【例 5-18】甲企业为创业投资企业，2021 年 2 月采取股权投资方式向乙公司（未上市的中小高新技术企业）投资 300 万元，至 2023 年 12 月 31 日仍持有该股权。甲企业 2023 年在未享受股权投资应纳税所得额抵扣的税收优惠政策前的企业所得税应纳税所得额为 2 000 万元。已知企业所得税税率为 25%，甲企业享受股权投资应纳税所得额抵扣的税收优惠政策。

【要求】计算甲企业 2023 年度应缴纳的企业所得税税额。

【解析】（2 000-300×70%）×25%=447.5（万元）

【学思践悟】随着党的二十大精神的深入贯彻，某科技公司积极响应国家创新驱动发展战略，持续加大研发投入。2023 年，该公司在企业所得税申报中，充分利用了研发费用加计扣除的税收优惠政策，将研发经费的 100% 纳入扣除范围，有效减轻了税负。

这一举措不仅体现了公司对于科技创新的坚定信念，也彰显了企业对于国家政策的高度响应和执行力。在党的二十大精神的指引下，该公司坚持创新驱动，以科技为引领，不断提升自身核心竞争力。

同时，该公司还积极履行社会责任，关注弱势群体就业问题，为残疾员工提供了更多的就业机会，并按照税法规定对残疾员工薪酬进行 100% 的加计扣除。这一做法不仅体现了公司的人文关怀，也展示了企业对于社会责任的担当。

通过此案例，我们可以看到企业所得税的税收优惠政策在促进企业创新、鼓励弱势群体就业等方面发挥了积极作用，是党的二十大精神在税收领域的重要体现。

（二）集成电路相关企业和软件企业

国家鼓励的集成电路设计、装备、材料、封装、测试企业和软件企业，自获利年度起，第1年至第2年免征企业所得税，第3年至第5年按照25%的法定税率减半征收企业所得税。

国家鼓励的重点集成电路设计企业和软件企业，自获利年度起，第1年至第5年免征企业所得税，接续年度减按10%的税率征收企业所得税。

（三）生产和装配伤残人员专门用品企业

自2021年1月1日至2023年12月31日，对符合条件的生产和装配伤残人员专门用品，且在民政部发布的《中国伤残人员专门用品目录》范围之内的居民企业，免征企业所得税。

（四）民族自治地方的减免税

民族自治地方的自治机关对本民族自治地方的企业应缴纳的企业所得税中属于地方分享的部分，可以决定减征或者免征。自治州、自治县决定减征或者免征的，须报省、自治区、直辖市人民政府批准。对民族自治地方内国家限制和禁止行业的企业，不得减征或者免征企业所得税

（五）债券利息减免税

（1）对企业取得的2012年及以后年度发行的地方政府债券利息收入，免征企业所得税。

（2）自2021年11月7日至2025年12月31日，对境外机构投资境内债券市场取得的债券利息收入暂免征收企业所得税。暂免征收企业所得税的范围不包括境外机构在境内设立的机构、场所取得的与该机构、场所有实际联系的债券利息。

（3）对企业投资者持有2019—2027年发行的铁路债券取得的利息收入，减半征收企业所得税。

八、企业所得税征收管理

（一）纳税地点

企业所得税的纳税地点见表5-16。

表5-16   企业所得税的纳税地点

企业类型	纳税地点
居民企业	登记注册地
	登记注册地在境外的，以实际管理机构所在地为纳税地点
	【提示】居民企业在中国境内设立"不具有法人资格"的营业机构的，应当汇总计算并缴纳企业所得税
非居民企业	有场所，有联系——机构、场所所在地
	有两个或两个以上场所——经批准选择由其主要场所汇总缴纳
	没场所或有场所但没联系——扣缴义务人所在地

（二）按年计征与分期预缴

企业所得税按年计征，分月或者分季预缴，年终汇算清缴，多退少补。纳税年度自公历1月1日起至12月31日止。

企业在一个纳税年度中间开业，或者终止经营活动，使该纳税年度的实际经营期不足

12个月的，应当以其实际经营期为1个纳税年度。企业依法清算时，应当以清算期间作为1个纳税年度。

（三）汇算清缴期限

企业应当自年度终了之日起5个月内，向税务机关报送年度企业所得税纳税申报表，并汇算清缴，结清应缴应退税款。

企业在年度中间终止经营活动的，应当自实际经营终止之日起60日内，向税务机关办理当期企业所得税汇算清缴。

（四）纳税申报

按月或按季预缴的，应当自月份或者季度终了之日起15日内，向税务机关报送预缴企业所得税纳税申报表，预缴税款。

微课

企业所得税的汇算清缴工作

任务实施

会计利润总额=4 000+80-2 600-770-480-60-40-50=80（万元）
广告费和业务宣传费调增所得额=650-4 000×15%=650-600=50（万元）
4 000×5‰=20万元>25×60%=15（万元）
业务招待费调增所得额=25-15=10（万元）
捐赠支出应调增所得额=30-80×12%=20.4（万元）
工会经费应调增所得额=5-200×2%=1（万元）
职工福利费应调增所得额=31-200×14%=3（万元）
职工教育经费准予扣除金额=200×8%=16（万元）>7万元，不需要调整。
应纳税所得额=80+50+10+20.4+6+1+3=170.4（万元）
2023年应纳企业所得税=170.4×25%=42.6（万元）

任务二　个人所得税计算与申报规范

任务布置

个人所得税法律制度

李先生在甲企业任职，2023年1—12月每月在甲企业取得工资薪金收入16 000元，无免税收入；每月缴纳三险一金2 500元，从1月份开始享受子女教育和赡养老人专项附加扣除共计3 000元，无其他扣除。另外，2023年3月取得劳务报酬收入3 000元，稿酬收入2 000元；6月取得劳务报酬收入30 000元，特许权使用费收入2 000元。

　　任务：（1）计算每月工资应预缴的个人所得税。
　　　　　（2）计算3月、6月其应预缴的个人所得税。
　　　　　（3）计算综合所得汇算清缴应补缴或者应退缴的个人所得税。

任务思维导图

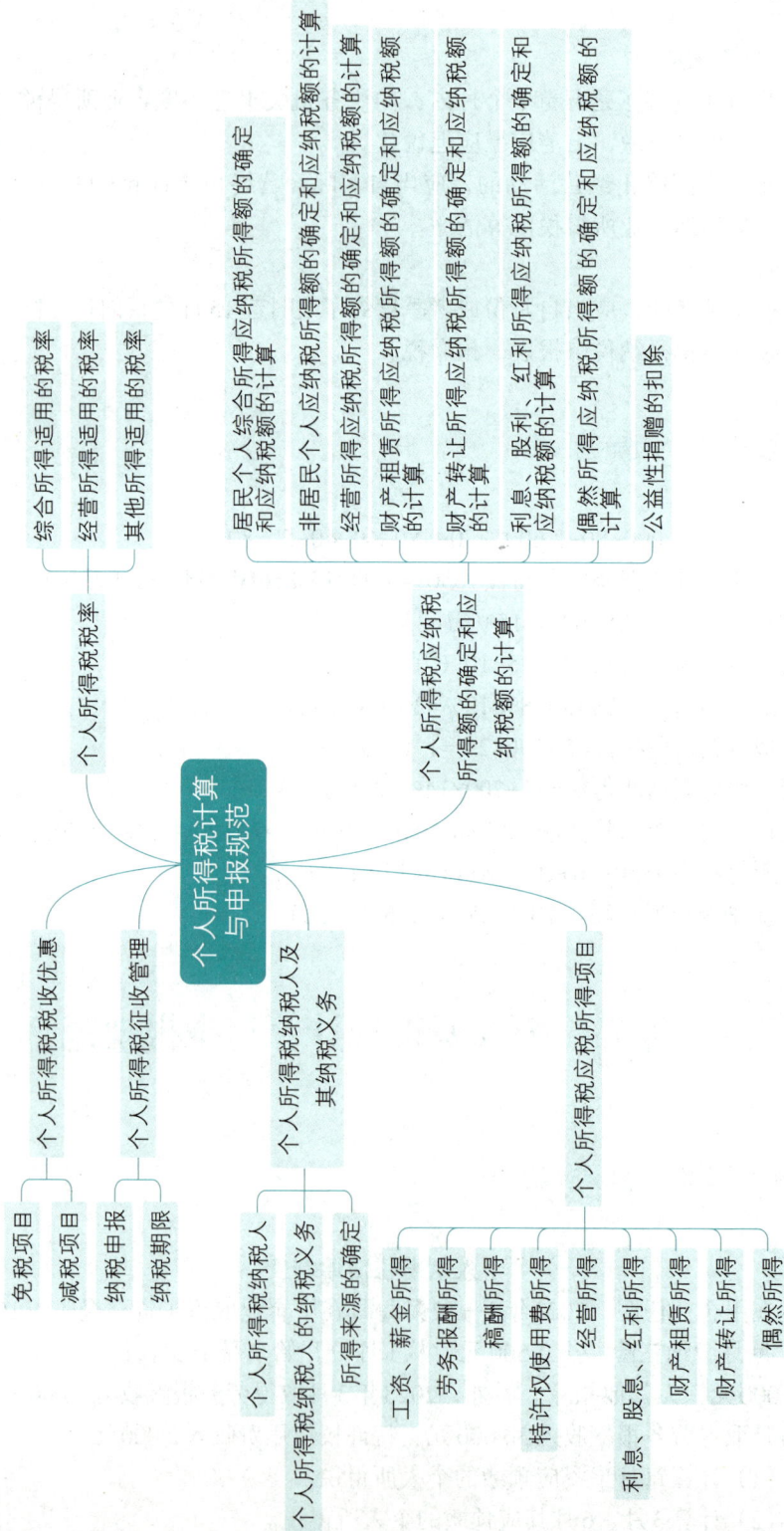

个人所得税计算与申报规范

- 个人所得税税率
  - 综合所得适用的税率
  - 经营所得适用的税率
  - 其他所得适用的税率

- 个人所得税应纳税所得额的确定和应纳税额的计算
  - 居民个人综合所得应纳税所得额和应纳税额的计算
  - 非居民个人综合所得应纳税所得额和应纳税额的计算
  - 经营所得应纳税所得额和应纳税额的计算
  - 财产租赁所得应纳税所得额的计算
  - 财产转让所得应纳税所得额的确定和应纳税额的计算
  - 利息、股利、红利所得应纳税所得额的确定和应纳税额的计算
  - 偶然所得应纳税所得额的确定和应纳税额的计算
  - 公益性捐赠的扣除

- 个人所得税税收优惠
  - 免税项目
  - 减税项目

- 个人所得税征收管理
  - 纳税申报
  - 纳税期限

- 个人所得税纳税人及其纳税义务
  - 个人所得税纳税人
  - 个人所得税纳税人的纳税义务
  - 所得来源的确定

- 个人所得税应税所得项目
  - 工资、薪金所得
  - 劳务报酬所得
  - 稿酬所得
  - 特许权使用费所得
  - 经营所得
  - 利息、股息、红利所得
  - 财产租赁所得
  - 财产转让所得
  - 偶然所得

🌊 **预备知识** ◀◀◀

个人所得税是对个人（即自然人）取得的各项应税所得征收的一种所得税。

一、个人所得税纳税人及其纳税义务

（一）个人所得税纳税人

个人所得税纳税人，包括个人、个体工商户、个人独资企业投资人和合伙企业的个人合伙人等。

个人所得税纳税人依据住所和居住时间两个标准，分为居民个人和非居民个人。纳税人分类见表5-17。

微课

个人所得税
纳税义务的
确定

表5-17　　　　　　　　　　　　　纳税人分类

纳税人	判定标准	纳税义务
居民	有住所	无限纳税义务
	无住所而"1个纳税年度内"在中国境内居住累计"满183天"	
非居民	无住所又不居住	有限纳税义务
	无住所而"1个纳税年度内"在中国境内居住累计"不满183天"	

（二）个人所得税纳税人的纳税义务

居民个人从中国境内和境外取得的所得，依照法律规定缴纳个人所得税。非居民个人从中国境内取得的所得，依照法律规定缴纳个人所得税。具体见表5-18。

表5-18　　　　　　　在中国境内无住所纳税人的纳税义务

居住天数	连续年度		境外所得		境内所得	
			境外支付	境内支付	境外支付	境内支付
连续或累计不超过90天	—		×	×	免税	√
连续或累计超过90天但不满183天	—		×	×	√	√
累计满183天	不满6年		免税	√	√	√
	满6年	存在单次离境超过30天	免税	√	√	√
		不存在单次离境超过30天	√	√	√	√

【例5-19】外籍人士汤姆在中国境内无住所，由于工作需要汤姆2023年1月1日来华，5月15日离开。境内企业每月支付汤姆工资10 000元，境外企业每月支付汤姆工资12 000元。

【要求】计算汤姆5月工资薪金收入额。

【解析】在一个纳税年度内，在境内累计居住超过90天但不满183天的非居民个人，取得归属于境内工作期间的工资薪金所得，均应当计算缴纳个人所得税；其取得归属于境外工作期间的工资薪金所得，不征收个人所得税。当月工资薪金收入额=当月境内外工资薪金总额×（当月工资薪金所属工作期间境内工作天数÷当月工资薪金所属工作期间公历天数）=（10 000+12 000）×14.5÷31=10 290.32（元）。

（三）所得来源的确定

所得来源地与所得支付地，两者可能是一致的，也可能是不同的，我国个人所得税依据"所得来源地"判断经济活动的实质，征收个人所得税。

1.来源于中国境内的所得

下列所得，不论支付地点是否在中国境内，均为来源于中国境内的所得：

（1）因任职、受雇、履约等在中国境内提供劳务取得的所得；

（2）将财产出租给承租人在中国境内使用而取得的所得；

（3）许可各种特许权在中国境内使用而取得的所得；

（4）转让中国境内的不动产等财产或者在中国境内转让其他财产取得的所得；

（5）从中国境内企、事业单位和其他经济组织以及居民个人取得的利息、股息、红利所得。

2.来源于中国境外的所得

下列所得，为来源于中国境外的所得：

（1）因任职、受雇、履约等在中国境外提供劳务取得的所得；

（2）中国境外企业以及其他组织支付且负担的稿酬所得；

（3）许可各种特许权在中国境外使用而取得的所得；

（4）在中国境外从事生产、经营活动而取得的与生产、经营活动相关的所得；

（5）从中国境外企业、其他组织以及非居民个人取得的利息、股息、红利所得；

（6）将财产出租给承租人在中国境外使用而取得的所得；

（7）转让中国境外的不动产、转让对中国境外企业以及其他组织投资形成的股票、股权以及其他权益性资产（以下称权益性资产）或者在中国境外转让其他财产取得的所得；

（8）中国境外企业、其他组织以及非居民个人支付且负担的偶然所得；

（9）财政部、税务总局另有规定的，按照相关规定执行。

【例5-20】外籍人士汤姆被外国母公司派往中国子公司进行为期8个月的业务指导，业务指导期间其工资由美国母公司发放。

【要求】判断汤姆所得来源地和所得支付地。

【解析】所得来源地为中国，所得支付地为美国。

二、个人所得税应税所得项目

按应纳税所得的来源划分，现行个人所得税共分为9个应税项目。

（一）工资、薪金所得

工资、薪金所得，是指个人因任职或者受雇而取得的工资、薪金、奖金、年终加薪、劳动分红、津贴、补贴以及与任职或者受雇有关的其他所得。

下列项目不属于工资、薪金性质的补贴、津贴，不予征收个人所得税。这些项目包括：

（1）独生子女补贴。

（2）执行公务员工资制度未纳入基本工资总额的补贴、津贴差额和家属成员的副食补贴。

（3）托儿补助费。

（4）差旅费津贴、误餐补助。误餐补助是指按照财政部规定，个人因公在城区、郊区工作，不能在工作单位或返回就餐的，根据实际误餐顿数，按规定的标准领取的误餐费。单位以误餐补助名义发给职工的补助、津贴不包括在内，应当并入当月工资、薪金所得计征个人所得税。

（二）劳务报酬所得

劳务报酬所得是指个人从事劳务取得的所得，包括从事设计、装潢、安装、制图、化验、测试、医疗、法律、会计、咨询、讲学、翻译、审稿、书画、雕刻、影视、录音、录像、演出、表演、广告、展览、技术服务、介绍服务、经纪服务、代办服务以及其他劳务取得的所得。

（三）稿酬所得

稿酬所得，是指个人因其作品以图书、报刊形式出版、发表而取得的所得。作品包括文学作品、书画作品、摄影作品，以及其他作品。作者去世后，财产继承人取得的遗作稿酬，也应按"稿酬所得"征收个人所得税。

（四）特许权使用费所得

特许权使用费所得，是指个人提供专利权、商标权、著作权、非专利技术以及其他特许权的使用权取得的所得；提供著作权的使用权取得的所得，不包括稿酬所得。

（1）作者将自己的文字作品手稿原件或复印件拍卖取得的所得，按照"特许权使用费所得"项目缴纳个人所得税。

（2）个人取得专利赔偿所得，应按"特许权使用费所得"项目缴纳个人所得税。

（3）对于剧本作者从电影、电视剧的制作单位取得的剧本使用费，不再区分剧本的使用方是否为其任职单位，统一按"特许权使用费所得"项目计征个人所得税。

（五）经营所得

经营所得，是指：

（1）个体工商户从事生产、经营活动取得的所得，个人独资企业投资人、合伙企业的个人合伙人来源于境内注册的个人独资企业、合伙企业生产、经营的所得；

（2）个人依法从事办学、医疗、咨询以及其他有偿服务活动取得的所得；

（3）个人对企业、事业单位承包经营、承租经营以及转包、转租取得的所得；

（4）个人从事其他生产、经营活动取得的所得。

（六）利息、股息、红利所得

1.基本规定

个人拥有债权、股权等而取得的利息、股息、红利所得。

2.特殊规定

（1）房屋买受人在未办理房屋产权证的情况下，按照与房地产公司约定条件（如对房屋的占有、使用、收益和处分权进行限制）在一定时期后无条件退房而取得的补偿款，应按照"利息、股息、红利所得"缴纳个人所得税。

（2）个人投资者收购企业股权后，将企业原有盈余积累（资本公积、盈余公积、未分配利润）转增股本。具体见表5-19。

表5-19 个人收购股权后将原盈余积累转增股本纳税情形

新股东收购价款	转增股本的原盈余积累	如何纳税
≥净资产价格	全部计入股权交易价格	不征收个人所得税
<净资产价格	已经计入股权交易价格的部分	不征收个人所得税
	未计入股权交易价格的部分	按"利息、股息、红利所得"征收个人所得税

【提示】转增股本时，应当先转增应税的盈余积累部分，再转增免税的盈余积累部分。

【例5-21】甲公司净资产为100万元，包括股本50万元，盈余积累50万元。现赵某收购甲公司，并转增股本。现假设按两种情形收购甲公司，情形一：新股东赵某收购价格为120万元，情形二：新股东赵某收购价格为80万元。

【要求】根据收购价款的不同，分析是否征收个人所得税。

【解析】情形一：新股东赵某收购价格为120万元，属于大于等于净资产的情形，转增股本的盈余积累50万元全部计入股权交易价格，不征收个人所得税。

情形二：新股东赵某收购价格为80万元，属于小于净资产100万元的情形，已经计入股权交易价格的部分为30万元（80-50），不征收个人所得税，未计入股权交易价格的部分为20万元（100-80），按"利息、股息、红利所得"征收个人所得税。

（七）财产租赁所得

财产租赁所得，是指个人出租不动产、机器设备、车船以及其他财产取得的所得。

（1）个人取得的房屋转租收入，属于"财产租赁所得"项目。

（2）房地产开发企业与商店购买者个人签订协议，以优惠价格出售其商店给购买者个人，购买者个人在一定期限内必须将购买的商店无偿提供给房地产开发企业对外出租使用。对购买者个人少支出的购房价款，应视同个人财产租赁所得，按照"财产租赁所得"项目征收个人所得税。每次财产租赁所得的收入额，按照少支出的购房价款和协议规定的租赁月份数平均计算确定。

（八）财产转让所得

财产转让所得，是指个人转让有价证券、股权、合伙企业中的财产份额、不动产、机器设备、车船以及其他财产取得的所得。

1.个人转让投资于中国境内企业的股权或股份所得

个人将投资于在中国境内成立的企业或组织（不包括个人独资企业和合伙企业）的股权或股份，转让给其他个人或法人的行为，按照"财产转让所得"项目，依法计算缴纳个人所得税。

2.个人终止投资、联营、经营合作所得

个人因各种原因终止投资、联营、经营合作等行为，从被投资企业或合作项目、被投资企业的其他投资者以及合作项目的经营合作人取得股权转让收入、违约金、补偿金、赔偿金及以其他名目收回的款项等，均属于个人所得税应税收入，应按照"财产转让所得"项目适用的规定计算缴纳个人所得税。

3.个人以非货币性资产投资所得

个人以非货币性资产投资，属于个人转让非货币性资产和投资同时发生。对个人转让非货币性资产的所得，应按照"财产转让所得"项目，依法计算缴纳个人所得税。

4.个人收回转让股权所得

（1）股权转让合同履行完毕、股权已作变更登记，且所得已经实现的，转让人取得的股权转让收入应当依法缴纳个人所得税。转让行为结束后，当事人双方签订并执行解除原股权转让合同、退回股权的协议，是另一次股权转让行为，对前次转让行为征收的个人所得税款不予退回。

（2）股权转让合同未履行完毕，因执行仲裁委员会作出的解除股权转让合同及补充协议的裁决、停止执行原股权转让合同，并原价收回已转让股权的，由于其股权转让行为尚未完成、收入未完全实现，随着股权转让关系的解除，股权收益不复存在，纳税人不应缴纳个人所得税。

5.个人出售虚拟货币所得

个人通过网络收购玩家的虚拟货币，加价后向他人出售取得的收入，应按照"财产转让所得"项目计算缴纳个人所得税。

（九）偶然所得

1.基本规定

个人得奖、中奖、中彩以及其他偶然性质的所得。

2.特别规定

（1）企业促销所得。

① 企业对累积消费达到一定额度的顾客，给予额外"抽奖机会"，个人的获奖所得，按照"偶然所得"项目，缴纳个人所得税。

② 企业通过价格折扣、折让方式向个人销售商品和提供服务，不征收个人所得税。

③ 企业向个人销售商品和提供服务的同时给予"赠品"，不征收个人所得税。

④ 企业对累积消费达到一定额度的个人按消费积分反馈的"礼品"，不征收个人所得税。

（2）担保所得。

个人提供"担保"获得收入，按照"偶然所得"项目，缴纳个人所得税。

（3）受赠所得。

① 受赠人因无偿"受赠房屋"取得的受赠收入，按照"偶然所得"项目，缴纳个人所得税。

② 企业在业务宣传、广告等活动中，随机向本单位以外的个人赠送礼品（包括网络红包，下同），以及企业在年会、座谈会、庆典以及其他活动中向本单位以外的个人赠送礼品，个人取得的"礼品"收入，按照"偶然所得"项目，缴纳个人所得税。

【提示】企业赠送的具有折扣和折让性质的"消费券、代金券、抵用券、优惠券"等礼品除外。

（4）发票和彩票中奖所得的"起征点"。

① 彩票，一次中奖收入"在1万元以下"的暂免征收个人所得税；超过1万元的，全额征收个人所得税。

② 个人取得单张有奖发票奖金所得"不超过800元"的，暂免征收个人所得税；超过

800元的，全额征收个人所得税。

【学思践悟】在党的二十大精神的指引下，税收政策的调整更加注重公平与人民福祉。以王女士的个人所得税缴纳经历为例，我们可以深刻感受到这一变化。

王女士是一位年轻的教育工作者，每月收入主要包括工资和兼职收入。过去，由于兼职收入较低，她并未将其纳入个税申报范围，但随着税收政策的调整，她了解到兼职收入也需要依法纳税。在了解相关政策后，王女士主动进行了申报，并享受到了专项附加扣除政策带来的优惠。

在这一过程中，王女士不仅提高了自己的税法意识，也深刻感受到了税收公平的重要性。她表示，虽然税收增加了她的负担，但同时也让她更加明白了税收是取之于民、用之于民的道理。此外，她还积极向身边的人宣传税收知识，鼓励大家依法纳税。

这个案例体现了党的二十大精神中"坚持以人民为中心的发展思想"和"税收公平"的原则。通过个人所得税的改革与完善，国家不仅提高了税收的公平性，也促进了社会的和谐与发展。同时，这也激励着我们每一位纳税人更加积极地履行纳税义务，共同为建成社会主义现代化国家贡献力量。

微课

个人所得税超额累进税率的计算

三、个人所得税税率

（一）综合所得适用的税率

居民个人每一纳税年度内取得的综合所得包括：工资、薪金所得；劳务报酬所得；稿酬所得；特许权使用费所得。

综合所得适用3%～45%的超额累进税率。具体税率见表5-20。

表5-20　　　　　　　　　　**个人所得税税率表**

级数	全"年"应纳税所得额	税率（%）	速算扣除数
1	不超过 36 000 元的	3	0
2	超过 36 000 元至 144 000 元的部分	10	2 520
3	超过 144 000 元至 300 000 元的部分	20	16 920
4	超过 300 000 元至 420 000 元的部分	25	31 920
5	超过 420 000 元至 660 000 元的部分	30	52 920
6	超过 660 000 元至 960 000 元的部分	35	85 920
7	超过 960 000 元的部分	45	181 920

【提示】（1）本表所称全年应纳税所得额是指依照法律规定，居民个人取得综合所得以每一纳税年度收入额减除费用6万元以及专项扣除、专项附加扣除和依法确定的其他扣除后的余额。

（2）非居民个人取得工资、薪金所得，劳务报酬所得，稿酬所得和特许权使用费所得，依照本表按月换算后计算应纳税额。

（二）经营所得适用的税率

经营所得适用5%～35%的超额累进税率。具体税率见表5-21。

表5-21 经营所得税率表

级数	全年应纳税所得额	税率（%）	速算扣除数
1	不超过 30 000 元的	5	0
2	超过 30 000 元至 90 000 元的部分	10	1 500
3	超过 90 000 元至 300 000 元的部分	20	10 500
4	超过 300 000 元至 500 000 元的部分	30	40 500
5	超过 500 000 元的部分	35	65 500

注：本表所称全年应纳税所得额是指依照法律规定，以每一纳税年度的收入总额减除成本、费用以及损失后的余额。

（三）其他所得适用的税率

（1）利息、股息、红利所得，财产租赁所得，财产转让所得和偶然所得适用比例税率，税率为20%。

（2）自2001年1月1日起，对个人出租住房取得的所得暂减按10%的税率征收个人所得税。

四、个人所得税应纳税所得额的确定和应纳税额的计算

个人所得税的计税依据是纳税人取得的应纳税所得额。应纳税所得额为个人取得的各项收入减去税法规定的费用扣除金额和减免税收入后的余额。由于个人所得税的应税项目不同，扣除费用标准也各不相同，需要按不同应税项目分项计算。个人所得的形式，包括现金、实物、有价证券和其他形式的经济利益。

（一）居民个人综合所得应纳税所得额的确定和应纳税额的计算

综合所得，包括工资、薪金所得，劳务报酬所得，稿酬所得，特许权使用费所得4项。劳务报酬所得、稿酬所得、特许权使用费所得以收入减除20%的费用后的余额为收入额。稿酬所得的收入额减按70%计算。

1.应纳税所得额

以每一纳税年度的收入额减除费用6万元以及专项扣除、专项附加扣除和依法确定的其他扣除后的余额，为应纳税所得额。应纳税所得额计算公式为：

应纳税所得额=每年收入额-基本扣除-专项扣除-专项附加扣除-其他扣除

（1）专项扣除。

包括居民个人按照国家规定的范围和标准缴纳的基本养老保险、基本医疗保险、失业保险等社会保险费和住房公积金等。

（2）专项附加扣除。

包括3岁以下婴幼儿照护、子女教育、继续教育、大病医疗、住房贷款利息或者住房租金、赡养老人等支出。

①3岁以下婴幼儿照护。

A.扣除标准：按照每个婴幼儿每月2 000元（每年24 000元）的标准定额扣除。

微课

个人所得税
基本扣除与
专项扣除

微课

子女教育专项
附加扣除计算

B.扣除方法：父母可以选择由其中一方按扣除标准的100%扣除，也可以选择由双方分别按扣除标准的50%扣除，具体扣除方式在一个纳税年度内不能变更。

C.留存资料：子女的出生医学证明等资料。

②子女教育（见表5-22）。

表5-22　　　　　　　　　　　　　子女教育

要点	具体内容		
准予扣除的子女教育类型	学前教育	年满"3岁"至小学入学前教育	
	全日制学历教育	义务教育	小学和初中教育
		高中阶段教育	普通高中、中等职业教育、技工教育
		高等教育	大学专科、大学本科；硕士研究生、博士研究生教育
扣除标准	"每个"子女每月2 000元 【提示】两个子女可以扣两份		
扣除方式	（1）父母"分别"按扣除标准的"50%"扣除 （2）经父母"约定"，也可以由"其中一方"按扣除标准的"100%"扣除 【提示】具体扣除方式在"1个纳税年度内"不得变更		

③继续教育（见表5-23）。

表5-23　　　　　　　　　　　　　继续教育

要点	具体内容	
扣除标准	学历（学位）继续教育	每月400元 【提示】同一学历（学位）继续教育的扣除期限不能超过48个月
	职业资格继续教育	"取得"相关证书的年度，一次性扣除3 600元
扣除方式	（1）本科及以下学历（学位）继续教育，可以由其"父母"按照"子女教育"支出扣除 （2）可以由"本人"按照"继续教育"支出扣除 【提示】不得同时扣除	

④大病医疗（见表5-24）。

表5-24　　　　　　　　　　　　　大病医疗

要点	具体内容		
准予扣除的大病医疗支出	纳税人发生的与基本医保相关的医药费用支出，扣除医保报销后个人负担（指医保目录范围内的"自付部分"）累计"超过15 000元"的部分		
扣除标准	按照每年限额8万元"据实扣除"		
扣除方式	（1）纳税人发生的医药费用支出可以选择由本人或者其配偶扣除； （2）未成年子女发生的医药费用支出可以选择由其父母一方扣除		
总结	医保目录范围内的自付部分不超过15 000元		不得扣除
	医保目录范围内的自付部分超过15 000元	"超过部分"在8万元以内	据实扣除
		"超过部分"超过8万元	扣除8万元

⑤住房贷款利息（见表5-25）。

表5-25 住房贷款利息

要点	具体内容
准予扣除的住房贷款利息	纳税人本人或配偶单独或共同使用商业银行或住房公积金个人住房贷款为本人或其配偶购买中国境内住房，发生的"首套住房"贷款利息支出 【提示】"非首套"住房贷款利息支出，不得扣除
扣除标准	偿还贷款期间，每月1 000元 【提示】①定额扣除，即使每年贷款利息低于1.2万元，也按照上述标准扣除；②扣除期限最长不超过240个月；③纳税人只能享受一次首套住房贷款的利息扣除
扣除方式	经夫妻双方约定，可以选择由"其中一方"扣除 【提示】具体扣除方式在1个纳税年度内不得变更
特殊规定	夫妻双方婚前分别购买住房发生的首套住房贷款，其贷款利息支出，婚后可以"选择其中一套"购买的住房，由购买方按扣除标准的100%扣除，也可以由夫妻双方对各自购买的住房分别按扣除标准的50%扣除

微课

住房贷款利息和住房租金专项附加扣除

⑥住房租金（见表5-26）。

表5-26 住房租金

要点	具体内容	
准予扣除的住房租金	"主要工作城市"没有自有住房，而在主要工作城市租赁住房发生的租金支出 【提示】①纳税人的配偶在纳税人的主要工作城市有自有住房的，视同纳税人在主要工作城市有自有住房；②夫妻双方主要工作城市"相同"的，只能由"一方"（签订租赁住房合同的承租人）扣除住房租金支出；③纳税人及其配偶"不得同时分别享受"住房贷款利息和住房租金专项附加扣除（异地购房，工作城市租房的，可"选择"享受相应扣除）	
扣除人	由签订租赁住房合同的承租人扣除	
扣除标准	直辖市、省会城市、计划单列市以及国务院确定的其他城市	每月1 500元
	市辖区户籍人口超过100万的其他城市	每月1 100元
	市辖区户籍人口不超过100万（含）的其他城市	每月800元

微课

专项附加扣除——住房专项附加扣除

⑦赡养老人（见表5-27）。

表5-27　　　　　　　　　　　　　　赡养老人

要点	具体内容		
赡养老人	赡养"60岁"以上父母，以及子女均已去世的年满60岁的祖父母、外祖父母 【提示】不看老人自身是否有生活来源，如领取退休金等		
扣除标准	独生子女	每月3 000元 【提示】①赡养2个及以上老人的，"不按老人人数加倍"扣除；②夫妻双方可以分别扣除双方赡养老人的支出	
	非独生子女	分摊方式	平均分摊、赡养人约定分摊、被赡养人指定分摊
		分摊金额	每一纳税人分摊的扣除额最高不得超过每月1 500元
		优先级	指定分摊优先于约定分摊，两者不一致，以指定分摊为准
		【提示】具体分摊方式在1个纳税年度内不得变更	

微课

个人所得税
赡养老人专项
附加扣除

（3）其他扣除。

其他扣除，包括个人缴付符合国家规定的企业年金、职业年金，个人购买符合国家规定的商业健康保险、税收递延型商业养老保险的支出，以及国务院规定可以扣除的其他项目。购买符合规定的商业健康保险产品的支出在当年（月）计算应纳税所得额时予以税前扣除，扣除限额为2 400元/年（200元/月）。

专项扣除、专项附加扣除和依法确定的其他扣除，以居民个人1个纳税年度的应纳税所得额为限额。1个纳税年度扣除不完的，"不结转"以后年度扣除。

个人所得税专项附加扣除内容如图5-1所示。

2.应纳税额

（1）扣缴义务人向居民个人支付工资、薪金所得预扣预缴个人所得税的计算。

$$\begin{matrix}本期应预扣\\预缴税额\end{matrix}=\left(\begin{matrix}累计预扣预缴\\应纳税所得额\end{matrix}\times预扣率-\begin{matrix}速算\\扣除数\end{matrix}\right)-\begin{matrix}累计\\减免税额\end{matrix}-\begin{matrix}累计已预\\扣预缴税额\end{matrix}$$

自2020年7月1日起，对1个纳税年度内首次取得工资、薪金所得的居民个人，扣缴义务人在预扣预缴个人所得税时，可按照5 000元/月乘以纳税人当年截至本月月份数计算累计减除费用。首次取得工资、薪金所得的居民个人，是指自纳税年度首月起至新入职时，未取得工资、薪金所得或者未按照累计预扣法预扣预缴过连续性劳务报酬所得个人所得税的居民个人。

自2021年1月1日起，对上一完整纳税年度内每月均在同一单位预扣预缴工资、薪金所得个人所得税且全年工资、薪金收入不超过6万元的居民个人，扣缴义务人在预扣预缴本年度工资、薪金所得个人所得税时，累计减除费用自1月份起直接按照全年6万元计算扣除。即在纳税人累计收入不超过6万元的月份，暂不预扣预缴个人所得税；在其累计收入超过6万元的当月及年内后续月份，再预扣预缴个人所得税。对按照累计预扣法预扣预缴劳务报酬所得个人所得税的居民个人，扣缴义务人比照上述规定执行。

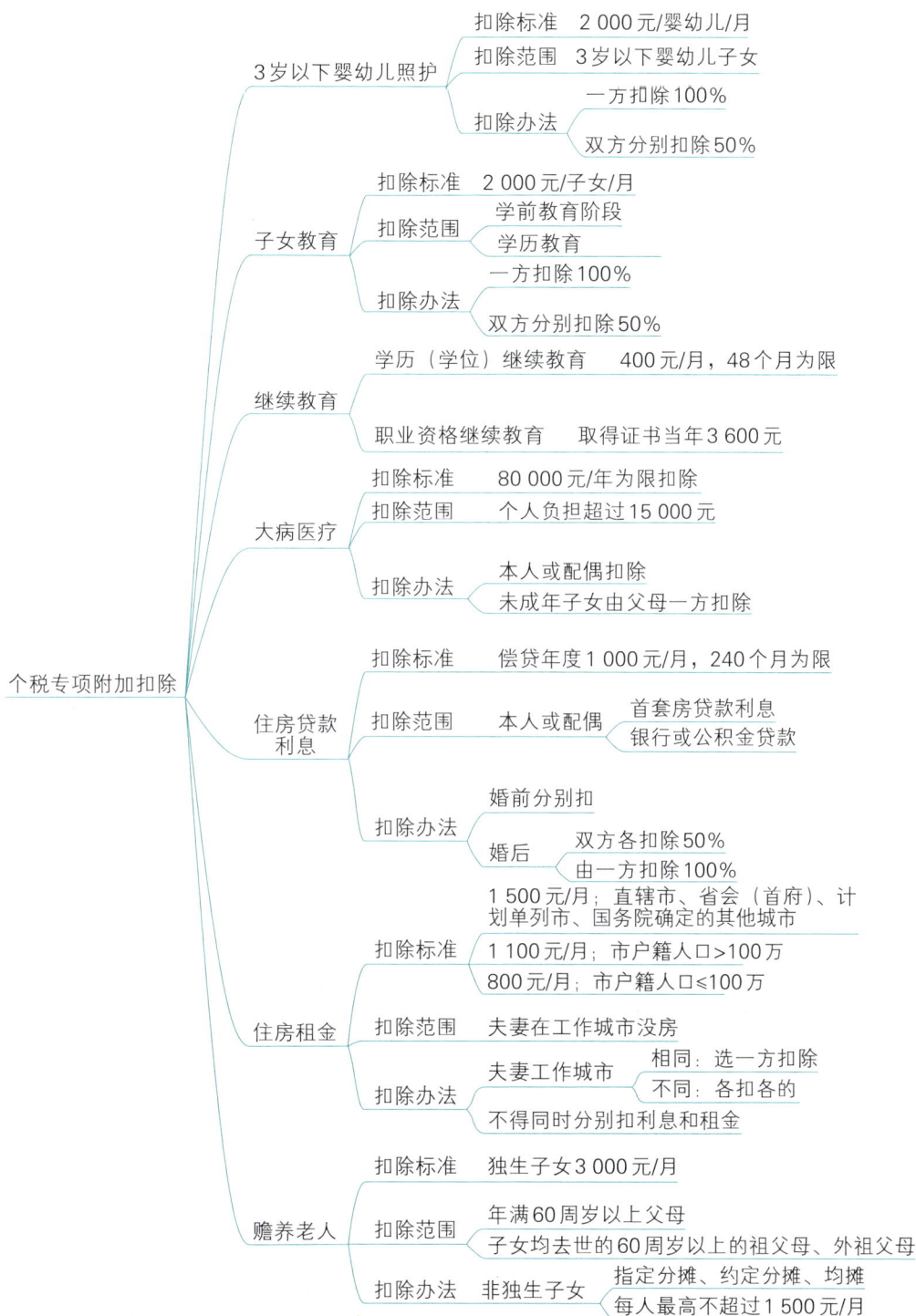

图5-1　个人所得税专项附加扣除内容

【例5-22】北京某公司职员赵某，2023年1月取得工资、薪金收入20 000元，个人缴纳的三险一金合计为4 500元，赵某为独生子，父母现年65岁，育有一子，现年5岁接受学前教育，名下无房，现租房居住。

【要求】分别计算赵某2023年1月、2月和10月应缴纳的个人所得税税额。

【解析】

（1）赵某1月应缴纳的个人所得税税额。

①基本扣除=5 000元

②专项扣除（三险一金）=4 500元

③专项附加扣除=2 000（子女教育）+1 500（住房租金）+3 000（赡养老人）

                =6 500（元）

④扣除项合计=5 000+4 500+6 500=16 000（元）

⑤应纳税所得额=20 000-16 000=4 000（元）

⑥应纳税所得额不超过36 000元，适用税率为3%。

⑦应纳税额=4 000×3%=120（元）

（2）赵某2月应缴纳的个人所得税税额。

① 基本扣除=5 000×2=10 000（元）

② 专项扣除（三险一金）=4 500×2=9 000（元）

③ 专项附加扣除=［2 000（子女教育）+1 500（住房租金）+3 000（赡养老人）］×2

                =13 000（元）

④ 扣除项合计=10 000+9 000+13 000=32 000（元）

⑤ 应纳税所得额=20 000×2-32 000=8 000（元）

⑥ 应纳税所得额不超过36 000元，适用税率为3%。

⑦ 应纳税额=8 000×3%-120（1月已纳税款）=120（元）

（3）赵某10月应缴纳的个人所得税税额。

① 基本扣除=5 000×10=50 000（元）

② 专项扣除（三险一金）=4 500×10=45 000（元）

③ 专项附加扣除=［2 000（子女教育）+1 500（住房租金）+3 000（赡养老人）］×10

                =65 000（元）

④ 扣除项合计=50 000+45 000+65 000=160 000（元）

⑤ 应纳税所得额=20 000×10-160 000=40 000（元）

⑥ 应纳税所得额超过36 000元至144 000元的部分，适用税率为10%，速算扣除数2 520元。

⑦ 应纳税额=40 000×10%-2 520-120×9=400（元）

（2）扣缴义务人向居民个人支付劳务报酬预扣预缴个人所得税的计算。

①应纳税所得额采用定额和定率相结合的扣除方式：

每次收入额≤4 000元的：

$$应纳税所得额=每次收入额-800$$

每次收入额>4 000元的：

$$应纳税所得额=每次收入额×（1-20\%）$$

②税率：

劳务报酬所得适用20%～40%的3级超额累进预扣率（见表5-28）。

表5-28　　　　　　　　　　　　　　超额累进预扣率　　　　　　　　　　　　金额单位：元

级数	全"月"（或次）应纳税所得额	预扣率（%）	速算扣除数
1	不超过 20 000 元的	20	0
2	超过 20 000 元至 50 000 元的部分	30	2 000
3	超过 50 000 元的部分	40	7 000

③应纳税额：

应纳税额=应纳税所得额×适用税率-速算扣除数

自 2020 年 7 月 1 日起，正在接受全日制学历教育的学生因实习取得劳务报酬所得的，扣缴义务人预扣预缴个人所得税时，可按照累计预扣法计算并预扣预缴税款。

【例5-23】我国居民赵某 2023 年内共取得 4 次劳务报酬，分别为 3 000 元、22 000 元、30 000 元和 100 000 元。

【要求】计算各次应缴纳的所得税税额。

【解析】第一次：3 000 元<4 000 元，扣除 800 元，应纳税所得额 2 200 元。

应纳税额=2 200×20%=440（元）

第二次：22 000 元>4 000 元，扣除 20%，应纳税所得额 17 600 元。

应纳税额=17 600×20%=3 520（元）

第三次：30 000 元>4 000 元，扣除 20%，应纳税所得额 24 000 元。

应纳税额=24 000×30%-2 000=5 200（元）

第四次：100 000 元>4 000 元，扣除 20%，应纳税所得额 80 000 元。

应纳税额=80 000×40%-7 000=25 000（元）

（3）扣缴义务人向居民个人支付稿酬预扣预缴个人所得税的计算。

①应纳税所得额：稿酬所得以收入减去费用后的余额为收入额，稿酬所得的收入额减按 70% 计算，每次收入额为预扣预缴的应纳税所得额。

每次收入≤4 000 元的：

应纳税所得额=（每次收入额-800）×70%

每次收入>4 000 元的：

应纳税所得额=每次收入额×（1-20%）×70%

②税率：稿酬所得税税率为 20%。

③应纳税额：

应纳税额=应纳税所得额×适用税率

【例5-24】2023 年 3 月我国居民李某出版一部小说，取得稿酬 10 000 元。

【要求】计算李某当月稿酬所得应缴纳的个人所得税税额。

【解析】应纳税所得额=10 000×（1-20%）×70%=5 600（元）

应纳税额=5 600×20%=1 120（元）

（4）扣缴义务人向居民个人支付特许权使用费预扣预缴个人所得税的计算。

①应纳税所得额：特许权使用费所得以收入减去费用后的余额为收入额。

每次收入≤4 000 元的：

$$应纳税所得额=每次收入额-800$$

每次收入>4 000元的：

$$应纳税所得额=每次收入额×（1-20\%）$$

②税率：特许权使用费税率为20%。

③应纳税额：

$$应纳税额=应纳税所得额×适用税率$$

【例5-25】2023年5月我国居民张某转让一项专利权，取得转让收入150 000元，专利开发支出10 000元。

【要求】计算张某当月特许权使用费所得应缴纳的个人所得税税额。

【解析】应纳税所得额=150 000×（1-20%）=120 000（元）

应纳税额=120 000×20%=24 000（元）

（5）全年应纳税额的计算。

$$应纳税额=应纳税所得额×适用税率-速算扣除数$$

个人综合所得税率表见表5-29。

表5-29　　　　　　　　　　　　　　　个人综合所得税率表　　　　　　　　　　金额单位：元

级数	全年应纳税所得额	税率（%）	速算扣除数
1	不超过36 000元的部分	3	0
2	超过36 000元至144 000元的部分	10	2 520
3	超过144 000元至300 000元的部分	20	16 920
4	超过300 000元至420 000元的部分	25	31 920
5	超过420 000元至660 000元的部分	30	52 920
6	超过660 000元至960 000元的部分	35	85 920
7	超过960 000元的部分	45	181 920

【例5-26】赵某是我国公民，独生子，单身，在甲公司工作。2023年取得工资收入80 000元，在某大学授课取得收入40 000元，出版著作一部，取得稿酬60 000元，转让商标使用权，取得特许权使用费收入20 000元。已知赵某个人缴纳"三险一金"20 000元，赡养老人税法规定的扣除金额为36 000元，假设无其他扣除项目。

【要求】计算赵某本年应缴纳的个人所得税。

【解析】工资薪金、劳务报酬、稿酬、特许权使用费为综合所得；

劳务报酬所得、稿酬所得、特许权使用费所得以收入减除20%的费用后的余额为收入额。稿酬所得的收入额减按70%计算。

应纳税所得额=80 000+40 000×（1-20%）+60 000×（1-20%）×70%+20 000×

（1-20%）-60 000-20 000-36 000

=45 600（元）

应纳税额=45 600×10%-2 520（速算扣除数）=2 040（元）

（6）奖金。

"月奖、季度奖、半年奖"等，一律并入取得当月的工资，执行"累计预扣预缴制"。全年一次性奖金有两种计税方法：全部并入当年的综合所得进行计税和单独计算纳税。

（二）非居民个人应纳税所得额的确定和应纳税额的计算

非居民个人的工资、薪金所得，以每月收入额减除费用5 000元后的余额为应纳税所得额；劳务报酬所得、稿酬所得、特许权使用费所得，以每次收入额为应纳税所得额，适用按月换算后的非居民个人月度税率表计算应纳税额。其中，劳务报酬所得、稿酬所得、特许权使用费所得以收入减除百分之二十的费用后的余额为收入额。稿酬所得的收入额减按百分之七十计算。

（三）经营所得应纳税所得额的确定和应纳税额的计算

1.计税方法

按"年"计征。

2.税率

五级超额累进税率，经营所得五级超额累进税率表见表5-30。

表5-30　　　　　　　　　经营所得五级超额累进税率表　　　　　　　金额单位：元

级数	全年应纳税所得额	税率（%）	速算扣除数
1	不超过30 000元的	5	0
2	超过30 000元至90 000元的部分	10	1 500
3	超过90 000元至300 000元的部分	20	10 500
4	超过300 000元至500 000元的部分	30	40 500
5	超过500 000元的部分	35	65 500

3.应纳税所得额

以每一纳税年度的收入总额，减除成本、费用以及损失等后的余额，为应纳税所得额。

$$应纳税额=应纳税所得额×适用税率-速算扣除数$$

$$=\left(\begin{matrix}全年\\收入总额\end{matrix}-\begin{matrix}成本、费用、税金、损失、\\其他支出及以前年度亏损\end{matrix}\right)×\begin{matrix}适用\\税率\end{matrix}-\begin{matrix}速算\\扣除数\end{matrix}$$

【提示】自2023年1月1日至2027年12月31日，对个体工商户年应纳税所得额不超过200万元的部分，减半征收个人所得税。个体工商户在享受现行其他个人所得税优惠政策的基础上，可叠加享受本条优惠政策。

个体工商户不区分征收方式，均可享受。

$$\begin{matrix}减免\\税额\end{matrix}=\left(\begin{matrix}应纳税所得额不超过200\\万元部分的应纳税额\end{matrix}-\begin{matrix}其他政策\\减免税额\end{matrix}×\frac{应纳税所得额}{不超过200万元部分}÷\begin{matrix}应纳税\\所得额\end{matrix}\right)×50\%$$

【提示】"经营所得"的计税依据与企业所得税的应纳税所得额计算类似，以下内容仅列示"经营所得"的特殊扣除规定，见表5-31。

表5-31   应纳税所得额扣除规定

扣除项目		税前扣除规定
生产经营费用和个人、家庭费用	划分清晰	据实扣除
	混用，难以分清的费用	"40%"视为与生产经营有关的费用，准予扣除
工资	职工	据实扣除
	业主本人	（1）不得扣除：实发工资 （2）可以扣除：6万元+专项扣除+专项附加扣除+其他扣除 【提示】扣除前提是该业主无综合所得；专项附加扣除在办理汇算清缴时减除
三项经费（工会经费、职工福利费、职工教育经费）	职工	以"实发工资薪金总额"为计算依据
	业主本人	以"当地上年度社会平均工资3倍"为计算依据
	职工教育经费	扣除比例为2.5%
补充养老、补充医疗保险	职工	分别不超过实发工资薪金总额的5%的部分准予扣除
	业主本人	分别不超过"当地上年度社会平均工资3倍"的5%的部分准予扣除
捐赠	公益性捐赠	不超过"应纳税所得额30%"的部分可以扣除 符合法定条件的准予"全额扣除"
	非公益性捐赠	不得扣除
购置研发专用设备	单价<10万元	准予一次性全额扣除
	单价≥10万元	按固定资产管理

【说明】其他扣除项目和不得扣除项目，如业务招待费、广告和业务宣传费、借款费用、社会保险等与企业所得税完全一致

（四）财产租赁所得应纳税所得额的确定和应纳税额的计算

1.计税方法

按次计征，以"1个月"内取得的收入为一次。

2.税率

财产租赁所得税率为20%。

【提示】个人出租"住房"取得的所得暂减按"10%"的税率征收个人所得税。

3.应纳税所得额

采用"定额和定率相结合"的扣除方式。

每次收入额≤4 000元的：

$$应纳税所得额=每次收入额-800$$

每次收入额>4 000元的：

$$应纳税所得额=每次收入额×（1-20\%）$$

【提示】计算时还须扣除准予扣除的项目（包括出租房屋时缴纳的城市维护建设税、教育费附加以及房产税、印花税等相关税费；不包括增值税），若房屋租赁期间发生"修缮费用"同样准予在税前扣除但以"每月800元"为限，多出部分在"以后月份"扣除。

4.应纳税额

$$
\begin{array}{c}
\text{每次（月）收入不超过} \\
\text{4\,000元的应纳税额}
\end{array}
=\left[\begin{array}{c}\text{每次（月）}\\\text{收入额}\end{array}-\begin{array}{c}\text{财产租赁过程中}\\\text{缴纳的税费}\end{array}-\begin{array}{c}\text{修缮费用}\\\text{（800元为限）}\end{array}-800\right]\times20\%
$$

$$
\begin{array}{c}
\text{每次（月）收入} \\
\text{4\,000元以上的应纳税额}
\end{array}
=\left[\begin{array}{c}\text{每次（月）}\\\text{收入额}\end{array}-\begin{array}{c}\text{财产租赁过程}\\\text{中缴纳的税费}\end{array}-\begin{array}{c}\text{修缮费用}\\\text{（800元为限）}\end{array}\right]\times(1-20\%)\times20\%
$$

【提示】判定是否达到4\,000元的基数为"每次（月）收入额-财产租赁过程中缴纳的税费-修缮费用"。

【例5-27】赵某有A、B、C三套住房，其中A、B两套用于出租，3月份共收取租金9\,600元，其中住宅A租金4\,799元，住宅B租金4\,801元，同时两套住宅分别发生修缮费用，各900元。

【要求】计算应缴纳的个人所得税。

【解析】出租A住房应缴纳的个人所得税=［（4\,799-0-800）-800］×10%=319.9（元）

出租B住房应缴纳的个人所得税=（4\,801-0-800）×（1-20%）×10%=320.08（元）

【例5-28】2023年9月王某出租自有住房取得租金收入6\,000元，房屋租赁过程中缴纳税费240元，支付该房屋的修缮费用1\,000元，已知个人出租住房个人所得税税率暂减按10%，每次收入4\,000元以上的，减除20%的费用。

【要求】计算王某当月出租住房应缴纳的个人所得税税额是多少？

【解析】（6\,000-240-800）×（1-20%）×10%=396.8（元）

（五）财产转让所得应纳税所得额的确定和应纳税额的计算

1.计税方法

按"次"计征。

2.税率

财产转让所得税率为20%。

3.应纳税所得额

$$\text{应纳税所得额=转让财产收入-原值-合理费用}$$

4.应纳税额

$$\text{应纳税额=应纳税所得额×20\%}$$

【提示】对个人转让自用"5年以上"并且是家庭"唯一""生活用房"取得的所得，继续免征个人所得税。

（六）利息、股息、红利所得应纳税所得额的确定和应纳税额的计算

1.计税方法

按"次"计征。

2.税率

利息、股息、红利所得税率为20%。

3.应纳税所得额

以"每次收入额"为应纳税所得额，不扣减任何费用。

4.应纳税额

$$\text{应纳税额=应纳税所得额×20\%}$$

（七）偶然所得应纳税所得额的确定和应纳税额的计算

1.计税方法

按"次"计征。

2.税率

偶然所得税率为20%。

3.应纳税所得额

以"每次收入额"为应纳税所得额，不扣减任何费用。

4.应纳税额

$$应纳税额=应纳税所得额×20\%$$

【例5-29】2023年10月，李某购买福利彩票，取得一次中奖收入3万元，购买彩票支出400元，已知偶然所得个人所得税税率为20%。

【要求】计算李某中奖收入应缴纳的个人所得税税额。

【解析】30 000×20%=6 000（元）

（八）公益性捐赠的扣除

1.公益性捐赠

（1）限额扣除。

个人将其所得对"教育、扶贫、济困"等公益慈善事业进行捐赠，捐赠额未超过纳税人申报的"应纳税所得额"30%的部分，可以从其"应纳税所得额"中扣除。

【提示】一般的"公益性捐赠"限额扣除，跟"应纳税所得额"比，从"应纳税所得额"中扣。

（2）全额扣除。

① 向"红十字事业"的捐赠；

② 向"教育事业"的捐赠；

③ 向"农村义务教育"的捐赠；

④ 向"公益性青少年活动场所"的捐赠；

⑤ 向"福利性、非营利性老年服务机构"的捐赠；

⑥ "通过特定基金会，用于公益救济"的捐赠。

2.非公益性捐赠

个人的直接捐赠，不得在计算应纳税额时扣除。

五、个人所得税税收优惠

（一）免税项目

（1）省级人民政府、国务院部委和中国人民解放军军以上单位，以及外国组织、国际组织颁发的科学、教育、技术、文化、卫生、体育、环境保护等方面的奖金。

（2）国债和国家发行的金融债券利息。

（3）按照国家统一规定发给的补贴、津贴。其是指按照国务院规定发给的政府特殊津贴、院士津贴，以及国务院规定免纳个人所得税的其他补贴、津贴。

（4）福利费、抚恤金、救济金。

（5）保险赔款。

（6）军人的转业费、复员费、退役金。

（7）按照国家统一规定发给干部、职工的安家费、退职费、基本养老金或者退休费、离休费、离休生活补助费。

（8）依照有关法律规定应予免税的各国驻华使馆、领事馆的外交代表、领事官员和其他人员的所得。该所得是指依照《中华人民共和国外交特权与豁免条例》和《中华人民共和国领事特权与豁免条例》规定免税的所得。

（9）中国政府参加的国际公约、签订的协议中规定免税的所得。

（10）国务院规定的其他免税所得。该项免税规定，由国务院报全国人民代表大会常务委员会备案。

（二）减税项目

（1）残疾、孤老人员和烈属的所得；

（2）因自然灾害造成重大损失的。

【例 5-30】李某 2023 年 10 月取得如下收入：

（1）到期国债利息收入 986 元。

（2）购买福利彩票支出 500 元，取得一次性中奖收入 15 000 元。

（3）境内上市公司股票转让所得 10 000 元。

（4）转让自用住房 1 套，取得转让收入 500 万元，该套住房购买价为 200 万元，购买时间为 2009 年并且是唯一的家庭生活用房。

【要求】计算李某当月应缴纳的个人所得税税额。

【解析】国债利息收入免征个人所得税，股票转让所得暂不征收个人所得税，转让自用 5 年以上并且是唯一的家庭生活用房取得的所得暂免征收个人所得税，福利彩票收入 15 000 元（超过 1 万元）应缴纳个人所得税，且不得扣除购买彩票支出。

中奖收入应缴纳的个人所得税税额=15 000×20%=3 000（元）

李某当月应缴纳的个人所得税税额为 3 000 元。

六、个人所得税征收管理

（一）纳税申报

1.代扣代缴

（1）以支付所得的"单位"或"个人"为扣缴义务人。

（2）扣缴义务人在代扣税款的次月 15 日内，向主管税务机关报送其支付所得的所有个人的相关涉税信息资料。

（3）税务机关给付 2%的手续费。

【提示】"经营所得"纳税人的双重身份。

2.自行申报

（1）取得"综合所得"需要办理汇算清缴。

①在"两处或者两处以上"取得综合所得，且综合所得年收入额"减去专项扣除"的余额"超过 6 万元"。

②取得劳务报酬所得、稿酬所得、特许权使用费所得中一项或者多项所得，且综合所得年收入额"减去专项扣除"的余额"超过 6 万元"。

【提示】扣减项目只包括专项扣除（三险一金），而不包括生计费、专项附加扣除和其他扣除项目。

③纳税年度内预缴税额"低于"应纳税额的。

④纳税人"申请退税"。

（2）取得应税所得没有扣缴义务人。

（3）取得应税所得，扣缴义务人未扣缴税款。

（4）取得境外所得。

（5）因移居境外注销中国户籍。

（6）"非居民个人"在中国境内从"两处以上"取得"工资、薪金"所得。

（7）国务院规定的其他情形。

（二）纳税期限

微课

个人所得税汇算清缴的情形

1.综合所得

（1）居民个人取得综合所得，按年计算个人所得税；有扣缴义务人的，由扣缴义务人按月或者按次预扣预缴税款；需要办理汇算清缴的，应当在取得所得的次年"3月1日至6月30日"内办理汇算清缴。

（2）非居民个人取得工资、薪金所得，劳务报酬所得，稿酬所得和特许权使用费所得，有扣缴义务人的，由扣缴义务人"按月或者按次"代扣代缴税款，不办理汇算清缴。

2.经营所得

纳税人取得经营所得，按年计算个人所得税，由纳税人在月度或者季度终了后"15日内"向税务机关报送纳税申报表，并预缴税款；在取得所得的次年"3月31日"前办理汇算清缴。

3.利息、股息、红利所得，财产租赁所得，财产转让所得和偶然所得

纳税人取得上述所得，按月或者按次计算个人所得税，有扣缴义务人的，由扣缴义务人按月或者按次代扣代缴税款。

4.纳税人取得应税所得没有扣缴义务人

应当在取得所得的次月15日内向税务机关报送纳税申报表，并缴纳税款。

5.扣缴义务人未扣缴税款

（1）纳税人应当在取得所得的次年6月30日前，缴纳税款；

（2）税务机关通知限期缴纳的，纳税人应当按照期限缴纳税款。

6.居民个人从中国境外取得所得

应当在取得所得的次年3月1日至6月30日内申报纳税。

7.非居民个人在中国境内从两处以上取得工资、薪金所得

应当在取得所得的次月15日内申报纳税。

8.纳税人因移居境外注销中国户籍

应当在注销中国户籍前办理税款清算。

9.扣缴义务人每月或者每次预扣、代扣税款的缴库

应当在次月15日内缴入国库，并向税务机关报送扣缴个人所得税申报表。

【提示】纳税期限的最后一日是法定休假日的，以休假日期满的次日为期限的最后一日。

任务实施

（1）计算每月工资应预缴的个人所得税。

①2023年1月：

$$1月累计预扣预缴应纳税所得额 = 累计收入 - 累计免税收入 - 累计减除费用 - 累计专项扣除 - 累计专项附加扣除 - 累计依法确定的其他扣除$$
$$=16\ 000-5\ 000-2500-3\ 000=5\ 500（元）$$

对应税率为3%。

$$1月应预扣预缴税额 = （累计预扣预缴应纳税所得额×预扣率-速算扣除数）-累计减免税额-累计已预扣预缴税额$$
$$=5\ 500×3\%=165（元）$$

2023年1月，甲企业在发放工资环节预扣预缴个人所得税165元。

②2023年2月：

$$2月累计预扣预缴应纳税所得额 = 累计收入 - 累计免税收入 - 累计减除费用 - 累计专项扣除 - 累计专项附加扣除 - 累计依法确定的其他扣除$$
$$=16\ 000×2-5\ 000×2-2\ 500×2-3\ 000×2=11\ 000（元）$$

对应税率为3%。

$$2月应预扣预缴税额 = （累计预扣预缴应纳税所得额×预扣率-速算扣除数）-累计减免税额-累计已预扣预缴税额$$
$$=11\ 000×3\%-165=165（元）$$

2023年2月，甲企业在发放工资环节预扣预缴个人所得税165元。

③2023年3月：

$$3月累计预扣预缴应纳税所得额 = 累计收入 - 累计免税收入 - 累计减除费用 - 累计专项扣除 - 累计专项附加扣除 - 累计依法确定的其他扣除$$
$$=16\ 000×3-5\ 000×3-2\ 500×3-3\ 000×3=16\ 500（元）$$

对应税率为3%。

$$3月应预扣预缴税额 = （累计预扣预缴应纳税所得额×预扣率-速算扣除数）-累计减免税额-累计已预扣预缴税额$$
$$=16\ 500×3\%-165-165=165（元）$$

2023年3月，甲企业在发放工资环节预扣预缴个人所得税165元。

按照上述方法以此类推，计算得出李先生各月个人所得税预扣预缴情况明细见表5-32。

表5-32　　　　　　　　　李先生各月个人所得税预扣预缴情况明细　　　　　　　　　单位：元

月份	金额	月份	金额
1月	165	7月	340
2月	165	8月	550
3月	165	9月	550
4月	165	10月	550
5月	165	11月	550
6月	165	12月	550

（2）计算3月、6月其应预缴的个人所得税。

①2023年3月，取得劳务报酬收入3 000元，稿酬收入2 000元。

劳务报酬所得预扣预缴应纳税所得额=每次收入-800=3 000-800=2 200（元）

劳务报酬所得预扣预缴税额=劳务报酬所得预扣预缴应纳税所得额×预扣率-速算扣除数

$$=2 200×20\%-0=440（元）$$

稿酬所得预扣预缴应纳税所得额=（每次收入-800）×70%=（2 000-800）×70%

$$=840（元）$$

稿酬所得预扣预缴税额=稿酬所得预扣预缴应纳税所得额×预扣率

$$=840×20\%=168（元）$$

李先生3月劳务报酬所得预扣预缴个人所得税440元；稿酬所得预扣预缴个人所得税168元。

②2023年6月，取得劳务报酬30 000元，特许权使用费所得2 000元。

劳务报酬所得预扣预缴应纳税所得额=每次收入×（1-20%）=30 000×（1-20%）

$$=24 000（元）$$

劳务报酬所得预扣预缴税额=劳务报酬所得预扣预缴应纳税所得额×预扣率-速算扣除数

$$=24 000×30\%-2 000=5 200（元）$$

特许权使用费所得预扣预缴应纳税所得额=每次收入-800=2 000-800=1 200（元）

特许权使用费所得预扣预缴税额=特许权使用费所得预扣预缴应纳税所得额×预扣率

$$=1 200×20\%=240（元）$$

李先生6月劳务报酬所得预扣预缴个人所得税5 200元；特许权使用费所得预扣预缴个人所得税240元。

（3）计算综合所得汇算清缴应补缴或者应退缴的个人所得税。

年收入额=工资、薪金所得收入+劳务报酬所得收入+稿酬所得收入+特许权使用费所得收入

$$=16 000×12+（3 000+30 000）×（1-20\%）+2 000×（1-20\%）×70\%+2 000×$$

$$（1-20\%）$$

$$=221 120（元）$$

综合所得应纳税所得额=年收入额-6万元-专项扣除-专项附加扣除-依法确定的其他扣除

$$=221 120-60 000-（2 500×12）-（3 000×12）=95 120（元）$$

应纳税额=应纳税所得额×税率-速算扣除数=95 120×10%-2 520=6 992（元）

$$预扣预缴税额=\frac{预扣}{预缴税额}+\frac{工资、薪金所得}{预扣预缴税额}+\frac{劳务报酬所得}{预扣预缴税额}+\frac{稿酬所得}{预扣预缴税额}+\frac{特许权使用费}{所得预扣预缴税额}$$

$$=4 080+（440+5 200）+168+240=10 128（元）$$

年度汇算清缴应补退税额=应纳税额-预扣预缴税额=-3 136（元）

年度汇算清缴应退税额3 136元。

行业规范测试五

项目六

财产行为税实务中的经济法

素养目标

- ◆ 房产税：理解国家对财产的调节和再分配，体现着社会公平原则
- ◆ 契税：培养学生的契约精神
- ◆ 耕地占用税：认识土地资源国情，培养学生的家国情怀和爱国意识
- ◆ 环境保护税：提高学生的环境保护意识，培养学生尊重自然、对自然心存敬畏的意识
- ◆ 资源税：培养学生保护自然环境、生态环境和人文环境，合理利用和开发资源的意识
- ◆ 体会国家制度的优越性，体会税收"取之于民，用之于民"的原理，培养家国情怀

知识目标

- ◆ 掌握房产税、契税、土地增值税、城镇土地使用税、车船税、印花税、资源税、耕地占用税、烟叶税、环境保护税、车船税、船舶吨税的纳税人、征税范围、税率、计税依据、税收优惠、征收管理及税费计算

工作任务

序号	任务分解	任务执行	技能目标
1	房产税法律制度	◆ 了解房产税纳税人 ◆ 掌握征税范围、税率、计税依据、税收优惠、征收管理 ◆ 掌握税费计算	◆ 能熟练计算房产税 ◆ 掌握房产税申报
2	契税法律制度	◆ 了解契税纳税人 ◆ 掌握征税范围、税率、计税依据、税收优惠、征收管理 ◆ 掌握税费计算	◆ 能熟练计算契税 ◆ 掌握契税申报
3	土地增值税法律制度	◆ 了解土地增值税纳税人 ◆ 掌握征税范围、税率、计税依据、税收优惠、征收管理 ◆ 掌握税费计算	◆ 能熟练计算土地增值税 ◆ 掌握土地增值税申报

序号	任务分解	任务执行	技能目标
4	城镇土地使用税法律制度	◆ 了解城镇土地使用税纳税人 ◆ 掌握征税范围、税率、计税依据、税收优惠、征收管理 ◆ 掌握税费计算	◆ 能熟练计算城镇土地使用税 ◆ 掌握城镇土地使用税申报
5	耕地占用税法律制度	◆ 了解耕地占用税纳税人 ◆ 掌握征税范围、税率、计税依据、税收优惠、征收管理 ◆ 掌握税费计算	◆ 能熟练计算耕地占用税 ◆ 掌握耕地占用税申报
6	车船税法律制度	◆ 了解车船税纳税人 ◆ 掌握征税范围、税率、计税依据、税收优惠、征收管理 ◆ 掌握税费计算	◆ 能熟练计算车船税 ◆ 掌握车船税申报
7	资源税法律制度	◆ 了解资源税纳税人 ◆ 掌握征税范围、税率、计税依据、税收优惠、征收管理 ◆ 掌握税费计算	◆ 能熟练计算资源税 ◆ 掌握资源税申报
8	环境保护税法律制度	◆ 了解环境保护税纳税人 ◆ 掌握征税范围、税率、计税依据、税收优惠、征收管理 ◆ 掌握税费计算	◆ 能熟练计算环境保护税 ◆ 掌握环境保护税申报
9	烟叶税与船舶吨税法律制度	◆ 了解烟叶税与船舶吨税纳税人 ◆ 掌握征税范围、税率、计税依据、税收优惠、征收管理 ◆ 掌握税费计算	◆ 能熟练计算烟叶税与船舶吨税 ◆ 掌握烟叶税与船舶吨税申报
10	印花税法律制度	◆ 了解印花税纳税人 ◆ 掌握征税范围、税率、计税依据、税收优惠、征收管理 ◆ 掌握税率计算	◆ 能熟练计算印花税 ◆ 掌握印花税申报

项目导言

办税便利化再出新举措

为进一步深化税收领域"放管服"改革、优化税收营商环境，国家税务总局发布《关于简并税费申报有关事项的公告》，决定自2021年6月1日起在全国范围内推行财产和行为税合并申报，将城镇土地使用税、房产税、车船税、印花税、耕地占用税、资源税、土地增值税、契税、环境保护税、烟叶税等10个财产和行为税税种合并申报，实现"简并申报表，一表报多税"，即纳税人在申报多个税种时，不再单独使用分税种申报表，而是在一张纳税申报表上同时申报多个税种，进一步便利纳税人。

国家税务总局财产和行为税司副司长刘宜介绍，财产和行为税合并申报整体改造了10个税种的申报流程，进一步优化了办税流程，纳税人一次登录、一填到底，有效避免了"多头找表"，大幅提高了办税效率。合并申报后，表单数量和需填写的数据项大幅减少，新申报表可实现已有数据自动预填，将有效减轻纳税人的填报负担。同时，合并申报利用信息化手段实现税额自动计算、数据关联比对、申报异常提示等，将有效避免漏报、错报，确保申报质量，并有利于优惠政策及时落实到位。

国家税务总局纳税服务司司长韩国荣表示，实施财产和行为税合并申报是税务部门开展党史学习教育与"我为纳税人缴费人办实事暨便民办税春风行动"紧密结合的具体实践，也是税务部门贯彻落实中办、国办印发的《关于进一步深化税收征管改革的意见》，深入推进税收领域"放管服"改革，进一步优化税费服务的具体措施。通过整合各税种申报表，将实现多税种"一张报表、一次申报、一次缴款、一张凭证"，进一步提高办税效率。在此基础上，税务部门将继续适时推出新的便民办税缴费措施，把学党史、悟思想、办实事、开新局贯穿始终，不断优化升级税费服务，更好助力经济社会高质量发展。

资料来源：税务总局网站. 办税便利化再出新举措 6月1日我国全面推行财产和行为税合并申报 [EB/OL].[2021-05-31]. http://www.gov.cn/fuwu/2021-05/31/content_5614365.htm.

任务一　房产税计算与申报规范

任务布置

天一公司房产税案例

天一公司2023年年初拥有一栋房产，房产原值1 000万元，3月31日将其对外出租，租期1年，每月收取不含税租金1万元。已知房产税税率从价计征的为1.2%，从租计征的为12%，当地省政府规定计算房产余值的减除比例为30%。

任务：计算2023年该企业上述房产应缴纳的房产税税额。

任务思维导图

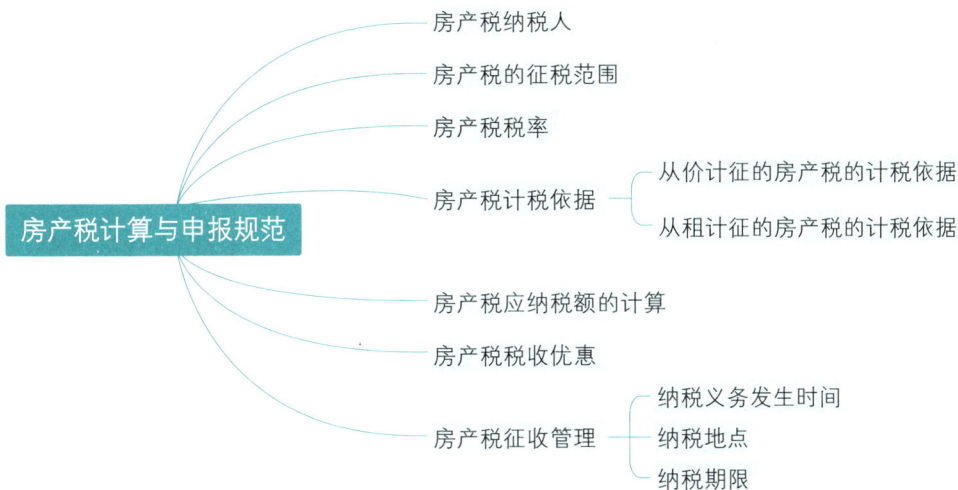

```
                                    ┌─ 房产税纳税人
                                    │
                                    ├─ 房产税的征税范围
                                    │
                                    ├─ 房产税税率
                                    │
                                    ├─ 房产税计税依据 ─┬─ 从价计征的房产税的计税依据
                                    │                  └─ 从租计征的房产税的计税依据
   房产税计算与申报规范 ────────────┤
                                    ├─ 房产税应纳税额的计算
                                    │
                                    ├─ 房产税税收优惠
                                    │
                                    └─ 房产税征收管理 ─┬─ 纳税义务发生时间
                                                       ├─ 纳税地点
                                                       └─ 纳税期限
```

预备知识

一、房产税纳税人

（一）房产税纳税人的一般规定

房产税的纳税人，是指在我国城市、县城、建制镇和工矿区内拥有房屋产权的单位和个人。

（二）房产税纳税人的具体规定

房产税的纳税人具体包括产权所有人、承典人、房产代管人或者使用人。

房产税纳税人具体见表6-1。

表6-1　　　　　　　　　　　　　房产税纳税人

具体情形	纳税人
产权属于国家所有	经营管理单位
产权属于集体和个人所有	集体单位和个人
产权出典	承典人
产权所有人、承典人均不在房产所在地	房产代管人或者使用人
产权未确定、租典纠纷未解决	房产代管人或者使用人
产权出租	出租人 【提示】纳税人"无租使用"其他单位的房产，由"使用人代缴"房产税

二、房产税的征税范围

（一）房产税的征税对象

房产税的征税对象是房屋。所谓房屋，是指有屋面和围护结构（有墙或两边有柱），能够遮风避雨，可供人们在其中生产、工作、学习、娱乐、居住或储藏物资的场所。独立于房屋之外的建筑物，如围墙、烟囱、水塔、菜窖、室外游泳池等不属于房产税的征税对象。

【提示】房地产开发企业建造的商品房，在出售前，不征收房产税，但对出售前房地产开发企业已使用或出租、出借的商品房应按规定征收房产税。

（二）房产税的征税范围

房产税的征税范围为城市、县城、建制镇和工矿区的房屋，"不包括农村"。

三、房产税税率

我国现行房产税采用比例税率。从价计征和从租计征实行不同标准的比例税率。

（1）从价计征的，税率为1.2%；

（2）从租计征的，税率为12%。

四、房产税计税依据

房产税以房产的计税价值或房产租金收入为计税依据。按房产计税价值征税的，称为从价计征；按房产租金收入征税的，称为从租计征。房产税计税依据见表6-2。

表6-2　　　　　　　　　　房产税计税依据

计税方法	计税依据	税率	税额计算公式
从价计征	房产余值	1.2%	全年应纳税额=应税房产原值×（1-扣除比例）×1.2%
从租计征	房产租金	12%	全年应纳税额=（不含增值税）租金收入×12%
税收优惠	个人出租住房（不区分出租后用途）	减按"4%"的税率	
	单位按"市场价格"向"个人"出租用于"居住"的住房		

五、房产税应纳税额的计算

微课

房产税的计算

从价计征房产税应纳税额的计算：从价计征是按房产的原值减除一定比例后的余值计征。

其计算公式为：

从价计征的房产税应纳税额=应税房产原值×（1-扣除比例）×1.2%

从租计征房产税应纳税额的计算：从租计征是按房产的租金收入计征。

其计算公式为：

从租计征的房产税应纳税额=租金收入×12%（或4%）

【例6-1】2023年甲公司将一幢办公楼出租，取得含增值税租金92.43万元。已知增值税征收率为5%。房产税从租计征的税率为12%。

【要求】计算甲公司2023年出租办公楼应缴纳的房产税税额。

【解析】92.43÷（1+5%）×12%=10.56（万元）

（一）房产原值

（1）房产原值，是指纳税人按照会计制度规定，在账簿固定资产科目中记载的房屋原价（不减除折旧）。

【例6-2】2023年甲公司的房产原值为1 000万元，已提折旧400万元。已知从价计征房产税税率为1.2%，当地规定的房产税的原值扣除比例为30%。

【要求】计算甲公司当年应缴纳的房产税税额。

【解析】1 000×（1-30%）×1.2%=8.4（万元）

（2）凡以房屋为载体，不可随意移动的附属设备和配套设施，如给排水、采暖、消防、中央空调、电气及智能化楼宇设备等，无论在会计核算中是否单独记账与核算，都应计入房产原值，计征房产税。

（3）纳税人对原有房屋进行改建、扩建的，要相应增加房屋的原值。

【例6-3】甲企业厂房原值为2 000万元，2023年11月对该厂房进行扩建，2023年年底扩建完工并办理验收手续，增加房产原值500万元，已知房产税的原值扣除比例为30%，房产税比例税率为1.2%。

【要求】计算甲企业2023年应缴纳的房产税税额。

【解析】（2 000+500）×（1-30%）×1.2%=21（万元）

（二）投资联营

（1）对以房产投资联营，投资者参与投资利润分红、共担风险的，按房产余值作为计税依据计缴房产税。

（2）对以房产投资收取固定收入，不承担联营风险的，实际上是以联营名义取得房产租金，应由出租方按租金收入计缴房产税。

（三）融资租赁

对于融资租赁的房屋，由"承租人"以"房产余值"计征房产税。

【例6-4】2023年，浙江汇邦物流公司房产原值合计8 000万元，其中该企业所属学校和幼儿园用房原值分别为300万元和600万元，浙江省政府确定计算房产税原值的扣除比例为30%。自2023年7月1日起，企业将原值200万元的仓库出租给另一家企业使用，租期1年，每月租金1.5万元。

【要求】计算该公司2023年应纳的房产税。

【解析】2023年应纳房产税=（8 000-300-600-200）×（1-30%）×1.2%+200×（1-30%）×

1.2%×6÷12+6×1.5×12%

=57.96+0.84+1.08=59.88（万元）

【学思践悟】我国税收体系在不断完善，房产税作为其中的一项重要税种，其改革与实施不仅体现了税收公平的原则，也彰显了公民的社会责任。

以上海市市民张先生为例，他是一位事业有成的中年人。随着房产税政策的逐步推进，张先生开始接触并了解这一税种。在深入了解房产税的相关政策后，他意识到这是国家为了调节房地产市场、促进社会公平而采取的重要举措。

张先生在购置家庭的第三套住房时，面对房产税的实施，张先生并没有怨言，而是主动配合税务部门的工作，按时足额缴纳税款。他认为，作为一个公民，应该积极履行自己的社会责任，为国家的发展贡献自己的力量。同时，他看到了房产税在促进社会公平方面的积极作用，认为这一税种的实施有助于缩小贫富差距，实现社会的和谐稳定。

通过这一案例，我们可以培养广大公民树立正确的税收观念，积极履行纳税义务，共同为国家的繁荣富强贡献力量。

六、房产税税收优惠

房产税税收优惠见表6-3。

表6-3　　　　　　　　　　　　　房产税税收优惠

房产类别	税收优惠	
非经营性房产	（1）国家机关、人民团体、军队"自用"的房产 【提示】军队空余房产租赁收入暂免征收房产税 （2）由国家财政部门拨付事业经费的单位所有的"本身业务范围"内使用的房产 （3）宗教寺庙、公园、名胜古迹"自用"的房产 （4）个人所有"非营业用"的房产 （5）租金偏低的公房出租 （6）公共租赁住房 （7）高校学生公寓 （8）非营利性医疗机构自用的房产 （9）老年服务机构自用的房产 【提示】上述单位的"出租房产""非自身业务使用的生产、营业用房"不属于免税范围	免征
临时房及停用房	（10）危房、毁损不堪居住的房屋停用后 （11）大修理连续停用半年以上停用期间 （12）基建工地临时性房屋	
全民健身	（13）"企业"拥有并运营管理的大型体育场馆，其用于体育活动的房产	减半
	（14）其他用于体育活动的房产 【提示】（13）（14）用于体育活动的天数不得低于全年自然天数的70%	免征
鼓励政策	（15）农产品批发市场、农贸市场专门用于经营农产品的房产 【提示】市场如同时经营其他产品的，按其他产品与农产品交易场地面积的比例确定征免部分；市场行政办公区、生活区，以及商业餐饮娱乐等非直接为农产品交易提供服务的房产，应按规定征收	免征
	（16）国家级、省级科技企业孵化器、大学科技园和国家备案众创空间自用以及无偿或通过出租等方式提供给在孵对象使用的房产	

七、房产税征收管理

（一）纳税义务发生时间

（1）纳税人将原有房产用于生产经营，从生产经营之月起，缴纳房产税。

（2）纳税人自行新建房屋用于生产经营，从建成之次月起，缴纳房产税。

（3）纳税人委托施工企业建设的房屋，从办理验收手续之次月起，缴纳房产税。

（4）纳税人购置新建商品房，自房屋交付使用之次月起，缴纳房产税。

（5）纳税人购置存量房，自办理房屋权属转移、变更登记手续，房地产权属登记机关签发房屋权属证书之次月起，缴纳房产税。

（6）纳税人出租、出借房产，自交付出租、出借本企业房产之次月起，缴纳房产税。

（7）房地产开发企业自用、出租、出借本企业建造的商品房，自房屋使用或交付之次月起，缴纳房产税。

（8）纳税人因房产的实物或权利状态发生变化而依法终止房产税纳税义务的，其应纳税款的计算截至房产的实物或权利状态发生变化的当月月末。

（二）纳税地点

房产税在房产所在地缴纳。房产不在同一地方的纳税人，应按房产的坐落地点分别向房产所在地的税务机关申报纳税。

（三）纳税期限

房产税实行按年计算、分期缴纳的征收方法，具体纳税期限由省、自治区、直辖市人民政府确定。

任务实施

计算天一公司2023年应纳房产税如下：

从价房产税=1 000×（1−30%）×1.2%÷12×3=2.1（万元）

从租房产税=1×9×12%=1.08（万元）

2.1+1.08=3.18（万元）

2023年应该缴纳的房产税共3.18万元。

任务二　契税计算与申报规范

任务布置

获得单位奖励房屋相关契税案例

2023年，王某获得单位奖励房屋一套。王某得到该房屋后又将其与李某拥有的一套房屋进行互换。经房地产评估机构评估王某获奖房屋价值30万元，李某房屋价值35万元。两人协商后，王某实际向李某支付房屋互换价格差额款5万元。税务机关核定奖励王某的房屋价值28万元。已知当地规定的契税税率为4%。

任务：计算王某应缴纳的契税税额。

任务思维导图

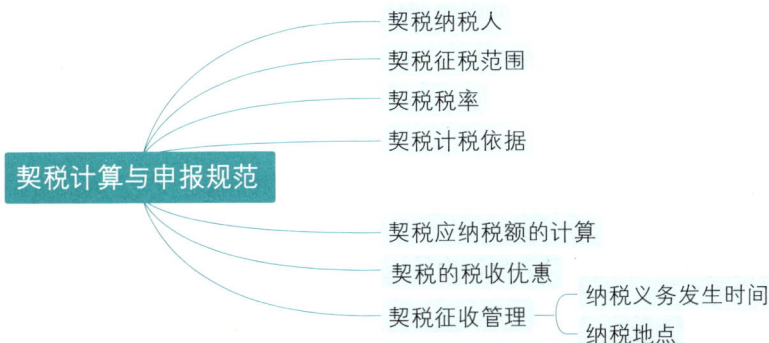

预备知识

一、契税纳税人

微课

契税

契税的纳税人，是指在我国境内承受土地、房屋权属转移的单位和个人。契税由权属的承受人缴纳。这里所说的"承受"，是指以受让、购买、受赠、互换等方式取得土地、房屋权属的行为。

二、契税征税范围

（一）属于征税范围的

（1）土地使用权出让；

（2）土地使用权转让（包括出售、赠与、互换等）；

（3）房屋买卖、赠与、互换等。

（二）不属于征税范围的

（1）土地使用权的转让不包括"土地承包经营权和土地经营权"的转移；

（2）土地、房屋典当、分拆（分割）、抵押以及出租等行为，不属于契税的征税范围。

【提示】与土地增值税区别，关键在于纳税人的不同。

下列情形发生土地、房屋权属转移的，承受方应当依法缴纳契税：

（1）因共有不动产份额变化的；

（2）因共有人增加或者减少的；

（3）因人民法院、仲裁委员会的生效法律文书或者监察机关出具的监察文书等因素，发生土地、房屋权属转移的。

三、契税税率

契税采用比例税率，实行3%~5%的幅度税率。具体适用税率由各省、自治区、直辖市人民政府在幅度税率规定范围内，按照本地区的实际情况提出，报同级人民代表大会常务委员会决定，并报全国人民代表大会常务委员会和国务院备案。

同时，各省、自治区、直辖市可以依照税法规定的程序对不同主体、不同地区、不同类型的住房的权属转移确定差别税率。

四、契税计税依据

（1）土地使用权出让、出售，房屋买卖，以"不含增值税"的"成交价格"作为计税依据。

（2）土地使用权赠与、房屋赠与，由征税机关参照土地使用权出售、房屋买卖的"市场价格"确定。

（3）土地使用权互换、房屋互换，以互换的土地使用权、房屋的"价格差额"作为计税依据。

【提示】互换价格不相等的，由"多交付货币"的一方缴纳契税；互换价格相等的，免征契税。"互换"行为是指"房房、地地、房地"互换，"以房抵债"和"以房易货"均属于买卖行为。

（4）以划拨方式取得土地使用权的，经批准转让房地产时，应由房地产转让者补交契税，其计税依据为"补交"的土地使用权出让费或者土地收益。

【总结】有成交价格按成交价格，没有成交价格按市场价格，交换的按差额，补交的按补交全额。

五、契税应纳税额的计算

契税应纳税额依照省、自治区、直辖市人民政府确定的适用税率和税法规定的计税依据计算征收。其计算公式为：

$$应纳税额=计税依据×税率$$

【例6-5】2023年5月，张某获得县人民政府奖励的住房一套，经税务机关核定该住房价值80万元。张某对该住房进行装修，支付装修费用5万元。已知契税适用税率为3%。

【要求】计算张某应缴纳的契税税额。

【解析】80×3%=2.4（万元）

【例6-6】周某向谢某借款80万元，后因谢某急需资金，周某以一套价值90万元的房产抵偿所欠谢某债务，谢某取得该房产产权的同时支付周某差价款10万元。已知契税税率为3%。

【要求】计算此次房屋交易应缴纳的契税。

【解析】90×3%=2.7（万元）

六、契税的税收优惠

（1）国家机关、事业单位、社会团体、军事单位承受土地、房屋，用于办公、教学、医疗、科研和军事设施的，免征契税；

（2）城镇职工按规定"第一次"购买"公有住房"的，免征契税；

（3）因"不可抗力"灭失住房而重新购买住房的，酌情准予减征或者免征契税；

（4）承受荒山、荒地、荒滩土地使用权，用于农、林、牧、渔业生产的，免征契税；

（5）外交减免。依照规定应当予以免税的外国驻华使馆、领事馆和国际组织驻华代表机构承受土地、房屋权属的，经外交部确认，可以免征契税。

【提示】经批准减征、免征契税的纳税人，改变有关土地、房屋的用途的，就不再属于减征、免征契税范围，并且应当"补缴"已经减征、免征的税款。

七、契税征收管理

（一）纳税义务发生时间

契税的纳税义务发生时间是纳税人签订土地、房屋权属转移合同的当日，或者纳税人取得其他具有土地、房屋权属转移合同性质凭证的当日。具有土地、房屋权属转移合同性质的凭证包括契约、协议、合约、单据、确认书以及其他凭证。

纳税人应当在依法办理土地、房屋权属登记手续前申报缴纳契税。契税申报以不动产单元为基本单位。

（二）纳税地点

契税实行属地征收管理。纳税人发生契税纳税义务时，应向土地、房屋所在地的税务机关申报纳税。

任务实施

以获奖方式取得房屋权属的应视同房屋赠与征收契税，计税依据为税务机关参照市场价格核定的价格，即28万元。房屋互换且互换价格不相等的，应由多支付货币的一方缴纳契税，计税依据为所互换的房屋价格的差额，即5万元。因此，王某应就其获奖承受该房屋权属行为和房屋互换行为分别缴纳契税。

（1）王某获奖承受房屋权属应缴纳的契税税额=280 000×4%=11 200（元）

（2）王某互换房屋行为应缴纳的契税税额=50 000×4%=2 000（元）

（3）王某实际应缴纳的契税税额=11 200+2 000=13 200（元）

任务三　土地增值税计算与申报规范

任务布置

商业企业土地增值税案例

2023年某国有商业企业利用库房空地进行住宅商品房开发，按照国家有关规定补交土地出让金2 840万元，缴纳相关税费160万元；住宅开发成本2 800万元，其中含装修费用500万元；房地产开发费用中的利息支出为300万元（不能提供金融机构证明）；当年住宅全部销售完毕，取得不含增值税销售收入共计9 000万元；缴纳城市维护建设税和教育费附加45万元；缴纳印花税4.5万元。已知：该公司所在省人民政府规定的房地产开发费用的计算扣除比例为10%。

任务：计算该企业销售住宅应缴纳的土地增值税税额。

任务思维导图

土地增值税计算与申报规范
- 土地增值税纳税人
- 土地增值税征税范围
- 土地增值税税率
- 土地增值税计税依据
  - 应税收入的确定
  - 扣除项目及其金额
- 土地增值税应纳税额的计算
- 土地增值税税收优惠
- 土地增值税征收管理
  - 纳税申报
  - 纳税清算
  - 纳税地点

预备知识

一、土地增值税纳税人

土地增值税的纳税人为转让国有土地使用权、地上建筑物及其附着物（以下简称转让房地产）并取得收入的单位和个人。这里所称单位包括各类企业单位、事业单位、国家机关和社会团体及其他组织。这里所称个人包括个体经营者和其他个人。此外，还包括外商投资企业、外国企业、外国驻华机构及海外华侨、港澳台同胞和外国公民。

微课

土地增值税

二、土地增值税征税范围

土地增值税征税范围见表6-4。

表6-4 土地增值税征税范围

事项	土地增值税	
	不征	征
土地使用权出让	√	
土地使用权转让		√
转让建筑物产权		√
继承	√	
赠与	（1）赠与直系亲属或者承担直接赡养义务人； （2）通过中国境内非营利的社会团体、国家机关赠与教育、民政和其他社会福利、公益事业	赠与其他人
房地产开发企业	将部分开发房产自用或出租	出售或视同出售（如抵债等）
房地产交换	个人互换自有居住用房	企业互换
合作建房	建成后自用	建成后转让
出租	√	
抵押	抵押期间	抵押期满"且"发生权属转移
代建	√	
评估增值	√	

【提示】土地增值税属于收益性质的土地税，只有在发生权属转移且有增值的情况下才予征收。

三、土地增值税税率

土地增值税实行四级超率累进税率，每级"增值额未超过扣除项目金额"的比例，均包括本比例数。土地增值税四级超率累进税率表见表6-5。

表6-5 土地增值税四级超率累进税率表

级数	增值额与扣除项目金额的比率	税率（%）	速算扣除系数（%）
1	不超过50%的部分	30	0
2	超过50%至100%的部分	40	5
3	超过100%至200%的部分	50	15
4	超过200%的部分	60	35

四、土地增值税计税依据

（一）应税收入的确定

根据《土地增值税暂行条例》及其实施细则的规定，纳税人转让房地产取得的应税收入，应包括转让房地产的全部价款及有关的经济收益。从收入的形式来看，包括货币收入、实物收入和其他收入。纳税人转让房地产取得的收入为不含增值税收入。

（一）扣除项目及其金额

1.取得土地使用权所支付的金额

取得土地使用权所支付的金额包括以下两方面的内容：

（1）纳税人为取得土地使用权所支付的地价款。

（2）纳税人在取得土地使用权时按国家统一规定缴纳的有关费用和税金。

2.房地产开发成本

房地产开发成本，是指纳税人开发房地产项目实际发生的成本，包括土地征用及拆迁补偿费、前期工程费、建筑安装工程费、基础设施费、公共配套设施费、开发间接费用等。

（1）土地征用及拆迁补偿费，包括土地征用费、耕地占用税、劳动力安置费及有关地上和地下附着物拆迁补偿的净支出、安置动迁用房支出等。

（2）前期工程费，包括规划、设计、项目可行性研究和水文、地质、勘察、测绘、"三通一平"等支出。

（3）建筑安装工程费，是指以出包方式支付给承包单位的建筑安装工程费和以自营方式发生的建筑安装工程费。

（4）基础设施费，包括开发小区内道路、供水、供电、供气、排污、排洪、通信、照明、环卫、绿化等工程发生的支出。

（5）公共配套设施费，包括不能有偿转让的开发小区内公共配套设施发生的支出。

（6）开发间接费用，是指直接组织、管理开发项目发生的费用，包括工资、职工福利费、折旧费、修理费、办公费、水电费、劳动保护费、周转房摊销等。

3.房地产开发费用

房地产开发费用，是指与房地产开发项目有关的销售费用、管理费用和财务费用。根据现行财务会计制度的规定，这三项费用作为期间费用，按照实际发生额直接计入当期损益。但在计算土地增值税时，房地产开发费用并不是按照纳税人实际发生额进行扣除，应分别按以下两种情况扣除：

（1）财务费用中的利息支出，凡能够按转让房地产项目计算分摊并提供金融机构证明的，允许据实扣除，但最高不能超过按商业银行同类同期贷款利率计算的金额。其他房地产开发费用，按规定计算的金额（即取得土地使用权所支付的金额和房地产开发成本，下同）之和的5%以内计算扣除。计算扣除的具体比例，由各省、自治区、直辖市人民政府规定。计算公式为：

$$\text{允许扣除的房地产开发费用} = \text{利息} + \left(\text{取得土地使用权所支付的金额} + \text{房地产开发成本}\right) \times \text{省级政府确定的比例}$$

（2）财务费用中的利息支出，凡不能按转让房地产项目计算分摊利息支出或不能提供金融机构证明的，房地产开发费用按规定计算的金额之和的10%以内计算扣除。计算扣除的具体比例，由各省、自治区、直辖市人民政府规定。计算公式为：

$$\text{允许扣除的房地产开发费用} = \left(\text{取得土地使用权所支付的金额} + \text{房地产开发成本}\right) \times \text{省级政府确定的比例}$$

【例6-7】甲公司开发一项房地产项目，取得土地使用权支付的金额为1 000万元，发生开发成本6 000万元，发生开发费用2 000万元，其中利息支出900万元无法提供金融机构贷款利息证明。已知，当地房地产开发费用的计算扣除比例为10%。

【要求】计算甲公司缴纳土地增值税时可以扣除的房地产开发费用。

【解析】（1 000+6 000）×10%=700（万元）

4.与转让房地产有关的税金

与转让房地产有关的税金，是指在转让房地产时缴纳的城市维护建设税、印花税。因转让房地产缴纳的教育费附加，也可视同税金予以扣除。《土地增值税暂行条例》等规定的土地增值税扣除项目涉及的增值税进项税额，允许在销项税额中计算抵扣的，不计入扣除项目，不允许在销项税额中计算抵扣的，可以计入扣除项目。

5.财政部确定的其他扣除项目

对从事房地产开发的纳税人可按规定计算的金额之和，加计20%计算扣除。此条优惠只适用于从事房地产开发的纳税人，除此之外的其他纳税人不适用。

6.旧房及建筑物的扣除金额

（1）按评估价格扣除。

旧房及建筑物的评估价格是指在转让已使用的房屋及建筑物时，由政府批准设立的房地产评估机构评定的重置成本价乘以成新度折扣率后的价格。评估价格须经当地税务机关确认。

重置成本价的含义是：对旧房及建筑物，按转让时的建材价格及人工费用计算建造同样面积、同样层次、同样结构、同样建设标准的新房及建筑物所需花费的成本费用。成新度折扣率的含义是：按旧房的新旧程度作一定比例的折扣。

因此，转让旧房应按房屋及建筑物的评估价格、取得土地使用权所支付的地价款和按国家统一规定缴纳的有关费用，以及在转让环节缴纳的税金作为扣除项目金额计征土地增值税。对取得土地使用权时未支付地价款或不能提供已支付的地价款凭据的，在计征土地增值税时不允许扣除。

（2）按购房发票金额计算扣除。

纳税人转让旧房及建筑物，凡不能取得评估价格，但能提供购房发票的，经当地税务部门确认，《土地增值税暂行条例》规定的扣除项目的金额，可按发票所载金额并从购买年度起至转让年度止每年加计5%计算。对于纳税人购房时缴纳的契税，凡能够提供契税完税凭证的，准予作为"与转让房地产有关的税金"予以扣除，但不作为加计5%的基数。

7.计税依据的特殊规定

（1）隐瞒、虚报房地产成交价格的。

对于纳税人隐瞒、虚报房地产成交价格的，应由评估机构参照同类房地产的市场交易价格进行评估，税务机关根据评估价格确定转让房地产的收入。

（2）提供扣除项目金额不实的。

对于纳税人申报扣除项目金额不实的，应由评估机构按照房屋重置成本价乘以房屋的成新度折扣率计算的房屋成本价和取得土地使用权时的基准地价进行评估。税务机关根据评估价格确定房产的扣除项目金额，并用该房产所坐落土地取得时的基准地价或标准地价来确定土地的扣除项目金额，房产和土地的扣除项目金额之和即为该房地产的扣除项目金额。

（3）转让房地产的成交价格低于房地产评估价格，又无正当理由的。

对于这种情况，应按评估的市场交易价确定其实际成交价，并以此作为转让房地产的收入计算征收土地增值税。

（4）非直接销售和自用房地产收入的确定。

房地产开发企业将开发产品用于职工福利、奖励、对外投资、分配给股东或投资人、抵偿债务、换取其他单位和个人的非货币性资产等，发生所有权转移时应视同销售房地产，其收入按下列方法和顺序确认：一是按本企业在同一地区、同一年度销售的同类房地产的平均价格确定；二是由主管税务机关参照当地当年、同类房地产的市场价格或评估价值确定。

五、土地增值税应纳税额的计算

（一）应纳税额的计算公式

$$应纳税额=\sum（每级距的增值额\times适用税率）$$

（二）应纳税额的计算步骤

（1）计算增值额：

$$增值额=转让房地产取得的收入-扣除项目金额$$

（2）计算增值率：

$$增值率=增值额\div扣除项目金额\times100\%$$

（3）确定适用税率：按照计算出的增值率，从土地增值税税率表中确定适用税率。

（4）计算应纳税额：

$$土地增值税应纳税额=增值额\times适用税率-扣除项目金额\times速算扣除系数$$

【例6-8】2023年6月甲公司销售自行开发的房地产项目，取得不含增值税销售收入10 000万元，准予从房地产转让收入中减除的扣除项目金额为6 000万元，增值额超过扣除项目金额50%、未超过扣除项目金额100%的部分，税率为40%，速算扣除系数为5%。

【要求】计算甲公司该笔业务应缴纳的土地增值税税额。

【解析】（10 000-6 000）×40%-6 000×5%=1 300（万元）

【例6-9】某房地产开发公司于2023年10月将一座新建办公楼转让给某企业，该企业以1 500万元和一批价值500万元的货物支付；该公司按规定缴纳转让办公楼增值税100万元；公司为取得土地使用权而支付的地价款和按国家统一规定缴纳的有关税费合计为300万元；房地产开发成本为400万元；房地产开发费用中的利息支出为120万元。已知该公司所在地适用的房地产开发费用计算扣除比例为5%。

【要求】计算该公司转让新建办公楼应纳的土地增值税。

【解析】（1）确定房地产开发公司转让新建办公楼的扣除项目金额和增值额。

由于该公司属于房地产企业新建项目，其税前扣除项目有以下五项：

①取得土地使用权所支付的金额300万元；

②房地产开发成本400万元；

③由于财务费用中的利息支出"能分摊且能证明"：

可扣除的房地产开发费用=120+（300+400）×5%=155（万元）

④与转让房地产有关的税金=100×（7%+3%）=10（万元）

⑤房地产企业允许加计扣除的费用=（300+400）×20%=140（万元）

允许扣除项目金额=300+400+155+10+140=1 005（万元）

增值额=转让收入−扣除项目金额=（1 500+500）−1 005=995（万元）

（2）计算房地产开发公司转让新建办公楼应纳土地增值税。

①增值率=995÷1 005×100%=99%

其所适用的税率为40%，速算扣除率为5%。

②应纳土地增值税=995×40%−1 005×5%=347.75（万元）

六、土地增值税税收优惠

（1）纳税人建造"普通标准住宅"出售，增值额未超过扣除项目金额20%的，予以免税；超过20%的，应按全部增值额缴纳土地增值税。

【提示】房地产开发项目中同时包含普通住宅和非普通住宅的，应分别计算土地增值税的税额。

（2）因国家建设需要依法征用、收回的房地产，免征土地增值税。

【提示】因上述原因而"自行转让"比照国家收回处理。

（3）企事业单位、社会团体以及其他组织转让旧房作为公共租赁住房房源且增值额未超过扣除项目金额20%的，免征土地增值税。

（4）"个人""转让住房"暂免征收土地增值税。

七、土地增值税征收管理

（一）纳税申报

纳税人应在转让房地产合同签订后7日内，到房地产所在地主管税务机关办理纳税申报，并向税务机关提交房屋及建筑物产权、土地使用权证书，土地使用权转让、房产买卖合同、房地产评估报告及其他与转让房地产有关的资料，然后在税务机关规定的期限内缴纳土地增值税。

纳税人因经常发生房地产转让而难以在每次转让后申报的，经税务机关审核同意后，可以定期进行纳税申报，具体期限由主管税务机关根据情况确定。

纳税人采取预售方式销售房地产的，对在项目全部竣工结算前转让房地产取得的收入，税务机关可以预征土地增值税。具体办法由各省、自治区、直辖市税务局根据当地情况制定。

对于纳税人预售房地产所取得的收入，凡当地税务机关规定预征土地增值税的，纳税人应当到主管税务机关办理纳税申报，并按规定比例预交，待办理完纳税清算后，多退少补。

（二）纳税清算

1.纳税人"应当"进行土地增值税清算的情形

（1）房地产开发项目全部竣工、完成销售的；

（2）整体转让未竣工决算房地产开发项目的；

（3）直接转让土地使用权的。

2. 主管税务机关"可以要求"纳税人进行土地增值税清算的情形

（1）已竣工验收的房地产开发项目，已转让的房地产建筑面积占整个项目可售建筑面积的比例在"85%以上"，或该比例虽未超过85%，但剩余的可售建筑面积已经"出租或自用"的；

（2）取得销售（预售）许可证满"3年"仍未销售完毕的；

（3）纳税人申请注销税务登记但未办理土地增值税清算手续的。

（三）纳税地点

土地增值税纳税人发生应税行为应向房地产所在地主管税务机关缴纳税款。这里所称的房地产所在地，是指房地产的坐落地。纳税人转让的房地产坐落在两个或两个以上地区的，应按房地产所在地分别申报纳税。

任务实施

非房地产开发企业缴纳的印花税允许作为税金扣除；非房地产开发企业不允许按照取得土地使用权所支付金额和房地产开发成本合计数的20%加计扣除。

（1）住宅销售收入为9 000万元。

（2）确定转让房地产的扣除项目金额包括：

取得土地使用权所支付的金额=2 840+160=3 000（万元）

住宅开发成本为2 800万元。

房地产开发费用=（3 000+2 800）×10%=580（万元）

与转让房地产有关的税金=45+4.5=49.5（万元）

转让房地产的扣除项目金额=2 840+160+2 800+（2 840+160+2 800）×10%+49.5

$$=6\ 429.5（万元）$$

（3）转让房地产的增值额=9 000-6 429.5=2 570.5（万元）

（4）增值额与扣除项目金额的比率=2 570.5÷6 429.5×100%=39.98%

增值额与扣除项目金额的比率未超过50%，适用税率为30%。

（5）应纳土地增值税税额=2 570.5×30%=771.15（万元）

任务四　城镇土地使用税计算与申报规范

任务布置

城镇土地使用税案例

甲商贸公司位于市区，实际占地面积为5 000平方米，其中办公区占地4 000平方米，生活区占地1 000平方米，甲商贸公司还有一个位于农村的仓库，租给公安局使用，实际占地面积为15 000平方米，已知城镇土地使用税每平方米税额为5元。

任务：计算甲商贸公司全年应缴纳的城镇土地使用税税额。

任务思维导图

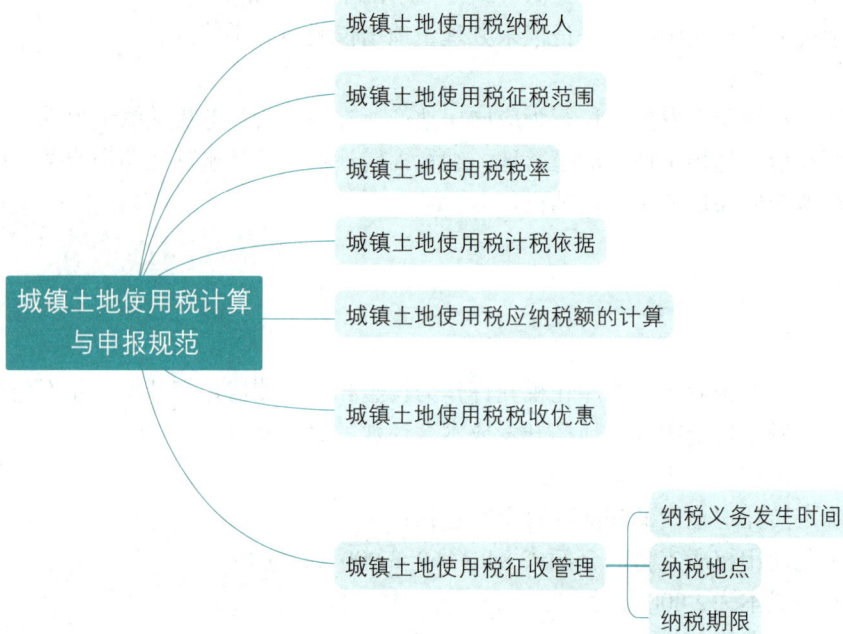

城镇土地使用税计算与申报规范

- 城镇土地使用税纳税人
- 城镇土地使用税征税范围
- 城镇土地使用税税率
- 城镇土地使用税计税依据
- 城镇土地使用税应纳税额的计算
- 城镇土地使用税税收优惠
- 城镇土地使用税征收管理
  - 纳税义务发生时间
  - 纳税地点
  - 纳税期限

预备知识

城镇土地使用税是国家在"城市、县城、建制镇和工矿区"范围内，对使用土地的单位和个人，以其实际占用的土地面积为计税依据，按照规定的税额计算征收的一种税。

一、城镇土地使用税纳税人

微课

城镇土地
使用税

城镇土地使用税的纳税人，是指在税法规定的征税范围内使用土地的单位和个人。所谓单位包括国有企业、集体企业、私营企业、股份制企业、外商投资企业、外国企业以及其他企业和事业单位、社会团体、国家机关、军队以及其他单位。个人，包括个体工商户以及其他个人。

城镇土地使用税的纳税人，根据用地者的不同情况分别确定为：

（1）城镇土地使用税由拥有土地使用权的单位或个人缴纳；

（2）拥有土地使用权的纳税人不在土地所在地的，由代管人或实际使用人缴纳；

（3）土地使用权未确定或权属纠纷未解决的，由实际使用人纳税；

（4）土地使用权共有的，共有各方均为纳税人，由共有各方分别纳税。

二、城镇土地使用税征税范围

凡在城市、县城、建制镇、工矿区范围内的土地，不区分国家所有，还是集体所有，都属于城镇土地使用税的征税范围。

【提示】不包括农村集体所有的土地。

三、城镇土地使用税税率

城镇土地使用税采用定额税率，按大、中、小城市和县城、建制镇、工矿区分别规定每平方米城镇土地使用税年应纳税额。大、中、小城市以公安部门登记在册的非农业正式户口人数为依据，按照国务院颁布的《城市规划条例》中规定的标准划分。人口在50万以上的为大城市；人口在20万~50万的为中等城市；人口在20万以下的为小城市。

城镇土地使用税每平方米年税额标准具体规定如下：大城市1.5~30元；中等城市1.2~24元；小城市0.9~18元；县城、建制镇、工矿区0.6~12元。

城镇土地使用税规定幅度税额，而且每个幅度税额的差距为20倍。这主要是考虑到我国各地存在着悬殊的土地级差收益，同一地区内不同地段的市政建设情况和经济发展程度也有较大的差别。省、自治区、直辖市人民政府，在上述规定的税额幅度内，根据市政建设情况、经济繁荣程度等条件，确定所辖地区的适用税额幅度。经济落后地区，城镇土地使用税的适用税额标准可适当降低，但降低幅度不得超过上述规定最低税额的30%。经济发达地区，城镇土地使用税的适用税额可以适当提高，但须报经财政部批准。这样，各地在确定不同地段的等级和适用税额时，就有选择余地，尽可能做到平衡税负。

四、城镇土地使用税计税依据

城镇土地使用税的计税依据是纳税人实际占用的土地面积。土地面积以平方米为计量标准。

（1）凡由省级人民政府确定的单位组织测定土地面积的，以"测定"的土地面积为准。

（2）尚未组织测定，但纳税人持有政府部门核发的土地使用权证书的，以"证书确定"的土地面积为准。

（3）尚未核发土地使用权证书的，应当由纳税人"据实申报"土地面积，待核发土地使用权证书后再作调整。

【例6-10】甲房地产开发企业开发一住宅项目，实际占地面积12 000平方米，建筑面积24 000平方米，容积率为2。

【要求】指出甲房地产开发企业缴纳城镇土地使用税的计税依据。

【解析】甲房地产开发企业缴纳城镇土地使用税的计税依据是12 000平方米。

五、城镇土地使用税应纳税额的计算

城镇土地使用税是以纳税人实际占用的土地面积为计税依据，按照规定的适用税额计算征收。其应纳税额计算公式为：

$$年应纳税额=实际占用应税土地面积（平方米）×适用税额$$

【例6-11】某企业实际占地面积为25 000平方米，经税务机关核定，该企业所在地段适用城镇土地使用税每平方米税额为2元。

【要求】计算该企业全年应缴纳的城镇土地使用税税额。

【解析】该企业年应缴纳的城镇土地使用税税额=实际占用应税土地面积（平方米）×适用税额=25 000×2=50 000（元）。

【例6-12】王红红为荣昌百货公司的税务会计，该公司坐落在黄海市繁华地段南海路45号。2023年该公司土地使用权证书上记载占用土地的面积为6 400平方米，土地使用证号为国用〔2017〕字第76号，经确认属一级地段，适用税率为27元/平方米；该公司另设一个统一核算的分店坐落在黄海市南山街67号，占地面积为5 400平方米，土地使用证号为国用〔2018〕字第88号，经确定属三级地段，适用税率为10元/平方米；该公司有一座仓库位于黄海市市郊常新镇222号，占地面积为1 200平方米，土地使用证号为国用〔2016〕字第23号，经确认属五级地段，适用税率为4元/平方米；另外，该百货公司在市区自办了一家幼儿园，占地面积为2 000平方米，土地使用证号为国用〔2020〕字第20号，经确认属三级地段，适用税率为10元/平方米，该幼儿园用地能与企业其他用地明确区分开来。2023年12月底又到了每年一度的城镇土地使用税缴纳的时限。

【要求】计算荣昌百货公司2023年应纳城镇土地使用税税额。

【解析】荣昌百货公司在市区、市郊均拥有土地，按纳税规定：坐落在南海路45号的经营点、南山街67号分店经营点、市郊常新镇222号仓库，均属于城镇土地使用税征税范围；其自办的幼儿园，属于城镇土地使用税规定的免税用地，免征城镇土地使用税。

2023年荣昌百货公司
应纳城镇土地使用税税额 $=6\ 400×27+5\ 400×10+1\ 200×4=172\ 800+54\ 000+4\ 800$

$=231\ 600（元）$

六、城镇土地使用税税收优惠

城镇土地使用税税收优惠见表6-6。

表6-6   城镇土地使用税税收优惠

记忆提示		优惠政策
非经营行为	免征	（1）国家机关、人民团体、军队自用的土地 （2）由国家财政部门拨付事业经费的单位自用的土地 （3）宗教寺庙、公园、名胜古迹自用的土地 【提示】公园、名胜古迹内附设的营业单位占用的土地，如"索道公司经营用地"，应按规定缴纳城镇土地使用税 （4）市政街道、广场、绿化地带等公共用地 （5）老年服务机构自用的土地
国家鼓励行为	免征	（1）直接用于农、林、牧、渔业的生产用地 （2）经批准开山填海整治的土地和改造的废弃土地，从使用的月份起免缴土地使用税5~10年 （3）农产品批发市场、农贸市场用地（同房产税） （4）国家级、省级科技企业孵化器用地（同房产税）
占用耕地		缴纳了耕地占用税的，从批准征用之日起"满1年后"征收城镇土地使用税

续表

记忆提示		优惠政策
无偿使用	免征	免税单位无偿使用纳税单位的土地
	不免征	纳税单位无偿使用免税单位的土地
全民健身		体育用地（同房产税）
房地产开发	免征	经批准开发建设经济适用房的用地
	不免征	其他各类房地产开发用地
各行业 免征规定	厂区内征	包括办公区、生活区、绿化带、机场跑道等
	厂区外 免征	企业的铁路专用线、公路等用地：在厂区以外、与社会公用地段未加隔离的
		火电厂围墙外的灰场、输灰管、输油（气）管道、铁路专用线用地；水电站除发电厂房、生产、办公、生活以外的用地；供电部门的输电线路、变电站用地
		盐场的盐滩、盐矿的矿井用地
		林区的育林地、运材道、防火道、防火设施用地；森林公园、自然保护区用地
		水利设施及其管护用地：如水库库区、大坝、堤防、灌渠、泵站等用地
		港口：码头用地
		机场：飞行区用地、场内外通信导航设施用地、飞行区四周排水防洪设施用地、场外的道路用地
		石油行业：地质勘探、钻井、井下作业、油气田地面工程等施工临时用地；企业厂区以外的铁路专用线、公路及输油（气、水）管道用地；油气长输管线用地；在城市、县城、建制镇以外工矿区内的消防、防洪排涝、防风、防沙设施用地
	非征税范围	邮政：坐落在城市、县城、建制镇、工矿区范围以外的，尚在县邮政局内核算的土地，在单位财务账中划分清楚的
供热企业	免征	2019年1月1日至2023年供暖期结束，对向居民供热收取采暖费的供热企业，为居民供热所使用的土地免征城镇土地使用税；对供热企业其他土地，应当按照规定征收城镇土地使用税
物流企业	减征	2020年1月1日至2022年12月31日，对物流企业自有（包括自用和出租）或承租的大宗商品仓储设施用地，减按所属土地等级适用税额标准的50%计征城镇土地使用税。

【例6-13】2023年甲服装公司（位于某县城）实际占地面积为30 000平方米，其中办公楼占地面积为500平方米，厂房仓库占地面积为22 000平方米，厂区内铁路专用线、公路等用地7 500平方米。已知当地规定的城镇土地使用税每平方米年税额为5元。

【要求】计算甲服装公司当年应缴纳的城镇土地使用税税额。

【解析】30 000×5=150 000（元）

【例6-14】甲盐场占地面积为300 000平方米，其中办公用地35 000平方米，生活区用地15 000平方米，盐滩用地250 000平方米。已知当地规定的城镇土地使用税每平方米年税额为0.8元。

【要求】计算甲盐场当年应缴纳的城镇土地使用税税额。

【解析】（35 000+15 000）×0.8=40 000（元）

七、城镇土地使用税征收管理

（一）纳税义务发生时间

（1）纳税人购置新建商品房，自房屋交付使用之次月起，缴纳城镇土地使用税。

（2）纳税人购置存量房，自办理房屋权属转移、变更登记手续，房地产权属登记机关签发房屋权属证书之次月起，缴纳城镇土地使用税。

（3）纳税人出租、出借房产，自交付出租、出借房产之次月起，缴纳城镇土地使用税。

（4）以出让或转让方式有偿取得土地使用权的，应由受让方从合同约定交付土地时间之次月起缴纳城镇土地使用税；合同未约定交付土地时间的，由受让方从合同签订之次月起缴纳城镇土地使用税。

（5）纳税人新征用的耕地，自批准征用之日起满1年时开始缴纳城镇土地使用税。

（6）纳税人新征用的非耕地，自批准征用次月起缴纳城镇土地使用税。

（二）纳税地点

城镇土地使用税在土地所在地缴纳。

纳税人使用的土地不属于同一省、自治区、直辖市管辖的，由纳税人分别向土地所在地税务机关缴纳城镇土地使用税；在同一省、自治区、直辖市管辖范围内，纳税人跨地区使用的土地，其纳税地点由各省、自治区、直辖市税务局确定。

（三）纳税期限

城镇土地使用税按年计算、分期缴纳，具体纳税期限由省、自治区、直辖市人民政府确定。

任务实施

计算甲商贸公司应纳城镇土地使用税税额如下：

本案例中，甲商贸公司位于市区，按纳税规定：坐落在市区的办公用地和生活区用地均属于城镇土地使用税征税范围；位于农村的仓库，租给公安局使用属于城镇土地使用税规定的免税用地，免征城镇土地使用税。

公司应纳城镇土地使用税税额=5 000×5=25 000（元）

任务五　耕地占用税计算与申报规范

任务布置

耕地占用税案例

7月甲公司开发住宅社区，经批准共占用耕地 150 000 平方米，其中 800 平方米兴建幼儿园，5 000 平方米修建学校，已知耕地占用税适用税率为 30 元/平方米。

任务：计算甲公司应缴纳的耕地占用税税额。

任务思维导图

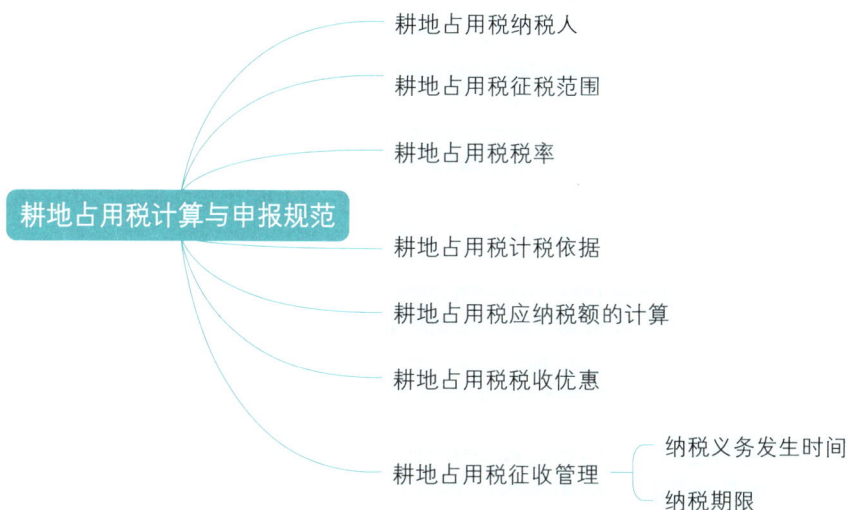

预备知识

微课

耕地占用税

耕地占用税是为了合理利用土地资源，加强土地管理，保护耕地，对占用耕地建设建筑物、构筑物或者从事非农业建设的单位和个人征收的一种税。

一、耕地占用税纳税人

耕地占用税纳税人见表6-7。

表6-7　耕地占用税纳税人

是否经批准		纳税人
经批准	农用地转用审批文件中标明建设用地人	建设用地人
	农用地转用审批文件中未标明建设用地人	用地申请人 【提示】用地申请人为各级人民政府的，由同级土地储备中心、自然资源主管部门或政府委托的其他部门、单位履行耕地占用税申报纳税义务
未经批准	实际用地人	

二、耕地占用税征税范围

耕地占用税的征税范围包括纳税人为建设建筑物、构筑物或从事其他非农业建设而占用的国家所有和集体所有的耕地。

耕地，是指用于种植农作物的土地。占用园地、林地、草地、农田水利用地、养殖水面、渔业水域滩涂以及其他农用地建设建筑物、构筑物或者从事非农业建设的，按规定缴纳耕地占用税。

园地，包括果园、茶园、橡胶园以及种植桑树、可可、咖啡、油棕、胡椒、药材等其他多年生作物的园地。

林地，包括乔木林地、竹林地、红树林地、森林沼泽、灌木林地、灌丛沼泽以及疏林地、未成林地、迹地、苗圃等林地。不包括城镇村庄范围内的绿化林木用地，铁路、公路征地范围内的林木用地，以及河流、沟渠的护堤林用地。

草地，包括天然牧草地、沼泽草地、人工牧草地，以及用于农业生产并已由相关行政主管部门发放使用权证的草地。

农田水利用地，包括农田排灌沟渠及相应附属设施用地。

养殖水面，包括人工开挖或者天然形成的用于水产养殖的河流水面、湖泊水面、水库水面、坑塘水面及相应附属设施用地。

渔业水域滩涂，包括专门用于种植或者养殖水生动植物的海水潮浸地带和滩地，以及用于种植芦苇并定期进行人工养护管理的苇田。

建设直接为农业生产服务的生产设施占用上述农用地的，不缴纳耕地占用税。直接为农业生产服务的生产设施，是指直接为农业生产服务而建设的建筑物和构筑物。具体包括：储存农用机具和种子、苗木、木材等农业产品的仓储设施；培育、生产种子、种苗的设施；畜禽养殖设施；木材集材道、运材道；农业科研、试验、示范基地；野生动植物保护、护林、森林病虫害防治、森林防火、木材检疫的设施；专为农业生产服务的灌溉排水、供水、供电、供热、供气、通信基础设施；农业生产者从事农业生产必需的食宿和管理设施；其他直接为农业生产服务的生产设施。

三、耕地占用税税率

耕地占用税实行定额税率。根据不同地区的人均耕地面积和经济发展情况实行有地区差别的幅度税额标准，税率具体标准如下：

人均耕地不超过1亩的地区（以县、自治县、不设区的市、市辖区为单位，下同），每平方米为10~50元；

人均耕地超过1亩但不超过2亩的地区，每平方米为8~40元；

人均耕地超过2亩但不超过3亩的地区，每平方米为6~30元；

人均耕地超过3亩的地区，每平方米为5~25元。

各地区耕地占用税的适用税额，由省、自治区、直辖市人民政府根据人均耕地面积和经济发展等情况，在规定的税额幅度内提出，报同级人民代表大会常务委员会决定，并报全国人民代表大会常务委员会和国务院备案。各省、自治区、直辖市耕地占用税适用税额的平均水平，不得低于《各省、自治区、直辖市耕地占用税平均税额表》（见表6-8）规定的平均税额。

表6-8　　　　　　　　　　各省、自治区、直辖市耕地占用税平均税额表

省、自治区、直辖市	平均税额（元/平方米）
上海	45
北京	40
天津	35
江苏、浙江、福建、广东	30
辽宁、湖北、湖南	25
河北、安徽、江西、山东、河南、重庆、四川	22.5
广西、海南、贵州、云南、陕西	20
山西、吉林、黑龙江	17.5
内蒙古、西藏、甘肃、青海、宁夏、新疆	12.5

在人均耕地低于0.5亩的地区，省、自治区、直辖市可以根据当地经济发展情况，适当提高耕地占用税的适用税额，但提高的部分不得超过确定的适用税额的50%。

占用基本农田的，应当按照当地适用税额，加按150%征收。

占用园地、林地、草地、农田水利用地、养殖水面、渔业水域滩涂以及其他农用地建设建筑物、构筑物或者从事非农业建设的，适用税额可以适当低于本地区确定的适用税额，但降低的部分不得超过50%。具体适用税额由省、自治区、直辖市人民政府提出，报同级人民代表大会常务委员会决定，并报全国人民代表大会常务委员会和国务院备案。

四、耕地占用税计税依据

耕地占用税以纳税人实际占用的耕地面积为计税依据，按照规定的适用税额标准计算应纳税额，一次性缴纳。实际占用的耕地面积，包括经批准占用的耕地面积和未经批准占用的耕地面积。

纳税人实际占用耕地面积的核定以农用地转用审批文件为主要依据，必要的时候应当实地勘测。

五、耕地占用税应纳税额的计算

耕地占用税应纳税额的计算公式为：
$$应纳税额=实际占用耕地面积（平方米）×适用税率$$

六、耕地占用税税收优惠

1.免征
军事设施、学校、幼儿园、社会福利机构、医疗机构占用耕地，免征耕地占用税。
【提示】学校内经营性场所、教职工住房和医疗机构内职工住房占用耕地的不免征。

2.减半征收
农村居民在规定用地标准以内占用耕地新建自用住宅，按照当地适用税额减半征收耕地占用税。

【提示】农村居民经批准搬迁，新建自用住宅占用耕地不超过原宅基地面积的部分，免征耕地占用税。农村烈士遗属、因公牺牲军人遗属、残疾军人以及符合农村最低生活保障条件的农村居民，在规定用地标准以内新建住宅，免征耕地占用税。

3.部分减征
占用非基本农田，适用税额可以"适当低于"本地区占用耕地的适用税额，但降低的

部分不得超过50%。

【提示】非基本农田是指园地、林地、草地、农田水利用地、养殖水面，以及渔业水域滩涂以及其他农用地。

4.减按2元/平方米的税额征收

铁路线路、公路线路、飞机场跑道和停机坪、港口、航道、水利工程占用的耕地。

5.补税规定

按规定免征或减征耕地占用税后，纳税人改变原占地用途，不再属于免征或者减征耕地占用税情形的，应当按照当地适用税额补缴耕地占用税。

6.纳税退还

（1）纳税人因"建设项目施工或者地质勘查"临时占用耕地，应当缴纳耕地占用税。纳税人在批准临时占用耕地"期满之日起1年内"依法复垦，恢复种植条件的，"全额退还"已经缴纳的耕地占用税。

（2）因"挖损、采矿塌陷、压占、污染"等损毁耕地属于税法所称的非农业建设，应依照税法规定缴纳耕地占用税；自自然资源、农业农村等相关部门认定损毁耕地之日起"3年内"依法复垦或修复，恢复种植条件的，按规定办理退税。

七、耕地占用税征收管理

1.纳税义务发生时间

纳税人收到自然资源主管部门办理占用耕地手续的书面通知的当日。

2.纳税期限

纳税人应当自纳税义务发生之日起30日内申报缴纳耕地占用税。

任务实施

甲公司占用耕地150 000平方米，其中800平方米兴建幼儿园，5 000平方米修建学校，幼儿园和学校用地免征耕地占用税。

耕地占用税：

（150 000-800-5 000）×30=4 326 000（元）

任务六　车船税计算与申报规范

任务布置

车船税案例

甲公司2023年拥有机动船舶10艘，每艘净吨位为150吨，非机动驳船5艘，每艘净吨位为80吨，已知机动船舶适用的年基准税额为每吨3元。

任务：计算甲公司当年应缴纳的车船税税额。

任务思维导图

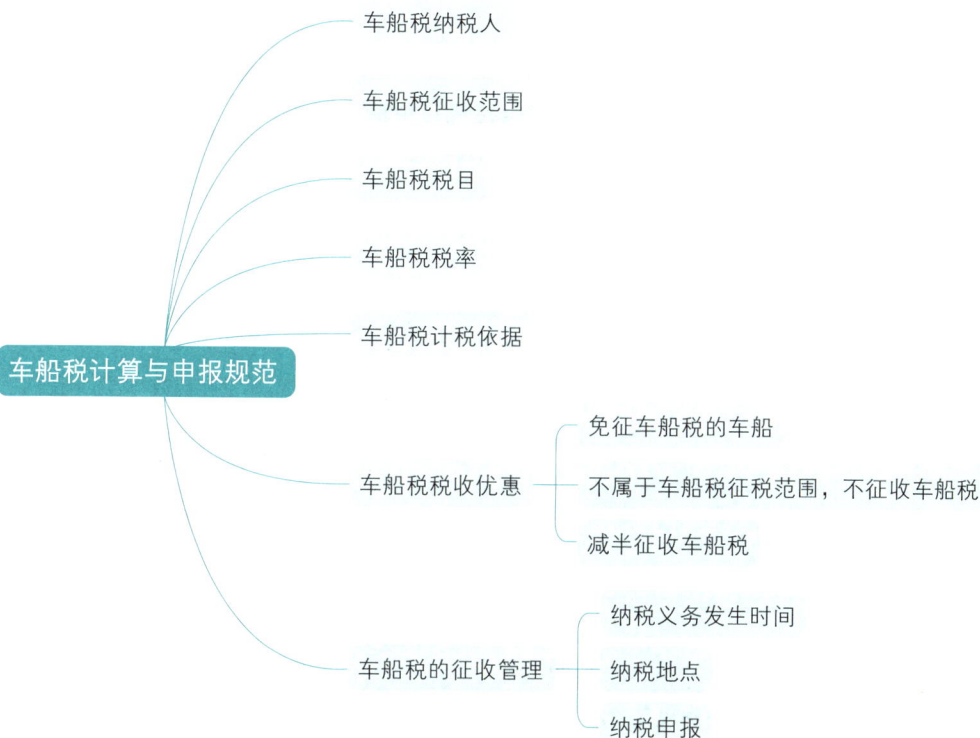

预备知识

车船税，是依照法律规定对在我国境内的车辆、船舶，按照规定税目和税额计算征收的一种税。

一、车船税纳税人

车船税的纳税人，是指在我国境内属于《车船税法》所附《车船税税目税额表》规定的车辆、船舶（以下简称"车船"）的所有人或者管理人。从事机动车第三者责任强制保险业务的保险机构为机动车车船税的扣缴义务人。

微课

车船税

二、车船税征收范围

车船税的征税范围是指在我国境内属于《车船税法》所规定的应税车辆和船舶，具体包括：

（1）依法应当在车船登记管理部门登记的机动车辆和船舶；

（2）依法不需要在车船登记管理部门登记的在单位内部场所行驶或者作业的机动车辆和船舶。

三、车船税税目

车船税的税目分为六大类，包括乘用车、商用车、挂车、其他车辆、摩托车和船舶。

四、车船税税率

车船税实行"有幅度的定额税率"。车船税税目税额表见表6-9。

表6-9　　　　　　　　　　　　　　　车船税税目税额表

税目		年基准税	计税单位	应纳税额
乘用车、商用客车和摩托车	>1.6 升	36 元至 5 400 元	每辆	辆数×适用年税额
	≤1.6 升			辆数×适用年税额×50%
商用货车、专用作业车和轮式专用机械车（不包括拖拉机）		16 元至 120 元	整备质量每吨	整备质量吨位数×适用年税额
挂车				整备质量吨位数×适用年税额×50%
机动船舶		3 元至 6 元	净吨位每吨	净吨位数×适用年税额
非机动驳船、拖船				净吨位数×适用年税额×50%
游艇		600 元至 2 000 元	艇身长度每米	艇身长度×适用年税额

【提示】购入当年不足 1 年的自纳税义务发生"当月"按月计征

五、车船税计税依据

车船税以车船的计税单位数量为计税依据。《车船税法》按车船的种类和性能，分别确定每辆、整备质量每吨、净吨位每吨和艇身长度每米为计税单位。具体如下：

（1）乘用车、商用客车和摩托车，以辆数为计税依据；

（2）商用货车、挂车、专用作业车和轮式专用机械车，以整备质量吨位数为计税依据；

（3）机动船舶，以净吨位数为计税依据；

（4）游艇以艇身长度为计税依据。

【例6-15】2023年浙江汇邦物流公司有整备质量为10吨的2辆货车，原值合计90万元；大客车1辆；小汽车3辆，小汽车排气量分别为1.8升、2.0升和2.4升。浙江省车船税税率为：载货汽车为整备质量每吨60元；大客车为每辆600元；排气量1.6～2.0升（含）的小汽车为每辆360元，排气量2.0～2.5升（含）的小汽车为每辆660元。车船税按年申报，分月计算，一次性缴纳。保险机构代收车船税的，纳税人应当在购买机动车交通事故责任强制保险的同时缴纳车船税。

【要求】计算浙江汇邦物流公司2023年应纳的车船税。

【解析】（1）载货汽车年应纳车船税=10×2×60=1 200（元）

（2）大客车年应纳车船税=600×1=600（元）

（3）小汽车年应纳车船税=360×2+660×1=1 380（元）

2023年应纳车船税=1 200+600+1 380=3 180（元）

六、车船税税收优惠

1.免征车船税的车船

（1）捕捞、养殖渔船；

（2）军队、武装警察部队专用的车船；

（3）警用车船；

（4）消防车船；

（5）依照法律规定应当予以免税的外国驻华使领馆、国际组织驻华代表机构及其有关人员的车船；

（6）新能源车船。

【提示】免征车船税的"新能源汽车"是指纯电动商用车、插电式（含增程式）混合动力汽车、燃料电池商用车。

2.不属于车船税征税范围，不征收车船税

（1）乘用新能源车船；

（2）外国、港、澳、台临时入境车船。

【提示】"纯电动乘用车"和"燃料电池乘用车"不属于车船税征税范围，对其不征车船税。

3.减半征收车船税

（1）节能汽车（1.6升及以下小排量）；

（2）拖船、非机动驳船；

（3）挂车。

七、车船税的征收管理

（一）纳税义务发生时间

取得车船所有权或者管理权的当月。

（二）纳税地点

车船税的纳税地点为车船的登记地或者车船税扣缴义务人所在地。

（1）扣缴义务人代收代缴车船税的，纳税地点为扣缴义务人所在地；

（2）纳税人自行申报缴纳车船税的，纳税地点为车船登记地的主管税务机关所在地；

（3）依法不需要办理登记的车船，其车船税的纳税地点为车船的所有人或者管理人所在地。

（三）纳税申报

（1）车船税按年申报，分月计算，一次性缴纳。

（2）扣缴义务人，应当在收取保险费时依法代收车船税，并出具代收税款凭证，扣

缴义务人已代收代缴车船税的，纳税人不再向车辆登记地的主管税务机关申报缴纳车船税。

（3）没有扣缴义务人的，纳税人应当向主管税务机关自行申报缴纳车船税。

（4）已缴纳车船税的车船在同一纳税年度内办理转让过户的，不另纳税，也不办理退税。

（5）在一个纳税年度内，已完税的车船被盗抢、报废、灭失的，纳税人可以凭有关机关出具的证明和完税凭证，向纳税所在地的主管税务机关申请退还自被盗抢、报废、灭失月份起至该纳税年度终了期间的税款。

【提示】失而复得的，自公安机关出具相关证明的当月起计算缴纳车船税。

任务实施

计算该公司2023年应纳车船税如下：

机动船舶的车船税=10×150×3=4 500（元）

非机动驳船的车船税=5×80×3×50%=600（元）

应纳车船税=4 500+600=5 100（元）

任务七　资源税计算与申报规范

任务布置

山西省大同公司资源税案例

山西省大同公司以生产煤炭、原煤、铁矿原矿和选矿为主，同时小规模生产选煤。山西省原煤和铁矿选矿资源税适用税率分别为8%和6%，该公司10月发生的各项业务如下：

（1）销售原煤6 000吨，销售价为800元/吨；

（2）移送铁矿原矿1 500吨，加工成选矿1 000吨，每吨售价2 800元，10月已经全部销售完毕；

（3）加工煤制品用原煤2 000吨，市场售价为620元/吨；

（4）出售选煤90吨，原煤售价840元/吨，该选煤的折算率为1.1；

（5）销售铁矿原矿2 000吨，选矿每吨售价2 800元，原矿与选矿的折算率为0.67。

任务：计算10月该纳税人应缴纳的资源税税额。

任务思维导图

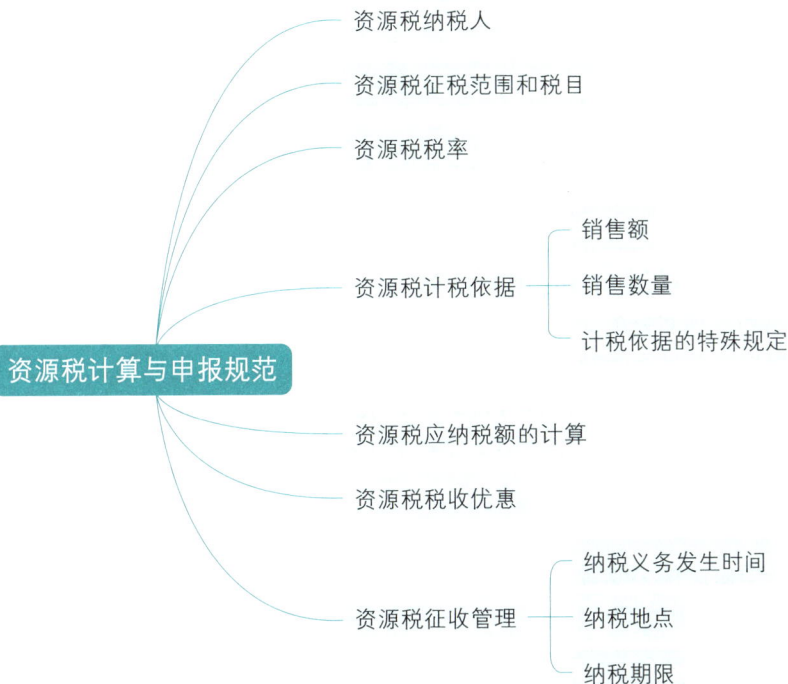

预备知识

资源税是对在我国领域或管辖的其他海域开发应税资源的单位和个人征收的一种税。1984年9月18日国务院发布了《中华人民共和国资源税条例（草案）》，自同年10月1日起施行。随后，国家又陆续对资源税进行了修订和调整。2019年8月26日，第十三届全国人民代表大会常务委员会第十二次会议通过了《中华人民共和国资源税法》，自2020年9月1日起施行。

一、资源税纳税人

资源税的纳税人，是指在中华人民共和国领域和中华人民共和国管辖的其他海域开发应税资源的单位和个人。中外合作开采陆上、海上石油资源的企业依法缴纳资源税。

微课

资源税

二、资源税征税范围和税目

1.能源矿产

能源矿产包括原油，天然气、页岩气、天然气水合物，煤，煤成（层）气，铀、钍，油页岩、油砂、天然沥青、石煤，地热。

2. 金属矿产

金属矿产包括黑色金属和有色金属。

3. 非金属矿产

非金属矿产包括矿物类、岩石类、宝玉石类。

4. 水气矿产

水气矿产包括二氧化碳气、硫化氢气、氦气、氖气、矿泉水。

5. 盐类

盐类包括钠盐、钾盐、镁盐、锂盐、天然卤水、海盐。

纳税人开采或者生产应税产品自用的，视同销售，应当按规定缴纳资源税；但是，自用于连续生产应税产品的，不缴纳资源税。纳税人自用应税产品应当缴纳资源税的情形，包括纳税人以应税产品用于非货币性资产交换、捐赠、偿债、赞助、集资、投资、广告、样品、职工福利、利润分配或者连续生产非应税产品等。

国务院根据国民经济和社会发展需要，依照《资源税法》的原则，对取用地表水或者地下水的单位和个人试点征收水资源税。征收水资源税的，停止征收水资源费。水资源税试点实施办法由国务院规定，报全国人民代表大会常务委员会备案。

三、资源税税率

资源税采用比例税率或者定额税率两种形式。税目、税率，依照资源税税目税率表执行，见表6-10。

表6-10　　　　　　　　　　　　资源税税目税率表

税目			征税对象	税率
能源矿产	原油		原矿	6%
	天然气、页岩气、天然气水合物		原矿	6%
	煤		原矿或者选矿	2%~10%
	煤成（层）气		原矿	1%~2%
	铀、钍		原矿	4%
	油页岩、油砂、天然沥青、石煤		原矿或者选矿	1%~4%
	地热		原矿	1%~20% 或者每立方米 1~30 元
金属矿产	黑色金属	铁、锰、铬、钒、钛	原矿或者选矿	1%~9%
	有色金属	铜、铅、锌、锡、镍、锑、镁、钴、铋、汞	原矿或者选矿	2%~10%
		铝土矿	原矿或者选矿	2%~9%
		钨	选矿	6.5%
		钼	选矿	8%
		金、银	原矿或者选矿	2%~6%
		铂、钯、钌、锇、铱、铑	原矿或者选矿	5%~10%
		轻稀土	选矿	7%~12%
		中重稀土	选矿	20%
		铍、锂、锆、锶、铷、铯、铌、钽、锗、镓、铟、铊、铪、铼、镉、硒、碲	原矿或者选矿	2%~10%

税目			征税对象	税率
非金属矿产	矿物类	高岭土	原矿或者选矿	1%~6%
		石灰岩	原矿或者选矿	1%~6% 或者每吨（或者每立方米）1~10 元
		磷	原矿或者选矿	3%~8%
		石墨	原矿或者选矿	3%~12%
		萤石、硫铁矿、自然硫	原矿或者选矿	1%~8%
		天然石英砂、脉石英、粉石英、水晶、工业用金刚石、冰洲石、蓝晶石、硅线石（矽线石）、长石、滑石、刚玉、菱镁矿、颜料矿物、天然碱、芒硝、钠硝石、明矾石、砷、硼、碘、溴、膨润土、硅藻土、陶瓷土、耐火粘土、铁矾土、凹凸棒石粘土、海泡石粘土、伊利石粘土、累托石粘土	原矿或者选矿	1%~12%
		叶蜡石、硅灰石、透辉石、珍珠岩、云母、沸石、重晶石、毒重石、方解石、蛭石、透闪石、工业用电气石、白垩、石棉、蓝石棉、红柱石、石榴子石、石膏	原矿或者选矿	2%~12%
		其他粘土（铸型用粘土、砖瓦用粘土、陶粒用粘土、水泥配料用粘土、水泥配料用红土、水泥配料用黄土、水泥配料用泥岩、保温材料用粘土）	原矿或者选矿	1%~5% 或者每吨（或者每立方米）0.1~5 元
	岩石类	大理岩、花岗岩、白云岩、石英岩、砂岩、辉绿岩、安山岩、闪长岩、板岩、玄武岩、片麻岩、角闪岩、页岩、浮石、凝灰岩、黑曜岩、霞石正长岩、蛇纹岩、麦饭石、泥灰岩、含钾岩石、含钾砂页岩、天然油石、橄榄岩、松脂岩、粗面岩、辉长岩、辉石岩、正长岩、火山灰、火山渣、泥炭	原矿或者选矿	1%~10%
		砂石	原矿或者选矿	1%~5% 或者每吨（或者每立方米）0.1~5 元
	宝玉石类	宝石、玉石、宝石级金刚石、玛瑙、黄玉、碧玺	原矿或者选矿	4%~20%

续表

税目		征税对象	税率
水气矿产	二氧化碳气、硫化氢气、氦气、氡气	原矿	2%~5%
	矿泉水	原矿	1%~20% 或者每立方米 1~30 元
盐	钠盐、钾盐、镁盐、锂盐	选矿	3%~15%
	天然卤水	原矿	3%~15% 或者每吨（或者每立方米）1~10 元
	海盐		2%~5%

四、资源税计税依据

资源税按照资源税税目税率表实行从价计征或者从量计征。以纳税人开发应税资源产品的销售额或者销售数量为计税依据。

（一）销售额

（1）资源税应税产品销售额是指纳税人销售应税产品向购买方收取的全部价款，但不包括收取的增值税税款。计入销售额中的相关运杂费用，凡取得增值税发票或者其他合法有效凭据的，准予从销售额中扣除。

（2）纳税人申报的应税产品销售额明显偏低且无正当理由的，或者有自用应税产品行为而无销售额的，主管税务机关可以按下列方法和顺序确定其应税产品销售额：

①按纳税人最近时期同类产品的平均销售价格确定。

②按其他纳税人最近时期同类产品的平均销售价格确定。

③按后续加工非应税产品销售价格，减去后续加工环节的成本利润后确定。

④按应税产品组成计税价格确定：

$$组成计税价格=成本×（1+成本利润率）÷（1-资源税税率）$$

式中的成本利润率由省、自治区、直辖市税务机关确定。

⑤按其他合理方法确定。

（二）销售数量

应税产品的销售数量，包括纳税人开采或者生产应税产品的实际销售数量和自用于应当缴纳资源税情形的应税产品数量。

（三）计税依据的特殊规定

（1）纳税人外购应税产品与自采应税产品混合销售或者混合加工为应税产品销售的，在计算应税产品销售额或者销售数量时，准予扣减外购应税产品的购进金额或者购进数量；当期不足扣减的，可结转下期扣减。纳税人应当准确核算外购应税产品的购进金额或者购进数量，未准确核算的，一并计算缴纳资源税。

纳税人核算并扣减当期外购应税产品购进金额、购进数量，应当依据外购应税产品的增值税发票、海关进口增值税专用缴款书或者其他合法有效凭据。

（2）纳税人以外购原矿与自采原矿混合为原矿销售的，或者以外购选矿产品与自产选矿产品混合为选矿产品销售的，在计算应税产品销售额或者销售数量时，直接扣减外购原矿或者外购选矿产品的购进金额或者购进数量。

纳税人以外购原矿与自采原矿混合洗选加工为选矿产品销售的，在计算应税产品销售额或者销售数量时，按照下列方法进行扣减：

$$准予扣减的外购应税\atop 产品购进金额（数量）=\,外购原矿购进\atop 金额（数量）\times\left(本地区原矿\atop 适用税率\div本地区选矿\atop 产品适用税率\right)$$

不能按照上述方法计算扣减的，按照主管税务机关确定的其他合理方法进行扣减。

（3）纳税人开采或者生产同一税目下适用不同税率应税产品的，应当分别核算不同税率应税产品的销售额或者销售数量；未分别核算或者不能准确提供不同税率应税产品的销售额或者销售数量的，从高适用税率。

（4）纳税人以自采原矿（经过采矿过程采出后未进行选矿或者加工的矿石）直接销售，或者自用于应当缴纳资源税情形的，按照原矿计征资源税。

（5）纳税人开采或者生产同一应税产品，其中既有享受减免税政策的，又有不享受减免税政策的，按照免税、减税项目的产量占比等方法分别核算确定免税、减税项目的销售额或者销售数量。

五、资源税应纳税额的计算

资源税的应纳税额，按照从价定率或者从量定额的办法，分别以应税产品的销售额乘以纳税人具体适用的比例税率或者以应税产品的销售数量乘以纳税人具体适用的定额税率计算。计算公式如下：

1.实行从价定率计征办法的应税产品

资源税应纳税额按销售额和比例税率计算：

应纳税额=应税产品的销售额×适用的比例税率

【例6-16】某铜矿10月销售铜矿石原矿收取价款合计600万元，其中从坑口到车站的运输费用20万元，随运销产生的装卸、仓储费用10万元，均取得增值税专用发票。已知该铜矿铜矿石原矿适用的资源税税率为6%。

【要求】计算该铜矿10月份应纳的资源税税额。

【解析】因为铜矿石征税对象为原矿或选矿，本题计税依据应为原矿销售额，减除运输费用和装卸、仓储费用。

（1）该铜矿当月应税产品销售额=600-（20+10）=570（万元）

（2）该铜矿10月份应纳资源税税额=570×6%=34.2（万元）

2.实行从量定额计征办法的应税产品

资源税应纳税额按销售数量和定额税率计算：

应纳税额=应税产品的销售数量×适用的定额税率

3.扣缴义务人代扣代缴资源税应纳税额的计算

代扣代缴应纳税额=收购未税产品的数量×适用的定额税率

六、资源税税收优惠

资源税税收优惠见表6-11。

表6-11   资源税税收优惠

税目	条件	优惠幅度
原油、天然气	稠油、高凝油	减征40%
	高含硫天然气、页岩气、三次采油和深水油气田	减征30%
	低丰度油气田	减征20%
所有矿产品	充填开采	减征50%
	衰竭期矿山	减征30%
	【提示】上述优惠不能叠加适用	

七、资源税征收管理

（一）纳税义务发生时间

纳税人销售应税产品，纳税义务发生时间为收讫销售款或者取得索取销售款凭据的当日；自用应税产品的，纳税义务发生时间为移送应税产品的当日。

资源税由税务机关征收管理。海上开采的原油和天然气资源税由海洋石油税务管理机构征收管理。

（二）纳税地点

纳税人应当在矿产品的开采地或者海盐的生产地缴纳资源税。

（三）纳税期限

资源税按月或者按季申报缴纳；不能按固定期限计算缴纳的，可以按次申报缴纳。纳税人申报资源税时，应当填报资源税纳税申报表。纳税人享受资源税优惠政策，实行"自行判别、申报享受、有关资料留存备查"的办理方式，另有规定的除外。纳税人对资源税优惠事项留存材料的真实性和合法性承担法律责任。

纳税人按月或者按季申报缴纳的，应当自月度或者季度终了之日起15日内，向税务机关办理纳税申报并缴纳税款；按次申报缴纳的，应当自纳税义务发生之日起15日内，向税务机关办理纳税申报并缴纳税款。

任务实施

计算山西省大同公司10月应纳资源税税额如下：

（1）销售原煤应纳资源税=6 000×800×8%=4 800 000×8%=384 000（元）

（2）销售铁矿选矿应纳资源税=1 000×2 800×6%=2 800 000×6%=168 000（元）

（3）移送加工的原煤应纳资源税=2 000×620×8%=1 240 000×8%=99 200（元）

（4）出售选煤应纳资源税=90÷1.1×840×8%=81.82×840×8%=5 498.304（元）

（5）销售铁矿原矿应纳资源税=2 000×0.67×2 800×6%=225 120（元）

任务八　环境保护税计算与申报规范

任务布置

环境保护税案例

甲建筑公司2023年因施工作业导致产生的工业噪声超标16分贝以上，其中5月超标天数为12天，6月超标天数为22天，已知工业噪声超标16分贝以上每月税额为11 200元。

任务：计算甲建筑公司应纳的环境保护税。

任务思维导图

环境保护税计算与申报规范
- 环境保护税纳税人
- 环境保护税征税范围
- 环境保护税税率
- 环境保护税计税依据
- 环境保护税应纳税额的计算
  - 计算公式
  - 对噪声的特别规定
- 环境保护税税收优惠
- 环境保护税征收管理

预备知识

环境保护税是为了保护和改善环境，减少污染物排放，推进生态文明建设而征收的一种税。环境保护税的法律规范是于2016年12月25日第十二届全国人民代表大会常务委员会第二十五次会议通过、2018年10月26日第十三届全国人民代表大会常务委员会第六次会议修正的《中华人民共和国环境保护税法》（以下简称《环境保护税法》）。

一、环境保护税纳税人

环境保护税的纳税人为在中华人民共和国领域和中华人民共和国管辖的其他海域，直接向环境排放应税污染物的企业事业单位和其他生产经营者。按照规定征收环境保护税，不再征收排污费。

二、环境保护税征税范围

1.税目

大气污染物、水污染物、固体废物、噪声。

2.不属于"直接"排放的情形

（1）向依法设置的污水、生活垃圾"集中处理"场所排放应税污染物；

（2）在符合国家和地方环境保护标准的设施、场所贮存或者处置固体废物。

【提示】超标排放或不符合环保标准，应当缴纳环境保护税。

三、环境保护税税率

环境保护税实行定额税率。税目、税额依照环境保护税税目税额表执行，见表6-12。

表6-12   环境保护税税目税额表

税目		计量单位	税额
大气污染物		每污染当量	1.2~12 元
水污染物		每污染当量	1.4~14 元
固体废物	煤矸石	每吨	5 元
	尾矿	每吨	15 元
	危险废物	每吨	1 000 元
	冶炼渣、粉煤灰、炉渣、其他固体废物（含半固态、液态废物）	每吨	25 元
噪声	工业噪声	超标 1~3 分贝	每月 350 元
		超标 4~6 分贝	每月 700 元
		超标 7~9 分贝	每月 1 400 元
		超标 10~12 分贝	每月 2 800 元
		超标 13~15 分贝	每月 5 600 元
		超标 16 分贝以上	每月 11 200 元

应税大气污染物和水污染物的具体适用税额的确定和调整，由省、自治区、直辖市人民政府统筹考虑本地区环境承载能力、污染物排放现状和经济社会生态发展目标要求，在环境保护税税目税额表规定的税额幅度内提出，报同级人民代表大会常务委员会决定，并报全国人民代表大会常务委员会和国务院备案。

四、环境保护税计税依据

应税污染物的计税依据，按照下列方法确定：

（1）应税大气污染物按照污染物排放量折合的污染当量数确定；

（2）应税水污染物按照污染物排放量折合的污染当量数确定；

（3）应税固体废物按照固体废物的排放量确定；

（4）应税噪声按照超过国家规定标准的分贝数确定。

五、环境保护税应纳税额的计算

1.计算公式

$$应纳税额=计税依据×适用税额$$

【例6-17】2023年3月甲企业产生炉渣150吨，其中30吨在符合国家和地方环境保护标准的设施中贮存，100吨综合利用且符合国家和地方环境保护标准，其余的直接倒弃于空地，已知炉渣环境保护税税率为25元/吨。

【要求】计算甲企业当月所产生炉渣应缴纳的环境保护税税额。

【解析】（150-100-30）×25=500（元）

2.对噪声的特别规定

（1）一个单位边界上有"多处"噪声超标，根据"最高一处"超标声级计算应纳税额；当沿边界长度"超过100米"有两处以上噪声超标，按照"两个单位"计算应纳税额。

（2）一个单位有"不同地点"作业场所的，应当分别计算应纳税额，合并计征。

（3）"昼、夜"均超标的环境噪声，昼、夜分别计算应纳税额，累计计征。

（4）夜间频繁突发和夜间偶然突发厂界超标噪声，按等效声级和峰值噪声两种指标中超标分贝值高的一项计算应纳税额。

六、环境保护税税收优惠

1.免征

（1）农业生产（不包括规模化养殖）排放应税污染物的；

（2）机动车、铁路机车、非道路移动机械、船舶和航空器等流动污染源排放应税污染物的；

（3）依法设立的城乡污水集中处理、生活垃圾集中处理场所排放相应应税污染物，不超过国家和地方规定的排放标准的；

（4）纳税人综合利用的固体废物，符合国家和地方环境保护标准的；

（5）国务院批准免税的其他情形。

2.减征

（1）纳税人排放应税大气污染物或者水污染物的浓度值低于国家和地方规定的污染物排放标准30%的，减按75%征收环境保护税；

（2）纳税人排放应税大气污染物或者水污染物的浓度值低于国家和地方规定的污染物排放标准50%的，减按50%征收环境保护税；

（3）工业噪声声源一个月内超标"不足15天"的，减半计算应纳税额。

【学思践悟】随着生态文明建设的不断深入，环境保护税作为一项重要的经济调节手段，逐渐展现出其独特的价值。

通过环境保护税的实施，可以使环境质量得到显著提高。众多企业纷纷加大环保投入，改进生产工艺，减少污染物排放。同时，公众对环保的认识也更加深入，形成了人人关心环保、参与环保的良好氛围。

这些充分展示了环境保护税的思政价值。它不仅促进了企业履行环保责任，推动了绿色生产方式的形成，还增强了公众的环保意识，促进了生态文明建设的深入发展。通过税收这一经济手段，我们能够实现经济发展与环境保护的双赢，为子孙后代留下一个更加美好的家园。

七、环境保护税征收管理

1.纳税义务发生时间
纳税人排放应税污染物的"当日"。

2.纳税期限
按"月"计算，按"季"申报缴纳。不能按固定期限计算缴纳的，可以按"次"申报缴纳。

3.纳税申报
（1）纳税人按季申报缴纳的，应当自季度终了之日起15日内，向税务机关办理纳税申报并缴纳税款。

（2）纳税人按次申报缴纳的，应当自纳税义务发生之日起15日内，向税务机关办理纳税申报并缴纳税款。

4.纳税地点
向应税污染物"排放地"的税务机关申报缴纳。

任务实施

工业噪声声源一个月内超标"不足15天"的，减半计算应纳税额。

11 200×50%+11 200=16 800（元）

任务九　烟叶税与船舶吨税计算与申报规范

任务布置

卷烟厂烟叶税案例

某卷烟厂是增值税一般纳税人，2023年7月收购烟叶生产卷烟，取得的合法收购凭证上注明的买价为50万元，该卷烟厂按照规定的方式向烟叶生产者支付价外补贴，并与烟叶收购价格在同一收购凭证上分别注明。

任务：计算该卷烟厂收购烟叶时应纳的烟叶税和可以抵扣的进项税额。

任务思维导图

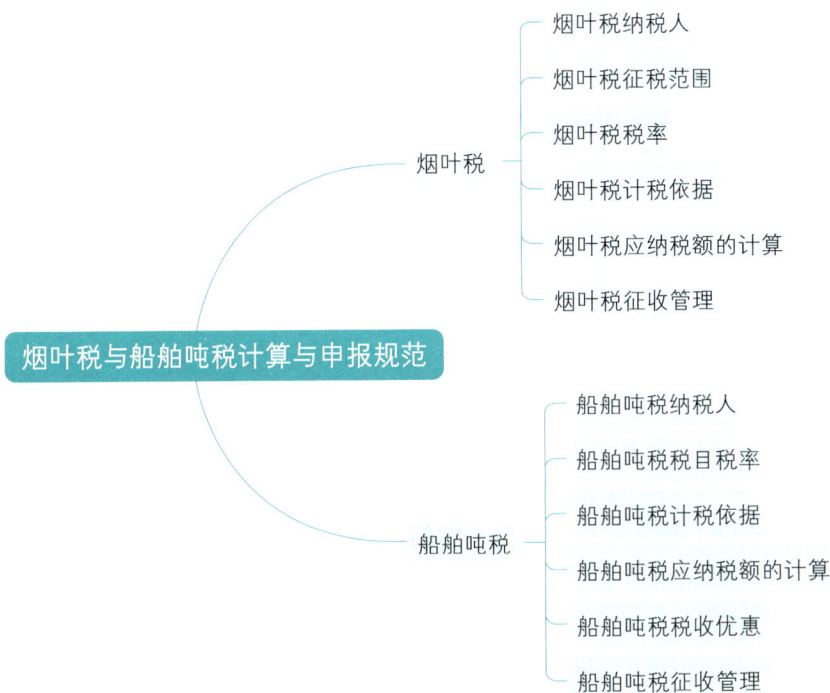

烟叶税与船舶吨税计算与申报规范

- 烟叶税
  - 烟叶税纳税人
  - 烟叶税征税范围
  - 烟叶税税率
  - 烟叶税计税依据
  - 烟叶税应纳税额的计算
  - 烟叶税征收管理

- 船舶吨税
  - 船舶吨税纳税人
  - 船舶吨税税目税率
  - 船舶吨税计税依据
  - 船舶吨税应纳税额的计算
  - 船舶吨税税收优惠
  - 船舶吨税征收管理

预备知识

一、烟叶税

烟叶税是向收购烟叶的单位征收的一种税。

（一）烟叶税纳税人

（1）烟叶税的纳税人为在中华人民共和国境内"收购烟叶的单位"，包括接受委托收购烟叶的单位。

（2）对依法查处没收的违法收购的烟叶，由"收购罚没烟叶的单位"缴纳烟叶税。

（二）烟叶税征税范围

烟叶税的征税范围包括晾晒烟叶、烤烟叶。

（三）烟叶税税率

烟叶税实行比例税率，税率为20%。

（四）烟叶税计税依据

烟叶税的计税依据是纳税人收购烟叶实际支付的价款总额，包括纳税人支付给烟叶生产销售单位和个人的烟叶收购价款和价外补贴。其中，价外补贴统一按烟叶收购价款的

10%计算。价款总额的计算公式为：

$$价款总额=收购价款×（1+10\%）$$

（五）烟叶税应纳税额的计算

烟叶税应纳税额的计算公式为：

$$应纳税额=价款总额×税率=收购价款×（1+10\%）×税率$$

（六）烟叶税征收管理

烟叶税的纳税义务发生时间为纳税人收购烟叶的当天。烟叶税在烟叶收购环节征收。纳税人收购烟叶即发生纳税义务。

烟叶税按月计征，纳税人应当于纳税义务发生月终了之日起15日内申报并缴纳税款。

纳税人收购烟叶，应当向烟叶收购地的主管税务机关申报纳税。

微课

船舶吨税

二、船舶吨税

船舶吨税是对自中国境外港口进入境内港口的船舶征收的一种税。

（一）船舶吨税纳税人

对自中国境外港口进入中国境内港口的船舶（以下简称应税船舶）征收船舶吨税（以下简称吨税），以应税船舶负责人为纳税人。

（二）船舶吨税税目税率

船舶吨税税目按船舶净吨位的大小分等级设置为4个税目。税率采用定额税率，分为30日、90日和1年三种不同的税率，具体分为两类：普通税率和优惠税率。我国国籍的应税船舶，船籍国（地区）与我国签订含有互相给予船舶税费最惠国待遇条款的条约或者协定的应税船舶，适用优惠税率；其他应税船舶，适用普通税率。我国现行吨税税目税率表见表6-13。

表6-13　　　　　　　　　　　吨税税目税率表

税目（按船舶净吨位划分）	税率（元/净吨）					
	普通税率（按执照期限划分）			优惠税率（按执照期限划分）		
	1年	90日	30日	1年	90日	30日
不超过2 000净吨	12.6	4.2	2.1	9.0	3.0	1.5
超过2 000净吨，但不超过10 000净吨	24.0	8.0	4.0	17.4	5.8	2.9
超过10 000净吨，但不超过50 000净吨	27.6	9.2	4.6	19.8	6.6	3.3
超过50 000净吨	31.8	10.6	5.3	22.8	7.6	3.8

（三）船舶吨税计税依据

吨税以船舶净吨位为计税依据。拖船按照发动机功率每千瓦折合净吨位0.67吨，按相同净吨位船舶税率的50%计征。

（四）船舶吨税应纳税额的计算

吨税按照船舶净吨位和吨税执照期限征收，应税船舶负责人在每次申报纳税时，可以按照《吨税税目税率表》选择申领一种期限的吨税执照。应纳税额的计算公式为：

$$应纳税额=应税船舶净吨位×适用税率$$

海关根据船舶负责人的申报，审核其申报吨位与其提供的船舶吨位证明和船舶国籍证书或者海事部门签发的船舶国籍证书收存证明相符后，按其申报执照的期限计征吨税，并填发缴款凭证交船舶负责人缴纳税款。

【例6-18】有一泰国国籍净吨位为1800吨的非机动驳船，停靠在我国某港口装卸货物。驳船负责人已向我国海关领取了吨税执照，在港口停留的期限为30天，泰国已与我国签订含有相互给予船舶税费最惠国待遇条款的条约。假定2000吨以下的船舶，30天期普通税率为2.1元/净吨、优惠税率为1.5元/净吨。非机动驳船按相同净吨位船舶税率的50%计征船舶吨税。

【要求】计算泰国非机动驳船应纳的船舶吨税税额。

【解析】1800×1.5×50%=1350（元）

（五）船舶吨税税收优惠

下列船舶免征吨税：

（1）应纳税额在人民币50元以下的船舶；

（2）自境外以购买、受赠、继承等方式取得船舶所有权的初次进口到港的空载船舶；

（3）吨税执照期满后24小时内不上下客货的船舶；

（4）非机动船舶（不包括非机动驳船）；

（5）捕捞、养殖渔船；

（6）避难、防疫隔离、修理、终止运营或者拆解，并不上下客货的船舶；

（7）军队、武装警察部队专用或者征用的船舶；

（8）警用船舶；

（9）依照法律规定应当予以免税的外国驻华使领馆、国际组织驻华代表机构及其有关人员的船舶；

（10）国务院规定的其他船舶。

（六）船舶吨税征收管理

1.纳税义务发生时间

吨税纳税义务发生时间为应税船舶进入境内港口的当日，应税船舶在吨税执照期满后尚未离开港口的，应当申领新的吨税执照，自上一执照期满的次日起续缴吨税。

应税船舶在进入港口办理入境手续时，应当向海关申报纳税领取吨税执照，或者交验吨税执照（或者申请核验吨税执照电子信息）。应税船舶在离开港口办理出境手续时，应当交验吨税执照（或者申请核验吨税执照电子信息）。

应税船舶负责人申领吨税执照时，应当向海关提供下列文件：

（1）船舶国籍证书或者海事部门签发的船舶国籍证书收存证明；

（2）船舶吨位证明。

2.纳税期限

应税船舶负责人应当自海关填发吨税缴款凭证之日起15日内缴清税款。未按期缴清税款的，自滞纳税款之日起至缴清税款之日止，按日加收滞纳税款万分之五的税款滞纳金。

应税船舶到达港口前，经海关核准先行申报并办结出入境手续的，应税船舶负责人应当向海关提供与其依法履行吨税缴纳义务相适应的担保；应税船舶到达港口后，按规定向海关申报纳税。

人民币、可自由兑换货币，汇票、本票、支票、债券、存单，银行、非银行金融机构的保函和海关依法认可的其他财产、权利，可以用于担保。

3.其他相关规定

船舶吨税由海关负责征收。海关征收吨税应当制发缴款凭证。

海关发现少征或者漏征税款的，应当自应税船舶应当缴纳税款之日起1年内，补征税款。但因应税船舶违反规定造成少征或者漏征税款的，海关可以自应当缴纳税款之日起3年内追征税款，并自应当缴纳税款之日起按日加征少征或者漏征税款万分之五的税款滞纳金。

海关发现多征税款的，应当在24小时内通知应税船舶办理退还手续，并加算银行同期活期存款利息。

应税船舶发现多缴税款的，可以自缴纳税款之日起3年内以书面形式要求海关退还多缴的税款并加算银行同期活期存款利息；海关应当自受理退税申请之日起30日内查实并通知应税船舶办理退还手续。

任务实施

收购烟叶应纳烟叶税=50×（1+10%）×20%=11（万元）

用于生产增值税税率13%的产品而购进的农产品可以抵扣10%的进项税额。

本月该卷烟厂收购烟叶可以抵扣的进项税额=［50×（1+10%）+11］×10%=6.6（万元）

任务十　印花税计算与申报规范

任务布置

印花税案例

某公司与某运输公司签订了两份运输保管合同：第一份合同载明的金额合计50万元（运费和保管费并未分别记载）；第二份合同中注明运费30万元、保管费10万元。已知运输合同印花税税率0.3‰，保管合同印花税税率1‰。

任务：计算该公司签订两份合同应缴纳的印花税税额。

任务思维导图

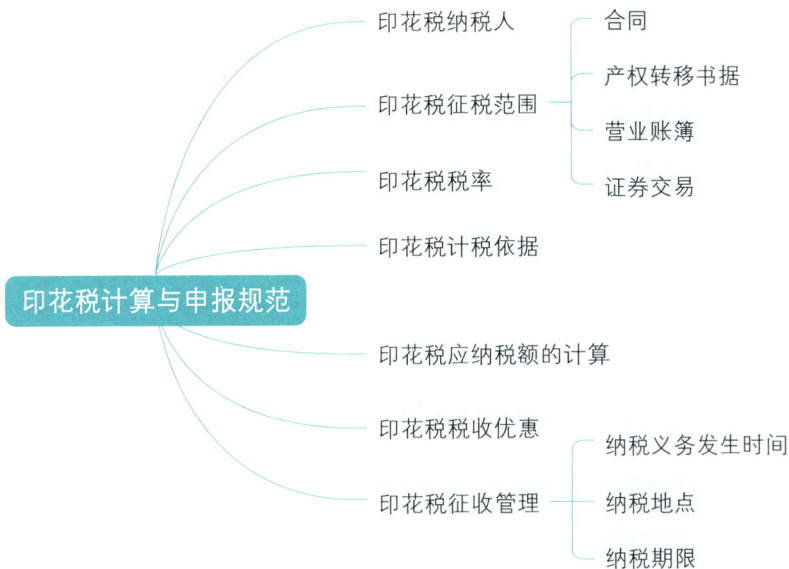

印花税计算与申报规范
- 印花税纳税人
- 印花税征税范围
  - 合同
  - 产权转移书据
  - 营业账簿
  - 证券交易
- 印花税税率
- 印花税计税依据
- 印花税应纳税额的计算
- 印花税税收优惠
- 印花税征收管理
  - 纳税义务发生时间
  - 纳税地点
  - 纳税期限

预备知识

印花税是对经济活动和经济交往中书立、领受、使用的应税经济凭证征收的一种税。因纳税人主要是通过在应税凭证上粘贴印花税票来完成纳税义务，故名印花税。

一、印花税纳税人

印花税的纳税人，是在中华人民共和国境内书立应税凭证、进行证券交易，以及在中华人民共和国境外书立在境内使用的应税凭证的单位和个人。

（1）立合同人——合同的当事人，不包括合同的"担保人、证人、鉴定人"；

（2）立账簿人——该"账簿"指营业账簿，包括资金账簿和其他营业账簿；

（3）立据人——产权转移书据；

（4）使用人——国外订立合同国内使用；

（5）各类电子应税凭证的签订人。

【提示】印花税"双向征收"，签订合同或应税凭证的"各方"都是纳税人。

二、印花税征税范围

我国经济活动中发生的经济凭证种类繁多、数量巨大，现行印花税采取正列举形式，只对法律规定中列举的凭证征收，没有列举的凭证不征税。列举的凭证分为四类，即合同类，产权转移书据类，营业账簿类，证券交易类。印花税税目表见表6-14。

表6-14 印花税税目表

分类	内容
合同（11类）	买卖、借款、融资租赁、租赁、承揽、建设工程、运输、技术合同、保管、仓储、财产保险
产权转移书据	土地使用权出让和转让书据；房屋等建筑物、构筑物所有权转让书据；股权（不包括上市和挂牌公司股票）、商标专用权、著作权、专利权、专有技术使用权转让书据
营业账簿	资金账簿、其他营业账簿
证券交易	

三、印花税税率

印花税实行比例税率。印花税税目税率表见表6-15。

表6-15 印花税税目税率表

税目		税率	备注
合同	买卖合同	价款的 0.3‰	指动产买卖合同
	借款合同	借款金额的 0.05‰	指银行业金融机构、经国务院银行业监督管理机构批准设立的其他金融机构与借款人（不包括同业拆借）的借款合同
	融资租赁合同	租金的 0.05‰	
	租赁合同	租金的 1‰	
	承揽合同	报酬的 0.3‰	
	建设工程合同	价款的 0.3‰	
	运输合同	运输费用的 0.3‰	指货运合同和多式联运合同（不包括管道运输合同）
	技术合同	价款、报酬或者使用费的 0.3‰	
	保管合同	保管费的 1‰	
	仓储合同	仓储费的 1‰	
	财产保险合同	保险费的 1‰	不包括再保险合同

续表

税目		税率	备注
产权转移书据	土地使用权出让书据	价款的 0.5‰	转让包括买卖（出售）、继承、赠与、互换、分割
	土地使用权、房屋等建筑物和构筑物所有权转让数据（不包括土地承包经营权和土地经营权转移）	价款的 0.5‰	
	股权转让书据（不包括应缴纳证券交易印花税的）	价款的 0.5‰	
	商标专用权、著作权、专利权、专有技术使用权转让书据	价款的 0.3‰	
营业账簿		实收资本（股本）、资本公积合计金额的 0.25‰	
证券交易		成交金额的 1‰	

四、印花税计税依据

（一）合同

应税合同的计税依据见表6-16。

表6-16　　　　　　　　　　应税合同的计税依据

类别	包括	不包括
买卖合同、建设工程合同	合同价款	
承揽合同	报酬	委托方提供的材料
租赁合同、融资租赁合同	租金	租赁财产价值
运输合同	运费	
仓储合同	仓储费	装卸费等其他杂费
保管合同	保管费	
借款合同	借款金额	利息
财产保险合同	保险费	被保险物价值
技术合同	价款、报酬、使用费	

【提示】上述应税合同的计税依据不包括增值税，但若合同价款和增值税"未分别列明"，则按照"合计"金额计税贴花。

（二）产权转移书据

产权转移的适用情形和计税依据见表6-17。

表6-17　　　　　　　　　　　产权转移的适用情形和计税依据

适用情形	计税依据
价款与增值税分开列明	价款
价款与增值税未分开列明	价款与增值税的合计金额
未列明价款	（1）按订立时的市场价格确定 （2）依法执行政府定价的，按照其规定确定 （3）按照实际结算的价款确定

（三）营业账簿

（1）资金账簿。以"实收资本（股本）"与"资本公积"两项的合计金额为计税依据。

【提示】只征一次，全额不变不再纳税，全额增加差额纳税。

（2）不记载资金的营业账簿免征印花税。

（四）证券交易

证券交易的计税依据，为成交金额。具体证券交易见表6-18。

表6-18　　　　　　　　　　　证券交易

适用情形	计税依据
一般情况	成交金额
以非集中交易方式转让证券时无转让价格的	（1）按照办理过户登记手续前一个交易日收盘价计算确定 （2）办理过户登记手续前一个交易日无收盘价的，按照证券面值计算确定

五、印花税应纳税额的计算

微课

印花税的计算

印花税应纳税额按照下列方法计算：

1.应税合同的应纳税额计算公式

应纳税额=价款或者报酬×适用税率

【例6-19】某企业本月签订两份合同：

（1）承揽合同，合同载明材料金额30万元，加工费10万元；

（2）财产保险合同，合同载明被保险财产价值1 000万元，保险费1万元。

已知承揽合同印花税税率0.3‰，财产保险合同印花税税率1‰。

【要求】计算应缴纳的印花税。

【解析】10×0.3‰+1×1‰=0.004（万元）

2.应税产权转移书据的应纳税额计算公式

应纳税额=价款×适用税率

3.应税营业账簿的应纳税额计算公式

应纳税额=实收资本（股本）、资本公积合计金额×适用税率

已缴纳印花税的营业账簿，以后年度记载的实收资本（股本）、资本公积合计金额比

已缴纳印花税的实收资本（股本）、资本公积合计金额增加的，按照增加部分计算应纳税额。

4.证券交易的应纳税额计算公式

应纳税额=成交金额或者依法确定的计税依据×适用税率

六、印花税税收优惠

1.法定凭证免税

（1）应税凭证的副本或者抄本。

（2）依照法律规定应当予以免税的外国驻华使馆、领事馆和国际组织驻华代表机构为获得馆舍书立的应税凭证。

（3）中国人民解放军、中国人民武装警察部队书立的应税凭证。

（4）农民、家庭农场、农民专业合作社、农村集体经济组织、村民委员会购买农业生产资料或者销售农产品书立的买卖合同和农业保险合同。

（5）无息或者贴息借款合同、国际金融组织向中国提供优惠贷款书立的借款合同。

（6）财产所有权人将财产赠与政府、学校、社会福利机构、慈善组织书立的产权转移书据。

（7）非营利性医疗卫生机构采购药品或者卫生材料书立的买卖合同。

（8）个人与电子商务经营者订立的电子订单。

根据国民经济和社会发展的需要，国务院对居民住房需求保障、企业改制重组、破产、支持小型微型企业发展等情形可以规定减征或者免征印花税，报全国人大常委会备案。

2.免税额

应纳税额不足1角的，免纳印花税。

【例6-20】黄海信息科技有限公司2023年涉及印花税的相关资料如下：

（1）2023年9月23日因受让天城区某一商业地块，产权转移书据金额2 000万元，办理土地使用证一件。

（2）企业9月开业时，注册资金3 000万元，实收资本2 600万元，建账时共设4个营业账簿，1个资金账簿。

（3）2023年11月正式签订买卖合同25份，共载金额60万元。由于销货方违约，其中1份金额为12万元的买卖合同没有按期履行。

（4）2023年11月向银行借款，签订借款合同4份，借款金额共计180万元，利率8%。

（5）2023年11月开发一项省级重点项目，获得银行无息贷款65万元，并签订无息贷款合同。

（6）2023年11月与某公司签订一份专利权转让合同，金额60万元。

（7）2023年11月假定公司资金账簿中实收资本3 000万元，资本公积600万元。

【要求】计算2023年黄海信息科技有限公司应纳的印花税税额。

【解析】

（1）2023年9月23日受让商业地块印花税=20 000 000×0.5‰=10 000（元）

（2）2023年9月资金账簿应纳印花税=26 000 000×0.25‰=6 500（元）

其他营业账簿免征印花税。

（3）2023年11月买卖合同应纳印花税=600 000×0.3‰=180（元）

（4）2023年11月借款合同应纳印花税=1 800 000×0.05‰=90（元）

（5）2023年11月银行无息贷款合同享受印花税税收优惠，免征印花税。

（6）2023年11月专利权转让合同应纳印花税=600 000×0.3‰=180（元）

（7）2023年11月资金账簿应补征印花税=10 000 000×0.25‰=2 500（元）

七、印花税征收管理

（一）纳税义务发生时间

纳税人书立应税凭证或者完成证券交易的当日。

（二）纳税地点

印花税纳税地点见表6-19。

表6-19   印花税纳税地点

适用情形	纳税地点
单位纳税人	机构所在地的主管税务机关
证券交易印花税的扣缴义务人	
个人纳税人	应税凭证书立地或者纳税人居住地的主管税务机关
出让或者转让不动产产权	不动产所在地的主管税务机关

（三）纳税期限

印花税纳税期限见表6-20。

表6-20   印花税纳税期限

方式	期限
按季、按年计征的	季度、年度终了之日起15日内申报缴纳税款
按次计征	纳税义务发生之日起15日内申报缴纳税款
按周解缴（证券交易印花税）	每周终了之日起5日内申报解缴税款及孳息

任务实施

计算该公司应纳印花税税额如下：

第一份合同运费和保管费没有分别记载，按保管合同适用的1‰的税率计税贴花。

第一份合同应该缴纳的印花税=500 000×1‰=500（元）

第二份合同注明运费30万元应该缴纳的印花税=300 000×0.3‰=90（元）

第二份合同注明保管费10万元应该缴纳的印花税=100 000×1‰=100（元）

该公司应该缴纳的印花税=500+90+100=690（元）

行业规范测试六

项目七

税收管理中的经济法

素养目标

◆ 在依法治国必要性的基础上强化法治观念，依法纳税，做守法公民
◆ 纳税人应诚实守信，接受税务机关检查，如实反映情况，不得拒绝、隐瞒
◆ 税务征收机关人员应公私分明、不贪不占、遵纪守法、清正廉洁

知识目标

◆ 税收征收管理法的概述
◆ 税务管理
◆ 税款征收
◆ 税务检查
◆ 税务行政复议
◆ 税收法律责任

工作任务

序号	任务分解	任务执行	技能目标
1	税收征收管理法概述	◆ 了解税收征收管理法概述 ◆ 税收征收管理法的适用范围 ◆ 征纳双方的权利和义务	
2	税务管理	◆ 了解税务管理的概念 ◆ 学会税务登记、账簿和凭证管理、发票管理、纳税申报 ◆ 牢记主要涉税专业服务	◆ 通过学习税务管理，能依法进行税务登记、发票管理、纳税申报等工作
3	税款征收	◆ 了解税款征收及税务检查的内容	
4	税务检查	◆ 了解税务检查的内容	
5	税务行政复议	◆ 了解行政复议的概述、范围、管辖 ◆ 掌握行政复议申请、受理、审查、决定的基本流程	◆ 通过学习税务行政复议流程，能依法进行税务行政复议申请等
6	税收法律责任	◆ 了解税务相对人以及税务行政主体违法行为的法律责任	

项目导言

税收征管现代化的时代要求及目标取向

1.税收征管现代化的时代要求

《关于进一步深化税收征管改革的意见》明确提出，着力建设以服务纳税人缴费人为

中心、以发票电子化改革为突破口、以税收大数据为驱动力的具有高集成功能、高安全性能、高应用效能的智慧税务。概括而言，税收征管现代化的时代要求可以分为以下几个方面。

（1）构建以数治税的运行机制

要"从'以票管税'向'以数治税'分类精准监管转变"，实现从人工管理向数字化管理目标迈进，把以数治税理念贯穿到税收征管体系的全过程。

（2）促进税务执法的科学精准

要"严格规范税务执法行为""不断提升税务执法精确度""加强税务执法区域协同"等，通过进一步优化税务执法方式、防范税务执法风险，整体性、集成式强化精准执法，提升税收治理效能，实现执法方式从经验执法向科学执法的转变。

（3）注重纳税服务的需求导向

把"坚持以人民为中心"作为始终遵循的重要原则。要"大力推行优质高效智能税费服务"，运用税收大数据智能分析识别纳税人缴费人的体验与需求，精准提供线上服务。

（4）提升税务监管的治理效能

要建成以"互联网+监管"为基本手段、以重点监管为补充、以"信用+风险"监管为基础的税务监管新体系，实现从以票管税向以数治税分类精准监管转变。

（5）打造协同共治的征管格局

税费征收管理通常涉及市场主体、社会组织以及政府部门等多元化主体。随着大数据、云计算等现代信息技术的不断发展，生产经营方式和税费征收内容的复杂多样决定了在协同共治过程中，需要从全社会层面形成税收共治合力，通过加强信息交换和执法联动，不断优化跨部门协同监管机制，确保税收共治效果更加高效。

2.目标取向：以数治税+协同共治

（1）以数治税

税收征管体系的数字化转型和智能化改造将各类业务标准化、数据化，让税收大数据实时化地实现可归集、可比较、可聚合，进而实现以数治税的税收征管现代化目标。通过对税收大数据的智能化采集、分析与应用，可以显著提高税收征管效率、降低征纳成本、提升纳税人的税收遵从度和社会满意度，充分发挥税收征管在税收治理中的主导作用，实现从以票管税到以数治税的理念跃迁。

（2）协同共治

一方面，作为承担税收征管现代化重大使命的金税四期旨在打造税收征纳双方、金融机构以及有关政府部门之间涉税事务多元联动治理的生态体系，实现多主体、多层次和广覆盖的税收协同共治；另一方面，则是要联合市场监管、海关、司法等其他相关政府部门，通过税收大数据的智能归集与运用，推动涉税数据和涉税信息的多元共建共享，共同建设数字政府，实现税收治理体系的现代化。

资料来源：殷明，倪永刚. 税收治理视角下税收征管现代化的时代要求及路径取向［EB/OL］.［2023-03-13］. https://www.ctax.org.cn/zt/learn20th/benshebaodao/xinwen/202303/t20230313_1127692.shtml.

任务一　税收征收管理认知

任务布置

如何认定涉案纳税义务人

天天酒店办理的税务登记证记载：纳税人为天天酒店，负责人为张天天，登记注册类型为个体户。

2022年10月18日，当地稽查局决定对天天酒店涉嫌发票违法行为立案检查。10月31日，稽查局向张天天制作了询问（调查）笔录，陈述如下：天天酒店股东有四个人；知道酒店存在真实收入远大于日常申报纳税收入，少缴税款的事实；酒店由"王冬冬"承包经营，日常经营管理由"王冬冬"负责，合同约定所有法律责任都由"王冬冬"承担。

2023年3月5日，稽查局对张天天作出税务行政处罚决定，认定张天天（天天酒店）在2022年1月至12月，取得营业收入后未如实向主管税务机关申报缴纳税款，采取虚假纳税申报的手段，少缴增值税835 742.39元，少缴城市维护建设税58 501.97元，少缴教育费附加及地方教育附加共计41 787.12元，少缴个人所得税136 214.01元，少缴应纳税款的行为已构成偷税；对张天天作出罚款的行政处罚。

张天天不服，遂提起诉讼，请求撤销处罚决定。

任务：请你判断这个处罚是否正确。

任务思维导图

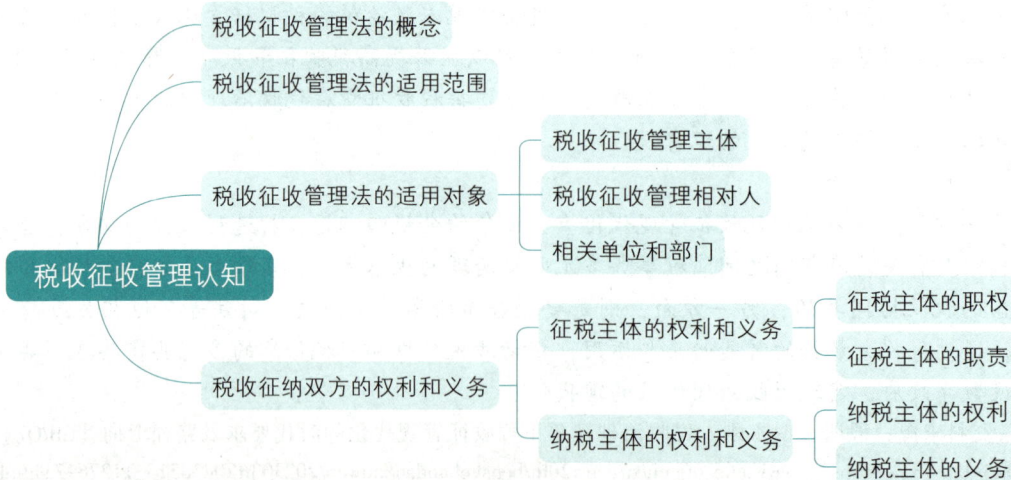

```
                    ┌── 税收征收管理法的概念
                    ├── 税收征收管理法的适用范围
                    │
                    │                          ┌── 税收征收管理主体
                    ├── 税收征收管理法的适用对象 ──┼── 税收征收管理相对人
                    │                          └── 相关单位和部门
税收征收管理认知 ──┤
                    │                          ┌── 征税主体的权利和义务 ──┬── 征税主体的职权
                    │                          │                        └── 征税主体的职责
                    └── 税收征纳双方的权利和义务 ──┤
                                               └── 纳税主体的权利和义务 ──┬── 纳税主体的权利
                                                                        └── 纳税主体的义务
```

预备知识

一、税收征收管理法的概念

税收征收管理法，是指调整税收征收与管理过程中所发生的社会关系的法律规范的总称。

二、税收征收管理法的适用范围

凡依法由税务机关征收的各种税收的征收管理，均适用《中华人民共和国税收征收管理法》（以下简称为《税收征收管理法》）。就现行有效税种而言，增值税、消费税、企业所得税、个人所得税、资源税、城镇土地使用税、土地增值税、车船税、车辆购置税、房产税、印花税、城市维护建设税、环境保护税等税种的征收管理适用《税收征收管理法》。

由海关负责征收的关税和船舶吨税以及海关代征的进口环节的增值税、消费税，依照法律、行政法规的有关规定执行。

我国同外国缔结的有关税收的条约、协定同《税收征收管理法》有不同规定的，依照条约、协定的规定办理。

三、税收征收管理法的适用对象

（一）税收征收管理主体

国务院税务主管部门主管全国税收征收管理工作。各地税务局应当按照国务院规定的税收征收管理范围分别进行征收管理。

（二）税收征收管理相对人

税收征收管理相对人包括纳税人和扣缴义务人。纳税人和扣缴义务人必须依照法律、行政法规的规定缴纳税款，代扣代缴、代收代缴税款。

（三）相关单位和部门

地方各级人民政府应当依法加强对本行政区域内税收征收管理工作的领导或者协调，支持税务机关依法执行职务，依照法定税率计算税额，依法征收税款。

微课

以数治税税收征管下企业合规经营之道

四、税收征纳双方的权利和义务

征纳双方在税收征收管理中既享有各自的权利，也须承担各自的义务，它们共同构成了税收法律关系的内容。

（一）征税主体的权利和义务

征税主体的权利与义务直接体现为征税机关和税务人员的职权和职责。

1.征税主体的职权

征税主体作为国家税收征收管理的职能部门，享有税务行政管理权。征税机关和税务人员的职权主要包括：

（1）税收立法权。

（2）税务管理权。

（3）税款征收权。

（4）税务检查权。

（5）税务行政处罚权。

（6）其他职权。

2.征税主体的职责

征税机关和税务人员在行使职权时，也要履行相应的职责，主要包括：

（1）宣传税收法律、行政法规，普及纳税知识，无偿为纳税人提供纳税咨询服务。

（2）依法为纳税人、扣缴义务人的情况保守秘密，为检举违反税法行为者保密。纳税人、扣缴义务人的税收违法行为不属于保密范围。

（3）加强队伍建设，提高税务人员的政治业务素质。

（4）秉公执法，忠于职守，清正廉洁，礼貌待人，文明服务，尊重和保护纳税人、扣缴义务人的权利，依法接受监督。

（5）税务人员不得索贿受贿、徇私舞弊、玩忽职守、不征或者少征应征税款；不得滥用职权多征税款或者故意刁难纳税人和扣缴义务人。

（6）税务人员在核定应纳税额、调整税收定额、进行税务检查、实施税务行政处罚、办理税务行政复议时，与纳税人、扣缴义务人或者其法定代表人、直接责任人有利害关系，包括夫妻关系、直系血亲关系、三代以内旁系血亲关系、近姻亲关系、可能影响公正执法的其他利害关系的，应当回避。

（7）建立、健全内部制约和监督管理制度。上级税务机关应当对下级税务机关的执法活动依法进行监督。各级税务机关应当对其工作人员执行法律、行政法规和廉洁自律准则的情况进行监督检查。

（二）纳税主体的权利和义务

在税收法律关系中，纳税主体处于税收征管相对人的地位，须承担纳税义务，但也仍然享有相应的法定权利。

1.纳税主体的权利

（1）知情权。

（2）要求保密权。

（3）依法享受税收优惠权。

（4）申请退还多缴税款权。

（5）申请延期申报权。

（6）纳税申报方式选择权。

（7）申请延期缴纳税款权。

（8）索取有关税收凭证权。

（9）委托税务代理权。

（10）陈述权、申辩权。

（11）对未出示税务检查证和税务检查通知书的拒绝检查权。

（12）依法要求听证权。

（13）税收法律救济权。

（14）税收监督权。

2.纳税主体的义务

（1）按期办理税务登记，及时核定应纳税种、税目的义务。

（2）依法设置账簿、保管账簿和有关资料以及依法开具、使用、取得和保管发票的义务。

（3）财务会计制度和会计核算软件备案的义务。

（4）按照规定安装、使用税控装置的义务。

（5）按期、如实办理纳税申报的义务。

（6）按期缴纳或解缴税款的义务。

（7）接受税务检查的义务。

（8）代扣、代收税款的义务。

（9）及时提供信息的义务，如纳税人有歇业、经营情况变化、遭受各种灾害等特殊情况的，应及时向征税机关说明等。

（10）报告其他涉税信息的义务，如企业合并、分立的报告义务等。

任务实施

法院认为，本案争议的焦点是：承担天天酒店偷税行为行政法律责任的主体问题。根据《税收征收管理法》第四条以及《税务登记管理办法》第二条的规定，个体工商户为纳税人。天天酒店作为个体工商户系税法规定的纳税人。《税收征收管理法实施细则》第三条第二款规定："纳税人应当依照税收法律、行政法规的规定履行纳税义务；其签订的合同、协议等与税收法律、行政法规相抵触的，一律无效。"根据纳税人法定的原则，税务机关只向纳税人征收税款，也只有纳税人才依照税法承担纳税义务。在税收征收法律关系中，纳税义务不能通过合同、协议等方式转移。天天酒店为税务登记的纳税人，天天酒店登记的经营者为张天天。而个体工商户由个人经营的，以个人财产承担责任。对于天天酒店的偷税行为，稽查局对张天天作出行政处罚符合法律规定。张天天诉称，天天酒店实际由他人承包经营，应由实际经营人承担偷税的法律责任，于法无据，不予支持。

任务二　税务管理规范

任务布置

免税是否还要进行纳税申报

某企业按照规定享受3年内免纳企业所得税的优惠待遇。当税务局要求该企业进行纳税申报时，会计小王认为，既然本企业享受免税待遇，就不用办理企业所得税纳税申报了。

任务：分析小王的看法是否正确。

任务思维导图

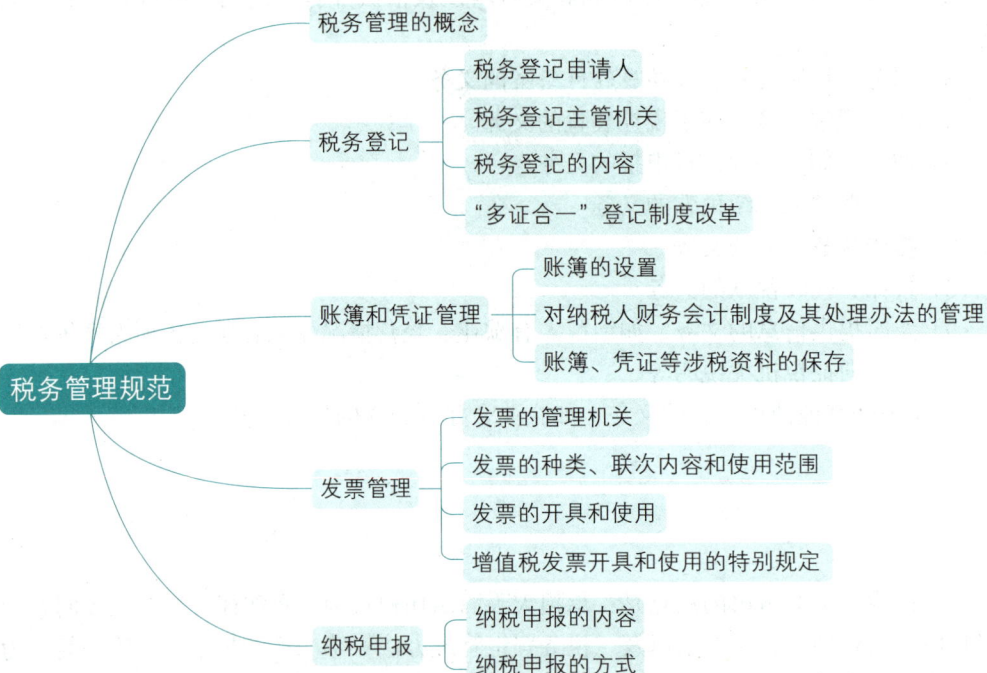

- 税务管理规范
  - 税务管理的概念
  - 税务登记
    - 税务登记申请人
    - 税务登记主管机关
    - 税务登记的内容
    - "多证合一"登记制度改革
  - 账簿和凭证管理
    - 账簿的设置
    - 对纳税人财务会计制度及其处理办法的管理
    - 账簿、凭证等涉税资料的保存
  - 发票管理
    - 发票的管理机关
    - 发票的种类、联次内容和使用范围
    - 发票的开具和使用
    - 增值税发票开具和使用的特别规定
  - 纳税申报
    - 纳税申报的内容
    - 纳税申报的方式

预备知识

一、税务管理的概念

税务管理，是指税收征收管理机关为了贯彻执行国家税收法律制度，加强税收工作，协调征税关系而对纳税人和扣缴义务人实施的基础性的管理制度和管理行为。税务管理是税收征收管理的重要内容，是税款征收的前提和基础。税务管理主要包括税务登记管理、账簿和凭证管理、发票管理、纳税申报管理等。

二、税务登记

税务登记是税务机关对纳税人的基本情况及生产经营项目进行登记管理的一项基本制度，是整个税收征收管理的起点。

（一）税务登记申请人

企业，企业在外地设立的分支机构和从事生产、经营的场所，个体工商户和从事生产、经营的事业单位，都应当办理税务登记（统称从事生产、经营的纳税人）。

前述规定以外的纳税人，除国家机关、个人和无固定生产、经营场所的流动性农村小商贩外，也应当办理税务登记（统称非从事生产、经营但依照规定负有纳税义务的单位和个人）。

根据税收法律、行政法规的规定，负有扣缴税款义务的扣缴义务人（国家机关除外），应当办理扣缴税款登记。

（二）税务登记主管机关

县以上（含本级，下同）税务局（分局）是税务登记的主管机关，负责税务登记的设立登记、变更登记、注销登记以及非正常户处理、报验登记等有关事项。

县以上税务局（分局）按照国务院规定的税收征收管理范围，实施属地管理，办理税务登记。有条件的城市，可以按照"各区分散受理、全市集中处理"的原则办理税务登记。

（三）税务登记的内容

根据我国法律和行政法规的规定，我国现行税务登记包括设立（开业）税务登记、变更税务登记、注销税务登记、外出经营报验登记以及停业、复业登记等。

（四）"多证合一"登记制度改革

为提升政府行政服务效率，降低市场主体创设的制度性交易成本，激发市场活力和社会创新力，登记制度改革从"三证合一"推进为"五证合一"，又进一步推进为"多证合一、一照一码"，即在全面实施企业、农民专业合作社工商营业执照、组织机构代码证、税务登记证、社会保险登记证、统计登记证"五证合一、一照一码"登记制度改革和个体工商户工商营业执照、税务登记证"两证整合"的基础上，将有关事项和各类证照进一步整合到营业执照上，使营业执照成为企业唯一的"身份证"，使统一社会信用代码成为企业唯一的身份代码，实现企业"一照一码"走天下。

> 微课
>
> 税务登记
> 五证合一

三、账簿和凭证管理

账簿和凭证是纳税人进行生产经营活动和核算财务收支的重要资料，也是税务机关对纳税人进行征税、管理、核查的重要依据。纳税人所使用的凭证、登记的账簿、编制的报表及其所反映的内容是否真实可靠，直接关系到计征税款依据的真实性，从而影响应纳税款及时足额入库。账簿、凭证管理是税收管理的基础性工作。

（一）账簿的设置

纳税人、扣缴义务人应按照有关法律、行政法规和国务院财政、税务主管部门的规定设置账簿，根据合法、有效凭证记账，进行核算。

（二）对纳税人财务会计制度及其处理办法的管理

纳税人的财务会计制度及其处理办法，是其进行会计核算的依据，直接关系到计税依据是否真实合理。

1.备案制度

从事生产、经营的纳税人应当自领取税务登记证件之日起15日内，将其财务、会计制度或者财务、会计处理办法报送主管税务机关备案。纳税人使用计算机记账的，应当在使用前将会计电算化系统的会计核算软件、使用说明书及有关资料报送主管税务机关备案。

2.税法规定优先

从事生产、经营的纳税人、扣缴义务人的财务、会计制度或者财务、会计处理办法与国务院或者国务院财政、税务主管部门有关税收的规定抵触的，依照国务院或者国务院财政、税务主管部门有关税收的规定计算应纳税款、代扣代缴和代收代缴税款。

3.使用计算机记账

纳税人建立的会计电算化系统应当符合国家有关规定，并能正确、完整核算其收入或者所得。

（三）账簿、凭证等涉税资料的保存

从事生产、经营的纳税人、扣缴义务人必须按照国务院财政、税务主管部门规定的保管期限保管账簿、记账凭证、完税凭证及其他有关资料。账簿、记账凭证、报表、完税凭证、发票、出口凭证以及其他有关涉税资料应当保存10年；但是法律、行政法规另有规定的除外。账簿、记账凭证、完税凭证及其他有关资料不得伪造、变造或者擅自损毁。

四、发票管理

（一）发票的管理机关

税务机关是发票的主管机关，负责发票印制、领用、开具、取得、保管、缴销的管理和监督。国务院税务主管部门统一负责全国的发票管理工作。省、自治区、直辖市税务机关依据职责做好本行政区域内的发票管理工作。财政、审计、市场监督、公安等有关部门在各自的职责范围内，配合税务机关做好发票管理工作。

在全国范围内统一式样的发票，由国家税务总局确定。在省、自治区、直辖市范围内统一式样的发票，由省、自治区、直辖市税务机关确定。

（二）发票的种类、联次内容和使用范围

1.发票的种类

发票的种类见表7-1。

表7-1　　　　　　　　　　　　　　发票的种类

类型	包括的内容
增值税专用发票	增值税专用发票（折叠票）、增值税电子专用发票、机动车销售统一发票
增值税普通发票	增值税普通发票（折叠票）、增值税电子普通发票、增值税普通发票（卷票）
其他发票	农产品收购发票、农产品销售发票、门票、过路（过桥）费发票、定额发票、客运发票、"二手车"销售统一发票等

2.发票的联次和内容

发票的基本联次包括存根联、发票联、记账联。存根联由收款方或开票方留存备查；发票联由付款方或受票方作为付款原始凭证；记账联由收款方或开票方作为记账原始凭证。省以上税务机关可根据发票管理情况以及纳税人经营业务需要，增减除发票联以外的其他联次，并确定其用途。

（三）发票的开具和使用

1.发票的开具

销售商品、提供服务以及从事其他经营活动的单位和个人，对外发生经营业务收取款项，收款方应当向付款方开具发票；特殊情况下，由付款方向收款方开具发票。特殊情况是指：收购单位和扣缴义务人支付个人款项时；国家税务总局认为其他需要由付款方向收款方开具发票的。

所有单位和从事生产、经营活动的个人在购买商品、接受服务以及从事其他经营活动支付款项，应当向收款方取得发票。取得发票时，不得要求变更品名和金额。

开具发票应当按照规定的时限、顺序、栏目，全部联次一次性如实开具，并加盖发票专用章。不符合规定的发票，不得作为财务报销凭证，任何单位和个人有权拒收。

任何单位和个人不得有下列虚开发票行为：

（1）为他人、为自己开具与实际经营业务情况不符的发票。

（2）让他人为自己开具与实际经营业务情况不符的发票。

（3）介绍他人开具与实际经营业务情况不符的发票。

2. 发票的使用和保管

任何单位和个人应当按照发票管理规定使用发票，不得有下列行为：

（1）转借、转让、介绍他人转让发票、发票监制章和发票防伪专用品；

（2）知道或者应当知道是私自印制、伪造、变造、非法取得或者废止的发票而受让、开具、存放、携带、邮寄、运输；

（3）拆本使用发票；

（4）扩大发票使用范围；

（5）以其他凭证代替发票使用；

（6）窃取、截留、篡改、出售、泄露发票数据。

开具发票的单位和个人应当建立发票使用登记制度，设置发票登记簿，并定期向主管税务机关报告发票使用情况。开具发票的单位和个人应当在办理变更或者注销税务登记的同时，办理发票和发票领购簿的变更、缴销手续。已经开具的发票存根联和发票登记簿，应当保存5年。保存期满，报经税务机关查验后销毁。

（四）增值税发票开具和使用的特别规定

（1）国家税务总局编写并更新了《商品和服务税收分类编码表》。纳税人应当及时完成增值税发票税控开票软件升级和自身业务系统调整，并按照更新后的《商品和服务税收分类编码表》开具增值税发票。

微课

全电发票
合规使用

（2）自2017年7月1日起，购买方为企业（包括公司、非公司制企业法人、企业分支机构、个人独资企业、合伙企业和其他企业）的，索取增值税普通发票时，应向销售方提供统一社会信用代码；销售方为其开具增值税普通发票时，应在"购买方纳税人识别号"栏填写购买方的统一社会信用代码。不符合规定的发票，不得作为税收凭证。

（3）已经实现办税人员实名信息采集和验证的纳税人，可以自愿选择使用网上申领方式领用发票。在全面推行增值税发票网上申领的同时，各级税务机关要注重做好发票领用风险防控和发票物流配送衔接，确保发票网上申领简便易用、风险可控、安全可靠。

（4）积极推进增值税发票领用分类分级管理。对于税收风险程度较低的纳税人，按需供应发票；对于税收风险程度中等的纳税人，正常供应发票，加强事中事后监管；对于税收风险程度较高的纳税人，严格控制其发票领用数量和最高开票限额，并加强事中事后监管。

五、纳税申报

纳税申报，是指纳税人按照税法规定，定期就计算缴纳税款的有关事项向税务机关提交书面报告的法定手续。纳税申报是确定纳税人是否履行纳税义务，界定法律责任的主要依据。

（一）纳税申报的内容

纳税人、扣缴义务人的纳税申报或者代扣代缴、代收代缴税款报告的主要内容包括税种、税目；应纳税项目或者应代扣代缴、代收代缴税款项目；计税依据；扣除项目及标准；适用税率或者单位税额；应退税项目及税额、应减免税项目及税额；应纳税额或者应代扣代缴、代收代缴税额；税款所属期限、延期缴纳税款、欠税、滞纳金等。

（二）纳税申报的方式

纳税申报方式是指纳税人和扣缴义务人在纳税申报期限内，依照规定到指定税务机关进行申报纳税的形式。纳税申报的方式主要有以下几种：

1.自行申报

自行申报也称直接申报，是指纳税人、扣缴义务人在规定的申报期限内，自行直接到主管税务机关指定的办税服务场所办理纳税申报手续。这是一种传统的申报方式。

2.邮寄申报

邮寄申报，是指经税务机关批准，纳税人、扣缴义务人使用统一的纳税申报专用信封，通过邮政部门办理交寄手续，并以邮政部门收据作为申报凭据的纳税申报方式。邮寄申报以寄出的邮戳日期为实际申报日期。

3.数据电文申报

数据电文申报，是指经税务机关批准，纳税人、扣缴义务人以税务机关确定的电话语音、电子数据交换和网络传输等电子方式进行纳税申报。

4.其他方式

实行定期定额缴纳税款的纳税人，可以实行简易申报、简并征期等方式申报纳税。

任务实施

小王的看法不正确。根据税收征收管理法律制度的规定，纳税人享受减税、免税待遇的，在减税、免税期间仍应当按照规定办理纳税申报。

任务三　税款征收及偷漏税风险

任务布置

未缴税款的滞纳金

甲公司按照规定，最晚应于2023年1月15日缴纳应纳税款30万元，该公司却迟迟未缴。主管税务机关责令其于2023年2月28日前缴纳，并加收滞纳金。但直到2023年3月15日，该公司才缴纳税款。

任务：请分析甲公司应缴纳的滞纳金金额为多少。

任务思维导图

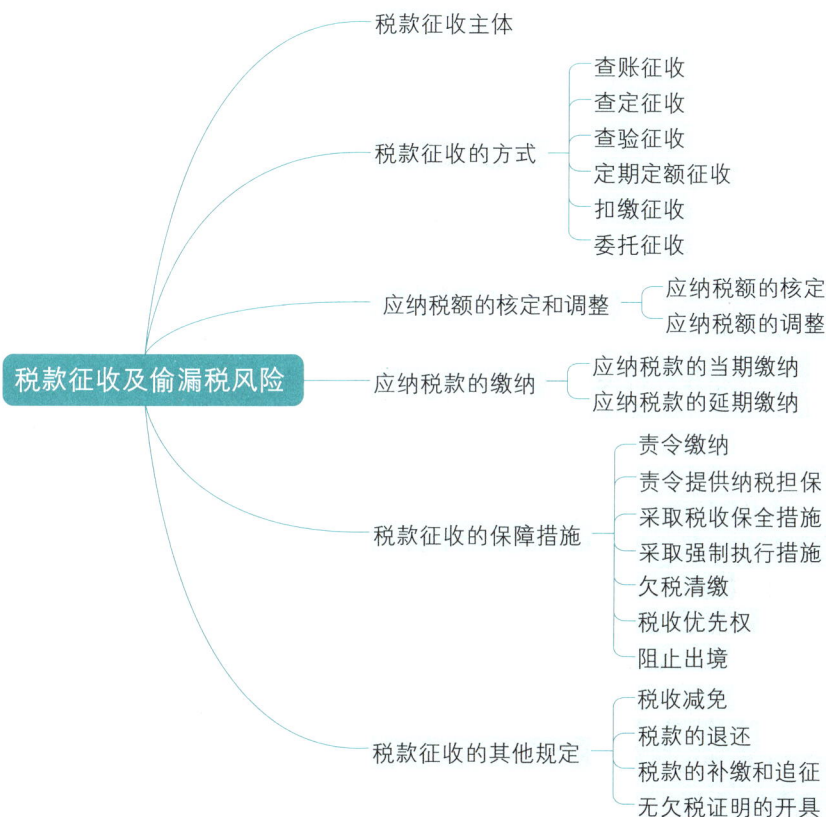

税款征收及偷漏税风险
- 税款征收主体
- 税款征收的方式
  - 查账征收
  - 查定征收
  - 查验征收
  - 定期定额征收
  - 扣缴征收
  - 委托征收
- 应纳税额的核定和调整
  - 应纳税额的核定
  - 应纳税额的调整
- 应纳税款的缴纳
  - 应纳税款的当期缴纳
  - 应纳税款的延期缴纳
- 税款征收的保障措施
  - 责令缴纳
  - 责令提供纳税担保
  - 采取税收保全措施
  - 采取强制执行措施
  - 欠税清缴
  - 税收优先权
  - 阻止出境
- 税款征收的其他规定
  - 税收减免
  - 税款的退还
  - 税款的补缴和追征
  - 无欠税证明的开具

预备知识

　　税款征收是税务机关依照税收法律、法规的规定，将纳税人依法应当缴纳的税款组织入库的一系列活动的总称。它是税收征收管理工作的中心环节，是全部税收征管工作的目的和归宿。

一、税款征收主体

　　除税务机关、税务人员以及经税务机关依照法律、行政法规委托的单位和人员外，任何单位和个人不得进行税款征收活动。税务机关依照法律、行政法规的规定征收税款，不得违反法律、行政法规的规定开征、停征、多征、少征、提前征收、延缓征收或者摊派税款。

二、税款征收的方式

　　税款征收方式，是指税务机关根据各税种的不同特点和纳税人的具体情况而确定的计算、征收税款的形式和方法，包括确定征收方式和缴纳方式。

（一）查账征收

查账征收，是指针对财务会计制度健全的纳税人，税务机关依据其报送的纳税申报表、财务会计报表和其他有关纳税资料，依照适用税率，计算其应缴纳税款的税款征收方式。这种征收方式较为规范，符合税收法定的基本原则，适用于财务会计制度健全、能够如实核算和提供生产经营情况，并能正确计算应纳税款和如实履行纳税义务的纳税人。

（二）查定征收

查定征收，是指针对账务不全，但能控制其材料、产量或进销货物的纳税单位或个人，税务机关依据正常条件下的生产能力对其生产的应税产品查定产量、销售额并据以确定其应缴纳税款的税款征收方式。这种征收方式适用于生产经营规模较小、产品零星、税源分散、会计账册不健全，但能控制原材料或进销货的小型厂矿和作坊。

（三）查验征收

查验征收，是指税务机关对纳税人的应税商品、产品，通过查验数量，按市场一般销售单价计算其销售收入，并据以计算其应缴纳税款的税款征收方式。这种征收方式适用于纳税人财务制度不健全、生产经营不固定、零星分散、流动性大的税源。

（四）定期定额征收

定期定额征收，是指税务机关对小型个体工商户在一定经营地点、一定经营时期、一定经营范围内的应纳税经营额（包括经营数量）或所得额进行核定，并以此为计税依据，确定其应缴纳税额的一种税款征收方式。这种征收方式适用于经主管税务机关认定和县以上税务机关（含县级）批准的生产、经营规模小，达不到《个体工商户建账管理暂行办法》规定设置账簿标准，难以查账征收，不能准确计算计税依据的个体工商户（包括个人独资企业，以下简称定期定额户）。

（五）扣缴征收

扣缴征收包括代扣代缴和代收代缴两种征收方式。扣缴义务人依照法律、行政法规的规定履行代扣、代收税款的义务。税务机关按照规定付给扣缴义务人代扣、代收手续费。

（六）委托征收

委托代征税款，是指税务机关根据有利于税收控管和方便纳税的原则，按照国家有关规定，通过委托形式将税款委托给代征单位或个人以税务机关的名义代为征收，并将税款缴入国库的一种税款征收方式。这种征收方式适用于零星分散和异地缴纳的税收。

【学思践悟】《中华人民共和国税收征收管理法》第四条规定，纳税人、扣缴义务人必须依照法律、行政法规的规定缴纳税款、代扣代缴、代收代缴税款。

国家财政收入的90%左右来源于税收，纳税人按照国家有关规定及时足额诚信纳税，税收才会有保障，经济才会发展，才能共建和谐社会。维护公平公正的税收环境，利国利民。

三、应纳税额的核定和调整

（一）应纳税额的核定

1.核定应纳税额的情形

纳税人有下列情形之一的，税务机关有权核定其应纳税额：

（1）依照法律、行政法规的规定可以不设置账簿的；

（2）依照法律、行政法规的规定应当设置但未设置账簿的；

（3）擅自销毁账簿或者拒不提供纳税资料的；

（4）虽设置账簿，但账目混乱或者成本资料、收入凭证、费用凭证残缺不全，难以查账的；

（5）发生纳税义务，未按照规定的期限办理纳税申报，经税务机关责令限期申报，逾期仍不申报的；

（6）纳税人申报的计税依据明显偏低，又无正当理由的。

2.核定应纳税额的方法

为了减少核定应纳税额的随意性，使核定的税额更接近纳税人实际情况和法定负担水平，税务机关有权采用下列任何一种方法核定应纳税额：

（1）参照当地同类行业或者类似行业中经营规模和收入水平相近的纳税人的税负水平核定；

（2）按照营业收入或者成本加合理的费用和利润的方法核定；

（3）按照耗用的原材料、燃料、动力等推算或者测算核定；

（4）按照其他合理方法核定。

当其中一种方法不足以正确核定应纳税额时，可以同时采用两种以上的方法核定。纳税人对税务机关采取上述方法核定的应纳税额有异议的，应当提供相关证据，经税务机关认定后，调整应纳税额。

（二）应纳税额的调整

1.应纳税额调整的含义

企业或者外国企业在中国境内设立的从事生产、经营的机构、场所与其关联企业之间的业务往来，应当按照独立企业之间的业务往来收取或者支付价款、费用。纳税人可以向主管税务机关提出与其关联企业之间业务往来的定价原则和计算方法，主管税务机关审核、批准后，与纳税人预先约定有关定价事项，监督纳税人执行。

不按照独立企业之间的业务往来收取或者支付价款、费用，而减少其应纳税的收入或者所得额的，税务机关有权进行合理调整。

2.应纳税额调整的情形

纳税人与其关联企业之间的业务往来有下列情形之一的，税务机关可以调整其应纳税额：

（1）购销业务未按照独立企业之间的业务往来作价。

（2）融通资金所支付或者收取的利息超过或者低于没有关联关系的企业之间所能同意的数额，或者利率超过或者低于同类业务的正常利率。

（3）提供劳务，未按照独立企业之间业务往来收取或者支付劳务费用。

（4）转让财产、提供财产使用权等业务往来，未按照独立企业之间业务往来作价或者收取、支付费用。

（5）未按照独立企业之间业务往来作价的其他情形。

3.应纳税额调整的方法

纳税人发生上述情形的，税务机关可以按照下列方法调整计税收入额或者所得额：

（1）按照独立企业之间进行的相同或者类似业务活动的价格。

（2）按照再销售给无关联关系的第三者的价格所应取得的收入和利润水平。

（3）按照成本加合理的费用和利润。

（4）按照其他合理的方法。

4.应纳税额调整的期限

纳税人与其关联企业未按照独立企业之间的业务往来支付价款、费用的，税务机关自该业务往来发生的纳税年度起3年内进行调整；有特殊情况的，可以自该业务往来发生的纳税年度起10年内进行调整。

四、应纳税款的缴纳

（一）应纳税款的当期缴纳

应纳税款的当期缴纳，是指纳税人、扣缴义务人按照法律、行政法规规定或者税务机关依照法律、行政法规的规定确定的期限，缴纳或者解缴税款。

税务机关收到税款后，应当向纳税人开具完税凭证。扣缴义务人代扣、代收税款时，纳税人要求扣缴义务人开具代扣、代收税款凭证的，扣缴义务人应当开具。纳税人通过银行缴纳税款的，税务机关可以委托银行开具完税凭证。完税凭证，是指各种完税证、缴款书、印花税票、扣（收）税凭证以及其他完税证明。完税凭证不得转借、倒卖、变造或者伪造。

（二）应纳税款的延期缴纳

纳税人因有特殊困难，不能按期缴纳税款的，经省、自治区、直辖市税务局批准，可以延期缴纳税款，但是最长不得超过3个月。特殊困难是指因不可抗力，导致纳税人发生较大损失，正常生产经营活动受到较大影响的；当期货币资金在扣除应付职工工资、社会保险费后，不足以缴纳税款的。

纳税人需要延期缴纳税款的，应当在缴纳税款期限届满前提出申请，并报送下列材料：申请延期缴纳税款报告，当期货币资金余额情况及所有银行存款账户的对账单，资产负债表，应付职工工资和社会保险费等税务机关要求提供的支出预算。

税务机关应当自收到申请延期缴纳税款报告之日起20日内作出批准或者不予批准的决定；不予批准的，从缴纳税款期限届满之日起加收滞纳金。

微课

企业税收风险
防范

五、税款征收的保障措施

税务机关在税款征收过程中针对不同情况可以采取相应征收措施。

（一）责令缴纳

（1）对纳税人、扣缴义务人、纳税担保人应缴纳的欠税，税务机关可责令其限期缴纳。逾期仍未缴纳的，税务机关可以采取税收强制执行措施。

（2）对未按照规定办理税务登记的从事生产、经营的纳税人，以及临时从事经营的纳税人，税务机关核定其应纳税额，责令其缴纳应纳税款。

（3）税务机关有根据认为从事生产、经营的纳税人有逃避纳税义务行为，可在规定的纳税期之前责令其限期缴纳应纳税款。逾期仍未缴纳的，税务机关有权采取其他税款征收措施。

（4）纳税担保人未按照规定的期限缴纳所担保的税款，税务机关可责令其限期缴纳应纳税款。逾期仍未缴纳的，税务机关有权采取其他税款征收措施。

（二）责令提供纳税担保

纳税担保是指经税务机关同意或确认，纳税人或其他自然人、法人、经济组织以保证、抵押、质押的方式，为纳税人应当缴纳的税款及滞纳金提供担保的行为。

1.适用纳税担保的情形

（1）税务机关有根据认为从事生产、经营的纳税人有逃避纳税义务行为，在规定的纳税期之前经责令其限期缴纳应纳税款，在限期内发现纳税人有明显的转移、隐匿其应纳税的商品、货物，以及其他财产或者应纳税收入的迹象，责成纳税人提供纳税担保的。

（2）欠缴税款、滞纳金的纳税人或者其法定代表人需要出境的。

（3）纳税人同税务机关在纳税上发生争议而未缴清税款，需要申请行政复议的。

（4）税收法律、行政法规规定可以提供纳税担保的其他情形。

2.纳税担保的范围

纳税担保范围包括税款、滞纳金和实现税款、滞纳金的费用。费用包括抵押、质押登记费用，质押保管费用，以及保管、拍卖、变卖担保财产等相关费用支出。

3.纳税担保的方式

纳税担保方式主要有纳税保证、纳税抵押和纳税质押。

（1）纳税保证。

纳税保证是指纳税保证人向税务机关保证，当纳税人未按照税收法律、行政法规规定或者税务机关确定的期限缴清税款、滞纳金时，由纳税保证人按照约定履行缴纳税款及滞纳金的行为。纳税保证须经税务机关认可，税务机关不认可的，保证不成立。

（2）纳税抵押。

纳税抵押是指纳税人或纳税担保人不转移对可抵押财产的占有，将该财产作为税款及滞纳金的担保。纳税人逾期未缴清税款及滞纳金的，税务机关有权依法处置该财产以抵缴税款及滞纳金。

（3）纳税质押。

纳税质押是指经税务机关同意，纳税人或纳税担保人将其动产或权利凭证移交税务机关占有，将该动产或权利凭证作为税款及滞纳金的担保。纳税人逾期未缴清税款及滞纳金的，税务机关有权依法处置该动产或权利凭证以抵缴税款及滞纳金。纳税质押分为动产质押和权利质押。

（三）采取税收保全措施

1.适用税收保全的前提条件

（1）税务机关有根据认为从事生产、经营的纳税人有逃避纳税义务行为。

（2）纳税人逃避纳税义务的行为发生在规定的纳税期之前，以及在责令限期缴纳应纳税款的限期内。

（3）税务机关责成纳税人提供纳税担保后，纳税人不能提供纳税担保。

（4）经县以上税务局（分局）局长批准。

2.税收保全措施

税务机关责令具有税法规定情形的纳税人提供纳税担保而纳税人拒绝提供纳税担保或无力提供纳税担保的，经县以上税务局（分局）局长批准，税务机关可以采取下列税收保全措施：

（1）书面通知纳税人开户银行或者其他金融机构冻结纳税人的金额相当于应纳税款的存款。

（2）扣押、查封纳税人的价值相当于应纳税款的商品、货物或者其他财产。其他财产包括纳税人的房地产、现金、有价证券等不动产和动产。

3.不适用税收保全的财产

个人及其所扶养家属维持生活必需的住房和用品，不在税收保全措施的范围之内。需要注意的是，个人及其所扶养家属维持生活必需的住房和用品不包括机动车辆、金银饰品、古玩字画、豪华住宅或者一处以外的住房。个人所扶养家属，是指与纳税人共同居住生活的配偶、直系亲属以及无生活来源并由纳税人扶养的其他亲属。

税务机关对单价5 000元以下的其他生活用品，不采取税收保全措施。

4.税收保全措施的解除

（1）纳税人在规定期限内缴纳了应纳税款的，税务机关必须立即解除税收保全措施。

（2）纳税人在规定的限期期满仍未缴纳税款的，经县以上税务局（分局）局长批准，终止保全措施，转入强制执行措施。

（四）采取强制执行措施

从事生产、经营的纳税人、扣缴义务人未按照规定的期限缴纳或者解缴税款，纳税担保人未按照规定的期限缴纳所担保的税款，由税务机关责令限期缴纳，逾期仍未缴纳的，经县以上税务局（分局）局长批准，税务机关可以采取强制执行措施。

1.采取强制执行措施的对象

（1）未按照规定的期限缴纳或者解缴税款，经税务机关责令限期缴纳，逾期仍未缴纳税款的从事生产、经营的纳税人、扣缴义务人。

（2）未按照规定的期限缴纳所担保的税款，经税务机关责令限期缴纳，逾期仍未缴纳税款的纳税担保人。

2.强制执行的措施

（1）强制扣款，即书面通知其开户银行或者其他金融机构从其存款中扣缴税款。

（2）拍卖变卖，即扣押、查封、依法拍卖或者变卖其价值相当于应纳税款的商品、货物或者其他财产，以拍卖或者变卖所得抵缴税款。

个人及其所扶养家属维持生活必需的住房和用品，不在强制执行措施的范围之内。税务机关对单价5 000元以下的其他生活用品，不采取强制执行措施。

3.滞纳金的执行

税务机关采取强制执行措施时，对纳税人、扣缴义务人、纳税担保人未缴纳的滞纳金同时强制执行。对纳税人已缴纳税款，但拒不缴纳滞纳金的，税务机关可以单独对纳税人应缴未缴的滞纳金采取强制措施。

4.抵税财物的拍卖与变卖

抵税财物，是指被税务机关依法实施税收强制执行而扣押、查封或者按照规定应强制执行的已设置纳税担保物权的商品、货物、其他财产或者财产权利。

（五）欠税清缴

1.离境清缴

欠缴税款的纳税人或者他的法定代表人需要出境的，应当在出境前向税务机关结清应纳税款、滞纳金或者提供担保。

2.税收代位权和撤销权

欠缴税款的纳税人因怠于行使到期债权，或者放弃到期债权，或者无偿转让财产，或者以明显不合理的低价转让财产而受让人知道该情形，对国家税收造成损害的，税务机关可以依法行使代位权、撤销权。税务机关依法行使代位权、撤销权的，不免除欠缴税款的纳税人尚未履行的纳税义务和应承担的法律责任。

3.欠税报告

纳税人有欠税情形而以其财产设定抵押、质押的，应当向抵押权人、质权人说明其欠税情况。抵押权人、质权人可以请求税务机关提供有关的欠税情况。

4.欠税公告

县级以上各级税务机关应当将纳税人的欠税情况，在办税场所或者广播、电视、报纸、期刊、网络等新闻媒体上定期公告。对纳税人欠缴税款的情况实行定期公告的办法，由国家税务总局制定。

（六）税收优先权

税务机关征收税款，税收优先于无担保债权，法律另有规定的除外。纳税人欠缴的税款发生在纳税人以其财产设定抵押、质押或者纳税人的财产被留置之前的，税收应当先于抵押权、质权、留置权执行。

纳税人欠缴税款，同时又被行政机关决定处以罚款、没收违法所得的，税收优先于罚款、没收违法所得。

（七）阻止出境

欠缴税款的纳税人或者其法定代表人在出境前未按规定结清应纳税款、滞纳金或者提供纳税担保的，税务机关可以通知出入境管理机关阻止其出境。

六、税款征收的其他规定

（一）税收减免

纳税人依照法律、行政法规的规定办理减税、免税。地方各级人民政府、各级人民政府主管部门、单位和个人违反法律、行政法规规定，擅自作出的减税、免税决定无效，税务机关不得执行，并向上级税务机关报告。

（二）税款的退还

纳税人超过应纳税额缴纳的税款，税务机关发现后，应当自发现之日起10日内办理退还手续。

纳税人自结算缴纳税款之日起3年内发现多缴税款的，可以向税务机关要求退还多缴的税款并加算银行同期存款利息，税务机关应当自接到纳税人退还申请之日起30日内查实并办理退还手续。加算银行同期存款利息的多缴税款退还，不包括依法预缴税款形成的结算退税、出口退税和各种减免退税。退税利息按照税务机关办理退税手续当天中国人民银行规定的活期存款利率计算。

（三）税款的补缴和追征

因税务机关的责任，致使纳税人、扣缴义务人未缴或者少缴税款的，税务机关在3年内可以要求纳税人、扣缴义务人补缴税款，但是不得加收滞纳金。税务机关的责任，是指税务机关适用税收法律、行政法规不当或者执法行为违法。

因纳税人、扣缴义务人计算错误等失误，未缴或者少缴税款的，税务机关在3年内可以追征税款、滞纳金；有特殊情况的，追征期可以延长到5年。

补缴和追征税款、滞纳金的期限，自纳税人、扣缴义务人应缴未缴或者少缴税款之日起计算。

对偷税（逃税）、抗税、骗税的，税务机关追征其未缴或者少缴的税款、滞纳金或者所骗取的税款，不受前述规定期限的限制。

（四）无欠税证明的开具

为积极回应市场主体需求，切实服务和便利纳税人，国家税务总局决定自2020年3月1日起向纳税人提供无欠税证明开具服务。

任务实施

该公司应缴纳税款期限是1月15日，即从1月16日滞纳税款，从1月16日至3月15日，共计16+28+15=59（天）。根据税收征收管理法律制度的规定，纳税人未按照规定期限缴纳税款的，扣缴义务人未按照规定期限解缴税款的，税务机关可从滞纳税款之日起，按日加收滞纳税款万分之五的滞纳金，即8 850元。

任务四　税务检查及纳税合规管理

任务布置

有效税率明显偏低引起税务检查

某公司年度货物销售收入为人民币200万元，增值税适用税率为13%。由于该公司当年采购较多固定资产，并对办公室进行重新装修，各项采购发生的增值税进项税额高达人民币30万元。该公司年实际缴纳增值税2万元，增值税有效税率（应纳增值税税额÷销售收入）为1%。同行业同类型贸易企业当年平均增值税有效税率为5%。

由于当年该公司的增值税有效税率明显低于同行业平均水平，主管税务机关认为该公司的进项采购可能存在问题，于是对该公司的增值税纳税情况展开税务检查。

任务：请判断该税务检查是否正常。

任务思维导图

- 税务检查及纳税合规管理
  - 税务机关在税务检查中的职权和职责
    - 税务检查的范围
    - 税务检查的措施与手段
    - 税务检查应遵守的义务
  - 被检查人的义务
  - 纳税信用管理
    - 纳税信用管理的主体
    - 纳税信用信息采集
    - 纳税信用评价
    - 纳税信用修复
  - 税收违法行为检举管理
    - 税收违法行为检举管理原则
    - 检举事项的提出与受理
  - 重大税收违法失信主体信息公布

任务布置

税务检查又称纳税检查，是指税务机关根据税收法律、行政法规的规定，对纳税人、扣缴义务人履行纳税义务、扣缴义务及其他有关税务事项进行审查、核实、监督活动的总称。它是税收征收管理工作的一项重要内容，是确保国家财政收入和税收法律法规贯彻落实的重要手段。

一、税务机关在税务检查中的职权和职责

（一）税务检查的范围

微课

增值税有效
税率明显偏低
引起税务检查

（1）检查纳税人的账簿、记账凭证、报表和有关资料，检查扣缴义务人代扣代缴、代收代缴税款账簿、记账凭证和有关资料。

（2）到纳税人的生产、经营场所和货物存放地检查纳税人应纳税的商品、货物或者其他财产，检查扣缴义务人与代扣代缴、代收代缴税款有关的经营情况。

（3）责成纳税人、扣缴义务人提供与纳税或者代扣代缴、代收代缴税款有关的文件、证明材料和有关资料。

（4）询问纳税人、扣缴义务人与纳税或者代扣代缴、代收代缴税款有关的问题和情况。

（5）到车站、码头、机场、邮政企业及其分支机构检查纳税人托运、邮寄应纳税商品、货物或者其他财产的有关单据、凭证和有关资料。

（6）经县以上税务局（分局）局长批准，指定专人负责，凭全国统一格式的检查存款账户许可证明，查询从事生产、经营的纳税人、扣缴义务人在银行或者其他金融机构的存款账户，并有责任为被检查人保守秘密。税务机关查询所获得的资料，不得用于税收以外的用途。

（二）税务检查的措施与手段

（1）税务机关对从事生产、经营的纳税人以前纳税期的纳税情况依法进行税务检查时，发现纳税人有逃避纳税义务行为，并有明显的转移、隐匿其应纳税的商品、货物以及其他财产或者应纳税的收入的迹象的，可以按照《税收征收管理法》规定的批准权限采取税收保全措施或者强制执行措施。

（2）税务机关采取税收保全措施的期限一般不得超过 6 个月；重大案件需要延长的，应当报国家税务总局批准。

（3）税务机关调查税务违法案件时，对与案件有关的情况和资料，可以记录、录音、录像、照相和复制。

（4）税务机关依法进行税务检查时，有权向有关单位和个人调查纳税人、扣缴义务人和其他当事人与纳税或者代扣代缴、代收代缴税款有关的情况。

（三）税务检查应遵守的义务

税务机关派出的人员进行税务检查时，应当出示税务检查证和税务检查通知书，并有责任为被检查人保守秘密；未出示税务检查证和税务检查通知书的，被检查人有权拒绝检查。

二、被检查人的义务

纳税人、扣缴义务人必须接受税务机关依法进行的税务检查，如实反映情况，提供有关资料，不得拒绝、隐瞒。

三、纳税信用管理

纳税信用管理，是指税务机关对纳税人的纳税信用信息开展的采集、评价、确定、发布和应用等活动，有利于促进纳税人诚信自律，提高税法遵从度，推进社会信用体系建设。

（一）纳税信用管理的主体

国家税务总局主管全国纳税信用管理工作。省以下税务机关负责所辖地区纳税信用管理工作的组织和实施。

（二）纳税信用信息采集

纳税信用信息采集是指税务机关对纳税人纳税信用信息的记录和收集。

（三）纳税信用评价

纳税信用评价采取年度评价指标得分和直接判级方式。评价指标包括税务内部信息和外部评价信息。

年度评价指标得分采取扣分方式。近三个评价年度内存在非经常性指标信息的，从100 分起评；近三个评价年度内没有非经常性指标信息的，从 90 分起评。

直接判级适用于有严重失信行为的纳税人。外部参考信息在年度纳税信用评价结果中记录，与纳税信用评价信息形成联动机制。纳税信用级别设 A、B、M、C、D 五级。

（四）纳税信用修复

纳入纳税信用管理的企业纳税人，符合下列条件之一的，可在规定期限内向主管税务机关申请纳税信用修复。

（1）纳税人发生未按法定期限办理纳税申报、税款缴纳、资料备案等事项且已补办的。

（2）未按税务机关处理结论缴纳或者足额缴纳税款、滞纳金和罚款，未构成犯罪，纳税信用级别被直接判为D级的纳税人，在税务机关处理结论明确的期限期满后60日内足额缴纳、补缴的。

（3）纳税人履行相应法律义务并由税务机关依法解除非正常户状态的。

四、税收违法行为检举管理

为了保障单位、个人依法检举纳税人、扣缴义务人违反税收法律、行政法规行为的权利，规范检举秩序，根据《税收征收管理法》有关规定，国家税务总局制定了《税收违法行为检举管理办法》（以下简称《办法》）。

（一）税收违法行为检举管理原则

检举管理工作坚持依法依规、分级分类、属地管理、严格保密的原则。

（二）检举事项的提出与受理

检举人可以实名检举，也可以匿名检举。税务机关应当合理设置检举接待场所。检举接待场所应当与办公区域适当分开，配备使用必要的录音、录像等监控设施，保证监控设施对接待场所全覆盖并正常运行。

举报中心应当在检举事项受理之日起15个工作日内完成分级分类处理，特殊情况除外。

实名检举人可以要求答复检举事项的处理情况与查处结果。检举事项经查证属实，为国家挽回或者减少损失的，按照财政部和国家税务总局的有关规定对实名检举人给予相应奖励。

五、重大税收违法失信主体信息公布

税务机关依照规定，确定重大税收违法失信主体，向社会公布失信信息，并将信息通报相关部门实施监管和联合惩戒。

任务实施

从公司本身和纳税申报的角度来看，该公司的流程没有问题，但由于当期有较多固定资产的进项采购，导致其整体增值税的有效税率明显低于同期同行业同类型的企业，从而触发税务机关对该公司的纳税申报的合规性产生了质疑。在税务检查中，主管税务机关要求该公司提供的凭证非常细：第一项是全年增值税发票认证抵扣清单，以此来证明公司抵扣的金额和实际纳税申报的金额是一致的；第二项是公司全年的购销合同、记账凭证和结算凭证，包括全年的增值税的申报表；第三项是公司全年增值税进项发票联与抵扣联，来检验公司每个月发票的进项与认证抵扣额是否一致；第四项是公司全年增值税申报表，来核对增值税普通发票、专用发票的开票汇总金额和实际纳税申报的金额是否一致。另外，还需要查验公司全年实际缴纳增值税的销售额与实际利润表上披露的主营业务收入是否一致。

对于该公司的情况，其实很多企业都会有类似的问题产生，如果企业有大量的进项采购额，比如说固定资产、无形资产，都会导致企业的增值税有效税率明显偏低。在这样的情形下，建议企业一定要及时、完整、充分地搜集所有相关支持性文件、凭证和发票，并且确保企业所有的进项和销项都是在当期按照纳税义务发生时点，及时并且合规地进行申报、抵扣。

任务五　税务行政复议申请与处理

任务布置

申请行政复议为什么必须先缴纳税款和滞纳金

小李在学习税法时了解到，纳税人对税务机关征税等具体行政行为不服的，有权申请行政复议。小李认为法律这样规定，保护了纳税人的合法权益，的确很有必要，但有一点不明白：既然如此，为什么必须先缴纳税款及滞纳金或者提供相应的担保，才能申请行政复议？

任务：说明申请行政复议为什么必须先缴纳税款和滞纳金。

任务思维导图

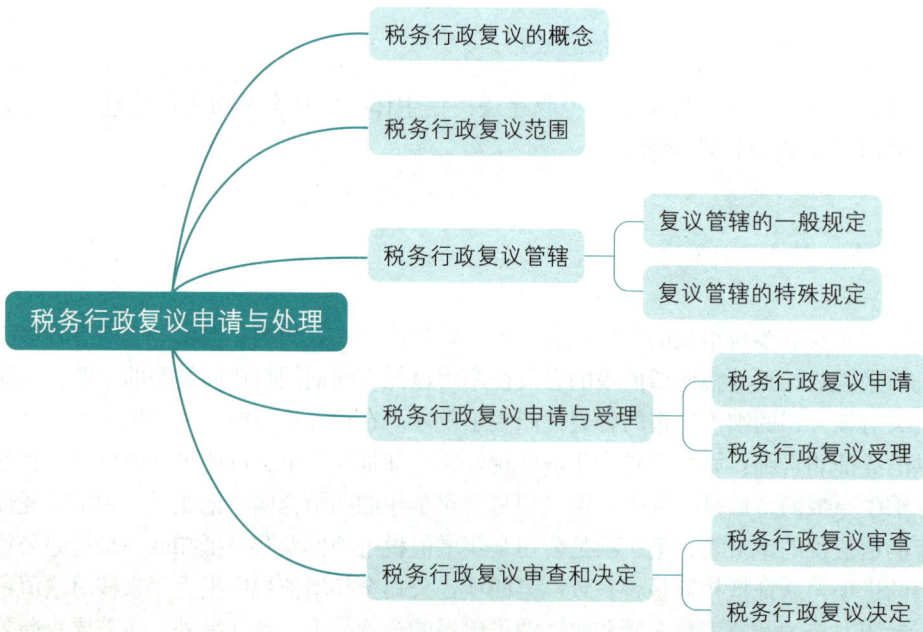

预备知识

一、税务行政复议的概念

税务行政复议，是指纳税人和其他税务当事人对税务机关的税务行政行为不服，依法向上级税务机关提出申诉，请求上一级税务机关对原具体行政行为的合理性、合法性做出审议；复议机关依法对原具体行政行为的合理性、合法性作出裁决的行政司法活动。

二、税务行政复议范围

纳税人及其他当事人（以下简称申请人）认为税务机关（以下简称被申请人）的具体行政行为侵犯其合法权益，可依法向税务行政复议机关申请行政复议。税务行政复议机关（以下简称复议机关），是指依法受理税务行政复议申请，对具体行政行为进行审查并作出行政复议决定的税务机关。

（一）可以申请行政复议的行政行为

申请人对税务机关下列具体行政行为不服的，可以提出行政复议申请：

（1）征税行为，包括确认纳税主体、征税对象、征税范围、减税、免税、退税、抵扣税款、适用税率、计税依据、纳税环节、纳税期限、纳税地点和税款征收方式等具体行政行为，征收税款、加收滞纳金，扣缴义务人、受税务机关委托的单位和个人作出的代扣代缴、代收代缴、代征行为等。

（2）行政许可、行政审批行为。

（3）发票管理行为，包括发售、收缴、代开发票等。

（4）税收保全措施、强制执行措施。

（5）行政处罚行为：

①罚款；

②没收非法财物和违法所得；

③停止出口退税权。

（6）不依法履行下列职责的行为：

①开具、出具完税凭证；

②行政赔偿；

③行政奖励；

④其他不依法履行职责的行为。

（7）资格认定行为。

（8）不依法确认纳税担保行为。

（9）政府公开信息工作中的具体行政行为。

（10）纳税信用等级评定行为。

（11）通知出入境管理机关阻止出境行为。

（12）其他行政行为。

（二）可以一并申请行政复议的规范性文件

申请人认为税务机关的具体行政行为所依据的下列规定不合法，对具体行政行为申请行政复议时，可以一并向复议机关提出对该规定（不含规章）的审查申请：

（1）国家税务总局和国务院其他部门的规定；

（2）其他各级税务机关的规定；

（3）地方各级人民政府的规定；

（4）地方人民政府工作部门的规定。

申请人对具体行政行为提出行政复议申请时不知道该具体行政行为所依据的规定的，可以在行政复议机关作出行政复议决定以前提出对该规定的审查申请。

三、税务行政复议管辖

（一）复议管辖的一般规定

（1）对各级税务局的具体行政行为不服的，向其上一级税务局申请行政复议。

（2）对计划单列市税务局的具体行政行为不服的，向国家税务总局申请行政复议。

（3）对税务所（分局）、各级税务局的稽查局的具体行政行为不服的，向其所属税务局申请行政复议。

（4）对国家税务总局的具体行政行为不服的，向国家税务总局申请行政复议。对行政复议决定不服的，申请人可以向人民法院提起行政诉讼，也可以向国务院申请裁决。国务院的裁决为最终裁决。

（二）复议管辖的特殊规定

（1）对两个以上税务机关以共同的名义作出的具体行政行为不服的，向共同上一级税务机关申请行政复议；对税务机关与其他行政机关以共同的名义作出的具体行政行为不服的，向其共同上一级行政机关申请行政复议。

（2）对被撤销的税务机关在撤销以前所做出的具体行政行为不服的，向继续行使其职权的税务机关的上一级税务机关申请行政复议。

（3）对税务机关作出逾期不缴纳罚款加处罚款的决定不服的，向作出行政处罚决定的税务机关申请行政复议。但是对已处罚款和加处罚款都不服的，一并向作出行政处罚决定的税务机关的上一级税务机关申请行政复议。

申请人向具体行政行为发生地的县级地方人民政府提交行政复议申请的，由接受申请的县级地方人民政府依法予以转送。

四、税务行政复议申请与受理

微课

税务行政复议
解决税务纠纷

（一）税务行政复议申请

申请人可以在知道税务机关作出具体行政行为之日起60日内提出行政复议申请。因不可抗力或者被申请人设置障碍等原因耽误法定申请期限的，申请期限的计算应当扣除被耽误时间。

申请人对复议范围中征税行为不服的，应当先向复议机关申请行政复议，对行政复议决定不服的，可以再向人民法院提起行政诉讼。

申请人申请行政复议，可以书面申请，也可以口头申请。书面申请的，可以采取当面递交、邮寄、传真或者电子邮件等方式提出行政复议申请。口头申请的，复议机关应当当场制作行政复议申请笔录，交申请人核对或者向申请人宣读，并由申请人确认。

（二）税务行政复议受理

复议机关收到行政复议申请后，应当在5日内进行审查，决定是否受理。对符合规定的行政复议申请，自行政复议机关收到之日起即为受理，应当书面告知申请人。对不符合规定的行政复议申请，决定不予受理，并书面告知申请人。对不属于本机关受理的行政复议申请，应当告知申请人向有关行政复议机关提出。复议机关收到行政复议申请以后未按照规定期限审查并作出不予受理决定的，视为受理。

对应当先向复议机关申请行政复议，对行政复议决定不服再向人民法院提起行政诉讼的具体行政行为，复议机关决定不予受理或者受理以后超过行政复议期限不作答复的，申请人可以自收到不予受理决定书之日起或者行政复议期满之日起15日内，依法向人民法院提起行政诉讼。

申请人向复议机关申请行政复议，复议机关已经受理的，在法定行政复议期限内申请人不得向人民法院提起行政诉讼；申请人向人民法院提起行政诉讼，人民法院已经依法受理的，不得申请行政复议。

五、税务行政复议审查和决定

（一）税务行政复议审查

行政复议机关审理行政复议案件，应当由2名以上行政复议工作人员参加。行政复议工作人员应当具备与履行行政复议职责相适应的品行、专业知识和业务能力。税务机关中初次从事行政复议的人员，应当通过国家统一法律职业资格考试取得法律职业资格。

对重大、复杂的案件，申请人提出要求或者行政复议机关认为必要时，可以采取听证的方式审理。听证应当公开举行，但是涉及国家秘密、商业秘密或者个人隐私的除外。行政复议听证人员不得少于2人，听证主持人由行政复议机关指定。听证应当制作笔录，申请人、被申请人和第三人应当确认听证笔录内容。第三人不参加听证的，不影响听证的举行。

行政复议机关应当全面审查被申请人的具体行政行为所依据的事实证据、法律程序、法律依据和设定的权利义务内容的合法性、适当性。

申请人在行政复议决定作出以前撤回行政复议申请的，经行政复议机关同意，可以撤回。申请人撤回行政复议申请的，不得再以同一事实和理由提出行政复议申请。但是，申请人能够证明撤回行政复议申请违背其真实意思表示的除外。

行政复议期间被申请人改变原具体行政行为的，不影响行政复议案件的审理。但是，申请人依法撤回行政复议申请的除外。

行政复议机关审查被申请人的具体行政行为时，认为其依据不合法，本机关有权处理的，应当在30日内依法处理；无权处理的，应当在7日内按照法定程序逐级转送有权处理的国家机关依法处理。处理期间，中止对具体行政行为的审查。

（二）税务行政复议决定

（1）复议机关责令被申请人重新作出具体行政行为的，被申请人不得作出对申请人更为不利的决定；但是复议机关以原具体行政行为主要事实不清、证据不足或适用依据错误决定撤销的，被申请人重新作出具体行政行为的除外。

（2）复议机关责令被申请人重新作出具体行政行为的，被申请人应当在60日内重新作出具体行政行为；情况复杂、不能在规定期限内重新作出具体行政行为的，经复议机关批准，可以适当延期，但是延期不得超过30日。

（3）申请人对被申请人重新作出的具体行政行为不服的，可以依法申请行政复议，或者提起行政诉讼。

（4）被申请人不按照规定提出书面答复，提交当初作出具体行政行为的证据、依据和其他有关材料的，视为该具体行政行为没有证据、依据，决定撤销该具体行政行为。

复议机关应当自受理申请之日起60日内作出行政复议决定。复议机关作出行政复议决定，应当制作行政复议决定书，并加盖印章。行政复议决定书一经送达、即发生法律效力。

任务实施

实行税务行政复议制度，以保护纳税人的合法权益不受侵害。但是，为了防止有些纳税人借行政复议之机，迟迟不缴纳税款，使国家权益受损，税法规定纳税人应当先缴纳税款及滞纳金或者提供相应的担保，再申请行政复议。只有符合几种法定情形之一时，才可以停止执行具体行政行为。这样规定，兼顾了纳税人与国家的合法权益。

任务六   违反税收法律责任

任务布置

某大型零售企业（以下简称"C公司"）因未如实申报销售额，长期存在偷税漏税行为。税务部门在日常监管中发现了这一问题，并对C公司进行了深入调查。经查实，C公司通过篡改销售数据、隐瞒部分销售收入等手段，导致大量税款流失。

任务：

（1）C公司未如实申报销售额的行为违反了哪些税收法律条款？

（2）针对C公司的偷税行为，税务部门可以采取哪些法律措施？

任务思维导图

违反税收法律责任
├─ 税务管理相对人税收违法行为的法律责任
│　　├─ 违反税务管理规定的法律责任
│　　├─ 首违不罚制度
│　　├─ 偷税（逃税）行为的法律责任
│　　├─ 欠税行为的法律责任
│　　├─ 抗税行为的法律责任
│　　├─ 骗税行为的法律责任
│　　└─ 纳税人、扣缴义务人不配合税务检查的法律责任
└─ 税务行政主体税收违法行为的法律责任
　　　├─ 渎职行为的法律责任
　　　└─ 其他违法行为的法律责任

预备知识

一、税务管理相对人税收违法行为的法律责任

（一）违反税务管理规定的法律责任

（1）纳税人有下列行为之一的，由税务机关责令限期改正，可以处2 000元以下的罚款；情节严重的，处2 000元以上1万元以下的罚款：

①未按照规定设置、保管账簿或者保管记账凭证和有关资料的。

②未按照规定将财务、会计制度或者财务、会计处理办法和会计核算软件报送税务机关备查的。

③未按照规定将其全部银行账号向税务机关报告的。

④未按照规定安装、使用税控装置，或者损毁、擅自改动税控装置的。

（2）扣缴义务人未按照规定设置、保管代扣代缴、代收代缴税款账簿或者保管代扣代缴、代收代缴税款记账凭证及有关资料的，由税务机关责令限期改正，可以处2 000元以下的罚款；情节严重的，处2 000元以上5 000元以下的罚款。

（3）纳税人未按照规定的期限办理纳税申报和报送纳税资料的，或者扣缴义务人未按照规定的期限向税务机关报送代扣代缴、代收代缴税款报告表和有关资料的，由税务机关责令限期改正，可以处2 000元以下的罚款；情节严重的，处2 000元以上1万元以下的罚款。

（4）纳税人、扣缴义务人编造虚假计税依据的，由税务机关责令限期改正，并处5万元以下的罚款。

（5）非法印制、转借、倒卖、变造或者伪造完税凭证的，由税务机关责令改正，处2 000元以上1万元以下的罚款；情节严重的，处1万元以上5万元以下的罚款；构成犯罪

的，依法追究刑事责任。

（6）银行和其他金融机构未依照《税收征收管理法》的规定在从事生产、经营的纳税人的账户中登录税务登记证件号码，或者未按规定在税务登记证件中登录从事生产、经营的纳税人的账户账号的，由税务机关责令其限期改正，处2 000元以上2万元以下的罚款；情节严重的，处2万元以上5万元以下的罚款。

（7）扣缴义务人应扣未扣、应收而不收税款的，由税务机关向纳税人追缴税款，对扣缴义务人处应扣未扣、应收未收税款50%以上3倍以下的罚款。

（8）税务代理人违反税收法律、行政法规，造成纳税人未缴或者少缴税款的，除由纳税人缴纳或者补缴应纳税款、滞纳金外，对税务代理人处纳税人未缴或者少缴税款50%以上3倍以下的罚款。

（二）首违不罚制度

为了进一步推进税务领域"放管服"改革，更好地服务市场主体，根据《行政处罚法》《税收征收管理法》等法律法规，国家税务总局推广"首违不罚"清单制度，制定并发布全国统一的《税务行政处罚"首违不罚"事项清单》。自2021年4月1日起，对于首次发生清单中所列事项且危害后果轻微，在税务机关发现前主动改正或者在税务机关责令限期改正的期限内改正的，不予行政处罚。

微课

偷税及逃税
行为的法律
责任

（三）偷税（逃税）行为的法律责任

偷税（逃税）行为，是指纳税人采取欺骗、隐瞒手段进行虚假纳税申报或者不申报，逃避缴纳税款的行为。

纳税人采取伪造、变造、隐匿、擅自销毁账簿、记账凭证，或者在账簿上多列支出或者不列、少列收入，或者经税务机关通知申报而拒不申报或者进行虚假的纳税申报的手段，不缴或者少缴应纳税款的，由税务机关追缴其不缴或者少缴的税款、滞纳金，并处不缴或者少缴的税款50%以上5倍以下的罚款。

纳税人采取欺骗、隐瞒手段进行虚假纳税申报或者不申报，逃避缴纳税款数额较大并且占应纳税额10%以上的，处3年以下有期徒刑或者拘役，并处罚金；数额巨大并且占应纳税额30%以上的，处3年以上7年以下有期徒刑，并处罚金。对多次实施前述行为，未经处理的，按照累计数额计算。

有上述行为，经税务机关依法下达追缴通知后，补缴应纳税款，缴纳滞纳金，已受行政处罚的，不予追究刑事责任；但是，5年内因逃避缴纳税款受过刑事处罚或者被税务机关给予两次以上行政处罚的除外。

扣缴义务人采取上述手段，不缴或者少缴已扣、已收税款，由税务机关追缴其不缴或者少缴的税款、滞纳金，并处不缴或者少缴的税款50%以上5倍以下的罚款；构成犯罪的，依法追究刑事责任。

（四）欠税行为的法律责任

欠税行为，是指纳税人欠缴应纳税款，采取转移或者隐匿财产的手段，妨碍税务机关追缴欠缴的税款的行为。

纳税人欠税的，由税务机关追缴欠缴的税款、滞纳金，并处欠缴税款50%以上5倍以下的罚款；构成犯罪的，依法追究刑事责任。

（五）抗税行为的法律责任

抗税行为，是指纳税人、扣缴义务人以暴力、威胁方法拒不缴纳税款的行为。

对抗税行为，除由税务机关追缴其拒缴的税款、滞纳金外，依法追究刑事责任。情节轻微、未构成犯罪的，由税务机关追缴其拒缴的税款、滞纳金，并处拒缴税款1倍以上5倍以下的罚款。

（六）骗税行为的法律责任

骗税行为，是指纳税人以假报出口或者其他欺骗手段，骗取国家出口退税款的行为。纳税人有骗税行为，由税务机关追缴其骗取的退税款，并处骗取税款1倍以上5倍以下的罚款；构成犯罪的，依法追究刑事责任。

对骗取国家出口退税款的，税务机关可以在规定期间内停止为其办理出口退税。

为纳税人、扣缴义务人非法提供银行账户、发票、证明或者其他方便，骗取国家出口退税款的，税务机关除没收其违法所得外，可以处未缴、少缴或者骗取的税款1倍以下的罚款。

（七）纳税人、扣缴义务人不配合税务检查的法律责任

税务检查期间，纳税人、扣缴义务人发生不配合税务机关进行税务检查的下列行为，由税务机关责令改正，可以处1万元以下的罚款；情节严重的，处1万元以上5万元以下的罚款。

（1）逃避、拒绝或者以其他方式阻挠税务机关检查的；

（2）提供虚假资料，不如实反映情况，或者拒绝提供有关资料的；

（3）拒绝或者阻止税务机关记录、录音、录像、照相和复制与案件有关的情况和资料的；

（4）转移、隐匿、销毁有关资料的；

（5）有不依法接受税务检查的其他情形的。

【学思践悟】税收征收管理不仅是国家财政的核心环节，也是体现社会公平和法治精神的重要方面，了解税收征收管理至关重要。

首先，税收征收管理是实现社会公平的重要手段。通过合理的税收政策，政府能够调节收入分配，缩小贫富差距，促进社会和谐稳定。

其次，税收征收管理体现了法治精神。税收法律法规是税收征收的依据，每个公民和企业都应依法纳税，不得偷逃税款。这种法治精神有助于维护社会秩序，保障国家财政安全。

此外，税收征收管理涉及税收道德和税收文化。纳税人应秉持诚信原则，主动申报纳税，形成良好的税收风尚。政府应加强税收宣传教育，提高公民纳税意识。

通过学习税收征收管理知识，我们能够更好地理解国家财政运作的原理，培养法治精神和道德观念，为构建和谐社会贡献力量。

二、税务行政主体税收违法行为的法律责任

（一）渎职行为的法律责任

（1）税务人员徇私舞弊，对依法应当移交司法机关追究刑事责任的不移交，情节严重的，依法追究刑事责任。

（2）税务人员利用职务上的便利，收受或者索取纳税人、扣缴义务人财物或者谋取其他不正当利益，构成犯罪的，依法追究刑事责任；未构成犯罪的，依法给予行政处分。

（3）税务人员徇私舞弊或者玩忽职守，不征或者少征应征税款，致使国家税收遭受重大损失，构成犯罪的，依法追究刑事责任；未构成犯罪的，依法给予行政处分。

（4）税务人员滥用职权，故意刁难纳税人、扣缴义务人的，调离税收工作岗位，并依法给予行政处分。

（5）税务人员对控告、检举税收违法行为的纳税人、扣缴义务人以及其他检举人进行打击报复的，依法给予行政处分；构成犯罪的，依法追究刑事责任。

（二）其他违法行为的法律责任

（1）税务机关违反规定擅自改变税收征收管理范围和税款入库预算级次的，责令限期改正，对直接负责的主管人员和其他直接责任人员依法给予降级或者撤职的行政处分。

（2）税务人员在征收税款或者查处税收违法案件时，未按照《税收征收管理法》的规定进行回避的，对直接负责的主管人员和其他直接责任人员，依法给予行政处分。未按照《税收征收管理法》的规定为纳税人、扣缴义务人、检举人保密的，对直接负责的主管人员和其他直接责任人员，由所在单位或者有关单位依法给予行政处分。

（3）税务人员与纳税人、扣缴义务人勾结，唆使或者协助纳税人、扣缴义务人实施税收违法行为，构成犯罪的，依法追究刑事责任；未构成犯罪的，依法给予行政处分。

（4）税务人员私分扣押、查封的商品、货物或者其他财产，情节严重、构成犯罪的，依法追究刑事责任；未构成犯罪的，依法给予行政处分。

（5）违反法律、行政法规的规定提前征收、延缓征收或者摊派税款的，由其上级机关或者行政监察机关责令改正，对直接负责的主管人员和其他直接责任人员依法给予行政处分。

（6）违反法律、行政法规的规定，擅自作出税收的开征、停征或者减税、免税、退税、补税以及其他同税收法律、行政法规相抵触的决定的，除按《税收征收管理法》的规定撤销其擅自作出的决定外，补征应征未征税款，退还不应征收而征收的税款，并由上级机关追究直接负责的主管人员和其他直接责任人员的行政责任；构成犯罪的，依法追究刑事责任。

任务实施

（1）C公司未如实申报销售额的行为违反了《税收征收管理法》第六十三条的规定。该条款明确指出，纳税人伪造、变造、隐匿、擅自销毁账簿、记账凭证，或者在账簿上多列支出或者不列、少列收入，或者经税务机关通知申报而拒不申报或者进行虚假的纳税申报，不缴或者少缴应纳税款的，是偷税。C公司篡改销售数据、隐瞒部分销售收入的行为，属于在账簿上少列收入，因此构成了偷税。

（2）针对C公司的偷税行为，税务部门可以采取以下法律措施：

追缴税款：税务部门有权追缴C公司因偷税而少缴的税款，确保税收的公平性和公正性。

　　加收滞纳金：根据《税收征收管理法》第三十二条的规定，纳税人未按照规定期限缴纳税款的，扣缴义务人未按照规定期限解缴税款的，税务机关除责令限期缴纳外，从滞纳税款之日起，按日加收滞纳税款万分之五的滞纳金。

　　处以罚款：根据《税收征收管理法》第六十三条的规定，对纳税人偷税的，由税务机关追缴其不缴或者少缴的税款、滞纳金，并处不缴或者少缴的税款百分之五十以上五倍以下的罚款。

　　移送司法机关：如果C公司的偷税行为构成犯罪，税务部门可以将其移送司法机关追究刑事责任。根据《中华人民共和国刑法》的相关规定，偷税数额较大、情节严重的，可能构成逃税罪。

　　列入税收违法"黑名单"：税务部门还可以将C公司列入税收违法"黑名单"，向社会公布其违法信息，并联合其他部门对其实施联合惩戒，以提高其违法成本。

行业规范测试七

项目八

劳动关系中的经济法

素养目标

◆ 明确签订劳动合同的各方地位是平等的，无论作为劳动者还是将来作为企业的经营者，要懂法、知法、守法，正确维护自己的合法权益
◆ 劳动合同的订立、合同的解除、合同的履行、违约责任的承担等，应具备契约精神，做到诚信缔约，诚信守约，保守商业秘密和竞业限制
◆ 现阶段我国人口老龄化背景下的养老保障、农村社会保障、农民工社会保障等体现党和国家以人民为中心的理念，也是社会主义核心价值观的体现，要树立崇高的政治素养和正确的价值取向、高尚的道德情操和社会责任感

知识目标

◆ 劳动合同的订立、内容、履行和变更、解除和终止的法律制度
◆ 社会保险的概述和养老、医疗、工伤、失业保险的法律制度

工作任务

序号	任务分解	任务执行	技能目标
1	劳动合同法律制度	◆ 了解劳动关系与劳动合同 ◆ 重点掌握劳动合同的订立 ◆ 重点掌握劳动合同的主要内容 ◆ 了解劳动合同的履行、变更 ◆ 重点掌握劳动合同解除、终止 ◆ 掌握集体合同和劳务派遣 ◆ 重点掌握劳动争议的解决 ◆ 掌握违反《中华人民共和国劳动合同法》（以下简称《劳动合同法》）的法律责任	◆ 通过劳动关系的学习，能够明确判别劳动关系确定的时间 ◆ 通过劳动合同订立的学习，能够辨别无效劳动合同和法律后果 ◆ 通过劳动合同内容的学习，能够明确区分劳动合同的必备条款和可备条款 ◆ 通过劳动合同的解除和终止的学习，能够明确劳动者和用人单位单方解除劳动合同的情形 ◆ 通过劳动争议的学习，能够正确合理地选择解决途径 ◆ 能够辨别不同违反劳动法的行为所应承担的法律责任
2	社会保险法律制度	◆ 了解社会保险概述 ◆ 重点掌握基本养老保险 ◆ 重点掌握基本医疗保险 ◆ 重点掌握工伤保险 ◆ 重点掌握失业保险 ◆ 了解社会保险费征缴与管理 ◆ 掌握违反社会保险法律制度的法律责任	◆ 通过基本养老保险的学习，能够掌握单位缴纳和个人缴纳的计算 ◆ 通过基本医疗保险的学习，能够掌握单位缴纳和个人缴纳的计算 ◆ 通过工伤保险的学习，能够辨别认定工伤的情形 ◆ 通过失业保险的学习，能够辨别失业保险待遇享受条件 ◆ 能够辨别不同违反社会保险法的行为所应承担的法律责任

项目导言

毕业生签订劳动合同要注意这7个细节

毕业生进入职场，就要与用人单位签订劳动合同，要想维护自己的合法权益，就要熟悉有关劳动合同的一些重要内容。

1.劳动合同应具备的条款

首先应了解劳动合同必备哪些条款，毕业生在签订劳动合同之前，应与用人单位认真协商，不可以草率签订，特别要注意劳动合同是否具备《劳动合同法》规定的必备条款，以及有关用人单位义务和劳动者权利的条款是否缺失。

《劳动合同法》对劳动合同必备条款的规定包括这样几个方面：

（1）用人单位的基本情况，如名称、住所和法定代表人或者主要负责人。

（2）劳动者的主要情况，如姓名、住址、居民身份证或者其他有效身份证件号码。

（3）劳动合同期限。

（4）工作内容和工作地点。

（5）工作时间和休息休假。

（6）劳动报酬。

（7）社会保险。劳动保护、劳动条件和职业危害防护。

（8）法律法规规定应当纳入劳动合同的其他事项。

此外，劳动者和用人单位可以约定试用期、培训、保密、补充保险和福利待遇等其他事项。

2.劳动合同常见的四个问题

（1）单位在我工作一段时间后，根据我的表现决定是否签订劳动合同，可以吗？

答案是不可以！按照规定，用人单位从用工之日起就应该签订书面的劳动合同，最晚也应该在用工之日起1个月内签合同。就算有试用期，也要签合同。

（2）试用期工资应该怎么计算？

试用期间工资不能低于本单位相同岗位最低档工资的80%，不能低于劳动合同约定工资的80%。同时，不能低于用人单位所在地的最低工资标准。

（3）有劳动关系，但没有及时签订劳动合同是不是只能自认倒霉？

答案是否定的。遇到这种情况，按照有关规定，如果工作不满1年，单位应支付双倍工资并补签合同，如果劳动者不愿意续签合同，单位还要支付经济补偿。

（4）试用期是劳动合同的必备条款吗？

答案同样是否定的，是否约定试用期由合同双方当事人根据情况协商，也可以不约定。没有约定试用期的劳动合同不影响其成立与生效。

3.七类合同要慎签

在合同签订过程当中，有些用人单位为降低用人成本而侵犯毕业生合法权益，初入职场的毕业生要慎签七类合同：

（1）慎签口头合同。口头合同也叫口头协议，是指双方当事人以谈话、电话等口头形式对合同内容达成一致，无任何书面或其他有形载体来表现合同内容。一旦发生纠纷，举证困难，维权也很不容易。

（2）慎签简单合同。这类合同没有细节条文约束，看似没有什么问题，一旦遭遇解除劳动合同等问题，合法的权益往往得不到充分的保障。

（3）慎签要求缴纳证件或者财物的抵押合同。《劳动合同法》明确规定，用人单位招用劳动者不得扣押劳动者的居民身份证和其他证件，不得要求劳动者提供担保，或者以其他名义向劳动者收取财物。

（4）慎签阴阳合同。有的单位为了应付检查，以可以少缴税款为理由，同时准备了一份低薪的假合同和另一份高薪的真合同。而当发生劳动纠纷时，如果牵涉经济补偿或者赔偿金的数额，很有可能按照低薪假合同来计算。而且我们应注意到，看似少交个税，其实毕业生五险一金的缴费基数也跟着变低，导致实际权益受损，对此，毕业生务必谨慎行事。

（5）慎签含有工伤概不负责的生死合同。防止用人单位在发生安全生产事故后，逃避应该承担的赔偿责任，特别是在建筑、化工、采矿等高危行业，求职毕业生一定不可以抱有侥幸的心理，不认真阅读合同条款。当然啦，即使签订了此类合同，只要是工作原因造成的工伤，劳动者仍然可以申请工伤认定。

（6）慎签暗箱合同。这类合同往往不向求职者讲明合同的内容，更多地只规定用人单位的权利和劳动者的义务，很少或者不规定用人单位的义务和劳动者的权利，是一种故意隐瞒劳动合同内容的做法，签订时要仔细查看。

（7）慎签霸王合同。这个合同往往只从单位角度出发，迫使毕业生在违背真实意志的情况下签订合同，求职者处于很被动的地位。如要求入职非涉密岗位的求职者，几年内不可跳槽至同行业公司工作，女职工在合同期内不得结婚生子，劳动者试用期离职的不结算工资。劳动者要无条件服从加班安排等，这些内容于法无据，我们也要慎重对待。

资料来源：教育部政务新媒体"微言教育"．详细版！毕业生签订劳动合同要注意这7个细节［EB/OL］．［2021-09-18］．http://www.gov.cn/fuwu/2019-12/12/content_5460548.htm.

任务一　企业与劳动者订立劳动合同管理

任务布置

试用期的约定是否合法

阙某2023年7月11日入职某服饰公司，任商品主管。劳动合同约定期限为3年，试用期为6个月。双方同时签订了《试用期录用条件说明书》。约定阙某如果在试用期存在如下情形之一的，视为不符合公司的录用条件，公司有权解除与阙某的劳动合同：合同中试用期内非法定事由累计请事假超过2天或迟到超过3次，或者有旷工现象的。2023年11月6日，公司向阙某发出《终止试用期证明》，告知其根据考勤记录，在2023年9月10日前有四次迟到，不符合公司的试用期录用条件，通知阚某2023年11月6日正式终止试用。公司通知终止劳动关系时，阚某已经怀孕，阚某申请仲裁，要求公司继续履行劳动合同。

任务：（1）判断在阚某怀孕的情况下，公司以试用期不符合转正条件为由将其辞退，是否合法，为什么？

（2）判断本案试用期的约定是否合法，公司应当提供哪些证据证明其行为合法？

任务思维导图

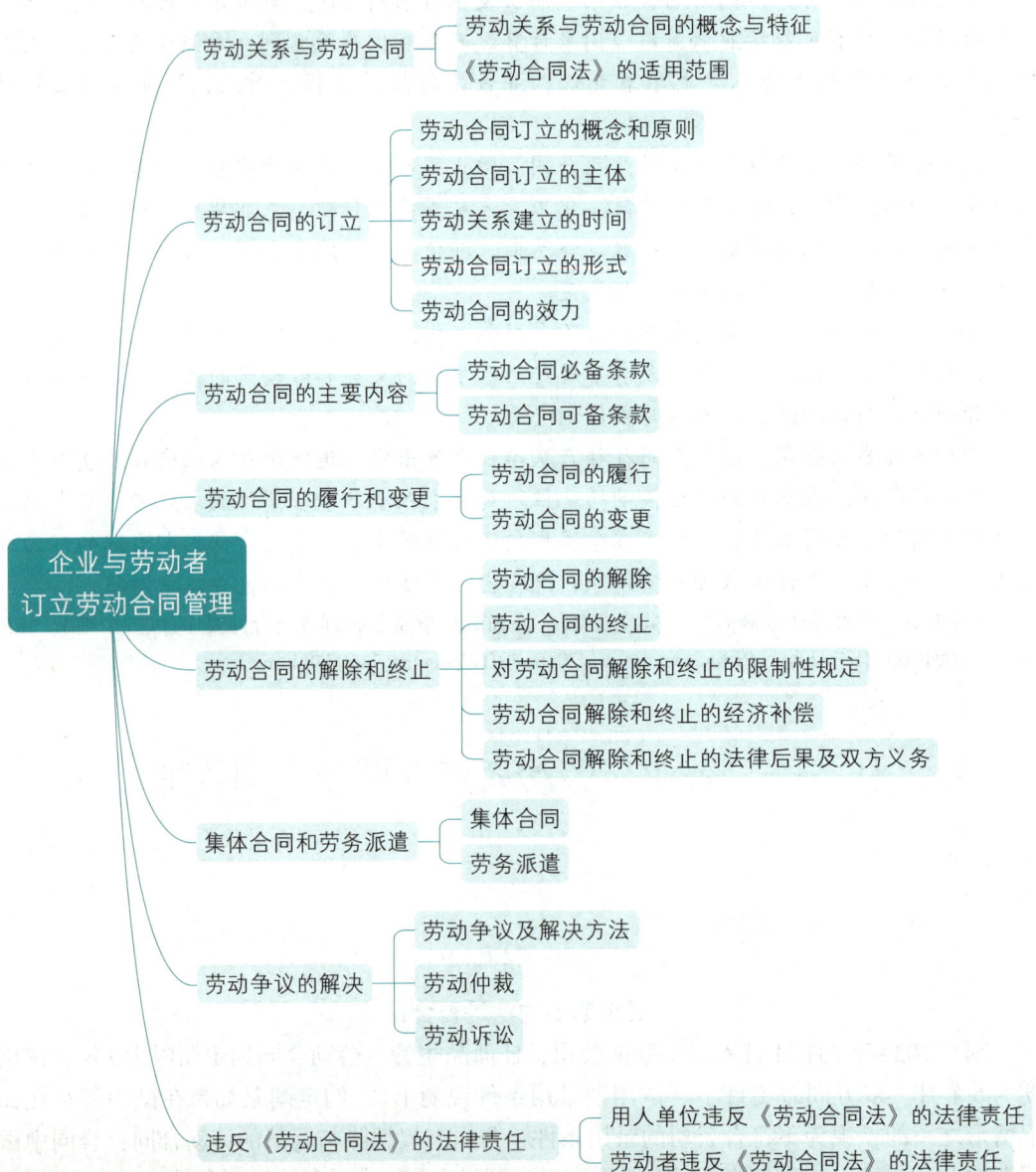

- 企业与劳动者订立劳动合同管理
  - 劳动关系与劳动合同
    - 劳动关系与劳动合同的概念与特征
    - 《劳动合同法》的适用范围
  - 劳动合同的订立
    - 劳动合同订立的概念和原则
    - 劳动合同订立的主体
    - 劳动关系建立的时间
    - 劳动合同订立的形式
    - 劳动合同的效力
  - 劳动合同的主要内容
    - 劳动合同必备条款
    - 劳动合同可备条款
  - 劳动合同的履行和变更
    - 劳动合同的履行
    - 劳动合同的变更
  - 劳动合同的解除和终止
    - 劳动合同的解除
    - 劳动合同的终止
    - 对劳动合同解除和终止的限制性规定
    - 劳动合同解除和终止的经济补偿
    - 劳动合同解除和终止的法律后果及双方义务
  - 集体合同和劳务派遣
    - 集体合同
    - 劳务派遣
  - 劳动争议的解决
    - 劳动争议及解决方法
    - 劳动仲裁
    - 劳动诉讼
  - 违反《劳动合同法》的法律责任
    - 用人单位违反《劳动合同法》的法律责任
    - 劳动者违反《劳动合同法》的法律责任

预备知识

一、劳动关系与劳动合同

（一）劳动关系与劳动合同的概念与特征

1.劳动关系与劳动合同的概念

（1）劳动关系是指劳动者与用人单位依法签订劳动合同而在劳动者与用人单位之间产生的法律关系。劳动者接受用人单位的管理，从事用人单位安排的工作，成为用人单位的成员，从用人单位领取劳动报酬并依法享受劳动保护。

（2）劳动合同是劳动者和用人单位之间依法确立劳动关系，明确双方权利义务的协议。

2.劳动关系的特征

与一般的民事关系不同，劳动关系有其自身独有的特征：

（1）劳动关系的主体具有特定性。

劳动关系主体的一方是劳动者，另一方是用人单位。

（2）劳动关系的内容具有较强的法定性。

劳动合同涉及财产和人身关系，劳动者在签订劳动合同后，就会隶属于用人单位，受到用人单位的管理。为保护处于弱势地位的劳动者的权益，法律规定了较多的强制性规定，当事人签订劳动合同不得违反强制性规定，否则无效。

（3）劳动者在签订和履行劳动合同时的地位是不同的。

劳动者与用人单位在签订劳动合同时，遵循平等、自愿、协商一致的原则，双方法律地位是平等的；一旦双方签订了劳动合同，在履行劳动合同的过程中，用人单位和劳动者就具有了支配与被支配、管理与服从的从属关系。

（二）《劳动合同法》的适用范围

1.适用《劳动合同法》的劳动关系

中华人民共和国境内的企业、个体经济组织、民办非企业单位等组织（以下称用人单位）与劳动者建立劳动关系，订立、履行、变更、解除或者终止劳动合同，适用《劳动合同法》。依法成立的会计师事务所、律师事务所等合伙组织和基金会，也属于《劳动合同法》规定的用人单位。

2.依照《劳动合同法》执行的劳动关系

国家机关、事业单位、社会团体和与其建立劳动关系的劳动者，订立、履行、变更、解除或者终止劳动合同，依照《劳动合同法》执行。

3.部分适用《劳动合同法》的劳动关系

地方各级人民政府及县级以上人民政府有关部门为安置就业困难人员提供的给予岗位补贴和社会保险补贴的公益性岗位，其劳动合同不适用《劳动合同法》有关无固定期限劳动合同的规定以及支付经济补偿的规定。

二、劳动合同的订立

（一）劳动合同订立的概念和原则

1.劳动合同订立的概念

劳动合同的订立是指劳动者和用人单位经过相互选择与平等协商，就劳动合同的各项条款达成一致意见，并以书面形式明确规定双方权利、义务的内容，从而确立劳动关系的法律行为。

2.劳动合同订立的原则

订立劳动合同，应当遵循合法、公平、平等自愿、协商一致、诚实信用的原则。

（二）劳动合同订立的主体

1.劳动合同订立主体的资格要求

（1）劳动者有劳动权利能力和行为能力。

《中华人民共和国劳动法》规定，禁止用人单位招用未满16周岁的未成年人。文艺、体育和特种工艺单位招用未满16周岁的未成年人，必须遵守国家有关规定，并保障其接受义务教育的权利。

（2）用人单位有用人权利能力和行为能力。

用人单位设立的分支机构，依法取得营业执照或者登记证书的，可以作为用人单位与劳动者订立劳动合同；未依法取得营业执照或者登记证书的，受用人单位委托可以与劳动者订立劳动合同。

2.劳动合同订立主体的义务

（1）用人单位的义务和责任。

用人单位招用劳动者时，应当如实告知劳动者工作内容、工作条件、工作地点、职业危害、安全生产状况、劳动报酬，以及劳动者要求了解的其他情况。

用人单位招用劳动者，不得扣押劳动者的居民身份证和其他证件，不得要求劳动者提供担保或者以其他名义向劳动者收取财物。

用人单位违反《劳动合同法》的规定，扣押劳动者居民身份证等证件的，由劳动行政部门责令限期退还劳动者本人，并依照有关法律规定给予处罚。用人单位以担保或者其他名义向劳动者收取财物的，由劳动行政部门责令限期退还劳动者本人，并以每人500元以上2 000元以下的标准处以罚款；给劳动者造成损害的，应当承担赔偿责任。

（2）劳动者的义务。

用人单位有权了解劳动者与劳动合同直接相关的基本情况，劳动者应当如实说明。

（三）劳动关系建立的时间

1.用工之日

用人单位自用工之日起即与劳动者建立劳动关系。用人单位与劳动者在用工前订立劳动合同的，劳动关系自用工之日起建立。

2.职工名册的建立

用人单位应当建立职工名册备查。职工名册应当包括劳动者姓名、性别、居民身份证号码、户籍地址及现住址、联系方式、用工形式、用工起始时间、劳动合同期限等内容。

（四）劳动合同订立的形式

1.书面形式

建立劳动关系应当订立"书面"劳动合同。

【提示】劳动合同是"诺成"合同，原则上，双方应当以书面形式订立，但"非全日制用工"双方当事人可以订立"口头"协议。

（1）用人单位应当自用工之日起"1个月"内与劳动者订立书面劳动合同。

（2）未签订劳动合同的法律规定：

① 自用工之日起1个月内，经用人单位书面通知后，劳动者不与用人单位订立书面劳动合同的，用人单位应当书面通知劳动者终止劳动关系，无须向劳动者支付经济补偿，但是应当依法向劳动者支付其实际工作时间的劳动报酬。

② 用人单位自用工之日起超过1个月不满1年未与劳动者订立书面劳动合同的，应当向劳动者每月支付2倍的工资，并与劳动者补订书面劳动合同；劳动者不与用人单位订立书面劳动合同的，用人单位应当书面通知劳动者终止劳动关系，并支付经济补偿。用人单位向劳动者每月支付2倍工资的起算时间为用工之日起满1个月的次日，截止时间为补订书面劳动合同的前一日。

③ 用人单位自用工之日起满1年未与劳动者订立书面劳动合同的，自用工之日起满1个月的次日至满1年的前一日应当向劳动者每月支付2倍的工资，并视为自用工之日起满1年的当日已经与劳动者订立无固定期限劳动合同，应当立即与劳动者补订书面劳动合同。

2.口头形式

（1）非全日制用工的概念

非全日制用工双方当事人可以订立口头协议。非全日制用工，是指以小时计酬为主，劳动者在同一用人单位一般平均每日工作时间不超过4小时，每周工作时间累计不超过24小时的用工形式。

（2）非全日制用工双方权利义务的特殊规定

从事非全日制用工的劳动者可以与一个或者一个以上用人单位订立劳动合同；但是，后订立的劳动合同不得影响先订立的劳动合同的履行。非全日制用工双方当事人不得约定试用期。

非全日制用工双方当事人任何一方都可以随时通知对方终止用工。终止用工，用人单位不向劳动者支付经济补偿。

非全日制用工小时计酬标准不得低于用人单位所在地人民政府规定的最低小时工资标准。用人单位可以按小时、日或周为单位结算工资，但非全日制用工劳动报酬结算支付周期最长不得超过15日。

【学思践悟】《中华人民共和国民法典》第四百六十九条规定，当事人订立合同，可以采用书面形式、口头形式或者其他形式。偷录的录音带只要不侵害他人合法权益或者不违反法律禁止性规定，都可以作为合法的证据使用。侵害他人合法权益，如违反社会公共利益和社会公德侵犯他人隐私；违反法律禁止性规定，如擅自将窃听器安装到他人住处进行窃听。其他情形不得视为违法证据。

（五）劳动合同的效力

1.劳动合同的生效

劳动合同由用人单位与劳动者协商一致，并经用人单位与劳动者在劳动合同文本上签字或者盖章生效。劳动合同文本由用人单位和劳动者各执一份。

如果用人单位不履行劳动合同，没有给劳动者提供约定的工作岗位，劳动者可以要求用人单位提供约定的工作岗位或者承担违约责任；如果劳动者不履行劳动合同，用人单位可以要求劳动者提供约定的劳动或者承担违约责任。如果因一方不履行劳动合同，造成另一方损失的，违约方还应赔偿对方相应的损失。

2.无效劳动合同

无效劳动合同是指由用人单位和劳动者签订成立，而国家不予承认其法律效力的劳动合同。劳动合同虽然已经成立，但因违反了平等自愿、协商一致、诚实信用、公平等原则和法律、行政法规的强制性规定，可使其全部或者部分条款归于无效。

对劳动合同的无效或者部分无效有争议的，由劳动争议仲裁机构或者人民法院确认。

3.无效劳动合同的法律后果

无效劳动合同，从订立时起就没有法律约束力。劳动合同部分无效，不影响其他部分效力的，其他部分仍然有效。

劳动合同被确认无效，劳动者已付出劳动的，用人单位应当向劳动者支付劳动报酬。劳动报酬的数额，参照本单位相同或者相近岗位劳动者的劳动报酬确定。

劳动合同被确认无效，给对方造成损害的，有过错的一方应当承担赔偿责任。

三、劳动合同的主要内容

（一）劳动合同必备条款

微课

劳动合同的内容

（1）用人单位的名称、住所和法定代表人或者主要负责人。

（2）劳动者的姓名、住址和居民身份证或者其他有效身份证件号码。

（3）劳动合同期限。劳动合同分为固定期限劳动合同、无固定期限劳动合同和以完成一定工作任务为期限的劳动合同。劳动合同分类见表8-1。

表8-1　　　　　　　　　　　　　劳动合同分类

种类	具体内容
以完成一定工作任务为期限的劳动合同	①以完成单项工作任务为期限的劳动合同 ②以项目承包方式完成承包任务的劳动合同 ③因季节原因用工的劳动合同 ④其他双方约定的以完成一定工作任务为期限的劳动合同
固定期限劳动合同	双方明确约定合同终止时间
无固定期限劳动合同	双方约定合同无确定终止时间

　　有下列情形之一，劳动者提出或者同意续订、订立劳动合同的，除劳动者提出订立固定期限劳动合同外，应当订立无固定期限劳动合同：

　　①劳动者在该用人单位连续工作满10年的。

　　【提示】连续工作满10年的起始时间，应当自用人单位用工之日起计算，包括《劳动合同法》施行前的工作年限。

　　②用人单位初次实行劳动合同制度或者国有企业改制重新订立劳动合同时，劳动者在该用人单位连续工作满10年且距法定退休年龄不足10年的。

　　③连续订立2次固定期限劳动合同，且劳动者没有下述情形，续订劳动合同的：

　　a.严重违反用人单位的规章制度的；

　　b.严重失职，营私舞弊，给用人单位造成重大损害的；

　　c.劳动者同时与其他用人单位建立劳动关系，对完成本单位的工作任务造成严重影响，或者经用人单位提出，拒不改正的；

　　d.劳动者以欺诈、胁迫的手段或者乘人之危，使用人单位在违背真实意思的情况下订立或者变更劳动合同，致使劳动合同无效的；

　　e.被依法追究刑事责任的；

　　f.劳动者患病或者非因工负伤，在规定的医疗期满后不能从事原工作，也不能从事由用人单位另行安排的工作的；

　　g.劳动者不能胜任工作，经过培训或者调整工作岗位，仍不能胜任工作的。

　　【提示】连续订立固定期限劳动合同的次数，应当自《劳动合同法》2008年1月1日施行后续订固定期限劳动合同时开始计算。

　　另外，用人单位自用工之日起满1年不与劳动者订立书面劳动合同的，视为用人单位自用工之日起满1年的当日已经与劳动者订立无固定期限劳动合同。

　　（4）工作内容和工作地点。工作内容包括劳动者从事劳动的工种、岗位和劳动定额、产品质量标准的要求等。工作地点是指劳动者可能从事工作的具体地理位置。

　　（5）工作时间和休息、休假。

　　①工作时间。工作时间通常是指劳动者在一昼夜或一周内从事生产或工作的时间，换言之，是劳动者每天应工作的时数或每周应工作的天数。目前我国实行的工时制度主要有标准工时制、不定时工作制和综合计算工时制三种类型（见表8-2）。

表8-2　　　　　　　　　　　　　　　　工时制度类型

工时制度	基本规定（H）	加班（H）
标准工时制	D=8，W=40	【提示】用人单位与工会和劳动者"协商"后可延长工作时间：
不定时工作制	D≤8，W≤40；至少休息 1D/W	①一般：D≤1
综合计算工时制	以周、月、季、年为周期，总和计算，但平均工时同标准工时制	②特殊：D≤3，M≤36
【说明】H 代表小时；D 代表天；W 代表周		

　　②休息、休假。休息是指劳动者在任职期间，在国家规定的法定工作时间以外，无须履行劳动义务而自行支配的时间，包括工作日内的间歇时间、工作日之间的休息时间和公

休假日（即周休息日，是职工工作满一个工作周以后的休息时间）。休假是指劳动者无须履行劳动义务且一般有工资保障的法定休息时间，如：

a.法定假日，是指由法律统一规定的用以开展纪念、庆祝活动的休息时间，包括元旦、春节、清明节、劳动节、端午节、中秋节、国庆节等。

b.年休假，是指职工工作满一定年限，每年可享有的保留工作岗位、带薪连续休息的时间。

休息、休假见表8-3。

表8-3   休息、休假

休息	工作日内的间歇时间：工作日的中午时间
	工作日之间的休息时间：工作日与工作日之间
	公休假日：周末
休假	法定假日：元旦、春节、清明节、劳动节、端午节、中秋节、国庆节等
	带薪年休假

《职工带薪年休假条例》规定，机关、团体、企业、事业单位、民办非企业单位、有雇工的个体工商户等单位的职工连续工作1年以上的，享受带薪年休假（以下简称"年休假"）。职工在年休假期间享受与正常工作期间相同的工资收入。职工累计工作已满1年不满10年的，年休假5天；已满10年不满20年的，年休假10天；已满20年的，年休假15天。国家法定休假日、休息日不计入年休假的假期。

但当职工有下列情形之一时，不享受当年的年休假：

a.职工依法享受寒暑假，其休假天数多于年休假天数的；

b.职工请事假累计20天以上且单位按照规定不扣工资的；

c.累计工作满1年不满10年的职工，请病假累计2个月以上的；

d.累计工作满10年不满20年的职工，请病假累计3个月以上的；

e.累计工作满20年以上的职工，请病假累计4个月以上的。

（6）劳动报酬。

①劳动报酬与支付。劳动报酬是指用人单位根据劳动者劳动的数量和质量，以货币形式支付给劳动者的工资。工资至少每月支付一次，实行周、日、小时工资制的可按周、日、小时支付工资。特殊情况下的支付，见表8-4。

表8-4   劳动报酬支付

部分人放假节日（3月8日、5月4日）	有工资无加班费
平时加班	150%
周末加班	200%（或调休）
法定休假日加班	300%
不支付加班费的处罚规则	先责令限期支付，逾期按应付金额"50%以上100%以下""加付"赔偿
扣工资（劳动者本人原因给单位造成损失的）	"每月"扣除部分不得超过劳动者当月工资的20%，剩余工资不得低于当月最低工资标准

②最低工资制度。《中华人民共和国劳动法》规定，国家实行最低工资保障制度。最低工资的具体标准由省、自治区、直辖市人民政府规定，报国务院备案。用人单位支付劳动者的工资不得低于当地最低工资标准。

最低工资标准是指劳动者在法定工作时间或依法签订的劳动合同约定的工作时间内提供了正常劳动的前提下，用人单位依法应支付的最低劳动报酬。

（7）社会保险。社会保险包括基本养老保险、基本医疗保险、失业保险、工伤保险和生育保险等。

（8）劳动保护、劳动条件和职业危害防护。

（9）法律、法规规定应当纳入劳动合同的其他事项。

（二）劳动合同可备条款

除劳动合同必备条款外，用人单位与劳动者还可以在劳动合同中约定试用期、培训、保守秘密、补充保险和福利待遇等其他事项，称为可备条款。但约定事项不能违反法律、行政法规的强制性规定，否则该约定无效。

1.试用期

试用期是指用人单位和劳动者双方为相互了解、确定对方是否符合自己的招聘条件或求职意愿而约定的考察期间。

（1）试用期期限。

试用期期限见表8-5。

表8-5　　　　　　　　　　　　　　试用期期限

劳动合同期限	试用期
非全日制用工	不得约定
以完成一定工作任务为期限	
不满 3 个月	
3 个月以上，不满 1 年	不得超过 1 个月
1 年以上，不满 3 年	不得超过 2 个月
3 年以上固定期限	不得超过 6 个月
无固定期限	

【提示】同一用人单位与同一劳动者"只能"约定一次试用期。劳动合同"仅约定"试用期的，试用期不成立，该期限为劳动合同期限。试用期"包含"在劳动合同期限内。

（2）试用期工资。

劳动者在试用期的工资不得低于本单位相同岗位最低档工资或者劳动合同约定工资的80%，并不得低于用人单位所在地的最低工资标准。劳动合同约定工资，是指该劳动者与用人单位订立的劳动合同中约定的劳动者试用期满后的工资。

2.服务期

（1）服务期的适用范围。

服务期是指劳动者因享受用人单位给予的特殊待遇而作出的关于劳动履行期限的承诺。《劳动合同法》规定，用人单位为劳动者提供专项培训费用，对其进行专业技术培训的，可以与该劳动者订立协议，约定服务期。

用人单位与劳动者约定服务期的，不影响按照正常的工资调整机制提高劳动者在服务期期间的劳动报酬。

劳动合同期满，但是用人单位与劳动者约定的服务期尚未到期的，劳动合同应当续延至服务期满；双方另有约定的，从其约定。

（2）劳动者违反服务期约定的违约责任。

①劳动者违反服务期约定的，应当按照约定向用人单位支付"违约金"；

②违约金数额不得超过用人单位提供的培训费用；

③用人单位要求劳动者支付的违约金不得超过服务期"尚未履行部分"所应分摊的培训费用。

（3）解除劳动合同后的违约金问题。

①服务期满，劳动合同期亦满，劳动者解除劳动关系无须支付违约金；

②劳动合同期满，服务期未满，劳动合同应顺延，若劳动者解除劳动关系则需支付违约金；

③为防止可能出现的规避赔偿责任，若"劳动者"因违纪等"重大过错"行为而被用人单位解除劳动关系，用人单位仍"有权要求"其支付违约金；

④用人单位与劳动者约定了服务期，由于"用人单位过错"导致劳动者解除劳动合同的，不属于违反服务期的约定，用人单位"不得要求"劳动者支付违约金。

3. 保守商业秘密和竞业限制

（1）关于保守商业秘密和竞业限制的规定。

商业秘密，是指不为公众所知悉、能为权利人带来经济利益，具有实用性并经权利人采取保密措施的技术信息和经营信息，包括非专利技术和经营信息两部分。用人单位与劳动者可以在劳动合同中约定保守用人单位的商业秘密和与知识产权相关的保密事项。

竞业限制又称竞业禁止，是对与权利人有特定关系的义务人的特定竞争行为的禁止。在用人单位和劳动者之间的劳动关系解除和终止后，限制劳动者一定时期的择业权，对因此约定给劳动者造成的损害，用人单位给予劳动者相应的经济补偿。

（2）适用人群。

竞业限制的人员限于用人单位的高级管理人员、高级技术人员和其他负有保密义务的人员，而非所有的劳动者。

【提示】用人单位要求劳动者签订竞业限制条款，必须给予相应的经济补偿，否则该条款"无效"。

（3）竞业限制期限。

竞业限制期限不得超过"2年"。

【提示】约定的竞业限制期限超过2年的，"超过部分无效"。

（4）违约责任。

劳动者违反竞业限制约定的，应当按照约定向用人单位支付"违约金"。

（5）对竞业限制的司法解释。

保守商业秘密和竞业限制的规定见表8-6。

表8-6　　　　　　　　　　　　　　保守商业秘密和竞业限制的规定

	用人单位	劳动者	竞业限制约定
订立时	约定补偿金		有效
	未约定补偿金		无效
	约定的竞业限制期限超过2年的		超过部分无效
履行时	订立时未约定补偿金	实际履行了竞业限制约定可要求按合同解除或终止前12个月平均工资的30%或当地最低工资标准中较高者按月支付经济补偿	有效
	向法院主张解除	可额外要求3个月补偿金	解除
	单位原因不支付补偿金时间不满3个月	可要求单位支付已履行的竞业限制期间的补偿金	有效
	单位原因导致3个月不支付补偿金	可请求法院解除；可要求单位支付已履行的竞业限制期间的补偿金	解除
	要求劳动者支付违约金、赔偿金后可要求劳动者继续履行竞业限制协议	不履行竞业限制协议在先	有效

四、劳动合同的履行和变更

（一）劳动合同的履行

劳动合同的履行是指劳动合同生效后，当事人双方按照劳动合同的约定，完成各自承担的义务和实现各自享有的权利，使当事人双方订立合同的目的得以实现的法律行为。

1.用人单位与劳动者应当按照劳动合同的约定，全面履行各自的义务

2.用人单位应当依法建立和完善劳动规章制度，保障劳动者享有劳动权利、履行劳动义务

（二）劳动合同的变更

劳动合同的变更是指劳动合同依法订立后，在合同尚未履行或者尚未履行完毕之前，经用人单位和劳动者双方当事人协商同意，对劳动合同内容作部分修改、补充或者删减的法律行为。当事人以未采用书面形式为由主张劳动合同变更无效的，人民法院不予支持。

五、劳动合同的解除和终止

（一）劳动合同的解除

劳动合同解除是指在劳动合同订立后，劳动合同期限届满之前，因双方协商提前结束劳动关系，或因出现法定的情形，一方当事人单方通知对方结束劳动关系的法律行为。劳动合同解除分为协商解除和法定解除两种情况。

（1）协商解除。

① 劳动者主动辞职：与单位协商一致可解除劳动合同，单位无须向劳动者支付经济补偿。

② 单位提出解除劳动合同：与劳动者协商一致可解除劳动合同，单位必须依法向劳动者支付经济补偿。

（2）法定解除。

法定解除是指在出现国家法律、法规或劳动合同规定的可以解除劳动合同的情形时，

微课

劳动关系解除

不需当事人协商一致，一方当事人即可决定解除劳动合同，劳动合同效力可以自然终止或由单方提前终止。

①劳动者可单方面解除劳动合同的情形见表8-7。

表8-7   劳动者可单方面解除劳动合同的情形

解除类型	满足条件	经济补偿金
"提前通知"解除	①劳动者在"试用期"内"提前3日"通知用人单位； ②劳动者"提前30日"以"书面形式"通知用人单位。 【提示】试用期提前3天通知即可，不一定以书面形式，正式员工必须提前30天以书面形式通知；程序必须合法（履行提前告知义务），否则对用人单位造成损失的，要承担赔偿责任	× 【原因】①试用期内；②劳动者主动提出解除
"随时通知"解除	①用人单位未按照劳动合同约定提供劳动保护或者劳动条件的； ②用人单位未及时足额支付劳动报酬的； ③用人单位未依法为劳动者缴纳社会保险费的； ④用人单位的规章制度违反法律、法规的规定，损害劳动者权益的； ⑤用人单位以欺诈、胁迫的手段或者乘人之危，使劳动者在违背真实意思的情况下订立或者变更劳动合同致使劳动合同无效的； ⑥用人单位在劳动合同中免除自己的法定责任、排除劳动者权利的； ⑦用人单位违反法律、行政法规强制性规定的。 【提示】上述7条的显著特征是用人单位有过错，但该过错并未危及劳动者的人身安全，则劳动者履行"通知"义务即可解除合同，而无须履行"提前"义务	√ 【原因】用人单位过错在先
"不需事先告知"	①用人单位以暴力、威胁或者非法限制人身自由的手段强迫劳动者劳动的； ②用人单位违章指挥、强令冒险作业危及劳动者人身安全的。 【提示】当人身权与财产权同时受到侵害，法律优先保护人身权，上述情况劳动者无须履行"告知"义务，用人单位须向劳动者支付经济补偿	√ 【原因】用人单位过错在先

②用人单位可单方面解除劳动合同的情形见表8-8。

表8-8   用人单位可单方面解除劳动合同的情形

解除类型	满足条件	经济补偿金
"提前通知"解除	①劳动者"患病或者非因工负伤"，在规定的医疗期满后不能从事原工作，也不能从事由用人单位另行安排的工作的； ②劳动者不能胜任工作，"经过培训或者调整工作岗位"，仍不能胜任工作的； ③劳动合同订立时所依据的客观情况发生重大变化，致使劳动合同无法履行，经用人单位与劳动者协商，未能就变更劳动合同内容达成协议的。 【提示】用人单位"提前30日"以书面形式通知劳动者本人"或"额外支付劳动者"1个月"工资后，可以解除劳动合同。无过失性辞退，用人单位不得以"代通知金"（解约替代通知金，即1个月工资）替代"补偿金"	√ 【原因】用人单位主动提出解除

续表

解除类型	满足条件		经济补偿金
"随时通知"解除	①劳动者在"试用期间"被证明不符合录用条件的； ②劳动者严重违反用人单位的规章制度的； ③劳动者严重失职，营私舞弊，给用人单位造成重大损害的； ④劳动者同时与其他用人单位"建立劳动关系"，对完成本单位的工作任务造成严重影响，或者经用人单位提出，拒不改正的； ⑤劳动者以欺诈、胁迫的手段或者乘人之危，使用人单位在违背真实意思的情况下，订立或者变更劳动合同致使劳动合同无效的； ⑥劳动者被依法追究"刑事责任"的。 【提示】在试用期间劳动者不想干了须提前3天通知用人单位；用人单位不想用了，可以随时通知劳动者解除劳动合同		× 【原因】①试用期内； ②劳动者有过错
"经济性"裁员	①依照《企业破产法》的规定进行重整； ②生产经营发生严重困难； ③企业转产、重大技术革新或者经营方式调整，经变更劳动合同后，仍需裁减人员	需要裁减人员"20人"以上或者裁减不足20人但占企业职工总数"10%"以上的，用人单位提前30日向工会或者全体职工说明情况，听取工会或者职工的意见后，裁减人员方案经向劳动行政部门报告	√ 【原因】用人单位主动提出解除
	【提示】优先留用：与本单位订立较长期限的固定期限劳动合同或无固定期限劳动合同的；家庭无其他就业人员，有需要扶养的老人或未成年人的；裁员后在6个月内重新招用人员的，应当通知被裁人员，并在同等条件下优先招用		

（二）劳动合同的终止

1.劳动合同终止的概念

劳动合同终止是指用人单位与劳动者之间的劳动关系因某种法律事实的出现而自动归于消灭，或导致劳动关系的继续履行成为不可能而不得不消灭的情形。劳动合同终止一般不涉及用人单位与劳动者的意思表示，只要法定事实出现，一般情况下都会导致双方劳动关系的消灭。

2.劳动合同终止的情形

（1）劳动合同期满的；

（2）劳动者开始依法享受基本养老保险待遇的；

（3）劳动者达到法定退休年龄的；

（4）劳动者死亡，或者被人民法院宣告死亡或者宣告失踪的；

（5）用人单位被依法宣告破产的；

（6）用人单位被吊销营业执照、责令关闭、撤销或者用人单位决定提前解散的；

（7）法律、行政法规规定的其他情形。

用人单位与劳动者不得约定上述情形之外的其他劳动合同终止条件。

（三）对劳动合同解除和终止的限制性规定

一般劳动合同期满，劳动合同即终止，但也有例外。根据《劳动合同法》的规定，劳动者有下列情形之一的，用人单位既不得适用无过失性辞退或经济性裁员解除劳动合同的情形解除劳动合同，也不得终止劳动合同，劳动合同应当续延至相应的情形消失时终止：

（1）从事接触职业病危害作业的劳动者未进行离岗前职业健康检查，或者疑似职业病病人在诊断或者医学观察期间的；

（2）在本单位患职业病或者因工负伤并被确认丧失或者部分丧失劳动能力的；

（3）患病或者非因工负伤，在规定的医疗期内的；

（4）女职工在孕期、产期、哺乳期的；

（5）在本单位连续工作满15年，且距法定退休年龄不足5年的；

（6）法律、行政法规规定的其他情形。

上述第（2）项"丧失或者部分丧失劳动能力"的劳动者的劳动合同的终止，按照国家有关工伤保险的规定执行。但若符合因劳动者过错解除劳动合同的情形，则不受上述限制性规定的影响。

（四）劳动合同解除和终止的经济补偿

1.经济补偿的概念

劳动合同法律关系中的经济补偿是指按照劳动合同法律制度的规定，在劳动者无过错的情况下，用人单位与劳动者解除或者终止劳动合同时，应给予劳动者的经济上的补助，也称经济补偿金。经济补偿金与违约金、赔偿金是不同的。

（1）经济补偿金是法定的，主要是针对劳动关系的解除和终止，在劳动者无过错的情况下，用人单位应给予劳动者一定数额的经济上的补偿。

（2）违约金是约定的，是指劳动者违反了服务期和竞业限制的约定而向用人单位支付的违约补偿。

（3）赔偿金是指用人单位和劳动者由于自己的过错给对方造成损害时，所应承担的不利的法律后果。

经济补偿金的支付主体是用人单位，违约金的支付主体是劳动者，赔偿金的支付主体则可能是用人单位，也可能是劳动者。

2.经济补偿的支付

经济补偿，根据劳动者在用人单位的工作年限和工资标准来计算具体金额，并以货币形式支付给劳动者。

计算公式：经济补偿金=工作年限×月工资

（1）确定工作年限。

①一般情况：

a.按劳动者在"本单位"工作的年限，每满1年支付1个月工资的标准向劳动者支付；

b.6个月以上不满1年的，按1年计算；

c.不满6个月的，向劳动者支付半个月工资的经济补偿。

②对高薪职工的限制：支付经济补偿的年限"最高不超过12年"。

【提示】高薪职工是指月工资"超过所在地区上年度职工月平均工资3倍的职工"。

（2）确定月工资。

①一般情况：劳动者在劳动合同解除或终止前12个月的平均工资；

②对低收入者的照顾：平均工资低于当地最低工资标准的劳动者，按当地"最低工资标准"计算；

③对高薪职工的限制：计算基数按"所在地区上年度职工月平均工资的3倍"计算。

（五）劳动合同解除和终止的法律后果及双方义务

劳动合同解除或终止后，用人单位和劳动者双方不再履行劳动合同，劳动关系消灭。劳动者应当按照双方约定，办理工作交接。

劳动合同解除或终止的，用人单位应当在解除或者终止劳动合同时出具解除或者终止劳动合同的证明，并在15日内为劳动者办理档案和社会保险关系转移手续。用人单位对已经解除或者终止的劳动合同的文本，至少保存2年备查。

用人单位未向劳动者出具解除或者终止劳动合同的书面证明，由劳动行政部门责令改正；给劳动者造成损害的，应当承担赔偿责任。

1.用人单位的法律责任

（1）劳动者依法解除或者终止劳动合同，用人单位扣押劳动者档案或者其他物品的，由劳动行政部门责令限期退还劳动者本人，并以每人500元以上2 000元以下的标准处以罚款；给劳动者造成损害的，应当承担赔偿责任。

（2）用人单位应当在解除或者终止劳动合同时向劳动者支付经济补偿的，在办结工作交接时支付。

（3）用人单位违反规定解除或者终止劳动合同，劳动者要求继续履行劳动合同的，用人单位应当继续履行；劳动者不要求继续履行劳动合同或者劳动合同已经不能继续履行的，用人单位应当依照《劳动合同法》规定的经济补偿标准的2倍向劳动者支付赔偿金。

2.劳动者的法律责任

劳动者违法解除劳动合同，给用人单位造成损失的，应承担赔偿责任。

六、集体合同和劳务派遣

（一）集体合同

1.集体合同的概念

集体合同是工会代表企业职工一方与企业签订的以劳动报酬、工作时间、休息休假、劳动安全卫生、保险福利等为主要内容的书面协议。尚未建立工会的用人单位，可以由上级工会指导劳动者推举的代表与用人单位订立集体合同。

2.集体合同的订立

集体合同内容由用人单位和职工各自派出集体协商代表，通过集体协商（会议）的方式协商确定。集体协商双方的代表人数应当对等，每方至少3人，并各确定1名首席代表。

经双方协商代表协商一致的集体合同草案或专项集体合同草案应当提交职工代表大会或者全体职工讨论。职工代表大会或者全体职工讨论集体合同草案，应当有2/3以上职工代表或者职工出席，且须经全体职工代表半数以上或者全体职工半数以上同意，方获通过。集体合同草案或专项集体合同草案经职工代表大会或者职工大会通过后，由集体协商双方首席代表签字。

集体合同订立后，应当报送劳动行政部门；劳动行政部门自收到集体合同文本之日起15日内未提出异议的，集体合同即行生效。

集体合同中劳动报酬和劳动条件等标准不得低于当地人民政府规定的最低标准；用人单位与劳动者订立的劳动合同中劳动报酬和劳动条件等标准不得低于集体合同规定的标准。

3.集体合同纠纷和法律救济

用人单位违反集体合同，侵犯职工劳动权益的，工会可以依法要求用人单位承担责任；因履行集体合同发生争议，经协商解决不成的，工会可以依法申请仲裁、提起诉讼。

（二）劳务派遣

1.劳务派遣的概念和特征

劳务派遣是指由劳务派遣单位与劳动者订立劳动合同，与用工单位订立劳务派遣协议，将被派遣劳动者派往用工单位给付劳务。劳动合同关系存在于劳务派遣单位与被派遣劳动者之间，但劳动力给付的事实则发生于被派遣员工与用工单位之间，即劳动力的雇佣与劳动力使用分离，被派遣劳动者不与用工单位签订劳动合同、发生劳动关系，而是与派遣单位存在劳动关系。这是劳务派遣最显著的特征。

2.劳务派遣的适用范围

劳动合同用工是我国企业的基本用工形式，劳务派遣用工是补充形式，只能在临时性、辅助性或者替代性的工作岗位上实施。劳务派遣单位不得以非全日制用工形式招用被派遣劳动者。

3.劳务派遣单位、用工单位与劳动者的权利和义务

（1）对劳务派遣单位（劳务输出单位、用人单位）的要求。

①劳务派遣单位应当与被派遣劳动者订立"2年以上"的固定期限劳动合同，按月支付"劳动报酬"。

【提示】向劳动者支付"劳动报酬"是劳务派遣单位的义务。

②被派遣劳动者在"无工作期间"，劳务派遣单位应当按照所在地人民政府规定的"最低工资标准"，向其"按月"支付报酬。

③劳务派遣单位应当将劳务派遣协议的内容告知被派遣劳动者，不得克扣用工单位按协议支付给被派遣劳动者的劳动报酬。

（2）对用工单位（劳务输入单位）的要求。

①用工单位使用的被派遣劳动者数量不得超过其用工总量的10%，该用工总量是指用工单位订立劳动合同人数与使用的被派遣劳动者人数之和。

【提示】派遣员工÷（正式员工+派遣员工）≤10%。

②用工单位应当根据工作岗位的实际需要与劳务派遣单位确定派遣期限，不得将连续用工期限分割订立数个短期劳务派遣协议。

③用工单位不得将被派遣劳动者再派遣到其他单位。

【提示】劳务派遣单位和用工单位均不得向被派遣劳动者收取费用。

（3）被派遣劳动者权利。

① 享有与用工单位的劳动者同工同酬的权利。

② 有权在劳务派遣单位或者用工单位依法参加或者组织工会，维护自身的合法权益。

七、劳动争议的解决

（一）劳动争议及解决方法

1.劳动争议的概念及适用范围

劳动争议是指劳动关系当事人之间因实现劳动权利、履行劳动义务发生分歧而引起的

争议，也称劳动纠纷、劳资争议。包括：

（1）因确认劳动关系发生的争议；

（2）因订立、履行、变更、解除和终止劳动合同发生的争议；

（3）因除名、辞退和辞职、离职发生的争议；

（4）因工作时间、休息休假、社会保险、福利、培训以及劳动保护发生的争议；

（5）因劳动报酬、工伤医疗费、经济补偿或者赔偿金等发生的争议；

（6）法律、法规规定的其他劳动争议。

劳动者与用人单位之间发生的下列纠纷，属于劳动争议，当事人不服劳动争议仲裁机构作出的裁决，依法提起诉讼的，人民法院应予受理：

（1）劳动者与用人单位在履行劳动合同过程中发生的纠纷；

（2）劳动者与用人单位之间没有订立书面劳动合同，但已形成劳动关系后发生的纠纷；

（3）劳动者与用人单位因劳动关系是否已经解除或者终止，以及应否支付解除或者终止劳动关系经济补偿金发生的纠纷；

（4）劳动者与用人单位解除或者终止劳动关系后，请求用人单位返还其收取的劳动合同定金、保证金、抵押金、抵押物发生的纠纷，或者办理劳动者的人事档案、社会保险关系等移转手续发生的纠纷；

（5）劳动者以用人单位未为其办理社会保险手续，且社会保险经办机构不能补办导致其无法享受社会保险待遇为由，要求用人单位赔偿损失发生的纠纷；

（6）劳动者退休后，与尚未参加社会保险统筹的原用人单位因追索养老金、医疗费、工伤保险待遇和其他社会保险待遇而发生的纠纷；

（7）劳动者因为工伤、职业病，请求用人单位依法给予工伤保险待遇发生的纠纷；

（8）劳动者依据《劳动合同法》第八十五条的规定，要求用人单位加付赔偿金发生的纠纷；

（9）因企业自主进行改制发生的纠纷。

微课

劳动仲裁

2.劳动争议解决的基本方法

劳动争议解决的基本方法见表8-9。

表8-9　　　　　　　　劳动争议解决的基本方法

方式	具体内容
协商和解	劳动者可以与单位协商，也可以请"工会或者第三方"共同与单位协商，达成和解协议
调解	当事人不愿协商、协商不成或者达成和解协议后不履行的，可以向"调解组织"申请调解 【提示】自劳动争议调解组织收到调解申请之日起"15日"内未达成调解协议的，当事人可以依法申请仲裁
劳动仲裁	不愿调解、调解不成或者达成调解协议后不履行的，可以向劳动争议仲裁机构申请仲裁 【提示】双方可不经协商和解、调解，直接提起劳动仲裁
劳动诉讼	对"仲裁裁决不服"的，除《调解仲裁法》另有规定的以外，可以向人民法院提起诉讼 【提示】区别于经济仲裁的"一裁终局"原则，劳动仲裁是向人民法院提起诉讼的"必经程序"，其遵循"先裁后审"原则

（1）劳动争议的调解是指在劳动争议调解组织的主持下，在双方当事人自愿的基础上，通过宣传法律、法规、规章和政策，劝导当事人化解矛盾，自愿就争议事项达成协议，使劳动争议及时得到解决的一种活动。

（2）劳动仲裁是指劳动争议仲裁机构对劳动争议当事人争议的事项，根据劳动法律、法规、规章和政策等的规定，依法作出裁决，从而解决劳动争议的一项劳动法律制度。

（3）劳动仲裁不同于一般经济纠纷的仲裁，除法律依据和适用范围不同外，还有以下几点区别：

① 申请程序不同。

一般经济纠纷的仲裁，当事人必须在事先或事后达成仲裁协议，才能据此向仲裁机构提出仲裁申请；而劳动争议的仲裁，则不要求当事人达成仲裁协议，只要一方当事人提出申请，有关仲裁机构即可受理。

② 裁决的效力不同。

一般经济纠纷的仲裁实行"一裁终局"制度，即仲裁裁决作出后，当事人就同一纠纷再申请仲裁或者向人民法院起诉的，仲裁委员会或者人民法院不予受理；而劳动争议仲裁，当事人对裁决不服的，除《调解仲裁法》规定的几类特殊劳动争议外，可以向人民法院起诉。因此，劳动争议的裁决一般不是终局的。

用人单位违反国家规定，拖欠或者未足额支付劳动报酬，或者拖欠工伤医疗费、经济补偿或者赔偿金的，劳动者可以向劳动行政部门投诉，劳动行政部门应当依法处理。

（二）劳动仲裁

1.劳动仲裁机构、劳动仲裁参加人和劳动争议仲裁案件的管辖

（1）劳动仲裁机构。

劳动仲裁机构是劳动人事争议仲裁委员会（以下简称"仲裁委员会"）。仲裁委员会下设实体化的办事机构，称为劳动人事争议仲裁院（以下简称"仲裁院"）。

劳动争议仲裁不收费。仲裁委员会的经费由财政予以保障。

（2）劳动仲裁参加人。

劳动仲裁参加人见表8-10。

表8-10 劳动仲裁参加人

参加人		具体对象
当事人	一般情况	发生劳动争议的劳动者和用人单位
	劳务派遣	劳务派遣单位和用工单位为共同当事人
	个人承包经营	发包的组织和个人承包经营者为共同当事人
	用人单位被吊销营业执照等	用人单位和其出资人、开办单位或主管部门作为共同当事人
当事人代表		发生争议的劳动者一方在"10人以上"，并有共同请求的，劳动者可以推举"3至5名"代表人参加仲裁活动
代理人	委托代理	当事人可以委托代理人参加仲裁活动
	法定代理	（1）丧失或部分丧失民事行为能力的劳动者，由其法定代理人代为参加仲裁活动； （2）劳动者死亡的，由其近亲属或代理人参加仲裁活动
第三人		与劳动争议案件的处理结果有利害关系的第三人，可以申请参加或由劳动争议仲裁委员会通知其参加

（3）劳动争议仲裁案件的管辖。

①劳动争议由劳动"合同履行地"或者"用人单位所在地"的劳动争议仲裁委员会管辖。

②"双方当事人"分别向劳动"合同履行地"和"用人单位所在地"的劳动争议仲裁委员会申请仲裁的，由劳动"合同履行地"的劳动争议仲裁委员会管辖。

③有"多个"劳动合同履行地的，由"最先受理"的劳动争议仲裁委员会管辖。

【提示】区别"共同管辖"的"立案在先"原则；劳动仲裁遵循"受理在先"原则。

④劳动合同履行地"不明确"的，由用人单位所在地的劳动争议仲裁委员会管辖。

2. 仲裁程序

（1）申请和受理。

①仲裁时效。

劳动争议申请仲裁的时效期间为"1年"，从当事人"知道或者应当知道"其权利被侵害之日起计算。劳动关系存续期间因"拖欠劳动报酬"发生争议的，劳动者申请仲裁不受1年仲裁时效期间的限制；但是，劳动关系终止的，应当自"劳动关系终止之日"起"1年"内提出。

②仲裁时效的中止和中断。

中止（客观原因）：因不可抗力或者其他正当理由，当事人不能在仲裁时效期间申请仲裁的，仲裁时效中止。从原因消除之日起继续计算。

中断（主观原因）：当事人一方向对方当事人主张权利，或者向有关部门请求权利救济，或者对方当事人同意履行义务，劳动仲裁时效中断。从中断时起，仲裁时效期间重新计算。

【提示】劳动仲裁时效的中止同样适用最后6个月的规定。

③仲裁申请。

可以书面申请也可以"口头"申请。

④仲裁受理。

劳动争议仲裁委员会收到仲裁申请之日起5日内决定是否受理，受理的告知申请人，不受理的，须书面通知申请人并告知理由。对劳动争议仲裁委员会"不予受理"或者"逾期未作出决定"的，申请人可就该争议向人民法院提起"诉讼"。

（2）开庭和裁决。

①劳动争议仲裁"公开进行"，但当事人协议不公开进行或者涉及商业秘密、个人隐私的，经相关当事人书面申请，仲裁委员会应当不公开审理。

②执行仲裁庭制。

③执行回避制度。

④仲裁庭在作出裁决前，"应当"先行调解。

【提示】区别"经济仲裁调解"（"可以"调解）；区别"劳动调解"（"可以"向调解组织申请调解，并非申请劳动仲裁的必经程序）；"劳动仲裁的调解"是作出裁决前的必经程序。

⑤下列劳动争议，除法律另有规定外，仲裁裁决为"终局裁决"，裁决书自作出之日起发生法律效力：

a.追索劳动报酬、工伤医疗费、经济补偿金或者赔偿金,不超过当地月最低工资标准12个月金额的争议;

b.因执行国家的劳动标准在工作时间、休息休假、社会保险等方面发生的争议。

【提示】如果仲裁裁决涉及"数项",对单项裁决数额不超过上述标准,应当适用终局裁决。裁决内容同时涉及终局裁决和非终局裁决的,应当分别制作裁决书,并告知当事人相应的救济权利。"劳动者"对劳动仲裁的终局裁决不服可以"直接"向法院提起诉讼;"用人单位"对终局裁决不服只能自收到裁决书之日起"30日"内向仲裁委员会所在地"中级"人民法院"申请撤销"该裁决,而不能直接起诉。

(3)执行。

① 仲裁庭对追索劳动报酬、工伤医疗费、经济补偿金或者赔偿金的案件,根据当事人的申请,可以裁决"先予执行",移送人民法院执行,劳动者申请先予执行的,可以不提供担保。仲裁庭裁决先予执行的,应当符合以下条件:当事人之间权利义务关系明确;不先予执行将严重影响申请人的生活。

② 生效不履行可以向"人民法院"申请强制执行。

③ 当事人申请人民法院执行劳动争议仲裁机构作出的发生法律效力的裁决书、调解书,被申请人提出证据证明劳动争议仲裁裁决书、调解书有下列情形之一,并经审查核实的,人民法院可以裁定不予执行:

a.裁决的事项不属于劳动争议仲裁范围,或者劳动争议仲裁机构无权仲裁的;

b.适用法律、法规确有错误的;

c.违反法定程序的;

d.裁决所根据的证据是伪造的;

e.对方当事人隐瞒了足以影响公正裁决的证据的;

f.仲裁员在仲裁该案时有索贿受贿、徇私舞弊、枉法裁决行为的;

g.人民法院认定执行该劳动争议仲裁裁决违背社会公共利益的;

h.人民法院在不予执行的裁定书中,应当告知当事人在收到裁定书之次日起30日内,可以就该劳动争议事项向人民法院提起诉讼。

(三)劳动诉讼

(1)"劳动者"对劳动争议的"终局裁决"不服的,可以自"收到"仲裁裁决书之日起"15日内"提起诉讼。

(2)"当事人"对"非终局裁决"不服的,可以自"收到"仲裁裁决书之日起"15日内"提起诉讼。

(3)终局裁决被人民法院裁定撤销的,当事人可以自"收到"裁定书之日起"15日内"提起诉讼。

八、违反《劳动合同法》的法律责任

(一)用人单位违反《劳动合同法》的法律责任
1.用人单位规章制度违反法律规定的法律责任

(1)用人单位直接涉及劳动者切身利益的规章制度违反法律、法规规定的,由劳动行政部门责令改正,给予警告;给劳动者造成损害的,应当承担赔偿责任。

（2）用人单位违反《劳动合同法》有关建立职工名册规定的，由劳动行政部门责令限期改正；逾期不改正的，由劳动行政部门处2 000元以上2万元以下的罚款。

2.用人单位订立劳动合同违反法律规定的法律责任

（1）用人单位提供的劳动合同文本未载明劳动合同必备条款或者用人单位未将劳动合同文本交付劳动者的，由劳动行政部门责令改正；给劳动者造成损害的，应当承担赔偿责任。

（2）用人单位自用工之日起超过1个月不满1年未与劳动者订立书面劳动合同的，应当向劳动者每月支付2倍的工资。

（3）用人单位违反《劳动合同法》的规定不与劳动者订立无固定期限劳动合同的，自应当订立无固定期限劳动合同之日起向劳动者每月支付2倍的工资。

（4）用人单位违反《劳动合同法》的规定与劳动者约定试用期的，由劳动行政部门责令改正；违法约定的试用期已经履行的，由用人单位以劳动者试用期满月工资为标准，按已经履行的超过法定试用期的期间向劳动者支付赔偿金。

（5）用人单位违反《劳动合同法》的规定，扣押劳动者居民身份证等证件的，由劳动行政部门责令限期退还劳动者本人，并依照有关法律规定给予处罚。

（6）用人单位违反《劳动合同法》的规定，以担保或者其他名义向劳动者收取财物的，由劳动行政部门责令限期退还劳动者本人，并以每人500元以上2 000元以下的标准处以罚款；给劳动者造成损害的，应当承担赔偿责任。

（7）劳动合同依照法律规定被确认无效，给劳动者造成损害的，用人单位应当承担赔偿责任。

3.用人单位履行劳动合同违反法律规定的法律责任

（1）用人单位有下列情形之一的，依法给予行政处罚；构成犯罪的，依法追究刑事责任；给劳动者造成损害的，应当承担赔偿责任：

① 以暴力、威胁或者非法限制人身自由的手段强迫劳动的；

② 违章指挥或者强令冒险作业危及劳动者人身安全的；

③ 侮辱、体罚、殴打、非法搜查或者拘禁劳动者的；

④ 劳动条件恶劣、环境污染严重，给劳动者身心健康造成严重损害的。

（2）用人单位有下列情形之一的，由劳动行政部门责令限期支付劳动报酬、加班费；劳动报酬低于当地最低工资标准的，应当支付其差额部分；逾期不支付的，责令用人单位按应付金额50%以上100%以下的标准向劳动者加付赔偿金：

① 未按照劳动合同的约定或者国家规定及时足额支付劳动者劳动报酬的；

② 低于当地最低工资标准支付劳动者工资的；

③ 安排加班不支付加班费的。

（3）用人单位依照《劳动合同法》的规定应当向劳动者每月支付2倍的工资或者应当向劳动者支付赔偿金而未支付的，劳动行政部门应当责令用人单位支付。

4.用人单位违反法律规定解除和终止劳动合同的法律责任

（1）用人单位违反《劳动合同法》的规定解除或者终止劳动合同的，应当依照《劳动合同法》规定的经济补偿标准的2倍向劳动者支付赔偿金。

（2）用人单位解除或者终止劳动合同，未依照《劳动合同法》的规定向劳动者支付经济补偿的，由劳动行政部门责令限期支付经济补偿；逾期不支付的，责令用人单位按应付金额50%以上100%以下的标准向劳动者加付赔偿金。

（3）用人单位违反《劳动合同法》的规定未向劳动者出具解除或者终止劳动合同的书面证明，由劳动行政部门责令改正；给劳动者造成损害的，应当承担赔偿责任。

（4）劳动者依法解除或者终止劳动合同，用人单位扣押劳动者档案或者其他物品的，由劳动行政部门责令限期退还劳动者本人，并以每人500元以上2 000元以下的标准处以罚款；给劳动者造成损害的，应当承担赔偿责任。

（二）劳动者违反《劳动合同法》的法律责任

（1）劳动合同被确认无效，给用人单位造成损失的，有过错的劳动者应当承担赔偿责任。

（2）劳动者违反《劳动合同法》的规定解除劳动合同，给用人单位造成损失的，应当承担赔偿责任。

（3）劳动者违反劳动合同中约定的保密义务或者竞业限制，劳动者应当按照劳动合同的约定，向用人单位支付违约金。给用人单位造成损失的，应当承担赔偿责任。

（4）劳动者违反培训协议，未满服务期解除或者终止劳动合同的，或者因劳动者严重违纪，用人单位与劳动者解除约定服务期的劳动合同的，劳动者应当按照劳动合同的约定，向用人单位支付违约金。

任务实施

（1）合法。女职工在孕期、产期、哺乳期的，用人单位不得依照《劳动合同法》第四十条、第四十一条的规定解除劳动合同。本案不属于需提前30日以书面形式通知解除劳动合同的情形，且公司并非以阚某怀孕、生育为由解除双方劳动合同。《劳动合同法》第三十九条规定，劳动者在试用期间被证明不符合录用条件的，用人单位可以解除劳动合同。双方签订了《试用期录用条件说明书》，约定试用期内非法定事由累计请事假超过2天或迟到超过3次视为不符合录用条件，不违反法律规定，公司提出解除劳动合同不违法。

（2）本案中试用期约定合法。3年以上固定期限和无固定期限的劳动合同，试用期不得超过6个月。公司应提供的证据：用人单位对录用条件作出合法约定的证据、试用期录用条件说明书、用人单位对员工在试用期内的表现的客观的记录和评价。

任务二　企业职工保险购买与管理

任务布置

个人应该负担多少医药费？

某职工参加了基本医疗保险，并按时缴费，目前，他的个人医疗账户上有1 000元。2023年，他因患心脏病到某市一家三级医院住院，共发生医疗费用36万元，其中在规定目录内的费用为30万元，目录以外的费用为6万元。已知当地职工平均工资水平为4 000

元/月，起付标准为当地职工年平均工资的10%，最高支付限额为当地职工年平均工资的6倍，报销比例为90%。

任务．计算该职工住院统筹基金及个人需要负担的金额。

任务思维导图

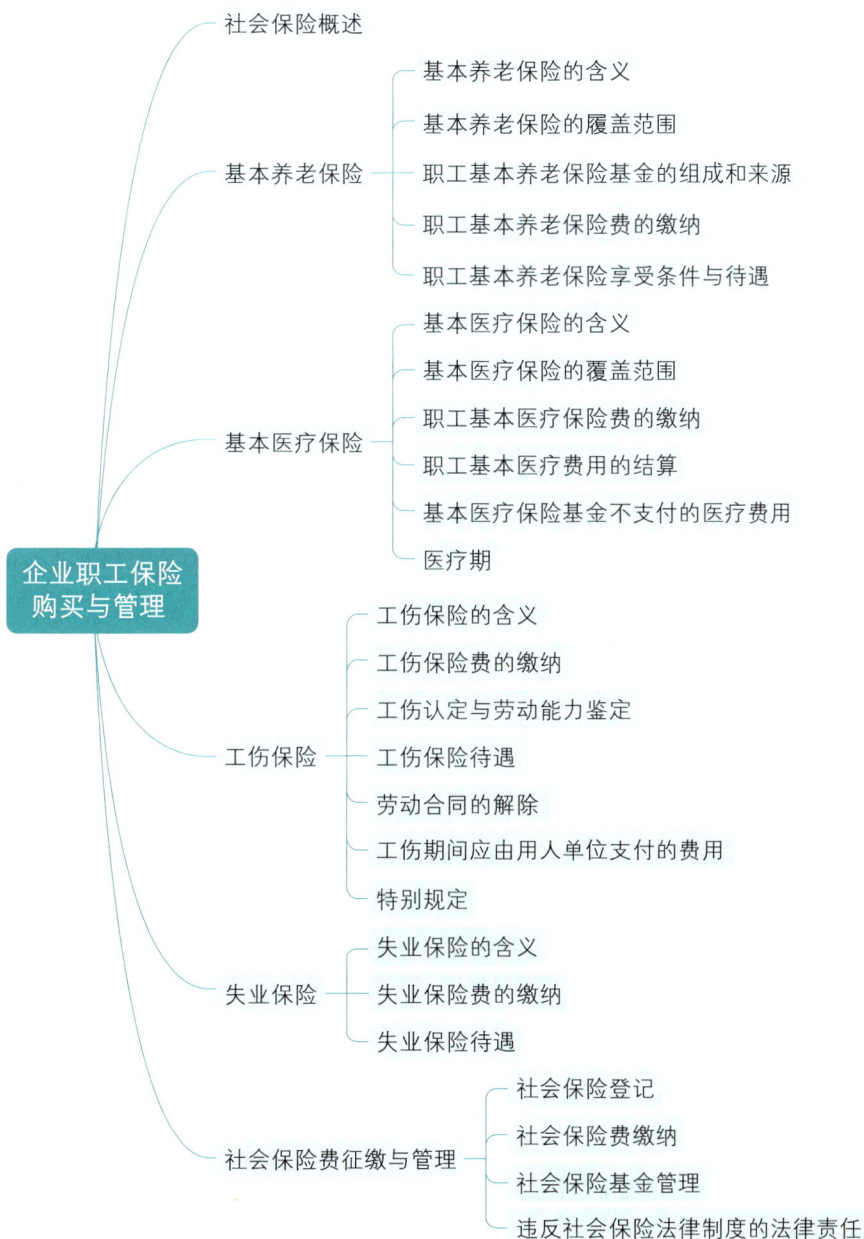

```
                                    社会保险概述
                                          ┌─ 基本养老保险的含义
                                          ├─ 基本养老保险的履盖范围
                             基本养老保险 ─┼─ 职工基本养老保险基金的组成和来源
                                          ├─ 职工基本养老保险费的缴纳
                                          └─ 职工基本养老保险享受条件与待遇
                                          ┌─ 基本医疗保险的含义
                                          ├─ 基本医疗保险的覆盖范围
                             基本医疗保险 ─┼─ 职工基本医疗保险费的缴纳
                                          ├─ 职工基本医疗费用的结算
                                          ├─ 基本医疗保险基金不支付的医疗费用
                                          └─ 医疗期
  企业职工保险
  购买与管理                              ┌─ 工伤保险的含义
                                          ├─ 工伤保险费的缴纳
                                          ├─ 工伤认定与劳动能力鉴定
                                 工伤保险 ─┼─ 工伤保险待遇
                                          ├─ 劳动合同的解除
                                          ├─ 工伤期间应由用人单位支付的费用
                                          └─ 特别规定
                                          ┌─ 失业保险的含义
                                 失业保险 ─┼─ 失业保险费的缴纳
                                          └─ 失业保险待遇
                                              ┌─ 社会保险登记
                                              ├─ 社会保险费缴纳
                         社会保险费征缴与管理 ─┼─ 社会保险基金管理
                                              └─ 违反社会保险法律制度的法律责任
```

预备知识

一、社会保险概述

社会保险，是指国家依法建立的，由国家、用人单位和个人共同筹集资金、建立基金，使个人在年老（退休）、患病、工伤（因工伤残或者患职业病）、失业、生育等情况下获得物质帮助和补偿的一种社会保障制度。目前我国的社会保险项目主要有基本养老保险、基本医疗保险、工伤保险、失业保险和生育保险。

二、基本养老保险

微课

企业职工
养老保险

（一）基本养老保险的含义

基本养老保险制度，是指缴费达到法定期限并且个人达到法定退休年龄后，国家和社会提供物质帮助以保证因年老而退出劳动领域者稳定、可靠的生活来源的社会保险制度。基本养老保险是社会保险体系中最重要、实施最广泛的一项制度。

（二）基本养老保险的覆盖范围

根据《社会保险法》的规定，基本养老保险制度由三个部分组成：职工基本养老保险制度、新型农村社会养老保险制度（以下简称"新农保"）、城镇居民社会养老保险制度（以下简称"城居保"）。本项目除特别说明外，基本养老保险均指职工基本养老保险。

（三）职工基本养老保险基金的组成和来源

基本养老保险基金由用人单位和个人缴费以及政府补贴等组成。基本养老保险实行社会统筹与个人账户相结合。基本养老金由统筹养老金和个人账户养老金组成。

（四）职工基本养老保险费的缴纳

1.单位缴费

自2019年5月1日起，各省、自治区、直辖市及新疆生产建设兵团养老保险单位缴费比例高于16%的，可降至16%。基本养老保险基金的组成见表8-11。

表8-11　　　　　　　　　　　　基本养老保险基金的组成

组成部分	具体规定
单位缴费	记入基本养老保险"统筹"基金
个人缴费	记入"个人"账户 【提示】个人账户不得提前支取（有例外）、记账利率不得低于银行"定期"存款利率，免征利息税，死亡可继承
政府补贴	基本养老保险基金出现支付不足时

2.个人缴费

个人缴费的计算公式为：

$$个人养老账户月存储额 = 本人月缴费工资 \times 缴费比例$$

（1）缴费比例：8%。

（2）工资基数。

一般情况：职工本人"上年度"月平均工资（新职工第一年以起薪当月工资作为缴费基数）。

3.灵活就业人员缴费

缴费基数：允许缴费人在当地职工月平均工资60%至300%"选择"适当的缴费基数。

缴费比例：20%（其中8%记入个人账户）。

（五）职工基本养老保险享受条件与待遇

1.职工基本养老保险享受条件

（1）年龄条件：达到法定退休年龄。职工基本养老保险退休年龄见表8-12。

表8-12 职工基本养老保险退休年龄

适用范围		性别	退休年龄
一般情况		男	60
		女	50
		女干部	55
从事"井下、高温、高空、特别繁重体力劳动或其他有害身体健康工作"的		男	55
		女	45
"因病或非因工致残"，由"医院证明并经劳动鉴定委员会确认完全丧失劳动能力"的		男	50
		女	45

（2）缴费年限：累计缴费满"15年"。

2.职工基本养老保险待遇

（1）职工基本养老金。

（2）丧葬补助金和遗属抚恤金。参加基本养老保险的个人，因病或者非因工死亡的，其遗属可以领取丧葬补助金和抚恤金，所需资金从基本养老保险基金中支付。

（3）病残津贴。

三、基本医疗保险

（一）基本医疗保险的含义

基本医疗保险制度，是指按照国家规定缴纳一定比例的医疗保险费，参保人因患病或意外伤害而就医诊疗，由医疗保险基金支付其一定医疗费用的社会保险制度。

微课

（二）基本医疗保险的覆盖范围

基本医疗保险覆盖范围见表8-13。

企业职工
医疗保险

表8-13 基本医疗保险覆盖范围

种类		对象
职工基本医疗保险	【提示】包括公务员	其他与基本养老保险的覆盖范围一致
城乡居民基本医疗保险	【提示】包括学生	

（三）职工基本医疗保险费的缴纳

基本医疗保险与基本养老保险一样采用"统账结合"模式，即分别设立社会统筹基金和个人账户基金，基本医疗保险基金由统筹基金和个人账户构成。

1.单位缴费

职工工资总额的6%。

2.个人账户资金来源

（1）个人缴费——本人工资收入的2%；

（2）单位缴费划入——单位缴费的30%。

3.退休人员基本医疗保险费的缴纳

参加职工基本医疗保险的个人，达到法定退休年龄时累计缴费达到国家规定年限的，退休后"不再缴纳"基本医疗保险费，按照国家规定"享受"基本医疗保险待遇。未达到国家规定缴费年限的，可以缴费至国家规定年限。

（四）职工基本医疗费用的结算

1.享受条件——定点、定围

（1）参保人员必须到基本医疗保险的"定点"医疗机构就医、购药或"定点"零售药店购买药品。

（2）参保人员在看病就医过程中所发生的医疗费用必须符合基本医疗保险药品目录、诊疗项目、医疗服务设施标准的范围和给付标准。

【提示】急诊、抢救除外。

2.支付标准

（1）支付"区间"：当地职工年平均工资10%（起付线）～年平均工资6倍（封顶线）。

（2）支付比例：90%。

（五）基本医疗保险基金不支付的医疗费用

下列医疗费用不纳入基本医疗保险基金支付范围：

（1）应当从工伤保险基金中支付的；

（2）应当由第三人负担的；

（3）应当由公共卫生负担的；

（4）在境外就医的。

医疗费用应当由第三人负担，第三人不支付或者无法确定第三人的，由基本医疗保险基金先行支付。基本医疗保险基金先行支付后，有权向第三人追偿。

（六）医疗期

医疗期是指企业职工因患病或非因工负伤停止工作，治病休息，但不得解除劳动合同的期限。

1.医疗期的期限

企业职工因患病或非因工负伤，需要停止工作，进行医疗时，根据本人实际参加工作年限和在本单位工作年限，给予3个月到24个月的医疗期。

2.医疗期的计算方法

医疗期的计算方法见表8-14。

表8-14 医疗期的计算方法

累计工作年限（年）	本单位工作年限（年）	享受医疗期（月）	累计计算期（月）	
Y<10	X<5	3	6	医疗期×2
	X≥5	6	12	
Y≥10	X<5	6	12	医疗期+6
	5≤X<10	9	15	
	10≤X<15	12	18	
	15≤X<20	18	24	
	X≥20	24	30	

3.医疗期内的待遇

（1）医疗期内工资标准最低为"当地最低工资标准的80%"。

（2）医疗期"内"不得解除劳动合同，除非满足用人单位"随时通知"解除的相关条例。

（3）医疗期内合同期满，合同必须延续至医疗期满，职工在此期间仍然享受医疗期内待遇。

【学思践悟】某大型企业一直秉持"以人为本"的管理理念，高度重视企业职工保险工作。该企业不仅按照国家法律规定为职工缴纳了五险一金，还额外设立了企业年金和补充医疗保险，为职工提供全方位的保障。

在一次突发事件中，一位职工不幸患上重病，需要巨额医疗费用。这时，企业的补充医疗保险发挥了重要作用，大大减轻了职工的经济负担，使其能够安心治疗。这件事让职工们深切感受到了企业的温暖和关怀，也进一步增强了企业的凝聚力和向心力。

企业职工保险不仅保障了职工的权益，也体现了企业对职工的关爱和责任。同时，从思政方面来看，这也是企业践行社会主义核心价值观、构建和谐劳动关系的重要体现。通过建立健全的保险制度，企业能够为职工创造更加安全、稳定、和谐的工作环境。

四、工伤保险

（一）工伤保险的含义

工伤保险，是指劳动者在职业工作中或规定的特殊情况下遭遇意外伤害或职业病，导致暂时或永久丧失劳动能力以及死亡时，劳动者或其遗属能够从国家和社会获得物质帮助的社会保险制度。

微课

企业职工工伤保险

（二）工伤保险费的缴纳

（1）缴纳方。工伤保险费由"用人单位缴纳"，职工不缴纳。

【提示】四险中只有"工伤保险"仅由用人单位缴纳。

（2）用人单位。企业、事业单位、社会团体、民办非企业单位、基金会、律师事务所、会计师事务所等组织和有雇工的个体工商户。

（三）工伤认定与劳动能力鉴定

1.工伤认定的判定及内容

工伤认定的判定及内容见表8-15。

表8-15　　　　　　　　　　　工伤认定的判定及内容

是否认定	判定标准	具体内容
应当认定	与工作有直接因果关系	（1）在工作时间和工作场所内，因工作原因受到事故伤害的； （2）工作时间前后在工作场所内，从事与工作有关的预备性或收尾性工作受到事故伤害的； （3）在工作时间和工作场所内，因履行工作职责受到暴力等意外伤害的； （4）患职业病的； （5）因工外出期间，由于工作原因受到伤害或者发生事故下落不明的； （6）在上下班途中，受到非本人主要责任的交通事故或者城市轨道交通、客运轮渡、火车事故伤害的
视同工伤	与工作有间接因果关系	（1）在工作时间和工作岗位，突发疾病"死亡"或者在"48小时"内经抢救无效"死亡"的； （2）在抢险救灾等维护国家利益、公共利益活动中受到伤害的； （3）原在军队服役，因战、因公负伤致残，已取得革命伤残军人证，到用人单位后旧伤复发的
不认定工伤	与工作无关	（1）故意犯罪； （2）醉酒或者吸毒； （3）自残或者自杀

2.劳动能力鉴定

（1）劳动功能障碍分为十个伤残等级，最重为一级；

（2）生活自理障碍分为三个等级；

（3）自劳动能力鉴定结论"作出之日起1年后""工伤职工或者其近亲属、所在单位或者经办机构"认为伤残情况发生变化的，可以申请劳动能力复查鉴定。

（四）工伤保险待遇

职工因工作原因受到事故伤害或者患职业病，且经工伤认定的，享受工伤保险待遇；其中，经劳动能力鉴定丧失劳动能力的，享受伤残待遇。

1.工伤医疗待遇

（1）治疗工伤的医疗费用，包括诊疗费、药费、住院费。

（2）停工留薪期工资福利待遇。

①工资福利待遇"不变"，由所在单位按月支付；

②生活不能自理需要护理的，费用由所在单位负责；

③时间一般不超过12个月，特殊情况需延长的，延长期不超过12个月；

④评定伤残等级后，停止享受停工留薪期待遇，转为享受伤残待遇；

⑤停工留薪期满后仍需治疗的，继续享受工伤医疗待遇。

（3）其他工伤医疗待遇：住院伙食补助、交通食宿费、康复性治疗费。

【提示】工伤职工治疗"非工伤"引发的疾病，不享受工伤医疗待遇，按照基本医疗保险办法处理。

2.辅助器具装配费

工伤职工因日常生活或者就业需要，经劳动能力鉴定委员会确认，可以安装假肢、矫形器、假眼、假牙和配置轮椅等辅助器具，所需费用按照国家规定的标准从工伤保险基金支付。

3.伤残待遇

（1）一次性伤残补助金，职工因工致残被鉴定为一级至十级伤残的，从工伤保险基金按伤残等级支付一次性伤残补助金。

（2）生活护理费，从工伤保险基金按月支付生活护理费。

【提示】评定伤残等级前由用人单位支付，评定伤残等级后由工伤保险支付。

（3）伤残津贴（见表8-16）。

表8-16　　　　　　　　　　　　　伤残津贴

伤残等级	伤残津贴
1—4级	工伤保险支付
5—6级	用人单位支付
7—10级	无

4.工亡待遇

职工因工死亡，或者伤残职工在停工留薪期内因工伤导致死亡的，其近亲属按照规定从工伤保险基金领取丧葬补助金、供养亲属抚恤金和一次性工亡补助金。

（1）丧葬补助金：6个月的统筹地区上年度职工月平均工资；

（2）供养亲属抚恤金；

（3）一次性工亡补助金，标准为上一年度全国城镇居民人均可支配收入的20倍。

（五）劳动合同的解除

（1）一至四级伤残，保留劳动关系，退出劳动岗位；

（2）五级、六级伤残，经职工本人提出，可以与用人单位解除或者终止劳动关系；

（3）七级至十级伤残，劳动合同期满终止，或者职工本人提出可以解除劳动合同；

（4）解除或终止劳动关系的由工伤保险基金支付一次性工伤医疗补助金，由用人单位支付一次性伤残就业补助金。

（六）工伤期间应由用人单位支付的费用

（1）治疗工伤期间的工资福利、生活护理费（评定伤残等级前）；

（2）五级、六级伤残职工按月领取的伤残津贴；

（3）终止或者解除劳动合同时，应当享受的一次性伤残就业补助金。

（七）特别规定

1.工伤职工停止享受工伤保险待遇的情形

（1）丧失享受待遇条件的；

（2）拒不接受劳动能力鉴定的；

（3）拒绝治疗的。

2.工伤职工退休

因工致残享受伤残津贴的职工达到退休年龄并办理退休手续后，停发伤残津贴，改为享受基本养老保险待遇。被鉴定为一级至四级伤残的职工，基本养老保险待遇低于伤残津贴的，由工伤保险基金补足差额。

3.单位未缴纳工伤保险

职工所在用人单位未依法缴纳工伤保险费，发生工伤事故的，由用人单位支付工伤保险待遇。用人单位不支付的，从工伤保险基金中先行支付，由用人单位偿还。用人单位不偿还的，社会保险经办机构可以追偿。

4.第三人原因

由于第三人的原因造成工伤，第三人不支付工伤医疗费用或者无法确定第三人的，由工伤保险基金先行支付。工伤保险基金先行支付后，有权向第三人追偿。

五、失业保险

微课

企业职工失业
保险

（一）失业保险的含义

失业是指处于法定劳动年龄阶段的劳动者，有劳动能力和劳动愿望，但却没有劳动岗位的一种状态。失业保险是指国家通过立法强制实行的，由社会集中建立基金，保障因失业而暂时中断生活来源的劳动者的基本生活，并通过职业培训、职业介绍等措施促进其再就业的社会保险制度。

（二）失业保险费的缴纳

（1）单位费率：1%；

（2）个人费率：不得超过单位费率。

【提示】在省（区、市）行政区域内，单位及个人的费率应当统一。

（三）失业保险待遇

1.享受条件——必须同时满足

（1）失业前用人单位和本人已经缴纳失业保险费"满1年"；

（2）"非"因本人意愿中断就业；

（3）已经进行失业"登记"，并有求职要求。

2.单位备案及个人申请

（1）用人单位应当自终止或解除劳动关系之日起7日内将失业人员的名单报受理其失业保险业务的经办机构备案；

（2）失业人员应在终止或解除劳动合同之日起60日内到受理其单位失业保险业务的经办机构申领失业保险金。

3.领取期限

失业保险领取期限见表8-17。

表8-17   失业保险领取期限

缴费期限（年）	领取期限（月）
1≤X<5	12
5≤X<10	18
X≥10	24

【提示】失业保险金领取期限自办理失业"登记"之日起计算。

4.发放标准

不低于当地"最低生活保障"标准，不高于当地"最低工资"标准。

5.失业保险待遇

（1）失业保险金。

（2）享受基本医疗保险待遇。

【提示】失业人员应当缴纳的基本医疗保险费从失业保险金中支付，个人不缴纳基本医疗保险费。

（3）死亡补助。失业人员在领取失业保险金期间死亡的，向遗属发放一次性丧葬补助金和抚恤金，由失业保险基金支付。

（4）职业介绍与职业培训补贴。

6.停止领取的情形（满足其一）

（1）重新就业的；

（2）应征服兵役的；

（3）移居境外的；

（4）享受基本养老保险待遇的；

（5）被判刑收监执行的；

（6）无正当理由，拒不接受当地人民政府指定部门或者机构介绍的适当工作或者提供的培训的。

六、社会保险费征缴与管理

（一）社会保险登记

1.用人单位的社会保险登记

（1）"企业"在办理登记注册时，同步办理社会保险登记。（五证合一）

（2）"企业以外的缴费单位"应当自成立之日起"30日"内，向当地社会保险经办机构申请办理社会保险登记。

2.个人社会保险登记

职工：用人单位自用工之日起"30日"内为其职工向社会保险经办机构申请办理社会保险登记。

灵活就业人员：自行向社会保险经办机构申请办理。

（二）社会保险费缴纳

社会保险费缴纳方法见表8-18。

表8-18　　　　　　　　　　　社会保险费缴纳方法

缴费者	缴费方法
单位	自行申报、足额缴纳，非因不可抗力等法定事由不得缓缴、减免
职工	由单位代扣代缴，并"按月"告知本人
灵活就业人员	自行缴纳

（三）社会保险基金管理

（1）除"基本医疗保险基金与生育保险基金"合并建账及核算外，其他各项社会保险基金按险种分别建账，分别核算，执行国家统一的会计制度。

（2）专款专用，不得侵占挪用。

（3）社保基金存入财政专户，通过预算实现收支平衡。

（4）社保基金的投资与使用。

① 允许：保证安全的前提下，按国务院规定投资运营。

② 禁止：违规投资运营；平衡其他政府预算；兴建、改建办公场所；支付人员经费、运行费用、管理费用；挪作其他用途。

（四）违反社会保险法律制度的法律责任

1.用人单位不缴纳保险费

（1）社会保险费征收机构责令限期缴纳，并按日加收0.05%的滞纳金；

（2）逾期仍不缴纳处欠缴数额1倍以上3倍以下罚款。

2.骗保

（1）责令退回；

（2）处骗取金额2倍以上5倍以下罚款。

任务实施

本案例中，按照规定，医疗报销起付标准（起付线）为4 800元（4 000×12×10%）；最高支付限额（封顶线）为288 000元（4 000×12×6）。即该职工医疗费用中在4 800元以上、288 000元以下部分可以从统筹账户中予以报销，报销比例为90%。王某可以报销的费用为254 880元（（288 000-4 800）×90%）。本人负担费用为105 120元（360 000-254 880）。其中起付线以下部分为4 800元，起付线以上封顶线以下自费部分为28 320元（（288 000-4 800）×10%）；目录内封顶线以上部分为12 000元（300 000-288 000）；目录外部分为60 000元。

行业规范测试八

项目九

创业中的经济法

素养目标

◆ 创业企业日常合同签订和消灭应遵守法律规章，积极履行相关法律义务。创业中要培养合同法律意识，提高法律素养，增强运用合同法律制度的能力

◆ 创业公司合并与分立过程应遵守法律规章，防范法律风险。创业中要培养积极调整公司经营战略的意识，提升公司经营管理的能力

◆ 创业公司在财产保险投保过程中，需明确界定合同条款，避免法律纠纷。创业中要培养通过投保企业财产保险帮助企业转移风险，减轻经营风险压力的意识

◆ 市场规制的宗旨是维护市场经济的公平竞争和消费者的权益，防止市场垄断和不正当竞争行为的发生，促进市场的健康发展。创业中要培养诚实守信、遵纪守法、维护社会经济秩序的意识；培育恪尽职守、精益求精，积极履行社会责任的职业素养

知识目标

◆ 创业企业合同的订立、消灭相关的合同法律制度

◆ 创业企业公司合并、分立相关的公司法律制度

◆ 创业企业财产保险规划相关的保险法律制度

◆ 不正当竞争法、反垄断法、产品质量义务法、消费者权益保护法等市场规制法律制度

工作任务

序号	任务分解	任务执行	技能目标
1	合同签订与消灭	◆ 掌握企业合同签订的程序 ◆ 了解合同订立的内容 ◆ 了解合同订立的形式 ◆ 了解合同格式条款 ◆ 了解缔约过失责任 ◆ 掌握合同权利和义务终止的情形以及相关法律后果	◆ 能够按照合同法律制度，规范完成合同签订过程 ◆ 能够识别合同签订和消灭过程中的风险承担
2	公司合并与分立	◆ 掌握公司合并的形式及程序 ◆ 掌握公司分立的形式及程序	◆ 能够熟练区分公司合并与分立形式 ◆ 能够运用公司法理论，识别公司合并、分立过程的法律风险
3	公司财产保险规划	◆ 熟悉保险法的基本原则 ◆ 了解企业财产保险需求分析 ◆ 了解企业财产保险方案设计思路 ◆ 熟悉保险合同相关规定 ◆ 掌握企业财产保险实施与管理	◆ 能够识别企业财产险的保险责任范围 ◆ 能够运用保险法律解决企业财产保险的实际问题
4	遵从市场规制	◆ 熟悉不正当竞争行为 ◆ 熟悉垄断行为 ◆ 掌握产品质量义务以及责任 ◆ 掌握保护消费者的权利、经营者的义务以及争议解决	◆ 通过所知悉的反不正当竞争的法律知识，辨别不正当竞争行为 ◆ 熟知经营者保护消费者权益的义务、对产品质量的义务，规范经营行为

项目导言

经济法视角下大学生创业的法律风险

1.创业组织筹建的法律风险

良好的开始是成功的一半，在创业伊始，选择以何种形式的组织出现在市场中非常重要。如果对不同组织形式需要承担的法律风险没有明确认识，很可能在后续创业过程中由于认知不够出现法律问题，甚至可能会在创业失败后需要以个人财产承担债务。大学生创业者应当基于对自身创业情况的充分考虑，对当地政策充分了解后，选择企业或者非企业的组织形式开始创业活动，依法完成相应的注册或者登记，再进行后续生产经营活动，否则将会埋下法律隐患。

2.创业组织运营的法律风险

创业组织成功设立后，在运营过程中将会面对更多的法律风险。在创业初期，用工招聘是必须的，在招聘过程中严格遵守《劳动法》和《劳动合同法》，从正规渠道合法招聘员工，规避后续产生劳资关系法律纠纷的风险。公司运营过程中还会存在合同风险、不正当竞争风险、垄断风险、产品质量风险、与消费者的纠纷等。此外，企业在多变复杂的市场环境中，要有风险管理意识。在不可预测的风险面前，保险能够为企业提供全方位的保障，降低经营风险，维护企业的稳定发展。那么企业除了可以根据国家相关法律规定给员工买社会保险外，还可以购买商业保险给员工作为必要补充，而对于企业自身而言在生产经营中最常见的意外就是火灾、自然灾害和意外事故，通过企业财产保险可以应对这些风险。

3.创业失败有可能面临的法律风险

大学生对创业失败后的法律风险进行研究也很有必要。创业的法律风险并不会随着创业项目的失败而立即完全消失，市场主体退出时还存在注销相对复杂、成本高、时间长等问题。按照我国法律的规定，为创业而设立的组织需要依法按照程序进行解散，并处理相关事宜。在现实中，有一些缺乏法律知识的创业者，创业失败后就什么都不管了，往往会留下法律风险隐患。

大学生创业本身是一个较为复杂的过程，需要相应的法律支持才能实现创业项目的平稳运行。创业过程中存在的合同法律风险、组织形式法律风险、市场规制法律风险等在本质上是不可避免的，但是也需要大学生创业者根据自身法律素养及创业实际情况进行选择，尽可能将风险降低到预期可接受范围内。知法守法是大学生创业的前提，防范法律风险是大学生创业成功的保障。增强大学生对创新创业法律风险的认识，培育大学生应有的经济法素养，提高其在实践中的用法能力，对于切实提高大学生创新创业成功率，推动创新创业活动具有一定意义。

资料来源：李鑫，鲍旭炜.经济法视角下的大学生创业法律风险防范［J］.四川劳动保障，2023，（10）：99-101.

任务一   合同签订与消灭

任务布置 ●●●

要约还是承诺？

张强的门店售卖二手货物时遇到朋友钱某。张强询问钱某其是否需要购买二手电瓶车，价格2 000元，钱某当场未给出答复。次日，钱某找到张强表示愿意以2 000元的价格购买电瓶车，张强告知钱某昨天那款已经卖掉了。

任务：张强询问钱某"是否需要购买二手电瓶车，价格2 000元"的行为是否构成要约？要约是否失效？钱某找到张强表示愿意以2 000元的价格购买电瓶车的行为是否构成承诺？

任务思维导图 ●●●

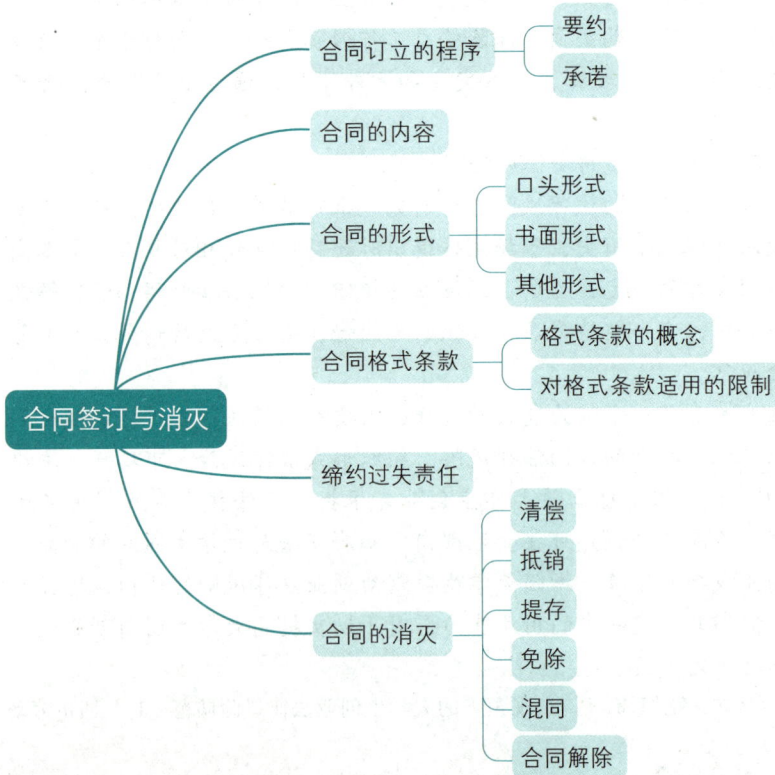

合同签订与消灭
- 合同订立的程序
  - 要约
  - 承诺
- 合同的内容
- 合同的形式
  - 口头形式
  - 书面形式
  - 其他形式
- 合同格式条款
  - 格式条款的概念
  - 对格式条款适用的限制
- 缔约过失责任
- 合同的消灭
  - 清偿
  - 抵销
  - 提存
  - 免除
  - 混同
  - 合同解除

预备知识

一、合同订立的程序

合同的成立必须基于当事人的合意，即意思表示一致。合同订立的过程就是当事人双方协商使其意思表示一致的过程。这一过程分为要约和承诺两个阶段。

（一）要约

要约是希望与他人订立合同的意思表示。发出要约的一方称为要约人，受领要约的一方称为受要约人。

微课
要约邀请和要约有什么区别？

1.要约的构成要件

作为一种意思表示，要约除了具备意思表示的一般要件外，还有其特定的构成要件。具体包括以下几个方面：

（1）要约是由具有订约能力的特定人作出的意思表示。

要约旨在与他人订立合同，所以要约人必须是订立合同的一方当事人，这就要求要约人是特定的人。要约还要求必须是向相对人作出的意思表示。

（2）要约必须具有订立合同的意图。

要约是希望与他人订立合同的意思表示，要约中必须表明要约一经受要约人承诺，要约人即受该意思表示约束。

（3）要约的内容必须具体确定。

要约一经受要约人承诺，合同即告成立，因此要约的内容应当具体、确定。所谓具体，是指要约包括足以成立合同的各项基本条款；所谓确定，是指要约条款是明确的，不是模棱两可、含糊不清的。

2.要约的生效时间

要约到达受要约人时生效。要约的生效时间依要约的形式不同而有所不同。一般来说，口头要约自受要约人了解要约内容时发生法律效力。书面要约自要约到达受要约人时发生法律效力，这里的到达是指到达受要约人所能控制的地方，如要约的信件、电报送到受要约人公司的传达室。数据电文是一种书面形式。采用数据电文形式订立合同，收件人指定特定系统的，该数据电文进入该系统的时间视为到达时间；未指定特定系统的，该数据电文进入收件人任一系统的首次时间视为到达时间。

3.要约的撤回和撤销

要约的撤回是指要约人在发出要约后，于要约到达受要约人之前取消其要约的行为。

根据《中华人民共和国民法典》的规定，要约可以撤回。撤回要约的通知应当在要约到达受要约人之前或者与要约同时到达受要约人。在此情形下，被撤回的要约实际上是尚未生效的要约。

要约的撤销是指在要约发生法律效力后，要约人取消要约从而使要约归于消灭的行为。要约的撤销不同于要约的撤回（前者发生于生效后，后者发生于生效前）。要约可以撤销。撤销要约的通知应当在受要约人发出承诺通知之前到达受要约人。但有下列情形之一的，要约不得撤销：

①要约人确定了承诺期限或者以其他方式明示要约不可撤销；

②受要约人有理由认为要约是不可撤销的，并且已经为履行合同做了合理准备工作。

4.要约的失效

要约失效是指要约丧失法律效力。要约会因下列情形之一而失去效力：

①要约被拒绝；

②要约人依法撤销要约；

③承诺期限届满，受要约人未作出承诺；

④受要约人对要约的内容作出实质性变更。

（二）承诺

承诺是受要约人同意要约的意思表示。承诺是一种意思表示，其表示方式与要约的表示方式相同。

1.承诺的构成要件

一般来说，承诺的构成须具备下列条件：

（1）承诺必须由受要约人向要约人作出。

受要约人是由要约人选定的，是要约人准备订立合同的对方当事人。同时，要约也使受要约人取得承诺的资格。因此，只有受要约人才有权作出承诺，无论受要约人是特定的人还是不特定的人。

（2）承诺的内容应当与要约的内容一致。

受要约人对要约内容作出实质性变更的，为新要约。有关合同的标的、数量、质量、价款或者报酬、履行期限、履行地点和方式、违约责任和解决争议方法等的变更，是对要约内容的实质性变更。承诺对要约的内容作出非实质性变更的，除要约人及时表示反对或者要约表明承诺不得对要约的内容作出任何变更外，该承诺有效，合同的内容以承诺的内容为准。

（3）承诺必须在合理的期限内向要约人发出。

承诺应当在要约确定的期限内到达要约人。要约没有确定承诺期限的，如果要约以对话方式作出，则受要约人应当即时作出承诺；如果要约以非对话的方式作出，则承诺应当在合理期限内到达要约人。

2.承诺的方式

承诺的方式是指受要约人将其承诺的意思表示传达给要约人的方式。承诺应当以通知的方式作出，但根据交易习惯或者要约表明可以通过行为作出的除外。其中通知的方式依要约要求可以是口头或书面形式。

3.承诺的效力

除法律另有规定或者当事人另有约定外，承诺生效时合同成立，当事人于此时受合同约束，享有合同权利并承担合同义务。这意味着原则上承诺生效的时间为合同成立的时间。承诺生效时间的确定有以下两种情形：

①以通知方式作出的承诺，其包括两种：一是承诺以对话方式作出的，如受要约人通过面对面交谈、电话等方式向要约人作出承诺的，则承诺至要约人知道其内容时生效；二是承诺以非对话方式作出的，如受要约人采用信函、传真等向要约人作出承诺的，则采用

"到达主义"，即承诺到达要约人时生效。

②承诺不需要通知的，根据交易习惯或者要约的要求作出承诺的行为时生效。

4.承诺的撤回

承诺的撤回是指受要约人在其作出的承诺生效之前将其撤回的行为。承诺可以撤回，撤回承诺的通知应当在承诺通知到达要约人之前或者与承诺通知同时到达要约人。

二、合同的内容

合同的内容是指合同当事人订立合同的各项具体意思表示，具体表现为合同的各项条款。根据《中华人民共和国民法典》的规定，合同内容由当事人约定，一般包括以下条款：

（1）当事人的姓名或者名称和住所。

当事人是合同权利和合同义务的承受者，订立合同时必须明确合同双方当事人。合同主体不明确，则合同权利的享有者、合同义务的承担者就都无法确定。

（2）标的。

标的是指合同当事人权利和义务共同指向的对象。标的可以是物，包括实物和货币，如买卖合同的标的是出卖物，借款合同的标的是货币；标的也可以是行为，包括某项工程或者劳务，如建设工程合同的标的是工程；标的还可以是智力成果，如技术转让合同的标的是技术成果。

（3）数量。

数量是指衡量当事人权利义务大小的尺度，该尺度是以数字和计量单位来表示的。当事人对数量的约定必须合法、准确。

（4）质量。

质量是指检验标的内在素质和外观形态优劣的标志，包括规格、性质、款式、标准等。当事人对质量的约定必须详细具体。

（5）价款或报酬。

价款是取得标的物应当支付的代价，如买卖合同中的价款、租赁合同中的租金等。报酬是获得服务应当支付的代价，如保管合同中的保管费、建设工程合同中的工程费等。这是有偿合同的一项重要内容。

（6）履行期限、地点和方式。

履行期限、地点和方式即当事人履行合同和接受履行的时间、地点和方式。

（7）违约责任。

违约责任是指当事人不履行或不完全履行合同约定义务时应当承担的法律后果。当事人可以在合同中约定违约金或者损失赔偿金的计算方法等。

（8）解决争议的方法。

解决争议的方法是指合同当事人解决合同纠纷的方法。这些方法包括和解、调解、仲裁、诉讼等。

三、合同的形式

合同的形式是指订立合同的当事人双方达成的协议的表现形式，是合同内容的外部表现。合同形式可以分为口头形式、书面形式和其他形式。

四、合同格式条款

（一）格式条款的概念

格式条款是当事人为了重复使用而预先拟定，并在订立合同时未与对方协商的条款。格式条款的适用可以简化签约程序，加快交易速度，减少交易成本。

（二）对格式条款适用的限制

1.提供格式条款一方的义务

提供格式条款的一方应当遵循公平原则确定当事人之间的权利和义务，并采取合理的方式提请对方注意免除或者限制其责任的条款，按照对方的要求，对该条款予以说明。

提供格式条款的一方对格式条款中免除或者限制其责任的内容，在合同订立时应采用足以引起对方注意的文字、符号、字体等特别标识，并按照对方的要求对该格式

条款予以说明。提供格式条款一方对已尽合理提示及说明义务承担举证责任。提供格式条款的一方未履行提示或者说明义务，致使对方没有注意或者理解与其有重大利害关系的条款的，对方可以主张该条款不成为合同的内容。

2.格式条款无效的情形

格式条款有下列情形之一的无效：

（1）提供格式条款的一方不合理地免除或者减轻其责任、加重对方责任、限制对方主要权利。

（2）提供格式条款的一方排除对方主要权利。

（3）格式条款具有《中华人民共和国民法典》总则编第六章第三节规定的无效情形，包括使用格式条款与无民事行为能力人订立合同；行为人与相对人以虚假的意思表示订立合同；恶意串通，损害他人合法权益的合同；违反法律、行政法规的强制性规定或者违背公序良俗的合同等。

（4）格式条款具有《中华人民共和国民法典》第五百零六条规定的无效情形，包括造成对方人身损害的免责格式条款；因故意或重大过失造成对方财产损失的免责格式条款。

五、缔约过失责任

缔约过失责任是指在合同订立过程中，一方因违背依据诚实信用原则所应尽的义务而致另一方信赖利益损失，依法应承担的民事责任。

当事人承担缔约过失责任主要包括以下情形：

①假借订立合同，恶意进行磋商；

②故意隐瞒与订立合同有关的重要事实或者提供虚假情况；

③缔约过程中泄露或不正当地使用商业秘密或者其他应当保密的信息；

④有其他违背诚实信用原则的行为。

缔约过失责任的形式是损害赔偿。缔约过失损害赔偿的范围是相对人因缔约过失而遭受的信赖利益损失。一般情况下，此种损失主要表现为一种费用的支出不能得到补偿，但

信赖利益损失不应包括因合同成立和生效所获得的各种利益（如利润损失），这种损失属于违约损害赔偿范围，而不属于缔约过失责任范围。

【学思践悟】合同的意义在于双方处了信任或不信任的状态，因为签订合同有法律依赖，对双方都有约束力。在合作履行过程中，有法律可循，有证据可查，使所有商业合作伙伴都能规范承诺和合作履行过程，使合作结果完美合法化，在和谐社会和法治中发挥着不可估量的作用。了解合同法律制度可以更好地进行合同管理，确保合同的签订、履行、终止都能符合相关法律法规。合同管理对企业来说，一方面可以使企业的生产经营与市场接轨，满足市场的需要，提高企业适应市场和参与市场竞争的能力；另一方面，企业可以在合同签订及解除的过程中维护自身的合法权益，提高企业的经济效益。

六、合同的消灭

合同的消灭，又称为合同权利义务终止，是指依法生效的合同，因具备法定情形和当事人约定的情形，合同债权、债务归于消灭，债权人不再享有合同权利，债务人也不必再履行合同义务，合同当事人双方终止合同关系，合同的效力随之消灭。

合同的消灭，除导致合同权利义务终止外，还发生如下效力：

（1）从权利义务（如保证债权）归于消灭；

（2）债权人应当将债权文书返还债务人；

（3）当事人应当遵循诚信等原则，根据交易习惯履行通知、协助、保密、旧物回收等义务；

（4）合同的消灭，不影响合同中有关解决争议的方法、结算和清理条款的效力。

（一）清偿

债务人按照合同约定的标的、质量、数量、价款或者报酬、履行期限、履行地点和方式全面履行债务，使得债权债务关系消灭的行为。清偿与给付、履行三者意义相近，只是表述的视角有所不同：清偿侧重于债务获得满足而消灭的结果；给付是表述债务人的特定行为；履行强调满足债权的给付过程。

1.清偿抵充

清偿抵充，是指对于同一债权人负担数项给付种类相同的债务，当债务人的给付不足以清偿全部债务时，决定该给付应抵偿哪项债务的办法。因各项债务在是否付利息、利息高低及是否有担保等方面均可能不同，确定某给付先抵偿哪项债务，往往影响双方当事人的切身利益，故《中华人民共和国民法典》对此加以明确规定。

2.清偿的效力

债权债务关系因清偿而消灭，债权的从权利一般随之消灭，但通知、协助、保密、旧物回收等后合同义务因是法定之债，并不随之消灭。在第三人代为清偿情形，债权人接受第三人履行后，其对债务人的债权转让给第三人，但是债务人和第三人另有约定的除外。

（二）抵销

抵销，是指双方当事人互负债务时，一方通知对方以其债权充当债务的清偿或者双方协商以债权充当债务的清偿，使得双方的债务在对等额度内消灭的行为。抵销包括法定抵销和约定抵销。

1. 法定抵销

法定抵销是根据法律规定，依当事人一方意思表示即可发生抵销效果的抵销。其中，可依单方意思表示而使自己所负债务消灭的权利称为"抵销权"。提出抵销的债权称为主动债权；被抵销的债权称为被动债权。

2. 约定抵销

约定抵销是基于双方当事人合意使相互债务同归于消灭。约定抵销因基于当事人合意而发生，法律重点关注合意的确实存在，未设置其他特别规则。《中华人民共和国民法典》第五百六十九条规定："当事人互负债务，标的物种类、品质不相同的，经协商一致，也可以抵销。"

（三）提存

提存，是指由于债权人的原因，债务人无法向其交付合同标的物而将该标的物交给提存机关，从而消灭债务的制度。将标的物交托有关机构的人称为提存人；债权人为提存受领人；受领并保管提存物的机构称为提存机关；被提存的相关标的物称为提存物。提存的主要功能是使债务人得以从合同关系中解脱出来，免除债务人长期为债务履行所困扰。《中华人民共和国民法典》第五百七十一条第二款规定："提存成立的，视为债务人在其提存范围内已经交付标的物。"

（四）免除

债务的免除，是指权利人放弃自己的全部或者部分权利，从而使合同义务减轻或者使合同终止的一种形式。

（五）混同

混同，即债权债务同归于一人，致使合同关系消灭的事实。

债的关系应有两个不同的主体，因混同致债权债务归于同一人，债的关系无法维系，故归于消灭。例如，由于甲、乙两企业合并，甲企业和乙企业之间原先订立的合同中的权利义务同归于合并后的企业，债权债务关系自然终止。

（六）合同解除

微课

哪些情况可以解除合同关系？

合同解除，是指合同有效成立后，因主客观情况发生变化，使合同的履行成为不必要或者不可能，根据双方当事人达成的协议或者一方当事人的意思表示提前终止合同效力。合同解除有约定解除和法定解除两种情形。

1. 约定解除

（1）协商解除。

合同生效后，未履行或者未完全履行之前，当事人以解除合同为目的，经协商一致，可以订立一个解除原来合同的协议，使合同效力消灭。这种情形即属协商解除。

（2）约定解除权。

解除权可以在订立合同时约定，也可以在履行合同的过程中约定；可以约定一方解除合同的权利，也可以约定双方解除合同的权利。

约定解除权与协商解除有所不同：约定解除权是双方在解除事由发生前的约定，是给予当事人解除权，并非直接消灭合同，合同是否消灭取决于当事人是否行使解除权；协商解除则是当事人基于合意直接消灭原合同关系。

2. 法定解除

法定解除是当事人行使依据法律规定取得的解除权以消灭合同关系的行为。解除权取得的基础在于法律的明文规定。解除权人依其解除的单方意思表示即可使合同关系归于消灭。

（1）法定解除权取得的原因

①因不可抗力致使不能实现合同目的。不可抗力是指不能预见、不能避免且不能克服的客观事件。只有不可抗力致使合同目的不能实现时，当事人才可以解除合同。

②预期违约。在履行期限届满之前，当事人一方明确表示或者以自己的行为表明不履行主要债务的，对方当事人可以解除合同。

③当事人一方迟延履行主要债务，经催告后在合理期限内仍未履行。

④当事人一方迟延履行债务或者有其他违约行为致使不能实现合同目的。这种情形中的迟延履行因致使合同目的不能实现，债权人可不经催告直接解除合同。

⑤法律规定的其他情形。如以持续履行的债务为内容的不定期合同，当事人可以随时解除合同，但是应当在合理期限之前通知对方。再如房屋承租人未经出租人同意转租的，出租人可以解除合同。

（2）法定解除权的行使

①法定解除权行使的主体。

因不可抗力致使合同目的不能实现的情形，因双方均无过错，所以，双方均可解除合同。在法定解除权发生的其他情形，解除权的行使主体应限于守约方，合同解除是因违约方根本违约而赋予守约方的救济路径。

②享有解除权的一方向对方表示解除的意思。

享有解除权的一方依法主张解除合同的，应当通知对方。合同自通知到达对方时解除。通知载明债务人在一定期限内不履行债务则合同自动解除，债务人在该期限内未履行债务的，合同自通知载明的期限届满时解除。当事人一方未通知对方，直接以提起诉讼或者申请仲裁的方式依法主张解除合同，人民法院或者仲裁机构确认该主张的，合同自起诉状副本或者仲裁申请书副本送达对方时解除。

③对于解除权行使有异议的，应诉诸司法程序。

当事人一方依法主张解除合同，对方对解除合同有异议的，任何一方当事人均可以请求人民法院或者仲裁机构确认解除行为的效力。

④解除权应在法定期限内行使。

法律规定解除权行使期限，期限届满当事人不行使的，该权利消灭。法律没有规定解除权行使期限，自解除权人知道或者应当知道解除事由之日起一年内不行使，或者经对方催告后在合理期限内不行使的，该权利消灭。

（3）合同解除的效力

①合同解除后尚未履行的，终止履行；已经履行的，根据履行情况和合同性质，当事人可以要求恢复原状、采取其他补救措施，并有权要求赔偿损失。

②合同的权利义务终止，不影响合同中结算和清理条款的效力。

③合同因违约解除的，解除权人可以请求违约方承担违约责任，但是当事人另有约定的除外。

④主合同解除后，担保人对债务人应当承担的民事责任仍应当承担担保责任，但是担保合同另有约定的除外。

任务实施

张强的询问内容具体确定，且表达了一经接受即受约束的意思表示，构成要约；张强的要约没有确定承诺期限，且以对话的方式做出，钱某应当即时做出承诺，未即时做出承诺属于"承诺期限届满，受要约人未做出承诺"，因此，张强的要约失效，钱某表示愿意购买的行为不构成承诺，只能认定为要约。

任务二　公司合并与分立

任务布置

公司分立是否遵守公司法律制度

某股份有限公司经董事会全体一致同意作出决议，决定将该公司分立为两个完全独立的新公司，原公司解散，经编制资产负债表及财产清单后，订立了分立协议，进行财产分割，然后直接宣布新设的两个公司开始以独立的法律人格进行经营活动。

任务：

（1）上述公司分立属于哪种情形？

（2）上述公司分立的过程在程序上有何违法之处？为什么？

任务思维导图

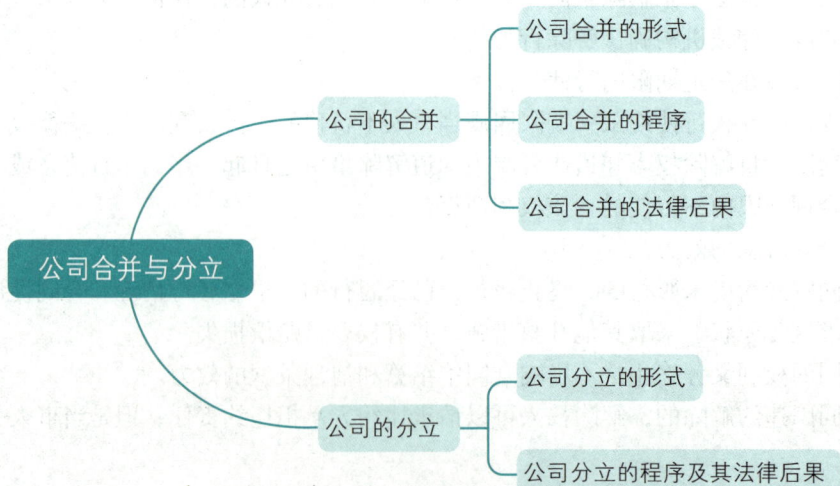

```
                                          ┌─ 公司合并的形式
                          ┌─ 公司的合并 ──┼─ 公司合并的程序
                          │               └─ 公司合并的法律后果
   公司合并与分立 ────────┤
                          │               ┌─ 公司分立的形式
                          └─ 公司的分立 ──┤
                                          └─ 公司分立的程序及其法律后果
```

预备知识

一、公司的合并

公司合并是指两个或者两个以上的公司订立合并协议，依照《公司法》的规定，不经过清算程序而直接结合为一个公司的法律行为。

（一）公司合并的形式

根据参与合并的公司在合并之后是否有一个合并前的公司法人资格继续存续，公司合并可分为下列两种形式：①吸收合并，这是指一个公司吸收其他公司后存续，被吸收的公司解散；②新设合并，这是指两个或两个以上的公司合并设立一个新的公司，合并各方解散。

微课

公司合并与
分立

（二）公司合并的程序

依照《公司法》的有关规定，公司合并的程序如下：

（1）股东（大）会作出特别决议。有限责任公司的合并决议必须经股东会代表2/3以上表决权的股东通过，股份有限公司的合并决议必须经出席股东大会会议的股东所持表决权的2/3以上通过。

（2）签订合并协议。

（3）编制资产负债表和财产清单。

（4）通知债权人。公司应当自作出合并决议之日起10日内通知债权人，并于30日内在报纸上公告。为保护公司债权人利益，《公司法》同时规定，公司债权人可以自接到通知书之日起30日内，未接到通知书的自公告之日起45日内，要求公司清偿债务或者提供相应的担保。

（5）办理合并登记手续。

（三）公司合并的法律后果

公司合并前各方的债权、债务，应当由合并后存续的公司或者新设的公司承继。

二、公司的分立

公司分立是指一个公司通过依法签订分立协议，不经过清算程序而分为两个或者两个以上公司的法律行为。

（一）公司分立的形式

根据公司分立后，被分立公司法人资格是否继续存续，公司分立可分为下列两种形式：

①派生分立，也称存续分立，指公司以其部分资产另设一个或者数个新的公司，原公司存续；

②新设分立，也称解散分立，指公司全部资产分别划归两个或者两个以上的新公司，原公司解散。

（二）公司分立的程序及其法律后果

《公司法》除未规定拟分立的公司的债权人可以在法定期限内要求公司清偿债务或者提供相应的担保外，公司分立程序的其他程序与公司合并的程序基本相同。公司分立前的债务由分立后的公司承担连带责任，但公司在分立前与债权人就债务清偿达成的书面协议另有约定的除外。

【学思践悟】某股份有限公司进行公司分立，需要了解公司法规定的相关法律程序，规范从股东（大）会作出特别决议到依法进行登记的全过程。公司分立可帮助处于成熟期的创业企业适应经营环境变化，调整经营战略，提高管理效率，这对企业发展尤为重要。

🔹 任务实施 ◗◗◗

（1）上述公司分立属于新设分立。"某股份有限公司经董事会全体一致同意作出决议，决定将该公司分立为两个完全独立的新公司"体现该公司将全部资产分别划归两个或者两个以上的新公司，原公司解散。

（2）上述公司分立的过程在程序上存在三处违法之处：

①根据《公司法》的规定，股份有限公司合并、分立、解散或者变更公司形式的决议，必须由股东大会作出，而且必须经出席股东大会的股东所持表决权的2/3以上通过。因而该公司分立的决议不应由董事会作出。

②未履行债权人保护程序。根据《公司法》的规定，公司分立，应当编制资产负债表及财产清单。公司应当自作出分立决议之日起10日内通知债权人，并于30日内在报纸上公告。公司分立前的债务由分立后的公司承担连带责任。但是，公司在分立前与债权人就债务清偿达成的书面协议另有约定的除外。因此，该公司在编制资产负债表及财产清单后，就直接订立分立协议，进行财产分割，未履行对债权人的保护程序，是违法的。

③根据《公司法》的规定，公司合并或者分立，登记事项发生变更的，应当依法向登记机关办理变更登记；公司解散的，应当依法办理公司注销登记；设立新公司的，应当依法办理公司设立登记。因此，该公司未履行对原公司的注销登记和对新成立公司的设立登记，属于违法行为。

任务三　公司财产保险规划

🔹 任务布置 ◗◗◗

厂房失火责任在谁？

2023年1月2日，A公司向本市一家印刷厂租借了一间100多平方米的厂房做生产车间，双方在租赁合同中约定租赁期为一年，若有一方违约，则违约方将支付违约金。同年3月6日，A公司向当地保险公司投保了企业财产险，期限为一年。当年A公司因订单不断，欲向印刷厂续租厂房一年，遭到拒绝，因此A公司只好边维持生产边准备搬迁。

次年1月2日至18日，印刷厂多次与A公司交涉，催促其尽快搬走，而A公司经理多次向印刷厂解释，并表示愿意支付违约金。最后，印刷厂法人代表只得要求A公司最迟在2月10日前交还厂房，否则将向有关部门起诉。2月3日，A公司职员不慎将洒在地上的煤油引燃起火，造成厂房内设备损失215 000元，厂房屋顶烧塌，需修理费53 000元，A公司于是向保险公司索赔。

任务：

（1）本案例中厂房内设备是否属于企业财产险的保险责任范围，保险公司是否应赔偿其损失。

（2）租借合同已到期，保险公司对是否仍应对厂房屋顶修理费进行赔偿产生了分歧。第一种意见：租赁合同到期后，A公司对印刷厂厂房已不存在保险利益。第二种意见：A公司继续违约使用印刷厂厂房期间，厂房屋顶烧塌，即A公司违约行为在先，在保险标的上的利益不合法，保险公司不应给予赔偿。保险公司是否应该赔偿？

任务思维导图

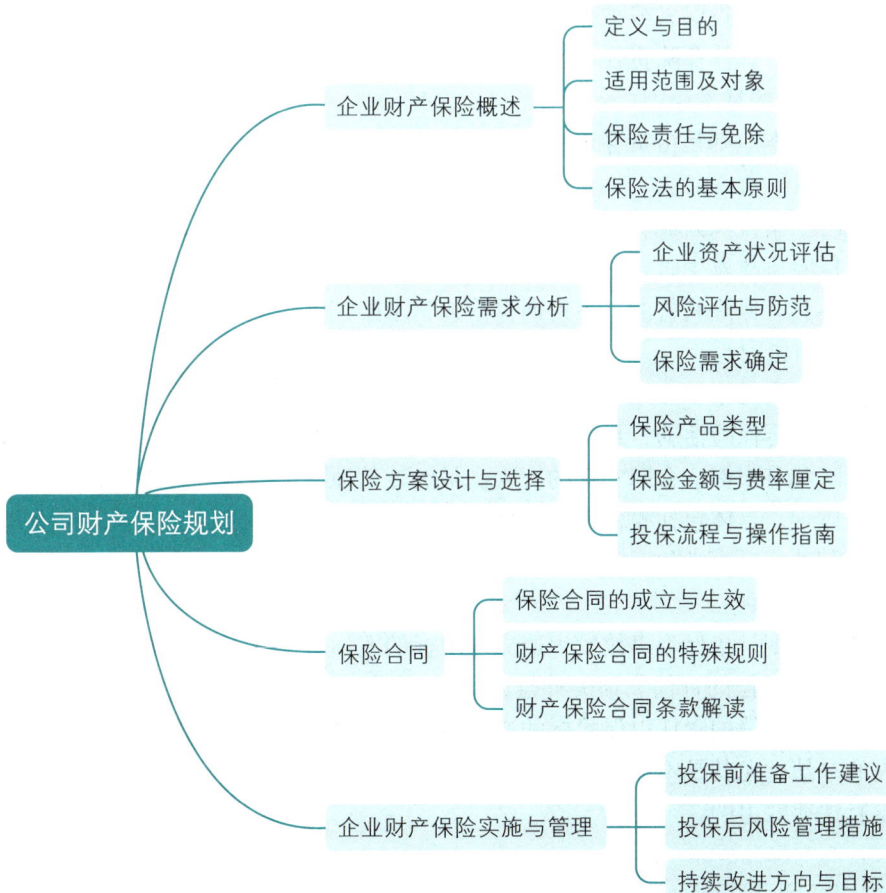

![预备知识]

一、企业财产保险概述

(一)定义与目的

企业财产保险是一种针对企业财产因自然灾害、意外事故等造成的物质损失或灭失而提供经济补偿的保险。

(二)适用范围及对象

适用于各类企业,包括国有企业、民营企业、外资企业等,以及事业单位、社会团体等具有法人资格的单位。

主要针对企业的固定资产、流动资产等财产进行投保,如房屋、机器设备、原材料、半成品、成品等。

(三)保险责任与免除

保险公司对企业财产在保险期间内因自然灾害、意外事故等造成的直接物质损失或灭失承担赔偿责任。具体责任范围根据保险合同约定。

保险公司对某些特定风险或损失不承担赔偿责任,如战争、军事行动、核辐射等造成的损失。此外,对于投保人或被保险人的故意行为、重大过失等造成的损失,保险公司也不承担赔偿责任。具体免除责任条款根据保险合同约定。

(四)保险法的基本原则

保险法的基本原则是指贯穿于保险法的始终,在保险活动中应当遵守的根本性准则。

1.保险利益原则

保险利益是指投保人或者被保险人对保险标的具有的法律上承认的利益。财产保险的被保险人在保险事故发生时,对保险标的应当具有保险利益。保险事故发生时,被保险人对保险标的不具有保险利益的,不得向保险人请求赔偿保险金。

2.最大诚信原则

最大诚信原则是指双方当事人在订立及履行保险合同的时候,应该诚实守信,以一个善良人的标准进行保险活动,最大限度地去行使自己的权利,履行自己的义务,而不能存在欺骗、隐瞒和有损保险合同实现的行为。最大诚信原则的内容主要通过保险合同双方的诚信义务来体现,具体包括投保人或被保险人如实告知的义务及保证义务,保险人的说明义务及弃权和禁止反言义务。

3.损失补偿原则

损失补偿原则是指保险事故发生造成保险标的的毁损致使被保险人遭受经济损失时,保险人才承担损失补偿的责任。损失补偿原则只适用于财产保险。在财产保险事故发生后,保险人承担损失补偿的责任以保险标的的遭受的实际损失为限,而不能使被保险人获得多于实际损失的补偿,尤其是不能让被保险人通过保险获得额外的利益,因而超额财产保险是被认为没有法律效力的。

4.近因原则

近因原则已成为判断保险人是否应承担保险责任的一个重要标准。所谓近因，不是指时间上或空间上与损失最接近的原因，而是指造成损失的最直接、最有效、起主导性作用的原因。在保险事故发生后，只有对保险标的造成损害且最主要的、具有决定性的原因才是近因。

二、企业财产保险需求分析

（一）企业资产状况评估

1.固定资产评估

包括企业房产、生产设备、办公设施等固定资产的价值评估，以确定其重置成本或实际价值。

2.流动资产评估

针对企业的库存商品、原材料、在制品等流动资产进行评估，以确定其保险价值和风险敞口。

3.无形资产评估

考虑企业的专利、商标、著作权等无形资产的价值，并在保险计划中进行适当安排。

（二）风险评估与防范

1.火灾风险评估

分析企业可能面临的火灾风险，如电气线路老化、易燃物品堆积等，并提出相应的防范措施。

2.自然灾害风险评估

针对企业可能遭受的自然灾害，如暴雨洪水、地震等，进行风险评估并提出相应的防灾减灾措施。

3.盗窃与抢劫风险评估

评估企业可能遭受的盗窃与抢劫风险，特别是在现金、贵重物品管理方面的风险，并制定相应的安全管理制度。

（三）保险需求确定

1.确定保险金额

根据企业资产状况评估结果，确定各项资产的保险金额，以确保在发生损失时能够得到充分的赔偿。

2.选择保险类型

针对企业面临的不同风险，选择适当的保险类型，如财产保险、责任保险、信用保险等。

3.制定保险策略

综合考虑企业的风险状况、财务状况和保险市场情况，制定适合企业的保险策略，包括自留风险、转移风险等。

三、保险方案设计与选择

（一）保险产品类型

1.财产保险基本险

主要承保由于自然灾害或意外事故造成的保险标的直接损失，如火灾、爆炸雷击等。

2.财产保险综合险

在基本险的基础上，扩展承保部分自然灾害造成的损失，如暴雨、洪水等。

3.财产保险一切险

承保因自然灾害或意外事故以及突然和不可预料的事故造成的保险标的直接损失，保障范围最广。

（二）保险金额与费率厘定

1.保险金额确定

根据企业财产的实际价值、重置价值或协商价值确定保险金额，确保足额投保。

2.费率厘定因素

考虑企业所处行业、风险等级、历史损失记录等因素，合理厘定保险费率。

3.优惠政策利用

根据保险公司的优惠政策，如安全生产奖、无赔款优待等，降低企业保险成本。

（三）投保流程与操作指南

1.投保准备

收集企业财产清单、价值证明、风险评估报告等资料，为投保做好准备。

2.选择保险公司

对比不同保险公司的保障范围、费率服务等，选择信誉良好的保险公司。

3.填写投保单

按照保险公司要求填写投保单，确保信息准确无误。

4.缴纳保险费

根据保险公司出具的保险费通知单，按时缴纳保险费，确保保险合同生效。

四、保险合同

保险合同是投保人与保险人约定保险权利义务关系的协议，具有有偿性、双务性、射幸性等特征。

（一）保险合同的成立与生效

保险合同的成立是指投保人与保险人就保险合同的内容达成一致的状态。投保人提出保险要求，经保险人同意承保，保险合同成立。保险人应当及时向投保人签发保险单或者其他保险凭证。

保险合同的生效是指依法成立的保险合同对当事人具有法律约束力的状态，依法成立的保险合同，自成立时生效。投保人和保险人可以对合同的效力约定附条件或者附期限。保险合同成立后，投保人按照约定交付保险费，保险人按照约定的时间开始承担保险责任。除《中华人民共和国保险法》另有规定或者保险合同另有约定外，保险合同成立后，投保人可以解除合同，保险人不得解除合同。

（二）财产保险合同的特殊规则

财产保险合同是以财产及其有关利益为保险标的的保险合同，即投保人以支付保险费为条件而同保险人约定的，保险人在被保险人的财产及有关利益发生保险责任范围内的损失时，由保险人承担赔偿责任的保险合同。财产保险合同的特殊规则有以下几种。

1.重复保险

重复保险是指投保人对同一保险标的、同一保险利益、同一保险事故分别与两个以上保险人订立保险合同，且保险金额总和超过保险价值的保险。保险金额总和超过保险价值是重复保险得以发生的前提。同时，重复保险的发生要求必须满足同一保险标的、同一保险利益、同一保险事故条件。如果投保人为两个保险标的的投保，如为两辆汽车投保碰撞险，或者为同一保险标的的不同保险利益投保，或者保险事故发生的年月不同，那么就不构成重复保险。

在保险赔付中，对重复保险进行了限制，即重复保险的各保险人赔偿保险金的总和不得超过保险价值。除合同另有约定外，各保险人按照其保险金额与保险金额总和的比例承担赔偿保险金的责任。重复保险的投保人可以就保险金额总和超过保险价值的部分，请求各保险人按比例返还保险费。

2.代位求偿权

代位求偿权是指当保险标的遭受保险事故而造成损失，依法应由第三者承担赔偿责任时，保险公司自支付保险赔偿金之日起，在赔偿金额的限度内，相应地取得向第三者请求赔偿的权利。保险代位求偿权制度是财产保险损失补偿原则的延伸，主要是防止被保险人在保险事故发生后，从保险赔偿中获得不当利益。

代位求偿权的成立要件主要包括以下几个：

①被保险人因保险事故对第三者享有损失赔偿请求权；

②保险人只有在向被保险人支付了保险金后才能行使对第三人享有的赔偿请求权；

③代位求偿权仅仅适用于财产保险，不适用于人身保险；

④保险人行使代位求偿权向第三人追偿的金额不得超过其向被保险人支付的保险金。

在保险事故发生后，被保险人不能对保险人的代位求偿权进行损害，即在保险人未赔偿保险金之前，被保险人放弃对第三人的赔偿请求权的，保险人不承担赔偿保险金的责任；保险人向被保险人赔偿保险金后，若被保险人未经保险人同意放弃对第三人的赔偿请求权，该放弃行为无效。被保险人故意或者因重大过失致使保险人不能行使代位请求赔偿的权利的，保险人可以扣减或者要求返还相应的保险金。

值得一提的是，除被保险人的家庭成员或者其组成人员故意造成保险事故外，保险人不得对被保险人的家庭成员或者其组成人员行使代位请求赔偿的权利。

（三）财产保险合同条款解读

1.合同主体、权利与义务

合同主体：明确保险合同的参与方，包括保险人（保险公司）和被保险人（企业或个人）。

权利与义务：详细列明保险人和被保险人在合同中的权利与义务，如保险人的赔偿义务、被保险人的告知义务等。

2.保险责任与免除条款

保险责任：明确保险公司承担的风险范围，如因火灾、爆炸、自然灾害等造成的财产损失。

免除条款：列明保险公司不承担赔偿责任的情形，如战争、核辐射等不可抗力因素，以及被保险人故意行为造成的损失。

3.赔偿处理与争议解决

赔偿处理：详细说明保险事故发生后，被保险人应如何向保险公司报案、申请赔偿，以及保险公司进行赔偿的程序和标准。

争议解决：明确保险合同双方在履行过程中发生争议时的解决方式，如协商、仲裁或诉讼等。同时，应注明适用的法律条款和管辖权归属。

【学思践悟】企业在多变复杂的市场环境中，要有风险管理意识。保险可以帮助企业转移风险，减轻经营风险的压力。假设某家企业因为设备故障导致生产中断，无法按时交货给客户，这将给企业带来巨大的损失。如果企业购买了相应的产业中断保险，可以减轻企业赔付的相应损失，帮助企业渡过难关。保险还可以帮助企业预防风险，提升安全防护水平。一家经营着物流业务的企业，面临着运输车辆损失、货物丢失等风险。为了防范这些风险，企业可以购买车辆保险和货物保险，以减少潜在损失。

五、企业财产保险实施与管理

（一）投保前准备工作建议

1.了解企业资产情况

对企业资产进行全面清查，包括固定资产、流动资产、无形资产等，确保准确掌握企业资产的价值和分布情况。

2.明确保险需求

根据企业资产的特点和风险状况，明确保险需求，包括保险金额、保险期限、保障范围等。

3.选择保险公司和产品

对比不同保险公司的产品和服务，选择信誉良好、专业可靠的保险公司和适合企业需求的保险产品。

（二）投保后风险管理措施

1.建立风险管理机制

设立专门的风险管理部门或指定专人负责风险管理工作，确保风险管理的有效实施。

2.定期进行风险评估

定期对企业资产面临的风险进行评估，包括自然灾害、意外事故、人为破坏等，及时发现潜在风险并采取措施加以防范。

3.强化风险意识培训

加强员工的风险意识培训，提高员工对风险的认知和应对能力，形成全员参与风险管理的良好氛围。

（三）持续改进方向与目标

1.完善风险管理流程

不断优化风险管理流程，提高风险识别、评估、应对和监控的效率与准确性。

2.加强与保险公司合作

与保险公司保持密切沟通与合作，及时了解市场动态和产品创新，使企业得到更全面、更优质的保险保障。

3.提升风险管理水平

通过引进先进的风险管理技术和方法，提高企业的风险管理水平，降低企业资产损失的风险。

任务实施

（1）本案例中厂房内设备属于企业财产险的保险责任范围，保险公司应赔偿215 000元的设备损失。

（2）根据《中华人民共和国保险法》的规定，保险利益是指投保人或者被保险人对保险标的具有的法律上承认的利益。承租人对其承租的房屋，享有保险利益。因此本案例中，A公司投保时，对厂房具有保险利益，保险合同有效。

本案例的关键在于租赁合同期满后，保险合同是否仍具有法律效力，我国法律规定，民事法律行为可以采用书面形式、口头形式或者其他形式。本案例中，印刷厂法人代表最终同意A公司在2月10日前交还厂房，是印刷厂对A公司租赁合同到期后继续使用厂房行为的认可。而且，如果A公司未因火灾导致厂房屋顶烧塌，就不用支付相应的修理费用，而可将完好的厂房交还印刷厂。从以上两点分析看，保险事故发生时，A公司对厂房这一保险标的具有保险利益。保险公司应向A公司赔偿53 000元的房顶烧塌修理费。

任务四　遵从市场规制

任务布置

A公司能否抗辩成功？

A公司来江苏拓展业务，大力推广其新研发的专利药品。甲医院正在进行新年度的药品采购招标工作，A公司业务员张三使出浑身解数投入人力、物力"打通"了主管甲医院药品采购工作的当地卫生局副局长李某的关系，但不幸的是最后未能中标。A公司被追究商业贿赂责任时，提出抗辩：（1）张三的行为并非公司授意，故公司不应承担责任；（2）A公司并未中标不应承担责任；（3）李某并非甲医院的业务负责人，不应被认定为商业贿赂。

任务：请评析A公司的抗辩理由是否成立。

任务思维导图

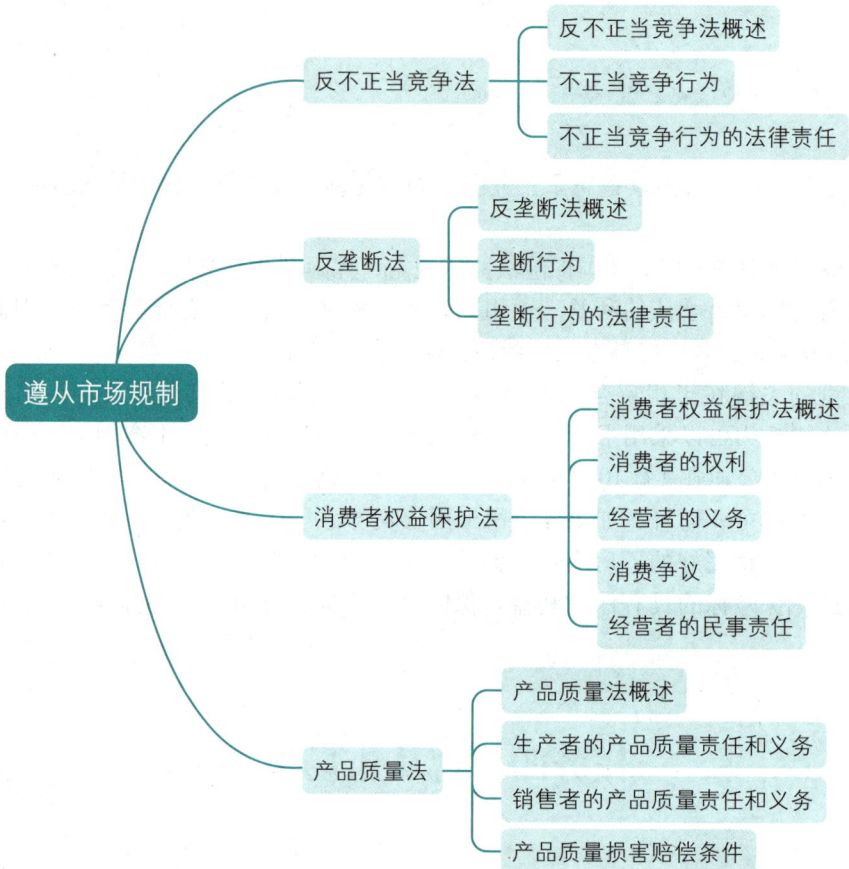

```
                                    ┌─ 反不正当竞争法概述
                    反不正当竞争法 ──┼─ 不正当竞争行为
                                    └─ 不正当竞争行为的法律责任

                                    ┌─ 反垄断法概述
                    反垄断法 ────────┼─ 垄断行为
                                    └─ 垄断行为的法律责任

遵从市场规制                          ┌─ 消费者权益保护法概述
                                    ├─ 消费者的权利
                    消费者权益保护法 ─┼─ 经营者的义务
                                    ├─ 消费争议
                                    └─ 经营者的民事责任

                                    ┌─ 产品质量法概述
                    产品质量法 ──────┼─ 生产者的产品质量责任和义务
                                    ├─ 销售者的产品质量责任和义务
                                    └─ 产品质量损害赔偿条件
```

预备知识

一、反不正当竞争法

（一）反不正当竞争法概述

反不正当竞争法是调整在维护公平竞争、制止不正当竞争行为过程中发生的社会关系的法律规范的总称。反不正当竞争法调整在制止不正当竞争行为过程中发生的社会关系，主要包括经营者之间的竞争关系，不正当竞争行为的受害人与行为人之间的民事赔偿关系，监督管理机构与经营者之间的监督管理关系等。

（二）不正当竞争行为

1. 不正当竞争行为的概念及特征

不正当竞争行为是指经营者在市场交易中，违反诚实信用原则或公认的商业道德，损害其他经营者或消费者的合法权益，扰乱社会经济秩序，应予追究法律责任的行为。不正当竞争行为有以下特征：

（1）主体的特定性。

不正当竞争行为是经营者行为。所谓经营者是指从事商品经营或者营利性服务的法人、其他组织和个人。

（2）行为的违法性或反商业道德性。

经营者的不正当竞争行为是一种违反法律法规的行为，在某些情况下，经营者的某些行为虽然难以被确认为法律明确规定的不正当竞争行为，但是，只要是违反了自愿、平等、公平、诚实信用原则或公认的商业道德，也应被认定为不正当竞争行为。

（3）社会危害性。

不正当竞争行为不但会对竞争对手造成损害，而且会损害消费者的利益，扰乱和破坏整个社会经济秩序。

（4）应受责罚性。

对不正当竞争行为，理应追究行为人的法律责任，包括民事责任、行政责任和刑事责任。

2.不正当竞争行为具体表现

（1）混淆行为。

经营者不得实施下列混淆行为，引人误认为是他人商品或者与他人存在特定联系：

①擅自使用与他人有一定影响的商品名称、包装、装潢等相同或者近似的标识。

②擅自使用他人有一定影响的企业名称（包括简称、字号等）、社会组织名称（包括简称等）、姓名（包括笔名、艺名等）。

③擅自使用他人有一定影响的域名主体部分、网站名称、网页等。

④其他足以引人误认为是他人商品或者与他人存在特定联系的混淆行为。

（2）商业贿赂行为。

①经营者不得采用财物或者其他手段贿赂下列单位或者个人，以谋取交易机会或者竞争优势：交易相对方的工作人员；受交易相对方委托办理相关事务的单位或者个人；利用职权或者影响力影响交易的单位或者个人。

②经营者在交易活动中，可以以明示方式向交易相对方支付折扣，或者向中间人支付佣金。经营者向交易相对方支付折扣、向中间人支付佣金的，应当如实入账。接受折扣、佣金的经营者也应当如实入账。

③经营者的工作人员进行贿赂的，应当认定为经营者的行为；但是，经营者有证据证明该工作人员的行为与为经营者谋取交易机会或者竞争优势无关的除外。

（3）虚假宣传行为。

①经营者不得对其商品的性能、功能、质量、销售状况、用户评价、曾获荣誉等作虚假或者引人误解的商业宣传，欺骗、误导消费者。

②经营者不得通过组织虚假交易等方式，帮助其他经营者进行虚假或者引人误解的商业宣传。

（4）侵犯商业秘密行为。

经营者不得实施下列侵犯商业秘密的行为：

①以盗窃、贿赂、欺诈、胁迫或者其他不正当手段获取权利人的商业秘密。

②披露、使用或者允许他人使用以前项手段获取的权利人的商业秘密。

③违反约定或者违反权利人有关保守商业秘密的要求，披露、使用或者允许他人使用其所掌握的商业秘密。

④第三人明知或者应知商业秘密权利人的员工、前员工或者其他单位、个人实施违法行为，仍获取、披露、使用或者允许他人使用该商业秘密的，视为侵犯商业秘密。

⑤商业秘密，是指不为公众所知悉、具有商业价值并经权利人采取相应保密措施的技术信息和经营信息。

（5）不正当有奖销售行为。

经营者进行有奖销售不得存在下列情形：

①所设奖的种类、兑奖条件、奖金金额或者奖品等有奖销售信息不明确，影响兑奖。

②采用谎称有奖或者故意让内定人员中奖的欺骗方式进行有奖销售。

③抽奖式的有奖销售，最高奖的金额超过五万元。

（6）诋毁商誉行为。

经营者不得编造、传播虚假信息或者误导性信息，损害竞争对手的商业信誉、商品声誉。

（7）网络不正当竞争行为。

经营者利用网络从事生产经营活动，应当遵守本法的各项规定。经营者不得利用技术手段，通过影响用户选择或者其他方式，实施下列妨碍、破坏其他经营者合法提供的网络产品或者服务正常运行的行为：

①未经其他经营者同意，在其合法提供的网络产品或者服务中，插入链接、强制进行目标跳转。

②误导、欺骗、强迫用户修改、关闭、卸载其他经营者合法提供的网络产品或者服务。

③恶意对其他经营者合法提供的网络产品或者服务实施不兼容。

④其他妨碍、破坏其他经营者合法提供的网络产品或者服务正常运行的行为。

（三）不正当竞争行为的法律责任

根据《中华人民共和国反不正当竞争法》的规定，不正当竞争行为应承担的法律责任包括民事责任、行政责任和刑事责任三种责任形式。

1.民事责任

不正当竞争行为给被侵害的经营者造成损害的，应当承担损害赔偿责任，被侵害的经营者的损失难以计算的，赔偿额为侵权人在侵权期间因侵权所得的利润；并应当承担被侵害的经营者因调查该经营者侵害其合法权益的不正当竞争行为所支付的合理费用。

在侵犯商业秘密的民事审判程序中，商业秘密权利人提供初步证据，证明其已经对所主张的商业秘密采取保密措施，且合理表明商业秘密被侵犯，涉嫌侵权人应当证明权利人所主张的商业秘密不属于本法规定的商业秘密。

2.行政责任

不正当竞争行为的行政责任，是违反《中华人民共和国反不正当竞争法》规定的行为人承担的行政法律后果。其形式表现为监督检查部门作出的行政处罚，主要有：

（1）仿冒行为中的假冒他人注册商标，擅自使用他人的企业名称或姓名，伪造或者冒用质量标志，伪造产地，对商品质量作引人误解的虚假表示的行为，依照《中华人民共和国商标法》《中华人民共和国产品质量法》（以下简称《产品质量法》）的规定处罚。

（2）仿冒知名商品特有的名称、包装、装潢的行为，监督检查部门应当责令停止违法行为，没收违法所得，可以根据情节处以违法所得1倍以上3倍以下的罚款；情节严重的，可以吊销营业执照。

（3）未构成犯罪的商业贿赂行为，监督检查部门可以根据情节处以1万元以上20万元以下的罚款；有违法所得的，没收违法所得。

（4）经营者构成虚假宣传行为的，监督检查部门应当责令停止违法行为，消除影响，可以根据情节处以1万元以上20万元以下的罚款。对广告的经营者，责令其停止违法行为，没收违法所得，并依法处以罚款。

（5）侵犯商业秘密的，监督检查部门应当责令停止违法行为，可以根据情节处以1万元以上20万元以下的罚款。

（6）经营者构成不正当有奖销售行为，监督检查部门应当责令停止违法行为，可以根据情节处以1万元以上10万元以下罚款。

3.刑事责任

情节恶劣，构成犯罪的不正当竞争行为，依法追究行为人的刑事责任。

二、反垄断法

（一）反垄断法概述

反垄断法是国家为促进和保护公平竞争，提高经济运行效率，通过预防和制止垄断行为，调整竞争关系以及与竞争有密切联系的其他社会关系的法律规范的总称。

（二）垄断行为

我国《中华人民共和国反垄断法》（以下简称《反垄断法》）规定的具体垄断行为包括以下内容：一经营者达成垄断协议；二经营者滥用市场支配地位；三具有或者可能具有排除、限制竞争效果的经营者集中。

1.垄断协议

垄断协议是指两个或两个以上的行为人以协议、决定或者其他协同方式排除、限制竞争的行为。垄断协议也称为"限制竞争协议"或者"卡特尔"。垄断协议可以分为横向垄断协议和纵向垄断协议。

（1）横向垄断协议。

横向垄断协议，又称水平垄断协议，是指在生产或销售过程中处于同一环节的，相互具有直接竞争关系的经营者（或同为生产者，或同为销售者，或同为购买者）之间达成的垄断协议。

（2）纵向垄断协议。

纵向垄断协议是指处于不同的生产经营阶段，相互不具有直接竞争关系的经营者之间订立的协议。

2.滥用市场支配地位

市场支配地位，是指经营者在相关市场内具有能够控制商品价格、数量或者其他交易条件，或者能够阻碍、影响其他经营者进入相关市场能力的市场地位。经营者的市场支配地位可以通过法律授权、成功经营或通过自愿联合、重组等经营者集中方式获得。

我国《反垄断法》并不禁止经营者具有市场支配地位，而只是禁止经营者实施滥用市场支配地位的行为，主要表现形式有：

（1）以不公平的高价销售商品或者以不公平的低价购买商品。

（2）掠夺性定价，即没有正当理由，以低于成本的价格销售商品。

（3）拒绝交易，即没有正当理由，拒绝与交易相对人进行交易。

（4）独家交易，即没有正当理由，限定交易相对人只能与其进行交易或者只能与其指定的经营者进行交易。

（5）搭售或附加不合理条件，即没有正当理由搭售商品或者在交易时附加其他不合理的交易条件。

（6）差别待遇，即没有正当理由，对条件相同的交易相对人在交易价格等交易条件上实行区别待遇。

（7）国务院反垄断执法机构认定的其他滥用市场支配地位的行为。

3.经营者集中

经营者集中，是指经营者合并、经营者通过取得其他经营者的股份或资产以及通过合同等方式取得对其他经营者的控制权，或者能够对其他经营者施加决定性影响的情形。

4.滥用行政权力排除、限制竞争

滥用行政权力排除、限制竞争是指行政机关或者其他依法具有管理公共事务职能的组织，滥用行政权力，限制经营者的正当经营活动，限定单位或个人对商品的购买与使用范围或进行商品交易的地区封锁等，从而妨碍、破坏市场竞争的行为。

（三）垄断行为的法律责任

1.民事责任

《反垄断法》规定："经营者实施垄断行为，给他人造成损失的，依法承担民事责任。"至于承担民事责任所涉及的具体内容，《反垄断法》未做进一步规定，应依据我国民法典所规定的制度来确定。

2.行政责任

《反垄断法》规定，经营者违反《反垄断法》的规定，滥用市场支配地位的，由反垄断执法机构责令停止违法行为，没收违法所得，并处上一年度销售额百分之一以上百分之十以下的罚款；尚未实施所达成的垄断协议的，可以处50万元以下的罚款；经营者违反《反垄断法》的规定实施集中的，由国务院反垄断执法机构责令停止实施集中，限期处分股份或者资产、限期转让营业以及采取其他必要措施恢复到集中前的状态，可以处50万元以下的罚款。

3.刑事责任

我国《反垄断法》没有与刑法衔接追究垄断行为人的刑事责任的条款，但不等于垄断协议行为不会招致刑事责任。如串通招投标行为属于垄断协议行为，构成犯罪的，要依法追究刑事责任。

三、消费者权益保护法

（一）消费者权益保护法概述

消费者权益保护法是调整国家、经营者和消费者三者之间在保护消费者权益过程中发生的社会关系的法律规范的总称。它是经济法的重要组成部分。

微课

保护消费者的
合法权益

（二）消费者的权利

消费者的权利是指法律所规定的，消费者在消费领域中所享有的权利。消费者的权利是消费者利益在法律上的体现，是国家对消费者进行保护的前提和基础。消费者权利可以表现为消费者有权自己做出一定的行为，也可以表现为消费者有权要求他人做出一定的行为。

《中华人民共和国消费者权益保护法》根据我国经济和文化的发展水平，规定消费者享有以下权利：

1.保障安全权

保障安全权是消费者最基本的权利，它是消费者在购买、使用商品和接受服务时所享有的保障其人身、财产安全不受损害的权利。由于消费者取得商品和服务是用于生活消费的，因此商品和服务必须绝对安全可靠，必须绝对保证商品和服务的质量不会损害消费者的生命与健康，财产不受损害。消费者有权要求经营者提供的商品和服务，符合保障人身、财产安全的要求。

2.知悉真情权

知悉真情权即消费者享有知悉其购买、使用的商品或者接受的服务的真实情况的权利。这是消费者作出消费决定的前提。消费者有权根据商品或者服务的不同情况，要求经营者提供商品的价格、产地、生产者、用途、性能、规格、等级、主要成分、生产日期、有效期限、检验合格等相关情况。

3.自主选择权

自主选择权是指消费者享有的自主选择商品或者服务的权利。消费者的选择不受任何人的强制。该权利包括以下几方面：

①消费者有权自主选择提供商品或者服务的经营者；

②消费者有权自主选择商品品种或者服务方式；

③消费者有权自主决定购买或者不购买任何一种商品、接受或者不接受任何一项服务；

④消费者在自主选择商品或者服务时，有权进行比较、鉴别和挑选。

4.公平交易权

公平交易权是消费者依法享有公平交易的权利。交易是市场经济的核心，公平交易是市场经济持续发展的保障。该项权利主要体现在两个方面：

①消费者在购买商品或者接受服务时，有权获得质量保障、价格合理、计量正确等公平交易条件；

②消费者有权拒绝经营者的强制交易行为。

5.依法求偿权

依法求偿权是指消费者在因购买、使用商品或者接受服务受到人身、财产损害时，依法享有的要求并获得赔偿的权利。只要商品和服务的提供者在客观上造成消费者人身、财产上的损害，不管主观上是否有过错，受害者均有权要求赔偿和其他救助，并有权在交涉不成时向有关部门投诉和向人民法院起诉。

6.依法结社权

依法结社权是指消费者享有的依法成立维护自身合法权益的社会组织的权利。消费者作为弱者，有时仅靠自己的个人力量难以维护自己的权益，通过依法结社，可以使消费者从分散、弱小走向集中和强大，并通过集体的力量来改变自己的弱者地位。

7.知识获取权

知识获取权是指消费者享有获得有关消费和消费者权益保护方面的知识的权利。它是从知悉真情权中引申出来的一项消费者权利。此外，消费者本人也应当努力掌握所需商品或者服务的知识和使用技能，正确使用商品和接受服务，增强自我保护意识。

8.受尊重权

受尊重权是指消费者在购买、使用商品或接受服务时享有人格尊严、民族风俗习惯得到尊重、个人信息依法得到保护的权利。尊重消费者的人格尊严和民族习俗，是社会文明进步的表现，也是尊重和保障人权的重要内容。

9.监督批评权

监督批评权是指消费者对商品和服务以及保护消费者权益工作进行监督，对违法行为进行检举、控告的权利。也就是指消费者有权检举、控告侵害消费者权益的行为和国家机关及其工作人员在保护消费者权益工作中的违法失职行为，有权对保护消费者权益工作提出批评、建议。

（三）经营者的义务

由于经营者是为消费者提供其生产、销售的商品或者提供服务的，其对于保护消费者权益至关重要。

《消费者权益保护法》从保护消费者合法权益的需要出发，针对消费者的权利相应规定了经营者应履行如下义务：

（1）依法律法规的规定或约定履行义务，诚信经营；

（2）听取意见和接受监督；

（3）保障人身和财产安全；

（4）不做虚假宣传；

（5）经营者应当标明其真实名称和标记；

（6）出具相应的凭证和单据；

（7）提供符合要求的商品或服务；

（8）承担举证责任的义务；

（9）承担退货、更换、修理等售后服务义务；

（10）不得从事不公平、不合理的交易；

（11）尊重消费者的人格尊严；

（12）提供商品或者服务的相应信息；

（13）依法收集和使用消费者个人信息。

（四）消费争议

消费争议又称消费纠纷，是指在消费领域中，消费者与经营者之间因消费者权利义务而发生的争执。依据《消费者权益保护法》的规定，消费者和经营者发生消费者权益争议的，可以通过下列途径解决：

1.与经营者协商和解

在发生消费争议后，消费者与经营者可以通过协商的方式解决。这种方式直接、简便，能够及时解决纠纷，但不具有强制性。当事人在协商过程中，应尊重事实，依据法律提出处理意见，任何一方都不应提出不合理的要求。

2.请求消费者协会或者依法成立的其他调解组织调解

消费者与经营者在发生消费争议后或者经双方协商仍不能解决争议时，可以请求消费者协会或者依法成立的其他调解组织调解解决。

对侵害众多消费者合法权益的行为，中国消费者协会以及在省、自治区、直辖市设立的消费者协会，可以向人民法院提起诉讼。

3.向有关行政部门申诉

这里的行政部门主要包括各级人民政府的市场监管、卫生健康等行政管理机关。在发生消费争议后，当事人可向有关行政部门申诉，由有关行政部门出面对双方的纠纷进行处理。有关部门自收到投诉之日起7个工作日内，予以处理并告知消费者。

4.根据与经营者达成的仲裁协议提请仲裁机构仲裁

消费者与经营者事先订有仲裁协议或发生争议后达成仲裁协议的，可向双方约定的仲裁机构申请仲裁。当事人达成仲裁协议的，不得向人民法院起诉。

5.向人民法院提起诉讼

当事人之间没有达成仲裁协议或仲裁协议无效的消费争议，无论是否经过协商、投诉、申诉，当事人均可直接向人民法院提起民事诉讼。

（五）经营者的民事责任

1.人身伤害的民事责任

经营者提供商品或者服务，造成消费者或者其他受害人人身伤害的，应当赔偿医疗费、护理费、交通费等为治疗和康复支出的合理费用，以及因误工减少的收入。造成残疾的，还应当赔偿残疾生活辅助费和残疾赔偿金。造成死亡的，还应当赔偿丧葬费和死亡赔偿金。

经营者有侮辱诽谤、搜查身体、侵犯人身自由等侵害消费者或者其他受害人人身权益的行为，造成严重精神损害的，受害人可以要求精神损害赔偿。

经营者明知商品或者服务存在缺陷，仍然向消费者提供，造成消费者或者其他受害人死亡或者健康严重损害的，受害人有权要求经营者依照上述规定赔偿。

经营者侵害消费者的人格尊严、侵犯消费者人身自由或者侵害消费者个人信息依法得到保护的权利的，应当停止侵害、恢复名誉、消除影响、赔礼道歉，并赔偿损失。

2.财产损害的民事责任

经营者提供商品或者服务，造成消费者一般性财产损害的，应按照消费者的要求负责修理、重作、更换、退货、补足商品数量、退还货款和服务费用或者赔偿损失。

3.以预收款方式提供商品或者服务的民事责任

经营者以预收款方式提供商品或者服务的，应当按照约定提供。未按照约定提供的，应当按照消费者的要求履行约定或者退回预付款，并应当承担预付款的利息、消费者必须支付的合理费用。

依法经有关行政部门认定为不合格的商品，消费者要求退货的，经营者应当负责退货。

4.惩罚性赔偿责任

经营者提供商品或者服务有欺诈行为的，应当按照消费者的要求增加赔偿其受到的损失，增加赔偿的金额为消费者购买商品的价款或者接受服务的费用的3倍；增加赔偿的金额不足50元的，为50元。法律另有规定的，依照其规定。

经营者明知商品或者服务存在缺陷，仍然向消费者提供，造成消费者或者其他受害人死亡或者健康严重损害的，受害人有权要求所受损失2倍以下的惩罚性赔偿。

四、产品质量法

（一）产品质量法概述

《中华人民共和国产品质量法》（以下简称《产品质量法》）是为了加强对产品质量的监督管理，提高产品质量水平，明确产品质量责任，保护消费者的合法权益，维护社会经济秩序而制定的。

《产品质量法》调整的对象有两方面：一是产品质量责任关系——这属于生产者、销售者与消费者之间进行商品交易所发生的经济关系；二是产品质量监督管理关系——这属于行政机关执行产品质量管理职能而发生的经济关系。

（二）生产者的产品质量责任和义务

微课

生产者的产品质量义务

生产者的产品质量责任和义务主要包括以下几项：

1.产品质量应当符合要求

生产者应当对其生产的产品质量负责。产品质量应当符合下列要求：

①不存在危及人身、财产安全的不合理的危险，有保障人体健康和人身、财产安全的国家标准、行业标准的，应当符合该标准；

②具备产品应当具备的使用性能，但对产品存在使用性能的瑕疵作出说明的除外；

③符合在产品或者其包装上注明采用的产品标准，符合以产品说明、实物样品等方式表明的质量状况。

2.产品或其包装标识符合法定要求

产品或者其包装上的标识必须真实，并符合下列要求：

（1）有产品质量检验合格证明。

（2）有中文标明的产品名称、生产厂名和厂址。

（3）根据产品的特点和使用要求，需要标明产品规格、等级、所含主要成分的名称和含量的，用中文相应予以标明；需要事先让消费者知晓的，应当在外包装上标明，或者预先向消费者提供有关资料。

（4）限期使用的产品，应当在显著位置清晰地标明生产日期和安全使用期或者失效日期。

（5）使用不当，容易造成产品本身损坏或者可能危及人身、财产安全的产品，应当有警示标志或者中文警示说明。裸装的食品和其他根据产品的特点难以附加标识的裸装产品，可以不附加产品标识。

3.特殊产品的包装符合要求

易碎、易燃、易爆、有毒、有腐蚀性、有放射性等危险物品以及储运中不能倒置和其他有特殊要求的产品，其包装质量必须符合相应的要求，依照国家有关规定作出警示标志或中文警示说明，标明储运注意事项。

4.不得违反禁止性规定

生产者生产的产品不得违反法律的禁止性规定，主要包括以下几个方面：

①生产者不得生产国家明令淘汰的产品；

②生产者不得伪造产地，不得伪造或冒用他人的厂名、厂址；

③生产者不得伪造或者冒用认证标志等质量标志；

④生产者生产产品，不得掺杂、掺假，不得以假充真、以次充好，不得以不合格产品冒充合格产品。

（三）销售者的产品质量责任和义务

《产品质量法》规定了销售者的产品质量责任和义务，主要包括以下几个方面：

1.执行进货检查验收制度

销售者应当建立并执行进货检查验收制度，验明产品合格证明和其他标识，以防止假冒伪劣产品进入流通领域，保证从源头上遏制伪劣产品流入市场。该制度为判断和区分生产者和销售者的产品质量责任提供了依据。

2.采取措施保障产品质量

生产者生产的产品通过销售者销售给消费者，一般要经过一段时间才会到达消费者手中。在这段时间里销售者应该尽可能地采取措施保障产品的质量，防止产品在经销期间失效、变质。

3.执行产品质量标识制度

销售者销售的产品的标识应当符合生产者生产的产品或其包装上标识的要求。销售者应严把产品标识关，保证标识符合进货时验收的状态，不得更改、覆盖、涂抹产品标识，以保证产品标识的真实性。

4.不得违反禁止性的规定

禁止性的规定包括以下几项：

①销售者不得销售国家明令淘汰并停止销售的产品和失效、变质的产品；

②销售者不得伪造产地，不得伪造或冒用他人的厂名、厂址；

③销售者不得伪造或者冒用认证标志等质量标志；

④销售者销售产品，不得掺杂、掺假，不得以假充真、以次充好，不得以不合格产品冒充合格产品。

（四）产品质量损害赔偿条件

1.产品质量损害赔偿责任的概念与构成要件

产品质量损害赔偿责任是指产品的生产者和销售者因违反法律、法规规定的质量标准以及合同约定的质量要求，给用户和消费者造成损失依法应当承担的民事赔偿责任。依《产品质量法》的规定，产品质量损害赔偿责任可分为一般产品质量的赔偿责任和缺陷产品的赔偿责任，即产品瑕疵损害责任和产品缺陷损害责任。

产品瑕疵是指产品不具备应有的使用性能，不符合明示采用的产品质量标准，或不符合产品说明、实物样品等方式表明的质量状况。

产品缺陷是指产品存在危及人身、他人财产安全的不合理的危险；产品有保障人体健康和人身、财产安全的国家标准、行业标准的，是指不符合该标准的。

2.销售者应当承担的损害赔偿责任

售出的产品有下列情形之一的，销售者应当负责修理、更换、退货；给购买产品的消费者造成损失的，销售者应当赔偿损失：

①不具备产品应当具备的使用性能而事先未作说明的；

②不符合在产品或者其包装上注明采用的产品标准的；

③不符合以产品说明、实物样品等方式表明的质量状况的。

销售者依照上述规定负责修理、更换、退货、赔偿损失后，属于生产者的责任或者属于向销售者提供产品的其他销售者（以下简称供货者）的责任的，销售者有权向生产者、供货者追偿。

生产者之间、销售者之间、生产者与销售者之间订立的买卖合同、承揽合同有不同约定的，合同当事人按照合同约定执行。

由于销售者的过错使产品存在缺陷，造成人身、他人财产损害的，销售者应当承担赔偿责任。销售者不能指明缺陷产品的生产者，也不能指明缺陷产品的供货者的，销售者应当承担赔偿责任。

3.生产者应当承担的损害赔偿责任

因产品存在缺陷造成人身、缺陷产品以外的其他财产（以下简称他人财产）损害的，生产者应当承担赔偿责任。如果生产者能够证明有下列情形之一的，不承担赔偿责任：

①未将产品投入流通的；

②产品投入流通时，引起损害的缺陷尚不存在的；

③将产品投入流通时的科学技术水平尚不能发现缺陷的存在的。

4.求偿的对象、范围、程序、时效

（1）求偿对象

①生产者、销售者。

因产品存在缺陷造成他人损害的，被侵权人可以向产品的生产者要求赔偿，也可以向产品的销售者要求赔偿。产品缺陷由生产者造成的，销售者赔偿后，有权向生产者追偿。因销售者的过错使产品存在缺陷的，生产者赔偿后，有权向销售者追偿。

因产品缺陷危及他人人身、财产安全的，被侵权人有权请求生产者、销售者承担停止侵害、排除妨碍、消除危险等侵权责任。

②运输者、仓储者。

因运输者、仓储者等第三人的过错使产品存在缺陷，造成他人损害的，产品的生产者、销售者赔偿后，有权向第三人追偿。

（2）求偿范围

因产品存在缺陷造成被侵权人人身损害的，侵权人应当赔偿医疗费、护理费、交通费、营养费、住院伙食补助费等为治疗和康复支出的合理费用，以及因误工减少的收入；

造成残疾的，还应当赔偿辅助器具费和残疾赔偿金；造成死亡的，还应当赔偿丧葬费和死亡赔偿金。

产品投入流通后发现存在缺陷的，生产者、销售者应当及时采取停止销售、警示、召回等补救措施；未及时采取补救措施或者补救措施不力造成损害扩大的，对扩大的损害也应当承担侵权责任。依规定采取召回措施的，生产者、销售者应当负担被侵权人因此支出的必要费用。

明知产品存在缺陷仍然生产、销售，或者没有依据相关规定采取有效补救措施，造成他人死亡或者健康严重损害的，被侵权人有权请求相应的惩罚性赔偿。

（3）求偿程序

因产品质量发生民事纠纷时，当事人可以通过协商或者调解解决。当事人不愿通过协商、调解解决或者协商、调解不成的，可以根据当事人各方的协议向仲裁机构申请仲裁；当事人各方没有达成仲裁协议或者仲裁协议无效的，可以直接向人民法院起诉。

（4）求偿时效

根据《产品质量法》的规定，因产品存在缺陷造成损害要求赔偿的诉讼时效期间为2年，自当事人知道或者应当知道其权益受到损害时起计算。这主要是从缺陷产品的特殊性方面来考虑的。

因产品存在缺陷造成损害要求赔偿的请求权，在造成损害的缺陷产品交付最初消费者满10年丧失；但是，尚未超过明示的安全使用期的除外。

【学思践悟】市场是一个充满竞争和变化的环境，对于企业而言，市场规制法是保障公平竞争和保护消费者权益的重要法规。合规管理对一个企业来说，如同一个稳固的基石，对于企业的稳健发展起着决定性的作用。"人无信不立；事无信不成；商无信不兴""质量是金，诚信为本"等都体现出企业合规经营的重要性。

任务实施

根据《中华人民共和国反不正当竞争法》中有关商业贿赂行为的规定，被贿赂的对象不仅包括交易相对方的工作人员，也包括"利用职权或者影响力影响交易的单位或者个人。"所以本案例中的副局长李某，是商业贿赂的对象之一，A公司的抗辩理由（3）不成立；《中华人民共和国反不正当竞争法》规定，"经营者的工作人员进行贿赂的，应当认定为经营者的行为"，故A公司的抗辩理由（1）不成立；贿赂的认定不以最终实现目的为要件，所以只要符合商业贿赂行为的构成要件，无论是否达成既定的目的均可认定为商业贿赂，A公司的抗辩理由（2）不成立。应认定A公司进行商业贿赂的不正当竞争行为，主管部门有权处以罚款，情节严重的，可以吊销其营业执照。

行业规范测试九

参考文献

［1］陈强，郑军剑，陈美丽. 经济法基础与实务［M］. 3版. 大连：东北财经大学出版社，2023.

［2］财政部会计财务评价中心. 经济法基础［M］. 北京：经济科学出版社，2024.

［3］周丹萍，孙爱平，刘帅. 经济法基础教程［M］. 5版. 北京：高等教育出版社，2021.

微课索引

为了便于学生自主学习，我们针对重点难点制作了 86 个微课，并以二维码的形式添加在本书中，用手机扫描二维码即可直接观看，括号内标注了二维码的具体页码。